城市建设基石

中国市政行业"百城百企"发展汇编

中国市政工程协会 主编

中国城市出版社

图书在版编目（CIP）数据

城市建设基石：中国市政行业"百城百企"发展汇编/中国市政工程协会主编．—北京：中国城市出版社，2022.3

ISBN 978-7-5074-3469-9

Ⅰ.①城… Ⅱ.①中… Ⅲ.①市政工程－建筑企业－企业发展－成就－中国 Ⅳ.①F426.9

中国版本图书馆CIP数据核字（2022）第055961号

责任编辑：张礼庆
责任校对：姜小莲

城市建设基石

中国市政行业"百城百企"发展汇编

中国市政工程协会 主编

*

中国城市出版社出版、发行（北京海淀三里河路9号）
各地新华书店、建筑书店经销
逸品书装设计制版
临西县阅读时光印刷有限公司印刷

*

开本：880毫米×1230毫米 1/16 印张：37 字数：869千字
2022年3月第一版 2022年3月第一次印刷
定价：650.00元
ISBN 978-7-5074-3469-9
（904451）

版权所有 翻印必究
如有印装质量问题，可寄本社图书出版中心退换
（邮政编码 100037）

编委会

编委会主任： 卢英方

编委会副主任： 刘春生　谢晓帆

编委会委员： 黄　昀　王　斌　王　强　王明远　王健中　危接来　刘春发
　　　　　　　闫建平　牟晓岩　严加友　吴英彪　陈锦耀　郑旭晨　胡承启
　　　　　　　唐建新　盛伯荣　冯玉库　李　颖　唐　茜

编写组成员：（按姓氏笔画排序）

于　庆	马松涛	王　怀	王　雪	王　琪	王大伟	王传凯
王明远	王春霖	王贵聪	王洪中	王晟华	王善波	王尊学
王新华	牛存良	文桂玲	方　伟	邓仕琪	邓建东	卢文良
卢国宏	叶燕芬	史亚军	付锦涛	丛建波	师　睿	朱志福
朱培林	朱彩红	邬海升	刘　帆	刘　江	刘　跃	刘成清
刘善喜	孙海云	严悌文	严家凤	李　斌	李　磊	李　曦
李名远	李逸宇	杨　龙	杨　坚	杨红林	步晨兵	何柏杰
汪小南	张广平	张丹洁	张成凯	张阿房	张苗苗	张国强
张维民	张殿宗	陈　利	陈　琦	陈志平	陈忠泽	陈艳蓉
陈朝辉	武宗科	苑晨星	范学臣	林　恩	周惠明	庞玉坤
郑益树	房立文	赵　峰	赵中良	赵亚玲	赵昔生	赵明宇
赵佳康	郝东辉	胡日顺	胡承启	侯芳蕾	俞先富	姜　敏
娄方帅	宫长义	祖加辉	晋卫兵	贾玉鹏	夏书强	徐乐武
徐连财	郭云飞	郭金凤	唐美蓉	陶加林	黄园园	黄陈卫
黄昌富	曹召成	崔　健	蒋关水	韩　亮	程惠娟	谢百叶
鄢传金	蔡春娅	黎智惠	潘　波			

序言 PREFACE

不忘初心、砥砺前行

市政，一般意义上讲，是指城市的各项行政管理工作。市政工程，是指市政基础设施建设工程，是基于政府责任和义务为居民提供有偿或无偿公共产品和服务的各种建筑物、构筑物、设备等。中国特色社会主义市场经济体制下，市场是开放的，无论资金来源的变化，还是建设实施的市场主体的企业所有制成份多元化，政府规划、建设的监督责任不会变，设施的运行监管的责任不会变。市政工程服务人民的宗旨不会变。市政工程企业必须坚持质量第一的宗旨不能变。这就是市政行业的初心。

中国市政工程协会秉承"搜寻历史，讲好故事，继承传统，再立新功"的初衷，通过讲故事的方式汇集全国各主要城市的市政企业发展历史及其取得的成就，讴歌我国市政企业在党的领导下"逢山开路遇水架桥"艰苦创业的大无畏革命精神，展示了全国各地市政建设企业不断满足人民美好生活需要的丰功伟绩。呈现出一幅市政人在党的领导下拼搏奋进，为推进我国城市化进程作出积极贡献的画卷。

身为市政行业的一名老兵，58年来的亲身体验，兴奋地读完《城市建设基石——中国市政行业"百城百企"发展汇编》，当年一铁锹一铁锹挖土场景一幕幕再现，当年用千斤顶一镐头一镐头推进铺设地下排水管场景再现。技术进步今非昔比，有沈阳市政企业在1948年解放军进驻之日即开始清除战争创伤，恢复城市功能，运输军用物资入关支援全国解放战争的事迹；有北京市政企业参与开国大典广场设施建设中应急施工的动人故事。我们能够读到，新中国成立初期，党带领市政工人修复战争创伤，辛勤修桥铺路，不断完善城市基础设施的历史。我们能够读到，社会主义建设时期，市政人参与、见证了第一条现代化道路、第一座城市桥梁、第一座自来水厂及污水处理厂、第一次集中供热、第一条地铁通车等各代表企业的事迹和感人故事。我们能读到，改革开放新时代，市政企业把党的先进思想和运行机制融入企业价值观塑造和企业管理中，推动公司高质量发展、工程质量提升的创举。我们能读到，新时代企业创新发展成果，创新技术不断涌现，优秀市政企业以共产党人的理想信念树立标杆，倡导尊重人、关心人、理解人、信任人的企业文化，引领构筑企业灵魂，续写新篇章。

在这里一定要共同缅怀我们市政人的杰出代表——林治远先生。尽管我认识他很早，还是20世纪六七十年代，来北京市政设计研究院请教业务。真正"认识"他，还是新中国成立七十周年纪念活动公演的《我和我的祖国》第一个故事《前夜》，主人公就是我们的楷模林治远先生。我特意从仅有12分钟《开国大典彩色修复影像》中截图四张，放在我的

图1　开国大典时电动旗杆设计者——北京市政设计研究院总工程师林治远先生（右2）

图2　站在毛主席后面随时准备应对升旗突发情况的工作人员林治远先生

图3　1949年开国大典毛主席亲手升起第一面五星红旗所用的旗杆，由林治远亲手设计施工完成

图4　《开国大典》天安门广场彩色修复影像

序言中，表达我们对为祖国作出贡献的人们敬仰之心。这将激励市政人学习党的历史和革命传统，激励新一代市政人砥砺前行。

《城市建设基石——中国市政行业"百城百企"发展汇编》出版发行了，回首过往奋斗路，百年征程波澜壮阔；眺望前方奋进路，百年初心历久弥坚。作为城市基础建设的中坚力量，一个新的契机，希望全行业能够认清使命、扛起使命、践行使命，全面加强党建引领，推动企业在高质量发展之路上行稳致远。全国市政工程企业将继续追寻先辈的足迹，去探寻理想之火照耀中国的光辉历程！

2022 年 02 月 18 日

---

* 序作者汪光焘：第一个工作岗位，是 1965 年入职徐州市政建设集团有限责任公司前身，徐州市市政工程处。也是中国市政工程协会第一届理事会会长，原建设部部长。

市政先锋不忘初心
开拓奋进再创辉煌

壬寅年春月 林家宁

原建设部城建司司长、中国市政工程协会第三、四届理事会会长林家宁为本书题字

前言 FOREWORD

"百城百企"历史画册献礼建党百年

在中国共产党百年华诞之际，中国市政工程协会于2021年4月正式启动《城市建设基石——中国市政行业"百城百企"发展汇编》征稿活动，通过讲故事的方式汇集全国各主要城市的市政企业发展历史及其取得的成就，讴歌我国市政企业在党的领导下"逢山开路遇水架桥"艰苦创业的大无畏革命精神，展示全国各地市政建设企业不断满足人民美好生活需要的丰功伟绩。

活动得到全国各地市政企业的积极响应，大家踊跃报名，积极参与，提供了一大批史实详细、图文并茂的优秀稿件，绘成了我国市政企业的"群英谱"，书写了党领导市政建设的新篇章。这其中有沈阳市政公司在1948年解放军进驻之日即开始清除战争创伤，恢复城市功能，运输军用物资入关支援全国解放战争的事迹；有北京市政企业参与开国大典广场设施建设中应急施工的动人故事；有杭州市政公司参与建设园林城市的精妙设计施工；有中建八局兵改工后继承部队光荣传统的业绩展示等。各省市市政工程协会也全力支持推荐了不少并非协会会员的企业参与活动。截至2021年10月末，全国共有100座城市、114家企业进入预选名单，其中江苏省15家、山东省13家、浙江省10家名列前茅；广东省、河南省、河北省、山西省、安徽省、湖北省、辽宁省的众多优秀企业纷纷踊跃报名。这些企业作为"百城百企"代表，通过书写革命故事，既获得了一份荣誉，更呈现了企业实力、品牌和底蕴。"百城百企"将青史留名！

"百城百企"的故事从不同侧面多个角度展示了我国城市建设的光辉成就，充分证明了我们党不仅可以带领劳苦大众打下红色江山，而且能够领导十几亿伟大的中华儿女建设繁荣昌盛的现代化强国，谱写城市建设的红色篇章。我们诚挚地希望，通过精选编印全国各地市政企业发展历史的动人故事，将那些曾经默默无闻的市政企业、先进人物、精品工程宣扬开来，更好地发扬优良传统、传承红色基因，为百年党史更增一份亮色。

回首过往奋斗路，百年征程波澜壮阔；眺望前方奋进路，百年初心历久弥坚。作为城市基础建设的中坚力量，全国市政工程企业将继续追寻先辈的足迹，去探寻理想之火照耀中国的光辉历程！

中国市政工程协会

2021年11月29日

目录 CONTENTS

1. 立足新时代　奋楫新征程
——"百城百企"记北京市政建设集团有限责任公司 …………… 001

2. "畅""安""舒""美"保障城市运营
——"百城百企"记北京市政路桥管理养护集团有限公司 …………… 011

3. 用智慧运维守护人民城市
——"百城百企"记上海城建城市运营（集团）有限公司 …………… 017

4. 建有形世界　筑无限梦想
——"百城百企"记济南城建集团有限公司 …………… 021

5. 以质量赢得市场　以信誉打响品牌
——"百城百企"记南京第二道路排水工程有限责任公司 …………… 032

6. 宁波市政人"工笔画"下的时代烙印
——"百城百企"记宁波市政工程建设集团股份有限公司 …………… 038

7. 跨越市政历史沧海桑田　继往开来再谱沧海之新篇
——"百城百企"记沧州市市政工程股份有限公司 …………… 046

8. 勇当生态先锋　锻造城建铁军
——"百城百企"记武汉生态环境投资发展集团有限公司 …………… 054

9. 百年市政　匠心佛山
——"百城百企"记佛山市市政建设工程有限公司 …………… 069

10. 大道精诚　匠心筑梦
——"百城百企"记沈阳市政集团有限公司 …………… 075

11. 撑开城市骨架　绘制恢弘蓝图
——"百城百企"记西安市市政建设（集团）有限公司 …………… 081

12. 务实创新　谱写辉煌新篇章
——"百城百企"记广州市市政集团有限公司 …………… 087

13	栉风沐雨　匠心筑路
	——"百城百企"记杭州市市政工程集团有限公司 …………… 098

14	追求卓越　服务社会
	——"百城百企"记太原市政建设集团有限公司 ……………… 112

15	栉风沐雨七十载　砥砺前行续华章
	——"百城百企"记山东淄建集团有限公司 …………………… 119

16	铸精品工程　扬铁军风采
	——"百城百企"记南宁市政工程集团有限公司 ……………… 127

17	奋楫争先　当重庆建设主力军
	——"百城百企"记重庆城建控股（集团）有限责任公司 …… 131

18	匠心构筑城市交通　品质引领未来发展
	——"百城百企"记云南省建设投资控股集团有限公司市政总承包部 … 141

19	铺筑幸福道路　架设理想桥梁
	——"百城百企"记包头城建集团股份有限公司 ……………… 153

20	传承红色基因　再征建设领域"新蜀道"
	——"百城百企"记成都市市政工程（集团）有限责任公司 … 160

21	不懈追求　勇攀高峰
	"百城百企"记北京住总集团有限责任公司
	轨道交通市政工程总承包部 ………………………………… 164

22	砥砺奋进一甲子　勇往直前六十年
	——"百城百企"记北京市市政四建设工程有限责任公司 …… 170

23	创新实干　铁色不改
	——"百城百企"记中铁十五局集团有限公司 ………………… 177

24	筑高质量隧道工程　连接城市美好未来
	——"百城百企"记上海隧道工程有限公司 …………………… 183

25	砥砺奋进正青春　逐梦扬帆新征程
	"百城百企"记宏大建设集团有限公司 ………………………… 191

26	百年征程　匠心永恒　为铸造高品质工程添砖加瓦
	——"百城百企"记中建八局第三建设有限公司 ……………… 199

27	57年栉风沐雨　57年砥砺前行
	——"百城百企"记南京同力建设集团股份有限公司 ………… 203

28	不忘初心　为"新城建"添砖加瓦
	——"百城百企"记江苏广吴建设园林有限公司 ……………… 210

29	亿万斯年　时和岁丰	
	——"百城百企"记中亿丰建设集团股份有限公司	214
30	笃行致远　砥砺前行	
	——"百城百企"记苏州市政园林工程集团有限公司	225
31	惟实励新　打造徐州城市经脉	
	——"百城百企"记徐州市政建设集团有限责任公司	229
32	以感恩时代之心向百年企业奋进	
	——"百城百企"记常州市市政建设工程集团有限公司	233
33	养路养身　修路修心　35载坚守与耕耘	
	——"百城百企"记镇江市市政设施管理处	239
34	心怀感恩回馈社会　18年砥砺结硕果	
	——"百城百企"记裕腾建设集团有限公司	242
35	先进技术管理　创一流工程质量	
	——"百城百企"记盐城市市政建设集团有限公司	249
36	精工至善　筑梦革新　争当新时代高质量发展排头兵	
	——"百城百企"记江苏永联精筑建设集团有限公司	252
37	以质量求生存　以信誉拓发展	
	——"百城百企"记杭州之江市政建设有限公司	258
38	业精于勤　全力以赴　装扮杭州美景无双	
	——"百城百企"记杭州萧宏建设环境集团有限公司	265
39	扬时代之风　铸恒基之魂	
	——"百城百企"记恒基建设集团有限公司	273
40	一笔一足迹　一步一脚印　逐绿前行　驰梦笃行	
	——"百城百企"记浙江大东吴集团建设有限公司	280
41	打造城市新地标　树立城市新形象	
	——"百城百企"记温州市市政工程建设开发有限公司	290
42	以党建优势引领行业高质量发展	
	——"百城百企"记浙江国腾建设集团有限公司	297
43	诚信经营　敢为人先	
	——"百城百企"记万宝盛建设集团股份有限公司	305
44	艰苦创业　奋勇争先	
	——"百城百企"记菏泽城建工程发展集团有限公司	312
45	"日照速度"的背后是"日照质量"	
	——"百城百企"记日照市政工程集团	320

46	用技术创新建精品工程
	——"百城百企"记潍坊市市政工程股份有限公司 ………… 325

47	创造精品　服务社会
	——"百城百企"记枣庄市政建设集团股份公司 …………… 330

48	打造城市名片　让城市更美好
	——"百城百企"记临沂市政集团有限公司 ………………… 339

49	以人为本加强党的建设　让党建元素点亮市政建设
	——"百城百企"记威海市市政工程有限公司 ……………… 345

50	传承工匠精神　输出精品工程
	——"百城百企"记青岛第一市政工程有限公司 …………… 350

51	携手共进　为国家的城市建设添砖加瓦
	——"百城百企"记青岛登科市政工程有限公司 …………… 356

52	"说了算、定了干、高质量、按期完"
	——"百城百企"记青岛市政空间开发集团有限责任公司 … 362

53	匠心建造　百年路桥
	——"百城百企"记深圳市路桥建设集团有限公司 ………… 366

54	优质高效打造"金杯奖"工程
	——"百城百企"记湛江市市政建设工程总公司 …………… 371

55	同心砥砺　开拓进取
	——"百城百企"记郑州市市政工程总公司 ………………… 375

56	跨越天堑　志扬远方
	——"百城百企"记洛阳市政建设集团有限公司 …………… 380

57	承载城市梦想　铸造精品工程
	——"百城百企"记申飞建设工程有限公司 ………………… 392

58	六十载奋进筑匠心　一甲子风雨积厚蕴
	——"百城百企"记开封市政工程有限公司 ………………… 396

59	六十五载　筚路蓝缕向辉煌
	——"百城百企"记南阳市市政工程总公司 ………………… 402

60	把握时代脉搏　坚持质量创新发展
	——"百城百企"记河南旭泰市政建设有限公司 …………… 407

61	团结一心　克难奋进　奉献社会的历史责任
	——"百城百企"记武汉市市政建设集团有限公司 ………… 410

62	厚德善建　实干兴邦
	——"百城百企"记武汉市汉阳市政建设集团有限公司 …… 416

63 六十年栉风沐雨　六十年砥砺前行
——"百城百企"记湖北益通建设股份有限公司 …………………… 426

64 披荆斩棘　勇立潮头敢为先
——"百城百企"记天恩建设集团有限公司 ……………………… 432

65 团结拼搏　争创一流
——"百城百企"记汉江城建集团有限公司 ……………………… 435

66 携七十年积淀　擎筑城市辉煌
——"百城百企"记秦皇岛市政建设集团有限公司 ……………… 438

67 艰苦创业、勇于拼搏、献身市政、造福于民
——"百城百企"记唐山市市政建设总公司 ……………………… 442

68 不忘初心　牢记使命　助力小康织路网
——"百城百企"记北旺集团有限公司 …………………………… 449

69 谱百年耕耘　奋发图强新篇章
——"百城百企"记大连市政工程有限公司 ……………………… 452

70 追寻城市发展步伐　贡献市政建设力量
——"百城百企"记辽宁东方建设工程有限公司 ………………… 461

71 同心向上　勇于担当
——"百城百企"记辽宁奥鹏交通科技集团股份有限公司 ……… 467

72 以人为本　凝聚优势　打通城市"主动脉"
——"百城百企"记锦州市市政工程有限公司 …………………… 471

73 以绿色理念构筑文明芜湖
——"百城百企"记芜湖城市建设集团有限公司 ………………… 474

74 精益求精　永不言弃
——"百城百企"记合肥市市政工程集团有限公司 ……………… 479

75 攻坚克难　锐意进取
——"百城百企"记马鞍山市市政建设有限责任公司 …………… 482

76 善建者诚　思远者和
——"百城百企"记太原市第一建筑工程集团有限公司 ………… 487

77 书写新时代篇章　激发红色引擎活力
——"百城百企"记山西喜跃发道路建设养护集团有限公司 …… 492

78 经营结构转型　起航城市运营新征程
——"百城百企"记山西五建集团有限公司 ……………………… 496

79 奋力前行　书写城市建设传奇篇章
——"百城百企"记山西临汾市政工程集团股份有限公司 ……… 501

80 安全就是效益　质量就是生命
　——"百城百企"记运城市泰通市政工程有限公司 ……… 508

81 创新驱动　"市政+互联网"战略化发展
　——"百城百企"记大同市政建设集团有限公司 ……… 515

82 主业固基　信誉至上
　——"百城百企"记赤峰天拓市政建设工程有限公司 ……… 519

83 砥砺前行和祖国共成长　不懈奋斗谱写榕圣新篇章
　——"百城百企"记福建省榕圣市政工程股份有限公司 ……… 523

84 咬定青山不放松　搏风击浪立潮头
　——"百城百企"记厦门市政工程有限公司 ……… 528

85 做责任市政　建幸福企业
　——"百城百企"记吉林市市政建设集团有限公司 ……… 534

86 劈波斩浪　勇立潮头　打造百年市政企业
　——"百城百企"记西安市市政工程（集团）有限公司 ……… 540

87 建一项工程　交一方朋友　树一块丰碑
　——"百城百企"记鸿川建筑产业集团有限公司 ……… 546

88 架桥筑路　造福于民
　——"百城百企"记昆明市市政工程（集团）有限公司 ……… 551

89 重任在肩担使命　勇做行业领先标兵
　——"百城百企"记丽江雪山轨道交通有限公司 ……… 555

90 诚信经营　追求卓越
　——"百城百企"记天津路桥建设工程有限公司 ……… 561

91 奋力铸造城市桥梁　聚力创新促进社会发展
　——"百城百企"记天津第二市政公路工程有限公司 ……… 565

92 创精品工程　塑世纪丰碑
　——"百城百企"记重庆建工第二市政工程有限责任公司 ……… 568

93 攻坚克难　助力上饶打通瓶颈
　——"百城百企"记上饶市金日市政工程有限责任公司 ……… 573

立足新时代 奋楫新征程

——"百城百企"记北京市政建设集团有限责任公司

扫码看视频

北京市政建设集团有限责任公司前身追溯到1949年3月成立的北平市建设局，与新中国同龄，70余年来，北京市政集团曾创造了北京乃至全国建设史上的诸多"第一"：承建了新中国第一面五星红旗的基座、旗杆。建设了"神州第一街"；铺设了北京第一条煤气管道、热力管道和天然气管线；承建了北京第一座城市立交桥、第一座箱涵顶进式铁路立交；承建了中国最大的污水处理厂——高碑店污水处理厂和亚洲最大的自来水厂——北京第九水厂，参与承建了北京首条地铁线，承建了亚洲第一座地铁斜拉桥——立水西桥。

北京市政建设集团有限责任公司（以下简称"北京市政集团"）与新中国同龄，是以基础设施建设、投资、施工、运营维护与咨询代建为主营业务的综合性建筑企业集团。自1949年3月成立以来，北京市政集团创造了北京乃至中国城市建设史上的诸多第一，是国内第一批取得市政公用工程总承包特级资质的大型国有控股高新技术企业，拥有各类建筑资质60余项。

四次参与天安门广场维修改造工程

天安门广场是首都北京的中心，是全国人民向往的地方。天安门始建于明永乐十八年（公元1420年）。

自新中国成立以来，天安门广场就成了首都人民庆祝重大节日、集会的场所。新中国成立后为迎接开国大典，于1949年9月组织实施了第一次整修；为庆祝第一个国庆日，1950年6月，修建了东单至中南海东侧的"林荫大道"工程。

图1 天安门广场改扩建工程铺设花岗石地面

图2 1999年建成后的天安门广场

1952年8月，拆除了天安门前的东、西三座门。为迎接新中国成立10周年大庆，全面扩建天安门广场，由11hm²扩大到29hm²，广场面层铺装水泥混凝土大方砖，同时修建游行大道，广场东、西侧路及人民大会堂西、南侧路。

随着"毛主席纪念堂"的建设，1979年8月广场进一步扩建到40hm²，整个广场开阔、庄严、气势恢弘。

至1998年，广场已四十年有余，混凝土大方砖已陈旧破损，为了新中国成立50周年大庆，经国务院批准予以改建。广场大修总工期8个月，共铺筑石材8.6万m²。

天安门广场，由金水桥西广场、中心广场、革命历史博物馆西广场三部分组成。结构分为三层，基垫层为20cm厚石灰粉煤灰稳定砂砾，基础层为15cm厚C30混凝土，面层3cm干性砂浆找平层上卧15cm厚花岗石条石。1999年进行改建。改建的天安门广场工程获得1999年度中国建设工程特别鲁班奖（国家优质工程）。

扩建"神州第一街"

长安街，是北京市的一条东西轴线，因位于旧时长安左门、长安右门内而得名。其始建于明永乐十八年（1420年），最初称"天街"，其长度只有370m。"长安"有长治久安之意。长安街也是中国历史上著名的街道之一，素有"十里长街""神州第一街"之称。

1950年，为迎接新中国第一个国庆日，由北京建设局道路工程事务所施工兴建了"林荫大道"工程。

新中国成立10年期间，长安街道路由最早15m宽，逐渐扩宽形成35～50m的道路，长度由1949年的2.4km增加到6.7km，路面铺筑沥青混凝土。

新中国成立20年期间，长安街西轴线道路（复兴门至石景山道路）、东轴线道路（建国门至通州区）陆续完成，总长39.5km，由最早的沥青砾石路面逐渐改铺为沥青混凝土路面、水泥混凝土路面，路面宽也由7m逐渐扩宽至35m。

新中国成立40年期间，对道路改扩建，统一调整路拱，加铺沥青石屑面层。道路修补采用玻璃布及AB液处理沥青路裂缝的新工艺；加铺路面先用铣刨机铣刨，再加铺新的沥青混凝土面层。

新中国成立60年期间，对长安街进行综合整顿，采用材料再生、透水、温拌等环保材料和技术，提高了路面材料的使用性能，提升市政设施服务功能及景观的整体品质。

随着材料更新、技术进步、经济发展，市政工程施工逐步融入人文、科技、绿色、环保理念，道路越来越宽畅，行车越来越舒适，景观也越来越引人瞩目。通过多年对长安街分段、分时期的扩宽、改造、延长，长安街由最早的2.4km建成为现在的47km。按照新的长安街西延方案，

图3 完成后的长安街实景

建成后总里程为53.4km,长安街成为名副其实的"百里长街"。

如今,长安街已经是北京市一条连接东城区与西城区的城市主干路,横贯中国首都城区的东西中轴线路,贯穿天安门广场,沿线有中南海、故宫以及许多中央政府部门。历经多年修缮建设,面貌日新月异,成为高楼耸立、华灯如林、绿树成荫、百花飘香的繁华大街。

新中国成立60周年,北京市政建设集团有限责任公司长安街改造工程荣获国家优质工程奖、第十三届中国土木工程詹天佑奖。

治污排头兵　建绿色生态之都

作为首都基础设施建设的主力军,"北京市政"在各个时期始终以排头兵的姿态引领着行业发展的潮流。特别是在水务建设领域,北京市政集团一直是京津冀地区乃至全国水务建设施工市场的龙头企业。

北京市政集团自1988年承建北京市第一个城市生活污水处理厂——北小河污水处理厂起,先后承建了包括北京、西安、青海玉树、长沙等污水处理厂多达160余座,污水处理总量超400万m^3/d。在北京市,北京市政集团修建的污水处理场站处理量累计占处理总量的90%,包括高碑店污水处理厂、酒仙桥污水处理厂、清河污水处理厂、小红门污水处理厂、卢沟桥污水处理厂、未来科技城再生水厂等多个场站项目,其中高碑店污水处理厂处理能力为100万m^3/d。

高碑店污水处理厂于1990年开工,1993年建成一期工程,二期工程于1999年竣工。厂区总占地68hm^2,总处理规模为日处理量100万t,近占北京市当前日污水总量的一半,服务人口240万。总投资16.44亿元人民币,高碑店污水处理厂采用传统活性污泥法二级处理工艺,消化后经脱水的泥饼外运作为农业和绿化的肥源。消化过程中产生的沼气,用于发电可解决厂内20%用电量。

图4　建成时国内最大的污水处理厂——北京高碑店污水处理厂

图5　北京高碑店污水处理厂

图6　北京高碑店污水处理厂（局部）

高碑店污水处理厂工艺设计紧凑，水区、泥区界限分明，布局合理。自投产来，出水水质稳定达标，主要用于北京市城区的工业用水、城市绿化、农业灌溉等方面，显著改善了城市水环境，还清了通惠河，为北京市节约了大量优质饮用水。

高碑店污水处理厂现在是北京市最大的污水处理厂，也是同期亚洲最大的城市污水处理厂，为北京市重要的基础设施。承担着市中心区及东部工业区总计9661hm²流域范围内的污水收集与治理任务，汇集北京市南部地区的大部分生活污水、东郊工业区、使馆区和化工路的全部污水。建成后始终保持满负荷运行、全达标排放的水平。该污水处理厂的建成为北京市水污染治理和水环境保护、缓解北京市的水资源紧张状况起到了积极作用；也为北京城市经济和社会可持续发展、打造"绿色生态"国际化都市作出了积极贡献。

该工程荣获1999年中国土木工程詹天佑奖、入选新中国成立60年100项精典暨精品工程，入选"改革开放40年·百项经典工程"。

敢于攻坚　为城市地铁提供技术保障

国内各大城市地铁隧道建设，主要采用盾构法和矿山法。随着城市地铁网络的增加延展，城市建筑群向地下空间深入，地铁隧道建设筹划面临的挑战和困难越来越大，主要体现在：（1）区间渡线在常规直径盾构隧道布设困难；（2）多区间盾构与车站施工协调困难，盾构过站需等待车站具备条件，施工工期过长；（3）外部环境更加严峻，严重影响制约地铁建设开展；（4）地下空间有限，双洞隧道不具备条件；（5）绿色建造要求高，要节约资源、减少能耗、节省地下空间、安全高效、环境友好等。为了解决以上诸多难题，大直径土压平衡盾构建造技术应运而生。

北京地铁14号线东风北桥站工程，为全国首次采用 ϕ10.22m 大直径土压平衡盾构机建造"单洞双线"地铁隧道工程，并且在国内首次采用大直径盾构隧道扩挖法进行地铁车站的建设，开拓了地铁车站暗挖施工建造的新方法。该盾构机也是同期中国北方地区直径最大的土压平衡盾构设备。隧道全长3151.6m，一次掘进完成，工程实际掘进时间共计192天，平均每月掘进492.2m。

单洞双线大盾构地铁隧道建造技术，相比传统直径盾构双洞隧道建造，显著提高了施工效率，降低了地下影响，减小了城市地下空间的浪费，避免了盾构完成后联络通道暗挖风险。为城市地铁建造提供了新思路、新方法。

在北京市政人的努力下，这一项目竣工通车，标志着中国首次采用大直径盾构机建造地铁单洞双线隧道及扩挖建造地铁车站施工技术的成功，是工程领域重要的转折点，解决了国际性技术

图7　ϕ10.22m 盾构机

图8　北京地铁14号线15标在国内首次应用直径10.22m大盾构，实现"一洞双轨"

难题，填补了该领域的技术空白。它拓宽了苛刻条件下地铁工程施工中常规工法的局限，为今后的地铁工程施工模式开启先河，并积累了宝贵的施工经验，为国内大直径土压平衡盾构施工提供坚实技术保障，有着不可估量的价值。

该工程施工中的课题——《大直径盾构隧道扩挖地铁车站成套关键技术研究与应用》成果总体达到国际领先水平，并荣获2019年度北京市科技进步奖。

立足新时代，奋楫新征程！站在新的历史起点"北京市政集团"始终坚持"立足北京，面向全国"发展思想，目前，市场开发区域遍及国内30余个省市、自治区、直辖市和国外地区，在京津冀、长三江、粤港澳大湾区、成渝地区等形成了较为成熟的区域化市场，在全国130余个主要城市站稳了脚跟。同时，强化投资拉动作用，综合运用BT、PPP、EPC、F+EPC、片区开发等新模式，形成了"投建运管"一体化全产业链条，拥有一流的投资及运营管理能力。

下一个百年，"北京市政集团"将在中国共产党的英明领导下，以理想为帆，实干为桨，守正创新，勇毅笃行，努力朝着"中国市政·行业领军企业"的目标愿景不断迈进。

北京市政建设集团有限责任公司大事记

1949年3月　　北平市人民政府第一次行政会议决定，以接管后的工务局为基础，成立北平市人民政府建设局。北平市人民政府建设局即为北京市政建设集团有限责任公司前身。

1949年8月　　颐和园至香山的道路工程竣工。这是新中国成立后修建的第一条沥青混凝土道路。

1949年　　　为迎接开国大典，对天安门广场进行修整、开辟等工程建设。修建了22.5m高的升起新中国第一面五星红旗的旗杆。

1949年9月	根据中国人民政治协商会议第一届全体会议通过的"从9月27日起，改北平为北京"的决议。北平市人民政府建设局改为"北京市人民政府建设局"。
1950年9月	京（北京）门（门头沟）公路中段工程竣工。这是新中国成立后北京修建的第一条水泥混凝土道路。
1950年至1951年	辟雅宝路、东四十条、雍和宫、新街口、车公庄、月坛等六个豁口工程陆续竣工。
1951年9月至12月	东直门、阜成门、安定门、德胜门、东便门等处的城楼修缮工程竣工。
1955年2月	北京市政府会议决定：撤销建设局，成立北京市道路工程局。
1958年3月	十三陵水库环湖路和七孔桥工程竣工。
1958年4月	"人民英雄纪念碑"建成，5月1日举行揭幕典礼。
1958年10月	北京市政府会议决定：撤销道路工程局，成立北京市市政工程局。
1959年8月	天安门广场扩建工程竣工。
1959年9月	北京第一条煤气干管工程竣工。
1959年10月	北京第五水源厂工程竣工。
1960年9月	密云水库潮河主坝工程竣工。
1963年1月	吴家村污水泵站土建、安装工程竣工。
1965年12月	永定门外铁路桥工程竣工。
1966年7月	南护城河疏浚工程竣工。
1969年	复兴门至长椿街、正义路至崇文门区段的地铁工程竣工。
1972年12月	首都机场停机坪工程竣工。
1973年11月	东方红炼油厂基础设施工程竣工。
1974年9月	复兴门立交桥工程竣工。
1976年11月	故宫博物院热力工程竣工。
1977年6月	毛主席纪念堂市政工程竣工。
1979年9月	首都机场道路工程竣工。
1982年6月	北京市第一座人行天桥——西单商场人行过街天桥工程竣工。
1982年7月	第八水源厂工程竣工。
1983年12月	北京石化总厂供水工程竣工。
1987年12月	西郊污水干线工程竣工。
1988年7月	北京市第九水源厂净配水厂和22km输水管线工程竣工。
1990年7月	北小河污水处理厂工程竣工。
1991年3月	北京市建委批复，同意启用"北京市市政工程总公司"印章。
1991年9月	赤峰机场跑道工程竣工。
1992年9月	北京市市政工程总公司在市工商管理局注册，领取企业法人营业执照。注册资本3.5亿元，经济性质为全民所有制。经建设部批准，市政总公司为市政工程施工总承包壹

	级资质企业。
1993年12月	高碑店污水处理厂一期工程竣工。
1995年7月	北京第九水厂二期工程竣工。
1998年9月	首都机场综合管廊工程竣工。
1999年8月	中南海道路改造工程竣工。
1999年9月	地铁建国门至国贸桥段工程竣工。
1999年9月	高碑店污水处理厂二期工程竣工。
1999年9月	北京市第九水厂三期工程竣工。
1999年9月	六里屯垃圾卫生填埋场一期工程、北神树垃圾卫生填埋场二期工程、安定垃圾卫生填埋场二期工程竣工。
2000年12月	北京市政建设集团有限责任公司在市工商管理局注册。
2001年6月	四环路工程竣工。
2001年11月	阿苏卫填埋场（二期）工程竣工。
2002年8月	清河污水处理厂工程竣工。
2003年4月	接受小汤山"非典"定点医院建设任务，完成医院的市政基础设施建设。
2003年5月	福州第二净水厂工程竣工。
2003年9月	地铁八通线工程竣工。
2003年8月	北京小红门污水处理厂工程竣工。
2007年6月	北京地铁5号线立水西桥工程竣工。
2007年6月	奥林匹克网球中心室外工程竣工，国家游泳中心室外工程竣工。
2007年9月	东直门交通枢纽110kV送电工程第3标段工程竣工。
2008年5月	北京奥林匹克公园中心区市政配套工程竣工。
2009年8月	北京市南水北调配套工程第三水厂改扩建工程竣工。
2009年9月	北京地铁4号线工程竣工。
2010年6月	北京市长安街道路工程竣工。
2010年7月	北京市对口支援地震灾区恢复重建项目什邡市城市恢复发展区市政工程竣工。
2010年12月	北京轨道交通昌平线工程竣工。
2010年12月	北京轨道交通大兴线工程竣工。
2011年11月	北京地铁8号线二期工程06合同段工程竣工。
2011年12月	北京地铁9号线工程竣工。
2012年9月	北京市对口援建玉树州结古镇灾后恢复重建环境工程（结古镇供水厂工程、玉树县城污水处理厂工程）竣工。
2012年12月	北京轨道交通15号线（一期中、东段望京西—俸伯）工程竣工。
2013年5月	北京市天然气利用系统工程竣工。

2013年6月	青海省玉树州结古镇城镇道路恢复重建、结古镇城镇桥梁工程竣工。
2014年12月	北京地铁15号线工程竣工。
2017年12月	京秦高速公路京冀、冀津连接线段工程潮白河特大桥（河北段）工程第八联钢梁竣工。
2018年12月	北京地铁8号线三期工程机电专业设备安装工程Ⅲ标段、北京地铁8号线三期南延工程机电专业设备安装工程竣工。
2019年4月	北京新机场高速公路（南五环—北京新机场）工程第3标段竣工。
2019年5月	北京市轨道交通新机场线一期工程土建施工03合同段工程竣工。
2019年5月	北京轨道交通新机场线一期工程磁各庄站及区间机电设备、全线站台门安装项目机电安装工程竣工。
2019年9月	北京城市副中心综合管廊工程竣工。
2020年7月	亦庄新城现代有轨电车T1线工程项目土建4标段竣工。
2020年7月	深圳市东部过境高速公路连接线工程第Ⅱ标段北主线全线竣工。
2020年8月	北京房山十渡旅游休闲廊道基础设施建设工程竣工。
2020年9月	安徽怀远市政道路PPP项目14条道路工程全部竣工。
2020年10月	平谷区金海湖镇（环镇西路段）配套电力设施工程（平谷区金海湖镇配套电力设施工程）（二标段）竣工。
2020年12月	延崇高速公路（北京段）工程第1标段竣工。

讲述人：北京市政建设集团有限责任公司
党委书记、董事长　张维民

讲述人简介

张维民，男，中共党员，1970年8月出生于山东，法学硕士，高级经济师。1995年7月参加工作。张维民同志曾担任北京市市政工程总公司办公室主任，北京市政路桥集团有限公司党委委员、总法律顾问，北京市政建设集团有限责任公司党委副书记、纪委书记、工会主席，2019年10月至今，担任北京市政建设集团有限责任公司党委书记、董事长、法定代表人。

"畅""安""舒""美"保障城市运营
——"百城百企"记北京市政路桥管理养护集团有限公司

扫码看视频

养护集团服务于北京市政、公路基础设施的养护运营。同时承担着防汛、铲冰除雪、道路应急抢险、公用设施突发事件应急处置和重大活动保障等任务,近年来出色完成"国庆阅兵""党的十九大""中非论坛"等重大活动保障任务,是首都公路、市政工程建设的主力军,是北京道路养护行业的骨干力量。

北京市政路桥管理养护集团有限公司(以下简称"养护集团")前身可追溯到1960年成立的北京市市政工程管理处,隶属于北京市市政工程总公司。

20世纪90年代初期,北京开始了大规模的改建,迅速向一座现代化大都市迈进,北京大德路桥养护公司正式成立。2007年,公司名称变更为北京市政路桥管理养护集团有限公司。

养护集团自成立以来为首都的道路、市政设施建设及管理作出了卓越贡献。先后创造了京津唐、八达岭等高速公路工程,涞赤路提级改造工程、广渠路市政工程、南菜园桥改建工程、京包高速公路工程、玉树灾后援建工程等多项重点优质工程、长城杯金奖工程。在西关环岛桥梁改造工程、三元桥大修改造工程中应用的SPMT工法,更是国内首创;同时在设施养护、工程质量、安全运行、防汛和应急抢险、交通战备工作中发挥了极大的作用,圆满完成了2012年北京抗击"7·21暴雨灾害"及"11·3暴雪灾害"、2014年APEC会议、2015年纪念反法西斯胜利70周年阅兵、2016年7·20强降雨、2019年新中国成立70周年国庆阅兵等多项重大活动和抢险救援等保障任务,成为北京市交通委、北京市交通战备办公室授旗的13支国防交通专业保障队伍之一——"北京市市政路桥工程保障大队",得到了上级和社会广泛的赞誉。

改造"神州第一街"展现北京新形象

长安街素有"十里长街""神州第一街"之称，是连接北京东城区与西城区的城市主干路。长安街改造工程包括道路拓宽、道路大修、桥梁加固、道路排水、景观绿化、道路照明、交通工程等，规模大、工期短、涉及面广，控制因素多，施工条件极为苛刻，工程难点非常多。

如何做好工程的实施协调组织、交通疏导、文物保护等工作，尽可能减少对沿线环境的影响是决定长安街改造工程成败的关键。

图1 北京市长安街改造工程夜间施工现场

养护集团贯彻建设与保护协调发展的理念，针对不同的交通荷载特性，采取分段、分方向、分车道的结构设计方案，突出设计方案的经济性和精细化；采用"环保、节约、生态"的设计理念，合理利用与改造现况人行道的基层结构，更换透水人行道面砖，增强使用舒适性，同时收集和吸储雨水；贯彻"节能、环保、低碳"的设计及施工思想，积极推广应用多项新技术、新材料和新工艺；并首次利用计算机数据采集及远程数据传输控制等信息管理技术，对工程实施进行全过程管理。

改造后的长安街，从复兴门至建国门形成了统一的双向十车道断面形式，路面平整宽阔、人行步道防滑透水、道路两侧绿化优美，体现了首都现代化国际大都市的新形象。

同时，长安街道路改造工程为60年大庆阅兵奠定了良好基础，具有积极的社会影响和显著的社会经济效益。在实现交通功能、提高服务水平、延长路面使用寿命、提高桥梁使用荷载、改善沿线环境景观，提升长安街整体品质等方面所采用的多项新材料、新工艺，达到国内领先国际先进水平，对北京市乃至全国城市道路改造工程具有重要的示范作用和指导意义。

图2 改造后的北京市长安街

破解技术瓶颈 "43小时" 决胜三元桥

三元桥坐落在三环路、京顺路和机场高速的交汇点，是通往首都国际机场和京郊的重要交通枢纽，日交通流量达20.6万辆。

采用传统工艺更换三元桥桥梁上部结构需要断路施工3个月，这对于三元桥这样重要的交通枢纽是无法承受的。养护集团采用了基于驮运架一体机的桥梁整体快速置换技术，仅用43小时完成三元桥旧桥切割拆除和新桥的驮运，新梁以毫米级精度平稳就位，节省时间98%，节省燃

图3 北京市三元桥

图4 2015年北京市市管城市桥梁三元桥（跨京顺路）桥梁大修工程施工现场

油费约1.05亿元，减少二氧化碳排放3.9万t。

三元桥大修工程是国内首次在城区桥梁改造中应用基于驮运架一体机的桥梁整体快速置换技术。工程的顺利实施，破解了城市桥梁改造与交通相互制约的技术瓶颈。针对桥下空间、整体置换、驮运支承体系和永久支承体系等限制条件，首次提出了与驮运设备和置换工况相匹配的桥梁上部结构，桥梁结构由原来的钢构体系变为连续梁体系。自主研发的驮运架一体机，首次实现了双台设备对三跨连续梁的整体置换，实现了桥梁置换起重、运输和安装一体化作业，突破了国外类似设备运输与架设功能块分离的制造工艺。自主研发的激光循迹系统和精确定位方法，实现了驮运架一体机自动循迹和桥梁的毫米级误差快速就位。

"43小时"的中国建桥速度，受到国内外业界和媒体的广泛关注。入选了中央电视台《超级工程》《新闻直播间》和人民日报社《中国一分钟》国家形象宣传片。美国土木工程师学会、世界高速公路网等30多家世界土木工程顶尖组织也进行了报道，影响深远。

三元桥大修工程采用的多项创新技术，在破解特大城市旧桥改造、提升城市发展和社会管理水平等方面作出重大贡献，书写了城市桥梁改造工程的新篇章，对同类工程具有很强的指导意义和示范作用。

CBD智慧交通治理　打造北京新"名片"

2020年6月，《全球商务区吸引力报告》颁布，CBD全球核心吸引力排名全球第七，亚洲第二，中国第一。CBD作为北京的新"名片"，近年来，开展了一系列智慧交通综合治理，包括区域道路路网、公共交通、慢行交通、交通管理设施、街道景观、停车秩序、科技管控等方面。

图5　北京市朝阳区CBD街道

2019年6月，养护集团完成CBD西北区0.8m²（一期）交通优化示范工程，稳步推进慢行系统建设，配合推进国贸桥地区交通综合整治，实现了智慧化与景观化提升。

为实现街道空间杆体智慧集约化，养护集团研发了行人过街一体灯、综合杆、线性雨水口、新型路面沥青材料（黑金刚）以及新检查井加固方法；为实现共享单车全域规范化管理，养护集团在"口袋"公园、共享单车电子围栏、线上停车导入高德、华为应用；在慢行交通系统方面，养护集团设计了慢行系统林荫化、基于AR导航的慢行街道等。

朝阳区CBD区域交通综合治理工程构建了一个面向智慧交通和人居环境的CBD地区智能交通系统，为交通参与者提供方便、安全、快捷的出行体验以及优质的交通环境品质，也为CBD区域招商引资带来更优越的条件和更优质的交通服务。

近几年来，养护集团完成了"鑫实""鑫旺""鑫畅"公司重组及吸收合并市政处的一系列内部改革，所属瑞通养护中心已通过高新企业认证，进一步完善了企业架构，夯实了创新基础。

养护集团多年来始终坚持"服务政府、服务业主、服务社会"的宗旨，发扬养护集团品牌、资产、人员和核心竞争力的优势，以质量、环境、职业健康安全管理体系的运行和完善，助推"以人为本、质量第一、服务至上"经营理念的升华。

未来，养护集团将一如既往地做好服务，开拓创新，加大科技投入，广纳良才，创造和谐企业，用养护人的智慧和汗水，服务首都人民，创造出畅、安、舒、美的交通环境。

北京市政路桥管理养护集团有限公司大事记

1960年　北京市政路桥管理养护集团有限公司前身——北京市市政工程管理处诞生。

1993年　注册成立北京大德路桥养护公司。

2003年　原北京市公路局所属各区县分局养护段、绿化段等事业单位事企分开,组建北京路桥瑞通养护中心。

2007年　北京大德路桥养护公司、北京市市政工程管理处和北京路桥瑞通养护中心重组为北京市政路桥管理养护集团有限公司。

2009—
2010年　北京市市政工程管理处持有的北京光亚市政工程有限公司、北京西海市政建筑工程有限公司等两家企业股权;北京路桥瑞通养护中心持有的北京路桥海威园林绿化有限公司、北京西门交通设施工程有限公司、北京路桥瑞通科技发展有限公司等三家企业股权,无偿划转至北京市政路桥管理养护集团有限公司。

2014年　北京鑫畅路桥建设有限公司、北京鑫实路桥建设有限公司、北京鑫旺路桥建设有限公司无偿划转到北京市政路桥管理养护集团有限公司。

2014年　设立北京市政路桥管理养护集团有限公司市政工程一处至市政工程九处、道路设施管理处共10个工程处。

2014年　北京路桥瑞通养护中心有限公司被评为北京市高新技术企业。

2018年　北京市政路桥管理养护集团有限公司被评为北京市高新技术企业。

2019年　设立北京市政路桥管理养护集团有限公司第一公路工程处至第十公路处、交通设施工程处、园林绿化工程处、科技检测处等共13个工程处。

2019年　公司被北京市建筑业联合会评为"北京建设行业AAA信用企业"。

讲述人简介

牛存良同志34年来始终为道路管理和养护奉献自己的力量,是养护集团发展的参与者,更是企业历史的见证者。

讲述人：北京市政路桥管理养护集团有限公司
　　　　科技质量部部长　牛存良

用智慧运维守护人民城市

——"百城百企"记上海城建城市运营（集团）有限公司

扫码看视频

作为唯一一家在城市建设运营领域拥有两张"上海品牌"与一张"上海标准"认证的企业，隧道股份城市运营从服务中国第一条越江隧道、中国大陆第一条高速公路、中国第一座外海跨海大桥，到参与新世界七大奇迹之一的港珠澳大桥养护咨询服务，以超半个世纪的数据经验为创新之根，率先提出全生命周期运营理念，以智慧化、精细化运营管理激发城市路网运行活力。围绕上海"一网统管"城市建设目标，主导创建路网级城市交通基础设施智能运管平台，真正实现"一屏观设施，一网管运维"，有力保障安全有序、智慧高效的城市运行环境。

1965年，在中国大力推进国防建设的背景下，隧道股份的前身"上海市隧道工程公司"应运而生，开启了隧道股份全面参与上海城市建设的篇章。在长达50余年的建设和守护后，作为隧道股份全资控股的大型城市基础设施运营企业，上海城建城市运营（集团）有限公司（以下简称"隧道股份城市运营"）在2017年全新组建，并积极推进城市基础设施运维领域的技术创新，着力促进运营养护手段向智慧化、智能化迈进。

大数据技术指导科学运维卢浦大桥

在卢浦大桥景观提升工程中，隧道股份城市运营首创的高空移动作业填补国内空白。

卢浦大桥是继南浦大桥、杨浦大桥之后在上海市区跨越黄浦江的又一座大桥，也是上海跨入21世纪时在市区交通繁忙地段率先建成的越江工程。自2003年建成通车以来，卢浦大桥历经10余年日晒雨淋的考验，桥体涂装已产生部分粉化、锈蚀现象。为提升大桥的安全性和美观度，隧道股份城市运营在2018年完成了桥面以下结构涂装施工，2020年完成了桥面以上的可移动式防护棚安装工程。

为避免出现"休克式大修"阻断交通的情况，围绕全生命周期运营理念，施工时隧道股份城市运营自主设计搭建了可移动式防护棚，安置于桥拱下方、行车道上方。不仅便于不同区域的施工吊篮实现快速转移，更能大幅减少油漆滴落物污染车道，有效降低设施养护对车辆通行的负面作用。

这项填补国内空白的运维创新正是基于隧道股份城市运营在长达十余年对卢浦大桥的运维过程中，始终注重对大桥各项检测、运行数据的积累和分析，全面掌握大桥土建结构、机电设施、交通流量等各方面情况。在大力推进全生命周期运营理念的引领下，公司详细整合了卢浦大桥竣工以来的图片资料和现场勘查照片，形成素材数据库。同时，基于BIM模型搭建健康管理平台，对大桥上141个关键点进行24小时监测，实现运维状态全天候洞察。将过往宝贵经验与当今智慧手段有机结合，充分运用大数据进行科学指导，对涂装工程的前期排摸、方案设计和施工过程都提供了极为有效的参考。

图1　上海卢浦大桥

人民城市的"智慧管家"

隧道股份城市运营对上海这座城市的服务，是于无声处的更加精细化、更为科学化和更具人性化。是像手持"绣花针"一样的细密和用心，每一处针脚、每一处的缝合，都透着精细和温度，透着这座城市处理应急事务的能力，透着这座城市综合管理的高度和标准。

半个多世纪的守护，让隧道股份城市运营人对上海这座城市爱得深沉。2020年新冠疫情发生，守护好上海的大门、排查疫情、布控防疫，是最为紧要的政治任务。450名隧道股份城市运营人逆行而上，用超过3500小时，检查车辆5万多台次、人员10万余人次，用出色的战"疫"表现让党旗高高飘扬在抗疫一线。

不光有爱，隧道股份城市运营更是在积极推进城市基础设施运维领域数字化转型的过程中全情投入，着力促进运营养护手段向智慧化、智能化迈进。

目前，上海部分城市道路已经到了需要进行二轮深度养护维修的阶段，隧道股份城市运营针对这些设施进行科学设计和深度运维修缮，恢复其原有的机能构造与和谐生态。除了在卢浦大桥所应用的"大数据技术指导科学运维"手段外，公司近年投入试用的"AI智能识别技术"也初见成效。AI图像识别功能代替人眼进行路面病害识别，可大幅减少人员重复劳动。同时，对车辆行驶的异常情况进行智能识别，即时捕捉画面上报平台，可极大程度提升突发事件处置速度。

2021年元旦的第一天遭遇了几十年未遇的极寒极冻天气，分布在城市路网的5000多个感应器将实时温度数据汇总到了隧道股份城市运营数字化管理中心，温度传感器的报警系统开始工作，亟需融雪除雪的路段被分析出来，第一时间在城市未苏醒前就开始融雪铲雪、清障护路。当城市开始新一天的工作，人们驾车出行车水马龙的城市图景如卷轴般徐徐打开之时，有谁知道，一批默默无闻的城市守护者，早已悄无声息地为这座城市调试好了出发的状态和心情！

历经半个多世纪的发展，隧道股份城市运营已经从交通基础设施，走向机场、地铁、片区等更为纵深广泛的运维领域，也从当初的城市管理的"保姆"转变为城市管理的"智慧管家"，从传统的养护发展为智能运维，从"一元"走向了"多元"。

现在的隧道股份城市运营，牢牢扎根长三角，辐射全中国。从上海走出去，把"上海标准"和"上海品牌"带出去，以引领行业标准的运营养护水平，有力保障安全有序、智慧高效的城市运行环境，用绣花般的精细治理传递超大城市的民生温度。

上海城建城市运营（集团）有限公司大事记

1970年　运维服务中国第一条越江隧道——打浦路隧道。

1988年　运维服务中国大陆第一条高速公路——沪嘉高速。

2005年　运维服务中国第一座外海跨海大桥——东海大桥。

2016年　参与新世界七大奇迹之一——港珠澳大桥养护咨询研讨。

2017年　上海城建城市运营（集团）有限公司正式组建。

2018年　圆满保障第一届中国国际进口博览会，获"上海市五一劳动奖状"。

2018年　运维杭州文一路隧道，国内首条全生命周期管理隧道成功试点。

2019年　编制国内首部《隧道运营养护服务标准》。

2019年　大连路隧道复制全生命周期管理模式，在已建隧道上成功推广全生命周期管理模式。

2019年　获授上海市首批"市级应急救援队伍"旗帜。

2020年　集结近350人次驰援省界道口防疫工作，守住城市疫情防控大门。

2020年　《城市隧道运维服务》荣获"上海品牌"，为上海首个城市隧道运维管理领域"服务品牌"认证。

2020年　《隧道运营维护服务规范》入围"上海标准"评价试点，填补国内城市隧道运营养护服务规范空白。

2020年　联合研究课题——《路面多维高频检测装备和智能养护技术及应用》，荣获上海市科学技术进步一等奖。

2021年　《桥梁精细化运维服务》荣获"上海品牌"，成为行业首家、唯一一家同时拥有"双品牌"认证的运营企业。

2021年　以《隧道运营维护服务规范》创成行业首个"上海标准"。

2021年　首获"国家高新技术企业"。

2021年　首获"全国企业管理现代化创新成果奖"。

2021年　蝉联上海市重点工程实事立功竞赛"金杯公司"，再度获得"上海市五一劳动奖状"。

建有形世界　筑无限梦想
——"百城百企"记济南城建集团有限公司

雄鹰振翅翱翔，铁军勠力奋战。济南城建集团这支城市建设王牌之师，以"建有形世界 筑无限梦想"的企业精神，以求真务实、埋头苦干的工作作风，绘就泉城蓝图，铺就四方通衢。

扫码看视频

百年企业沧桑巨变　创新发展谱写华章

1929年，济南设市。同一年，济南城建集团有限公司（以下简称"济南城建集团"）的前身——济南市政府工务局市政工程事务所诞生在一条狭窄而破旧的小街上。一排简陋的平房里闪动着十几个人的身影，一匹马和一驾马车便是主要的生产设备。他们修建市政基础设施和公共设施，在济南城市近现代的发展上发挥了重要作用。抗日战争时期，济南市政府工务局在艰难的环境下延续发展的血脉，为国家保存了城市建设的重要资料。

新中国成立初期，济南百废待兴。那时的"济南城建集团"仅有一台老式的蒸汽压路机，职工不足百人。在党的领导下，老一辈济南市政人手抬肩扛，以战天斗地的豪迈气概，修复战争留给城市的创伤，为济南城市建设作出了不可磨灭的贡献。1978年，改革开放给城市建设注入了前所未有的活力，济南市政人先后建成一大批改善市容市貌的工程，尤其是济南第一座立交桥——八一立交桥的完成，使泉城济南焕发了新颜。

2010年济南城建集团成立后，掀开了集团化发展的新篇章，各项建设实现跨越式发展，目前拥有市政公用工程施工总承包特级资质和工程设计市政行业甲级等30余项资质，年施工能力400亿元以上，业务范围涵盖了城市基础设施施工、设计、投资、技术服务等全产业链，业务拓展至全国27

个省份的138个城市及海外市场。企业年度施工产值、利润总额、纳税总额、技术创新能力、市场占有率和综合实力均位居全国市政行业前三名、山东省市政行业第一名。

建有形世界，筑无限梦想。90多年来，济南城建集团秉承"以人为本、科技创新、和谐发展、服务社会"的经营理念，发扬"城建铁军"精神，积极承担国有企业的社会责任，以诚信赢得市场，以质量铸造品牌，获得国内外社会的广泛认可。

重建全国第一座铁路、公路立交桥：天桥工程

天桥位于济南火车站东侧，始建于1911年，共分三层，是全国第一座铁路、公路立交桥。最初的老天桥是在1911年开通津浦、胶济铁路时堆土而成，呈T形，北起成丰街东口，南到现在的铁通公司。桥面宽5m，最大的桥孔高5.2m。桥上走行人、小汽车，中间跑火车，桥下人力车、载重汽车川流不息。

随着城市的迅速扩大，老天桥逐渐不能适应交通的需要。1973年，老天桥拆除，济南开始重建新天桥，天桥旁边的道路同时进行了改建，是济南市解放后最大的工程。该工程由上海市政工程设计院设计，济南市政工程公司施工建设。

经过两年的建设，1975年7月1日新天桥竣工通车。新天桥为三层立体交叉形式，由跨越铁路的高架桥、中层铁路桥和铁路桥下道路组成。桥共10孔，桥梁总长182.93m。剪彩之日，上海同济大学和上海市政工程设计院联合对天桥进行承重测试，从部队调来一辆重60t的坦克开上天桥。当坦克从南往北通过天桥后，安装在天桥上的测试仪器显示天桥状态良好。新天桥的建成，沟通了济南南北交通，为城市向北发展提供了便利，直到今天，济南人心目中曾经的城市地标——天桥对于济南的交通依然发挥着重要作用。

图1　济南市天桥

济南第一座城市立交桥成为地标式建筑：八一立交桥

八一立交桥是济南第一座城市立交桥，于1988年8月8日正式通车。它的建设凝结了众多城市建设者的心血和汗水。33年过去了，这座济南最早的城市立交桥仍然发挥着疏解交通拥堵和美化城市的重要作用。

八一立交桥建设的缘起要追溯到20世纪80年代中期。那时，济南经济迎来快速发展时期，各类车辆增长很快，交通拥堵日益严重，修建立交桥迫在眉睫。

1988年1月18日，八一立交桥举行了开工典礼。该项工程成为当年全市10项城建任务之首。当时的《济南日报》所刊发的多篇新闻和图片报道记录了为这座立交桥的建设勤恳奉献的工作者们，有年近古稀的城建工作人员，也有青年工人。就连那年春节，建设者们也是一身泥、一身水地在工地上度过。最终，占地5.2hm^2，总投资3100万元的八一立交桥仅用时7个月就全部完工，比预计工期还提前了两个月。八一立交桥东西联通经十路，南北联通英雄山路和纬二路，解决了原八一环岛的交通拥堵等各项问题，实现了机动车、非机动车的完全分流，能适应机动车交通量的较大增长。4个路口进入立交桥的机动车达每小时6480辆时，仍可畅行无阻。

1988年8月9日，《济南日报》以《泉城人民的骄傲》为题刊发评论员文章。文中写道："建设者们创造的不仅是物质意义上的立交桥，而且留下了精心设计、科学施工、深化改革、顽强拼搏的八一立交桥精神，这是全市人民宝贵的精神财富。这种精神必将激励全市人民奋勇前进。"1989年7月，八一立交桥入选"1978—1988泉城十大景观（建筑）"。2004年经十路改造期间，八一立交

图2　济南市八一立交桥

桥下东西向车道同时拓宽至双向八车道；2006年又完成了南北向主桥加宽工程。

如今的八一立交桥，仍然能满足当下车辆的通行需求。30多年来，一些技术水平更高、设计更加精良的城市立交桥在济南陆续建成，不过，八一立交桥仍然是济南城市交通发展史上浓墨重彩的一笔。

济南市政建设史上首个鲁班奖：经十路道路及环境建设工程

经十路的历史可以追溯到1941年，算起来已经80岁"高龄"了。经十路原来叫"兴亚大路"，1946年改名为"经十路"，此名称沿用至今。济南市经十路道路及环境建设工程，东始燕山立交桥，西至担山屯立交桥，全长15.21km，济南市境内连接章丘区与长清区的城市主干路，为横贯山东省城地区的东西中轴靠南线路。

2003年，经十路道路拓宽改造及环境建设工程全面开工。

2004年，经十路全面通车。经十路路面结构按城市主干道标准进行设计，快车道72cm的结构层厚度，与面层SMA新材料相匹配，确保了道路结构的强度要求和行车舒适度，解决了全市长期以来因道路结构强度偏低而造成的整体寿命下降问题。而路口处路面基层采用沥青稳定大碎石的新材料，施工速度快、性能好。上面层使用的沥青玛琋脂碎石混合料（SMA）为首次大规模应用在城市道路中。面层摊铺采用了四台大型摊铺机配合四台中型摊铺机，联机作业一次性全幅摊铺的先进施工方式，避免了纵向接缝。

经十路是济南市主要交通干道，也是当时全国最长的城市主干道，全长30km；是济南市实施"东拓""西进"城市发展战略的基础性工程，也是济南市"实现新跨越，建设新泉城"战略目标的重点工程，被评为"全国市政金杯示范工程""山东省市政金杯示范工程""新中国成立60周

图3 济南市经十路道路及环境改造工程

年60项山东省精品建设工程"。2006年1月,经十路道路及环境建设工程荣膺全国建设最高奖"中国建设工程鲁班奖",这是济南市市政工程建设史上第一次获此殊荣。

彰显国企责任担当的援川灾后重建项目：永昌大桥

永昌大桥工程,2010年1月11日开工,为济南市援建重点项目之一,北起永昌大道,南接安北公路,横跨安昌河,为进出北川新县城的门户,成为北川新县城的标志性建筑之一。大桥全长560m,其中主桥长230m,两端引道长为330m。该工程下部地质多为流砂、溶洞、斜面岩、巨型孤石。在桩基施工过程中经常出现偏孔、塌孔、漏浆等现象。为保证桩基成孔质量,克服因地质因素导致的偏孔,在桩基施工中采取回填片石至偏孔位置以上2m,小冲程反复冲钻的方法进行纠偏处理。

该桥位于四川地震区,相应的抗震等级要求高。在2号墩桩基的每棵钢筋笼中,设计埋设了4根I20b工字钢,工字钢伸入承台1.5m,承台混凝土浇筑后,能使桩基与承台有机地连接在一起,能起到抵抗地震冲击力对桥梁整体的破坏性,极大地提高了桥梁的抗震性能。该桥桥梁支座设计采用了减震抗拉球形支座；在桥台背墙与主桥箱梁之间,设计增设了300mm×300mm×52mm的橡胶支座作为抗震垫块。

图4　被授予"汶川地震灾后恢复重建先进集体"荣誉称号

永昌大桥工程在各级领导的关怀下,顺利竣工,荣获四川省"天府杯""绵州杯",荣获济南市"泉城杯"、山东省"泰山杯"、山东省安全文明标准化示范工地等殊荣；济南城建集团先后被授予"汶川地震灾后恢复重建先进集体""山东省对口支援北川灾后恢复重建工作先进集体"荣誉称号。

PPP项目经典范例：水阳江特大桥工程

宣城市水阳江大道闭合段北段工程PPP项目,是宣城市首个PPP项目,并成功入选全国第二批政府和社会资本合作(PPP)示范项目。2016年3月开工建设,2019年5月17日通过竣工预验收,为宣城市城市建设增添新的亮点。

安徽省宣城市水阳江大道闭合段北段工程造价4.56亿元,其中水阳江特大桥全长986m,宽31m,双向六车道,主桥长620m,为双塔三跨的双索面半漂浮体系斜拉桥。主梁采用预应力混凝土双边箱梁,主塔采用双"子"式混凝土桥塔,主塔高115m。项目部攻坚克难,克服高温、降水等不利因素,科学组织,积极策划,不断攻克技术难关,优化工艺流程,突破了工程整体施

图5 宣城市水阳江特大桥

工复杂、工期紧、难度大等难题，圆满完成施工任务。施工中成立QC管理小组持续改进施工质量，组建BIM团队，通过BIM技术建立精确的斜拉桥模型并参数化指导施工。通过开展QC小组活动，有效解决斜拉索索导管定位困难等问题，并获得全国QC一等奖，山东省创新方法大赛二等奖，在索道管定位安装过程中创造2项实用新型专利。凭借优异的工程质量，该工程荣获"国家优质工程奖"。

水阳江特大桥的建成，展现了集团良好的施工能力，宣城市委市政府领导给予了充分肯定，为集团在宣城市场发展赢得良好声誉。

圆了泉城人的地铁梦：济南轨道交通R3线工程

地铁是经济发展较快的大城市公共交通建设的重要内容。济南轨道交通R3线一期工程王舍人站主体总长274m，标准段净宽18.3m，深18.6m，车站为地下二层岛式站台车站，建筑面积14656m^2。主体结构采用明挖法施工，支护结构采用钻孔灌注桩＋内支撑体系，王裴区间采用盾构法施工，双线总长度5.6km。

整个项目工程量大、工期紧、结构复杂，从开工至全面竣工只有短短三年半时间，同时土建、机电安装、铺轨、装饰装修等各专业工种后期存在严重的交叉施工，协调施工难度大。施工中积极组织协调机械设备、人员、物资和多个作业面有序开展施工作业，尤其在3号线王裴区间施工技术应用方面经历了济南市轨道交通建设的四个"首次"，即首次下穿建筑物群、首次盾构机整体过曲线风井、首次联络通道在建筑物下施工和首次采用冷冻法接收，圆满完成了施工任务。

R3线一期工程建成后，加强了临空产业经济区与中心城的联系，助推济南实现"北跨"目标。从此，泉城济南告别无地铁的历史，圆了泉城人的地铁梦。

图6 济南市轨道交通R3线

三隧争辉，扮靓泉城

创全国城市隧道工程多项第一：玉函隧道工程。该工程是济南市保民生、促发展的重点建设项目，是主城区南北中轴快速路的重要部分，是实施济南市高快一体大交通、构建济南城市快速路网体系的重要节点。玉函路隧道施工创造了国内多个第一，洞顶距离地面平均仅约7m，埋深最浅；地处市中心，离建筑物最近；两洞的间距仅约1～3.5m，间距最小。该隧洞是全国最长、周边环境最复杂、地质条件变化最大，而且工期最短的浅埋式双连拱隧道工程。2017年12月顺河高架南延二期（玉函隧道）工程全线通车，成为贯通南北的快速新走廊，大大缓解南北向交通压力，极大方便了周边区域居民出行。同时按照济南城市总体规划空间布局的发展要求，本工程将作为携河发展，黄河北等地区与中心城区新增的快速通道重要组成部分，并加强省会城市群经济圈道路网衔接。

济南"三个第一"隧道：石坊峪隧道工程。该工程创造了三个济南市第一，是当时济南市最长的城市快速路隧道、济南市第一条市区内铺设沥青路面隧道、济南市第一条穿越小区隧道。建设过程中，省市领导多次参观指导工程建设，给予一致认可和好评。该工程荣获"国家优质工程奖"及"泰山杯"奖。

泉城最美"星光隧道"：望岳隧道工程。该工程是顺河高架南延工程最后的节点工程。隧道断面大、埋深浅，单洞宽16.7m，覆土最浅处2.7m，均为全国之最。全线处于山前冲击区域，节理裂隙发育，地处碎石层，透水性强；道路范围十几种既有管线，管道渗漏点多，不利因素众多，导致隧道渗水严重，开挖困难。原有设计支护措施不足以满足安全开挖，经过策划研究，对于软弱和碎石地层，采用地表袖阀管高压注浆加固。采用地表袖阀管高压注浆加固后，极大地

图7　济南市望岳路隧道

减少隧道渗水情况，对松散地层的土体进行了有效加固，大大提升了隧道开挖进度，保证了工程顺利开展。竣工通车后，隧道内以泉水蓝为底色，打造会"识天气"的隧道灯光秀，科技感十足，打造出济南最美"星光隧道"。

中斯友谊之路：斯里兰卡机场高速公路（CKE）工程

2008年，斯里兰卡国内战争结束后，经济和交通都比较落后。中国和斯里兰卡是战略合作伙伴，援建了较多项目。为改善交通状况，发展经济，带动民生，中国为斯里兰卡建设了机场高速公路（CKE）工程。

该项目起点为科伦坡的NKB大桥，终点为卡图纳亚克国际机场，道路主线全长25.8km，连接线4.8km，为双向四车道路面。工程大部分路段穿越沼泽和湖泊地区，没有回填土方可用，经多次专家论证，进行海沙净化后回填，大部分高填方采用长期堆载预压方案；针对当地多雨，全部边坡进行绿化和预制块硬化固砂，排水系统采用截排相结合，有效地保证了路基稳定；由于线路长，水泥稳定碎石采用缓凝剂和快速施工方法；针对当地沥青混凝土碎石呈酸性特质，多次试验采用添加防剥落剂和水泥的方法解决，保证施工质量。

高速路建成后，斯里兰卡总统和中国有关领导人参加了竣工仪式，有力见证了中斯兄弟感情，被称为中斯友谊之路。它也是斯里兰卡真正意义上第一条高速项目。该工程荣获"中国建设工程鲁班奖（境外工程）"。济南城建集团被海外业主和监理赞为"具有在世界任何地方进行高标准高速公路施工能力"。

图8　斯里兰卡科伦坡—卡图纳亚克高速公路（CKE）项目

"十四五"开启济南城建高质量发展新篇章

"十三五"期间，济南城建集团实现高质量发展，在领导班子带领下，顺利完成企业"十三五"规划提出的"12345"发展战略，期末各项主要指标翻一番，累计中标合同额1042亿元，完成产值899亿元，与"十二五"末相比分别增长了93%、158%，职工人均收入过20万元；经营业务覆盖全国27个省份138个地市，先后承建了济南工业北路快速路，顺河高架南延玉函隧道，顺河快速路南延望岳路隧道，轨道交通R2、R3线建设，临沂市南京路沂河大桥，宣城市水阳江大道PPP项目，苏州剑科路等重点工程，"济南城建"知名度不断提升。集团从一家年产值不足1亿元的单一型市政施工企业，发展成为年产值超200亿元的综合性大型企业集团，综合实力位居山东省建筑企业十强（第十位）、山东省市政行业龙头、全国市政行业前二名。

"十四五"期间，济南城建集团将开启企业高质量发展新篇章，实施"以主业为核心，实现高质量发展，以投资为引领，带动多元化发展，以资本为纽带，促进市场化战略重组融合发展"三大战略；以"集聚人才、科技创新、管理创新、企业文化"四个支持保障，实现"经济效益、企业品牌、职工幸福指数"三个显著提升；确保"十四五"末，集团各种主要经济指标比"十三五"末翻一番，为企业百年诞辰2029年入围"中国企业500强"奠定坚实基础。

硕果累累　走在全国同行业前列

作为国内最具竞争力的大型基础设施投资、建设、运营企业之一，济南城建集团下辖15个分公司、15个子公司，设有山东省企业技术中心、哈尔滨工业大学博士后工作站、山东省博士后创新实践基地和大成美术馆文化产业基地。集团现有职工3800余人，其中各类专业技术人员占90%以上，拥有各类国家注册工程师1200余人，中高级以上职称人员1600余人。

近年来，凭借雄厚实力和丰富经验，济南城建集团承建了国内轨道交通项目10余项，总里程80余km；高难度城市隧道20余项，总里程50余km；城市地下综合管廊30余项，总里程100余km；城市高架桥30余项，总里程160余km；跨江、跨河特大桥10余座，涵盖了斜拉、悬索、钢拱等桥型和挂篮、顶推、转体等主要桥梁施工工艺；国内大型EPC项目60余项；在全国投资、建设、运营项目50余项……济南城建集团打造了一项项精品工程，荣获中国建筑工程鲁班奖、国家优质工程奖等各类奖项600余项。

济南城建集团坚持走科技创新之路，获国家发明专利及实用新型专利400余项；拥有国家级工法、省级工法460余项；编制工程建设国家标准、行业标准、团体标准及山东省地方标准90余部；拥有国际、国内领先水平科技成果150余项，荣获华夏建设科学技术奖、山东省科技进步奖等奖项300余项，技术创新总量位居全国同行业前列。

此外，济南城建集团还荣获国家级"守合同重信用"企业、全国优秀施工企业、全国诚信典型企业、全国质量优秀企业、汶川地震灾后恢复重建先进集体、工程建设行业党建工作示范单位、全国"工人先锋号"、全国住房城乡建设系统先进集体、中国建筑业竞争力百强企业等数百项荣誉称号。

图9 荣获"中国建筑业竞争力百强企业"称号

图10 荣获"工程建设行业党建工作示范单位"称号

济南城建集团有限公司大事记

1929年　济南城建集团前身济南市政工程事务所成立。

1949年　成立济南市政工程公司。

1986年　分立为济南第一市政工程公司、济南第二市政工程公司两个独立的国有大型企业。

2001年　合并重组成立济南城建工程公司。

2010年　济南城建集团有限公司成立。

2013年　济南城建集团产值过100亿元。

2015年　济南城建集团晋升市政公用工程施工总承包特级资质、工程设计市政行业甲级资质，成为山东省首家市政公用工程施工总承包特级企业。

2018年　济南城建集团产值过200亿元，企业综合实力位居山东省建筑企业十强、山东省市政行业龙头、全国市政行业领先地位。

2020年　济南城建集团全面完成"十三五"目标任务，累计实现产值899亿元；制定以"1+343"工作体系为核心的"十四五"战略发展规划。

讲述人：济南城建集团有限公司
党委书记、董事长、总经理　牟晓岩

讲述人简介

牟晓岩，中国市政工程协会副会长、山东省市政行业协会会长，工程技术应用研究员。1987年毕业于北京建筑大学，参加工作30多年以来，始终奋斗在城市建设一线，心怀企业发展梦想，矢志中国建造事业。以创新的思维和战略的眼光，勇立潮头锐意进取，深化企业改革创新，带领企业发展成为具有市政公用工程施工总承包特级资质和工程设计市政行业甲级资质、年产值超200亿元的综合性大型国有企业集团。

以质量赢得市场　以信誉打响品牌
——"百城百企"记南京第二道路排水工程有限责任公司

"宝剑锋从磨砺出，梅花香自苦寒来"，42年的风风雨雨，南京第二道路排水工程有限责任公司，克服了许多发展中遇到的难题，突破了一个又一个瓶颈，围绕"优质创新争奉献，诚信务实谋发展"的企业宗旨，打造出百余项的精品工程，真正以质量赢得市场，以信誉打响品牌。

扫码看视频

1979年5月，由南京市下关区政府注资，南京第二道路排水工程有限责任公司的前身下关区劳动服务大队正式成立。在以严家凤同志为代表的老一辈员工的努力下，公司由最初的推着小板车去运土修路，逐步发展为一个现代化、多方位的一流施工企业。1990年南京市下关区机械施工公司正式并入，企业资质也变更为市政公用工程施工总承包贰级、公路工程施工总承包贰级企业，其主营业务也初步涉及公路、桥梁等新领域。2002年2月，随时市场经济的不断深入发展，公司为了更好地发展，正式改制为股份制企业，并正式更名为南京第二道路排水工程有限责任公司。

2004年，南京第二道路排水工程有限责任公司正式升级为市政公用工程施工总承包壹级资质企业，也是南京第一批迈入壹级资质的地方民营企业。从此在董事会的领导下，公司正式迈入高速发展阶段。第一个过街通道工程、第一个工程造价过亿元的工程、第一座城市快速高架桥梁工程、第一个城市快速隧道工程、第一个污水处理厂、第一个城市地下综合管廊工程、第一个超20m深基坑工程、第一个高铁车站配套工程、第一个河道工程、第一个大型停车场工程、第一个轨道交通工程等应运而生。

"道排铁军"承建的第一个大型公路项目

1996年9月20日,公司承建的第一个大型公路项目——沪宁高速公路南京连接线按期竣工。沪宁高速公路可以说是连接上海市与江苏省省会南京市之间的一条重要高速公路干线。其全线均为中国国家高速公路网G42国道的组成部分,沪宁高速公路不仅是南京至上海区域内的重要陆路通道,而且从中国北部、中西部进入长江三角洲的流量均汇集于此。

沪宁高速公路南京连接线工程的建成,不仅加快实现南京市"一年初见成效,三年面貌大变"的目标,同时通过这个项目,公司更获得了市领导和区政府的肯定,争得了"道排铁军"这一荣誉头衔。

据了解,沪宁高速公路南京连接线是南京城市道路建设的1号工程,在当时,其设计标准及技术要求均比较高,正常工期是2年半到3年,但是为了加快南京市的建设步伐,上级领导要求各施工单位从1995年10月底到1996年8月将沪宁连接线工程建成通车,与沪宁高速公路保持同步竣工。为此,公司承接此施工任务后更积极筹备,部署施工力量,于1995年10月26日企业派前期准备工作组进场,完成交桩、洒灰线、搭建临时设施的工作,于1995年11月2日主力大军进驻工地正式开工。

施工时期,企业建立了以指挥长为核心,技术部和施工部为主体的管理网络,为确保施工顺利进行,每个人几乎每个月28天以上都吃住在工地。特别是在首蓿园高架桥箱梁浇筑时,指挥长带领工地技术、施工人员从开始一直到结束,都未曾离开现场半步,指挥长冒雨亲自坐镇,整整两个昼夜。在施工中大量采用了机械化的施工方法,增加了机械设备的投入,接连引进了2台当时先进的50装载机、进口挖掘机、推土机、摊铺机等,借以机械化施工提高工作效率和施工质量。

正是因为领导的严格要求、管理干部的模范带头作用、优秀的机械化施工方法,公司以提前28天高质优速地完成了首蓿园高架桥的任务,受到当时市领导和区领导的一致

图1　沪宁高速公路南京连接线工程

表扬。公司靠着道排铁军铁一般的纪律，顽强的"硬骨头精神"，历尽艰难险阻，该项目在要求时间内完成了任务，同时还荣获"南京市工程质量评比第一名"的荣誉称号。

河道"清洁工" 南玉带河泵站工程

1999年4月23日，公司历时168天终于将南玉带河泵站工程建成，据了解此工程位于南京市中华门西侧秦淮河南岸，占地面积4000m²，服务汇水面积2.53km²，设计排水流量为6m³/s，工程包括建造机械拦污栅、前池、泵房、自流涵、防洪墙、变电所、垃圾处理场等。此次河泵站工程顺利建成，既有效解决了秦淮河中华门片区流域的污水提升、雨水收集问题，也同时为秦淮河片区防涝工作提供了有力的支撑。

但此工程综合性极强，工程类型多，工期紧张。施工过程中干扰因素多，工程地处城南人口稠密区，位于玉带河，场地周围有厂房以及各种复杂的老城区地下管线。工程邻近外秦淮河，地质条件为河漫滩地，地质条件复杂。但也充分锻炼了公司的技术人员，为我公司后续工程的围堰施工技术以及涉水工程项目积攒了宝贵的经验，为公司后期承接的河道环境整治、大型跨河桥梁、湖底隧道等项目奠定了良好的基础。

"防洪战士"南玉带河高水高排工程

2000年5月25日南玉带河高水高排工程在南京建成，其南起五贵里，沿中山南路至外秦淮河设置排水承压箱涵，全长838m，主要工程内容包括：进水口及导流系统、排水承压箱涵、出水口、护坡、防洪墙以及道路恢复工程。

该工程于1999年12月7日开工，施工过程极其困难，南玉带河高水高排箱涵西侧紧邻居民房，东侧受中山南路高架桥墩限制，且沟槽开挖深度达到5～6m，施工作业面有限，施工时采用密打钢板桩加钢支撑的施工方案，确保沟槽的安全。

当时技术也突破各种难点，因涉及承压段约720m，采用钢筋混凝土箱涵施工方式，箱涵结构浇筑采用二次浇筑工艺，对防渗要求极高，因此项目部管理人员仔细检查每一条止水带的安装是否牢固，同时确保施工缝的外表凿毛符合规范要求，保证了施工缝没有渗漏的现象。

南玉带河高水高排工程的建成，成功将南玉带河高水位分流，从根本上解决了南玉带河片区沿岸的淹水问题，是一项造福于民的民心工程，更是南京市防洪排涝的重点工程。公司在该工程的施工中，吸取了箱涵工程施工的宝贵经验，特别是箱涵施工缝的处理以及二次浇筑技术的提升，为公司后续承接综合管廊以及地下通道工程项目培养了一批成熟的技术人才，拓宽了公司的市场经营面，进一步提升了公司的市场竞争力。

加快推进东部新城发展　苏州工业园区北环快速路东延二期

2010年4月10日苏州工业园区北环快速路东延二期工程建成，该工程西起星港街立交，向东沿312国道延伸至星湖街，并在玲珑街、星湖街设置了互通立交。快速路以高架形式接沪宁城际铁路园区站，实现了园区与苏州主城区的快速对接、与城际高铁无缝对接，同时拓展了园区向昆山、上海方向快速对接的通道。不仅极大地改善了园区交通出行，而且美化了沿线的环境，提升了园区现代化发展的进程。

据了解，因工程规模大、工期紧、质量标准高，临近沪宁高铁和在建的城际铁路施工，安全管控风险极高，公司特意抽调精兵强将，选用有丰富高架桥施工经验的施工队担任项目主要施工力量，组建了一支精通技术、科学管理、作风过硬的项目管理班子参与该项目全程管理。本工程与苏州工业园区沪宁城际高铁车站对接，施工协调量大，节点工期控制严格，因涉铁路受限，每个环节必须精确推算，并且做好应急预案，施工力量留好预备队，施工方案反复推敲，从服务全局着眼，克服困难保工期节点。

本工程对桥梁的外观质量要求极高，为达到精美的外观要求，公司在模板制作、脱模剂选用、混凝土配合比优化、施工工艺等方面通过多次小样试验验证。

此次工程的建成通车，实现了苏州工业园区、苏州主城区和周边城际高铁的无缝对接，对加快推进东部新城发展具有重要意义。其中配套绿化、声屏障、降噪沥青路面、LED匝道灯、高架雨水循环利用、泥浆废渣集中处理等体现了绿色环保理念，真正实现了造福于民、造福子孙后代。

公司通过本工程，获得了中国建设工程鲁班奖、全国市政金杯示范工程、江苏省市政示范工程、江苏省建筑施工文明工地、苏州市市政优质工程、苏州工业园区"金鸡湖杯"优质工程的荣

图2　苏州工业园区北环快速路东延二期

誉称号。其中中国建设工程鲁班奖系江苏省市政工程第一次取得该荣誉，树立了企业在创建精品工程的品牌形象，同时大大提升了企业在全国市政工程建设邻域的知名度。

经历了42年的变革，企业多次参与南京大型建设工程，始终牢牢把"优质创新争奉献、诚信务实谋发展"宗旨放在第一位，始终本着为老百姓谋福祉的初衷，认真对待每一个工程，将争创精品工程的观念深深烙印在心中。

在这42年中，公司先后参加了2008年四川汶川地震抢险救灾工作、2008年长江大桥引桥火灾抢修工作、2012年金川河廊桥抢险、2020年新冠肺炎疫情应急工程施工任务，以及每年的抗洪救灾、扫雪保障等社会公益工作，担负着一个优秀企业的社会责任，同时以朝气蓬勃的精神面貌，业务范围在不断发展，业务区域在不断扩大，遍及南京、苏州、无锡、泰州、扬州、盐城、淮安、镇江、宿迁等地，以锐不可当的势态，迈向新的未来！

南京第二道路排水工程有限责任公司大事记

1979年　公司正式成立，迈入市政行业。

2001年　玄武湖隧道陆地段支护一标工程，该工程为南京市政工程施工中首次成功应用了SMW工法施工工艺。

2002年　公司转型、改制，更名为南京第二道路排水工程有限责任公司，公司由集体性质改制为股份制企业。

2005年　泰州迎春桥工程标志着公司具备了独立承建较大规模水上桥梁的施工能力，该工程被评为全国市政金杯示范工程。

2006年　王府园三期（水游城项目）深基坑土方工程，当时该基坑被誉为"金陵第一坑"。

2006年　苏州工业园区南环路东延隧道主体六标段，本工程为公司第一个工程造价过亿元的项目，同时也是公司承建的第一个湖底隧道项目。该工程被评为江苏省扬子杯优质工程、全国市政金杯示范工程和国家优质工程银质奖。

2008年　长江大桥引桥火灾桥梁抢修，以最快的速度集结本公司最强的施工力量，完成市长重托，保障南京长江大桥尽快修复完成，恢复长江南北通行，保障人民出行顺利。

2010年　公司迁址，搬进新建大楼，公司对外形象、社会知名度得到显著提高。

2012年　金川河廊桥抢险，公司投入近百人，顶着暴雨连夜完成抢险工作，保护了人民生命财产安全。

2013年　苏州工业园区北环快速路东延二期，是江苏省第一个获得"中国建设工程鲁班奖"殊荣的市政工程。

2016年　南京地铁10号线南延七桥瓮公园站中标，成为南京市第一家独立投标参与地铁工程建设的民营企业。

2017年　苏州太湖新城吴中片区综合管廊（二期）——东太湖路管廊工程，是公司参与的国家首批城市地下综合管廊试点工程。

2017年　根据《省政府办公厅关于开展省内建筑业企业参与城市轨道交通建设试点工作的通知》（苏政传发〔2015〕241号）精神，公司为第一批次入选南京市轨道交通建设地方企业名录库，并且与中铁大桥局组成联合体，公司负责7号线尧化门站"一站一区间"建设。

2020年　南京鼓楼医院污水处理站扩建项目土建改造工程，该项目成为南京市2020年新冠肺炎疫情应急保障工程。

讲述人简介

讲述人：南京第二道路排水工程有限责任公司
　　　　董事长　严家凤

严家凤作为领导，她见证了企业成立，带领企业度过了最艰苦的年代，解决了员工的温饱问题；作为女性，她不辞辛劳，敢打敢拼，与老一辈员工共同努力，砥砺前行；作为党员，她坚守党性，时刻保持先锋带头作用，敢为人先，冲锋在前。

讲述人：南京第二道路排水工程有限责任公司
　　　　总经理　严家友

严家友紧跟时代浪潮，创新思路，带领企业突破瓶颈，迈入高速发展阶段；他始终践行企业宗旨，打造了国家级精品工程，以质量赢得市场，以信誉打响品牌；同时他还肩负过国家一、二级建造师考试命题组组长等社会重任，为整个市政行业的发展作出了自己的贡献。

宁波市政人"工笔画"下的时代烙印
——"百城百企"记宁波市政工程建设集团股份有限公司

时代如河、滚滚向前,记录着城市的每一次辉煌、生长、焕变,也记录了建筑形态与风格的每一次革命、迭新、进化。位于东海之滨,长三角南翼的宁波,三江交汇,文明璀璨,在城市版图上流淌出了不可磨灭的辉煌印记。从20世纪五六十年代的初现雏形,到21世纪的转型升级,再到现阶段的跨越腾飞,宁波市政集团历经了一个甲子的风云沧桑,筚路蓝缕、不断超越,与宁波这座城市同呼吸、共生长。

扫码看视频

在半个多世纪的春华秋实中,作为宁波市本土老牌企业的宁波市政工程建设集团股份有限公司(以下简称"宁波市政集团")始终秉持"股东满意 员工幸福 社会和谐"的企业使命,用不同的建筑形态见证着城市的风华,从未缺席宁波发展的时代脚步。宁波市中山路、新江桥、机场路高架、夏禹路隧道、杭甬高速互通立交、三江六岸滨江休闲带……这一个个镌刻着时代烙印的宁波地标性建筑都是宁波市政人多年来的"工笔画"。

宁波市政集团前身为宁波市区养路道班,始建于20世纪50年代,紧跟宁波市第一个五年计划的实施应时而生;1984年,沐浴着改革开放的春风,宁波市市政工程公司伴随着政企分家的脚步正式成立,开创了"公司级"名号;1995年,改组设立宁波市市政工程总公司;2001年,完成国企改制,设立宁波市政工程建设集团股份有限公司,开创了全国市政行业范围"用工""产权"两项制度改革彻底完成的历史先河;2012年,强强联合完成与宁波建工股份有限公司的资产重组,成为宁波建工旗下三大核心企业之一;2019年,宁波交投成为宁波建工第一大股东,公司高质量发展的体制机制得以有效保障,迎接的发展机遇更为广阔。从区区几十万元营业收入到几十亿元,从籍籍无名到丰碑永筑,一路栉风沐雨、一路开疆拓土,如今的宁波市政集团,是一家拥有市政公用工程施工总承包特级、建筑工程施工总承包壹级等多项"高含金量"建筑业资质、年生产施工能力70亿元以上的宁波市建筑业"龙头标杆"企业。

百岁峥嵘,唤醒老桥的历史记忆——宁波市新江桥

坐落于宁波核心地块三江口的新江桥,与宁波这座城市有着158年的缘分。沧海桑田、日居月诸,从最初的浮桥、钢筋混凝土拱桥,到钢结构便桥,再到现在的T形刚性结构桥,经过两次升级改造,3.0版本的新江桥仍然伫立在这片富饶的土地上。宁波市政集团作为施工单位,三次勇挑新江桥这座甬城地标性建筑的重担,为它的一次次蜕变贡献了市政力量,书写了一个个与新江桥为伴的精彩故事。

图1 历史旧影中的新江桥

1970年9月30日,在宁波市市政工程队(现宁波市政集团)的努力下,三孔双曲钢筋混凝土版本的新江桥可谓崭新面世,名为"反帝桥"("文革"结束后恢复原名),从动工到通车只花了一年两个月时间,既不需拱架施工,又能预制装配。在当时成为"时髦""多快好省"的象征产物。

2006年5月,新江桥被鉴定为危桥,9月被紧急封锁,只允许非机动车和行人通行。次月,市政府在广泛听取专家、各部门和社会各界意见建议后,作出了"修便桥、拆老桥、建新桥"的决定;2007年1月31日,宁波市政集团仅用83天建成便桥并投入使用,创造了新的"宁波速度"。

2011年3月,宁波市民针对新江桥的桥型方案进行了评议与投票,最终选定"记忆的延续"这一设计理念。宁波市政集团再次作为施工单位,日夜无休勇挑重担。施工期间,仅装饰的石材就多达5万余块,包含60多种造型,单一个拱廊的装修样板段就进行6次,1000多根栏杆上的

图2　20世纪70年代 反帝桥

图3　21世纪10年代 新江桥便桥

罗马柱更全部为纯手工雕刻。2015年11月，历时2年4个月，新江桥新桥以宽阔的六车道，全长677m，标准断面宽度36m，道路等级城市次干道（按主干道设计），设计车速40km/h的全新姿态跃然再现于三江口之上。

经过三改的新江桥，南接海曙区江厦街，北连江北区人民路，与城市中轴线——中山路相接，成为宁波中心城区的重要通道，延续着对宁波百余年的沧桑巨变的陪伴，继续见证宁波的城市变迁。而这一匠心之作终为宁波市政集团捧回了浙江省建设工程"钱江杯"的荣誉，而新江桥也注定成为宁波市政人华彩奋斗路上的历史丰碑。

图4　新江桥现貌

城市地标，数代宁波人的回家路——宁波中山路

2016年12月31日，素有"浙东第一街"的宁波中山路全线贯通，全线双向六车道的沥青路面宽阔平整，花岗石铺就的人行道美观舒适。这是宁波市政集团继1995年参与旧中山路改造，时隔21年后为宁波市民打造的又一时代精品。

宁波市政集团承建的综合整治工程西起机场路，东至江厦街，全长4.73km，主要施工内容

图5　20世纪90年代 中山路

包括道路、桥梁、人行天桥、地下通道、雨污排水管等市政设施改造。

作为宁波市"提升城市品质、建设美丽宁波"行动重点打造的民生工程和精品工程,面对着史上最复杂艰辛的整治,时间紧、要求高、任务重,工程开工后,宁波市政集团紧急抽调分子公司精兵强将,组建了一支强有力的施工队伍,制定了一套管理严格、措施有力的施工方案,科学合理地安排组织施工,旨在通过两年左右的综合整治,将之打造成为功能完善、环境舒适、品质高雅的城市中心轴线。

图6　21世纪10年代 中山路

新技术、新工艺铸造"时代精品"。中山路主车道道路结构层摒弃了以往常规道路的结构形式,采用"气泡混合轻质土+C20混凝土垫层+CRC(连续配筋混凝土)基层+弹性应力吸收层+沥青"的特殊结构形式,新技术、新工艺的使用让中山路变得更加不凡。

以精细化施工擦亮"城市名片"。"如切如磋,如琢如磨",在中山路的施工过程,不断提升施工精细化水平,对工程所有细节都精心琢磨、精心打磨。竣工后的中山路,其平整细腻无接缝的沥青路面、精致美观的人行道、侧平石无不向你展示着市政人的"匠人匠心"。

以精细化管理成就优良工程。在面对中山路沿路商户社区众多、地下遗留管线错综复杂、交叉施工作业的困难、交通组织安全文明施工的多重压力,项目部人员通过借助BIM技术和"互联网+"手段、编制各阶段交通组织方案,和谐共建和绿色环保施工以及严格贯彻落实"工程首件制",实现对管线施工、交通保通、安全文明施工和施工质量的精细化管理。

凭借着一系列的"精准施策",素有"浙东第一街"美誉的中山路迎来了新的蝶变。蜕变后的中山路,不仅缓解了市中心交通压力,提升了城市"颜值",也成为了宁波城市建设的里程碑。

图7 中山路现貌

精准布局创优势 勇争一流不停步

区域拓展久久为功，内外合拍促发展。2001年改制初期，公司积极响应市委市政府"走出去发展"号召，提出了"立足宁波、覆盖浙江、辐射全国"的经营战略，不断加大现有市场的巩固发展及新兴市场的开拓培育，20年初心不改，公司当前经营版图已覆盖浙江全省，并延伸至山东、江苏、安徽、重庆、四川、福建、贵州、广东、云南等20多个省（直辖市、自治区）近150个地市级以上区域，异地经营产值逐年上升并成为公司业务总量的有效支撑，公司多次获评"宁波市走出去发展先进企业"。2017年起，公司深化走出去发展，设立了副总经理挂帅、市内外分子公司联合的事业部机制，从体制、人员、技术、管理等多方面进行了融合，进一步促进了市内外分子公司的同频共振。

依托一业为主，靶向产业多元发展。公司在牢牢守住市政建设根基发展的基础上，紧跟城市发展步伐，积极拓展新领域新产业，逐步构建了市政为主，房建、交通、水利、养护、环保及工程设计、工程监理、沥青水泥制品生产与服务相辅相成的经营格局。近年来公司在"多元发展"的政策扶持下，实现了较好的产业联动。2013年起，相继设立了建筑分公司、养护分公司、交通水利环境分公司。当前，建筑板块已发展壮大为公司第二大产业，养护智能化、机械化水平不断增强，宁波市场占有率30%，多个养护工程荣获"扁鹊杯"。从与宁波建工资产重组起，公司积极运用上市公司融资平台，参与到投融资项目的运营建设中去。8年来共计参与投融资项目20余个，合计项目金额近160亿元，畅通了企业长效发展的内生动力。

管理创新赋能添势，为传统企业插上转型翅膀。2015年全面导入卓越绩效管理模式，全方位规范落实企业战略管理、人力资源管理、运营管理、财务管理、企业文化管理、风险管理等多项现代企业管理制度，全面提升内部管理水平与市场竞争力；组建成立成本管理部和信息中心，实现了项目全过程成本跟踪管理，同时自2018年起积极推进材料网采，年节约资金逾千万元；在"智慧引领、创新发展"的时代强音下，公司持续推进信息化建设，积极探索数字时代下的行业新常态，项目管理、智慧工地、物资集采、智能印控、BI决策分析、移动办公、"市政云"存储、桌面云等一系列信息工具的良好应用助推企业管理"互联网+"。信息化手段的高效运用，推动企业项目管理向精细化和高效化延伸，推动公司整体管理变革创新。

站在新征程新起点，在全国城市基础设施建设持续推进、国际国内双循环新发展格局下，宁波市政集团将紧跟建筑业改革发展的步伐，以更快的速度、更强的行动力，抢抓国家长三角一体化发展、自主创新示范区建设等重大战略机遇，在市场布局、产业结构、企业管理、技术升级、数字化改革等方面应对变局、持续创新、做强做优，努力展现城市建设"重要窗口"模范生的风采风貌，勇做建筑业健康、安全、可持续发展的青蓝生力军！

宁波市政工程建设集团股份有限公司大事记

1954年	宁波市市区养护道班成立。
1984年	政企分开，宁波市市政工程公司成立，开创"公司级"名号。
2001年	完成国企改制，设立宁波市政工程建设集团股份有限公司，开创全国市政行业范围"用工""产权"两项制度改革彻底完成的历史先河。
2002年	获评"全国优秀市政施工企业"。
2006年	83天完成新江桥应急便桥施工，开创新的"宁波速度"。
2008年	汶川地震千里驰援，60余天超水平完成1330套板房搭建的突击任务，获评"浙江省抗震救灾援建立功竞赛集体一等功"。
2010年	首届"宁波市建筑业龙头企业"榜上有名，奠定市建筑业龙头地位。
2012年	强强联合完成与宁波建工股份有限公司的资产重组，成为宁波建工旗下三大核心企业之一。
2013年	获评省级技术中心，科技工作成果再上台阶。
2016年	获评"海曙区区长质量奖"。
2017年	晋升市政公用工程施工总承包特级、工程设计市政行业甲级资质，实现企业资质发展的跨越式突破。
2019年	宁波交投成为宁波建工第一大股东，公司高质量发展的体制机制得以有效保障；被认定为国家高新技术企业。
2020年	公司董事会、监事会、经营班子整体换届，领导班子结构进一步优化、分工更为精细，整体功能实现了较大提升。

6 宁波市政人"工笔画"下的时代烙印
——"百城百企"记宁波市政工程建设集团股份有限公司

讲述人：宁波市政工程建设集团股份有限公司
　　　　党委书记、董事长　王善波

讲述人简介

　　王善波，从夯基垒台，到推陈出新，再到运筹帷幄，二十年风雨同舟，一路见证、引领着公司的发展与荣耀。

跨越市政历史沧海桑田　继往开来再谱沧海之新篇
——"百城百企"记沧州市市政工程股份有限公司

渤海之滨，沧海之州。64年的风雨洗礼，64年的阔步前进、64年的汗水心血让沧州市市政工程股份有限公司谱出新的篇章，让沧海之州焕然一新。勤劳质朴的市政人为了扮美自己的家园，付出了无数的汗水和心血，用自己的双手艰苦创业，顽强拼搏，在改革大潮中搏击风浪，在多元化发展的大道上阔步前进，创造了一项又一项新纪录，攀登了一座又一座新高峰。

扫码看视频

64年的阔步前进，沧州市市政工程股份有限公司（以下简称"沧州市政"）以多元化发展的道路创造了一项又一项新纪录，攀登了一座又一座新高峰；64年的汗水心血，为了拓展自己的家园，勤劳质朴的沧州市政人不断开拓创新，坚定不移地走科技型发展的道路，结出了丰硕的"科研果实"；64年的风雨洗礼，沧州市政在改革大潮中搏击风浪砥砺前行。经历多次"大革新"，从沧镇道路桥梁队初步发展，向事业单位后又向国有企业转变，最后升级真正成为产权清晰、权责明确、架构合理的股份制企业。

2021年，沧州市政更是谋划整体长远发展，制定了未来走工程、建材、房地产"三位一体+"的"十四五"总体发展战略。以积极推进PPP项目、房地产开发，推动产业转型升级；在业务协同和运营机制两方面寻求突破，提升市场运作、资源整合、管理控制和综合创新能力；塑造沧州市政的独特品牌，努力践行"推动技术创新、建造精品工程、提升城市品位"的企业使命，将企业打造成为卓越的城市建设服务提供商。

"萌芽开端"——种下沧州地区沥青路面的"建造种子"

沧州历史悠久，上古时期，沧州属幽州和兖州，西周时属青州，春秋战

图1　市政大厦

图2　新华路

国时代为燕、齐、晋、赵等国地。秦朝时属巨鹿郡和洛北郡，汉代属冀州和幽州，作为一座古城，不仅具有得天独厚的地理区位，从来都是水陆要冲，后期加上京津冀等国家战略规划，沧州也正发生着日新月异的变化。如今的沧州，公路四通八达，到处都是绿树成荫、车水马龙的现代化城市气象。而沧州的第一条柏油路，就是老百姓们熟知的新华路。

1937年，日军侵占沧县后，修筑了东起鼓楼、西至运河长约1000m的土路。随后将其东城墙向火车站拓宽，架起一座木桥，并将这条路命名为"赖川路"。1947年6月15日沧县解放后，市面上工厂和商店不断增建，机动车、畜力车、人拉车逐渐增多。街道狭窄，来往车辆行人抢桥待渡，十分拥挤。

1956年，根据经济发展的需要，沧镇人民政府决定拓宽修建"新华路"，以"以工代赈"方式将桥西的土路修成宽3.5m的泥结碎石路面。沧镇市政工程队负责施工建设该路的下水管线和整个新华路柏油工程。1957年7月施工，8月竣工。东起火车站，西至新华桥，长2.1km、宽7m，使用资金27万元。工程竣工后，从此，记录着日军侵略暴行的"赖川路"，被深深埋在新华路的灰土层下。

图3　1957年人工进行油面施工

新华路作为当时沧州范围内沥青路面最早的一条公路，虽然不长，却像一粒宝贵的种子，成了当时沧州地区沥青路面的萌芽。

新华路后来经过扩建，至今都是沧州市区的重要交通通道，新华路不只是市内河东、河西人民来往的走廊，更是沧盐、沧黄、沧石、保沧几大公路交通运输相互衔接的纽带，对邻近各地城乡物资交流、提高人民生活、发展国民经济、输出土特产品等，都起到了切实有效的积极作用。

"转折"——对传统的旧思想观念的宣战

2001年9月18日，"砰的一声响"——开启了沧州市政人彻底向传统的旧思想观念的宣战，向陈规陋习的宣战。

据了解，当日下午5点，沧州市政总经理吴英彪组织各基层单位部门负责人和全体技术人员针对发现人民商场硬化工程混凝土垫层质量不合格事故召开了现场会，并带领大家亲手砸掉了企业自己施工的混凝土垫层。

这次砸混凝土事件，不仅代表了沧州市政领导狠抓质量的决心和信心，也是市政员工从心底里发出的共同的声音。沧州市政领导认为21世纪作为生产质量的纪元，产品1%的不合格，对顾客来说是100%的不合格。如果轻易放过这些不合格"产品"，就有可能再出现十次、百次。

砸掉劣质混凝土垫层这一举动，彻底唤醒了市政人的质量意识。自此，沧州市政清醒了过来，痛定思痛，提出沧州市政质量宣言，认为"质量是我们的生命，凡损害质量者皆是我们的敌

图4 砸掉人民商场硬化工程不合格混凝土垫层

人，我们必与之战斗直至胜利"，随后更是提出"诚信为本，回报社会"的经营宗旨，希望以创新、高效的管理与精良的技术，向顾客提供真正的优质工程成果。

"结果"——创新精品成果，打造卓越的城市建设服务提供商

沧州市政虽然是传统的施工企业，但也始终以提升工程质量和科技含量来助推效益，谋求企业长远发展，始终把科技创新放在企业发展的重要战略地位。

早在2008年，沧州市政就坚定了走科技发展之路，通过采取组建科研团队、建章立制、加大科技投入、加强人才培养、开展合作攻关等一系列举措，汇聚优势科技资源，开展关键技术攻关，在绿色、环保、循环路用材料及工艺技术领域不断突破，取得丰硕成果。

据了解，沧州市政曾承担科技部"十三五"重点研发计划项目子课题及省、市各级研发课题30余项，获省科技进步三等奖4项，获授权专利14项，主编行业及地方标准17项，获评国家级、省级工法24项，出版学术专著2部，31项QC小组成果荣获全国市政工程建设优秀质量管理小组奖。

此外，沧州市政不断加强科技成果的转化，曾将"建筑垃圾再生利用""泡沫沥青温拌""沥青路面再生"等核心技术在道路工程中进行集成应用，形成了具有自主知识产权的再生型路面结构及施工工艺。以该结构工艺建设完成了60余项住房和城乡建设部、河北省科技示范工程及省、市优质工程，其中获得"全国市政金杯示范工程"的3个项目更为经典：

2010年，经二街道路工程获评该奖项，该道路工程全长6282.9m，规划红线宽50m，路幅形式采用一幅路，行车道宽34m，其中快车道宽24m，两侧慢车道各宽5m，慢车道外侧为5m的人

行便道，于2009年5月竣工。

该工程应用了大量新技术、新工艺、新材料，使工程科技含量和整体质量得到很大提升，道路快车道面层首次采用了SBS改性沥青混凝土，大大改善了路面的抗裂性和抗老化性，提高了道路耐久性，延长了道路的使用寿命；人行便道基层使用了大量级配砖石，使资源得到再生循环利用，符合国家可持续发展原则，社会效益巨大。这也是公司首次获得的此等级工程奖，标志公司施工能力和工程质量水平都有了质的飞跃，也更坚定了我们创国优、建精品的信心。

2012年，公司承建沧州市吉林大道道路排水工程获此奖，全长2191m，道路规划红线宽80m。该工程在施工中广泛应用了新技术、新工艺、新材料：行车道沥青面层应用了泡沫沥青温拌技术，该技术的应用降低了生产能耗，减少了废气和粉尘的排放，减缓了沥青老化，延长了道路使用寿命；行车道基层应用了厂拌泡沫沥青冷再生技术，该技术的应用有效延缓反射裂缝的产生，延长道路使用寿命；人行道面层采用透水型环保砖，基层采用了级配再生砖石集料，增强了透水效果，涵养了地下水源，使工程科技含量和整体质量得到很大提升。

图5　吉林大道

2014年，公司承建广州路道路排水工程获奖，2013年9月15日竣工，建成。西起小流津河，东至迎宾大道，全长2664.5m，道路规划红线宽80m，两幅路形式。工程中集成应用了泡沫沥青冷再生柔性基层、橡胶沥青封层、SMA沥青玛琋脂碎石混合料等多项新技术、新工艺、新材料，提高了工程的技术含量和品质，有效抑制和减少了道路裂缝，降低了生产能耗，减少了废气和粉尘的排放，减缓了沥青老化，延长了道路使用寿命。同时再生利用了大量的建筑垃圾，实现了变废为宝，解决了建筑垃圾"占用土地、污染环境"等问题，最大限度做到了节约资源、减少污染，有效保护环境。

此外2018年，公司承建的沧州市九河路贯通工程，更成为公司的新型科技优秀示范工程，全长约2.65km，始于浮阳大道，止于王御史小路以东既有九河东路。该工程采用新型节能减排

图6　广州路

图7　九河路

成套技术体系，将"沥青路面再生技术、泡沫沥青温拌技术、橡胶沥青及其混合料技术"与透水型人行道结构进行设计整合，有效降低了道路建设对不可再生资源的消耗，节约资源，减轻环境污染，实现循环经济发展模式和可持续发展。其中在排水工程中更是应用了"钢带增强聚乙烯螺旋波纹管技术"，用塑料管道代替混凝土管道，有效减少了水泥、钢筋等原料生产时对环境的污染，降低能耗。

2019年10月14日公司承建的贵州大道竣工，为公司的第二新型科技优秀示范工程，在修建过程中，将"厂拌泡沫沥青冷再生技术、沥青路面温拌再生技术、泡沫沥青温拌SMA混合料技术"与透水型人行道结构设计整合为节能减排成套技术体系，将这些绿色施工技术，高质量严要求地分别应用在贵州大道行车道以及透水型人行道中,既降低了道路建设对不可再生资源的消耗,节约了宝贵的资源,又减轻了对环境的污染,实现了可持续发展。在施工的同时,沥青路面施工质量动态管理系统的应用,实现了对沥青路面的施工质量的实时监控和全过程管理,及时、准确、快捷,有效提高了沥青路面施工质量和管理水平。在排水工程中应用了"钢带增强聚乙烯螺旋波纹管技术"。示范技术的集成应用更好地实现了工程建设与资源环境的和谐统一,产生了良好的经济效益和社会效益。

图8 贵州大道

沧州市政不断将科技成果进行转化,不仅增强了工程品质和科技含量,还使得道路工程建设与环境保护、发展循环经济有效融合,为实现企业发展与社会效益的共赢,打造城市建设服务提供商,开创创新发展、绿色发展、高质量发展新局面,建设生态文明整体布局作出重大贡献。

沧州市市政工程股份有限公司大事记

1957年	沧镇市政工程队成立,为沧州市市政工程股份有限公司前身。
1959年	沧州钢厂下马,480名钢厂工人调入沧镇市政工程队。市政工程队人员壮大,施工能力增强。
1962年	根据上级"精兵简政"指示,市政工程队精减为73人。
1968年	建设局、交通局和工业局三局合并,成立工建交革命领导小组。 市政工程队、交通局路政科、公共汽车队和园林队四个单位合并成立市政工程处。
1976年	根据市革委会指示和市建委(75)沧革建字第2号、3号、4号批复,将原"沧州市革命委员会建设局市政工程队"改为"沧州市市政工程管理处"。

1978年	经市委组织部、编委批复，市委常委会研究同意，将原市政工程管理处分为：市政工程处、城市管理处、路灯管理所三个单位。
1984年2月	原市政工程处、城市管理处和路灯管理处三个单位融为一体，成立沧州市市政工程公司。完成机构改革，成为事业单位，企业化管理，主要负责修建市区内的公路、桥涵和路灯的管理。
2006年6月	市政设施管理处与市政工程公司分离。市政公司成为国有企业，实现事企分离，管干分开。
2011年12月	沧州市人民政府批复同意改制后，严格按照程序和要求进行操作。
2013年12月	沧州市产权交易中心将公司整体国有净资产（含土地）作为标的，在沧州市国资委网站和《河北经济日报》上同时发布了沧州市市政工程公司整体产权转让公告，并在全社会公开征集受让方。
2014年1月	沧州市市政工程股份有限公司在沧州市产权交易中心进行了登记，获得竞买沧州市市政工程公司的整体产权。
2014年6月	签订产权交割书，6月13日沧州市产权交易中心出具产权交易确认书完毕，历时三年完成了改制工作相关程序。
2014年8月	沧州市市政工程股份有限公司举行隆重的揭牌仪式，开启了沧州市政继往开来、自强发展的新生之路。

讲述人简介

吴英彪，出生于1964年，中共党员，工商管理硕士，正高级工程师。河北省第十二届政协委员，沧州市第十一、十二、十五届人大代表，中国市政工程协会副会长。先后被评为河北省职工劳动模范、河北省有突出贡献的中青年专家、河北省新世纪"三三三人才工程"第三层次人选，连年获评河北省企业诚信建设优秀工作者、河北杰出企业家、河北省建筑业优秀企业管理者、河北省优秀市政行业企业家等多项省级荣誉。从基层技术骨干到企业掌舵人，他励精图治，奋发图强，带领沧州市政铸精品、创科研，为城市建设和经济发展作出了卓越的贡献。

讲述人：沧州市市政工程股份有限公司
党委书记、董事长　吴英彪

勇当生态先锋　锻造城建铁军

——"百城百企"记武汉生态环境投资发展集团有限公司

扫码看视频

武汉第一座立交桥琴台立交桥、第一条轨道交通轻轨1号线、第一个沿江景观工程汉口江滩、第一条有轨电车大汉阳有轨电车、"楚天第一门"机场二通道、万里长江第一隧武汉长江隧道、第一条长江滨江景观大道江北快速路、世界上最大跨度中承式钢箱桁架推力拱桥、首个接诊新冠肺炎疫情患者的专门医院火神山医院……在近70年的发展历程中，武汉生态环境投资发展集团有限公司作为城建建设"主力军"和应急抢险"先锋队"，创造了城市建设史上的诸多"第一"，见证了"武汉，每天不一样"的城市巨变，在浩瀚的历史长河中一次次书写"奇迹"！

武汉生态环境投资发展集团有限公司（以下简称"武汉生态投资集团"）前身是武汉市政府于新中国成立之初设立的武汉市城市建设管理局，1983年政企分开后成立武汉市市政工程总公司；2002年按现代企业制度组建了武汉市市政建设集团有限公司；2015年4月，以武汉市市政工程总公司为班底组建了武汉航空港发展集团，担负武汉临空经济区投资建设使命；2020年9月，武汉市委决定整合武汉航空港发展集团、武汉碧水集团、武汉环境投资开发集团，重组成立武汉生态投资集团，打造集投融资、研发、设计、建设、运营为一体的全生命周期城市建设运营服务商。

回首来时路，硕果累累。作为武汉生态治理和城市建设"王牌军"，武汉生态投资集团先后投资建设了天河机场三期、江北快速路、秭归香溪长江大桥、武阳高速等一批城建交通项目，汉口江滩、青山江滩、武汉百里长江生态长廊、"三河三湖"综合治理、大东湖生态水网等一批水生态治理工程，千子山循环经济产业园、陈家冲和长山口垃圾填埋场等一批生态修复工程，多次荣获全国市政金杯示范工程、中国土木工程詹天佑奖、中国人居环境范例奖等荣誉，累计获得国家、省、市科技进步奖30余项，为武汉加快打造"五个中心"作出了积极贡献。

展望新征程，斗志昂扬。"十四五"期间，武汉生态投资集团将肩负"生态先锋、城建铁军"使命，突出资源整合、聚焦主责主业，以专业化发展、市场化经营为导向，统筹推进生态环境、绿色市政、片区开发、产业投资、研发设计咨询四大核心业务板块发展，实施风险管控、投资管理、经营拓展、人才强企、绩效管理五大提升工程，打造主业突出、竞争性强、带动作用明显的生态环境治理和城市建设龙头企业，全面提升武汉生态环境综合发展能力，勇当城市建设发展的引领者、市民美好生活的创造者，为武汉这座英雄城市的改革创新发展贡献更大力量。

打造武汉首座立交桥　畅通三镇"咽喉"

武汉，两江交汇、三镇鼎立，素有"九省通衢"的美誉。在近70年的发展历史中，武汉生态投资集团这支"铁军之师"，以"抱团负重、拓荒致远"的信念，坚定实践着"敢为人先、追求卓越"的城市精神，为"武汉，每一天不一样"写下了生动注脚。

1987年，经过改革开放第一个10年的发展，武汉的交通面临着新的问题：彼时，从汉口、汉阳到武昌只有长江大桥一条通道，两个方向的车流在龟山脚下的汇合处形成一大堵点，扼住三镇道路连通口的"咽喉"。1988年12月，武汉首座立交桥——琴台立交桥在这里应运而生，它的建设者正是武汉生态投资集团。这座立交桥呈"人字形"，通车后不仅有效提高了武昌与汉口间的车流行速，更对畅通三镇交通、促进经济发展、方便市民生活具有重要意义，在城市发展史上留下了浓墨重彩的一笔。

从琴台立交桥开始，武汉生态投资集团一次次刷新武汉立交桥建设新纪录。1992年7月，在

图1　琴台立交桥

汉口最繁华的解放大道，武汉第一座"三层"立交桥——航空路立交桥建成，桥身第一层为原地面，第二层为圆盘形环岛，第三层为解放大道直通高架桥，全长3050m，其建成极大地缓解了武汉交通紧张状况，对城市经济发展的推动作用延续至今。

在一代代建设者们的努力下，城市桥梁如雨后春笋，越来越多，越来越美。2010年12月，武汉二环线（武珞路—八一路）高架桥通车。该工程处于武昌核心的街道口商圈，构建了珞狮南路、珞狮北路南北贯通的交通和景观中轴线，与马房山下穿通道、东湖隧道一起组成了主城区快速交通系统。整个桥梁外形新颖美观、线形流畅、势如飞虹，鱼腹式箱梁、花瓶式桥墩，实现了城市景观建设和城市功能提升的有机结合。

图2　航空路立交桥

图3　二环线（武珞路—八一路）高架桥

图4　三环线东段

同月,武汉三环线东段(青化路立交—老武黄立交)工程进行了竣工验收。项目全长9646m,是三环线建设的最后一段,其完工标志着三环线全线贯通的目标圆满实现。三环线建设历经10余年,浓缩了几代城市建设人的心血,成为武汉城市道路建设的缩影。三环线全线通车使武汉拥有了首个真正意义的快速环线,优化了主城区骨干道路网系统,将三镇串联起来,减少了主城区直穿车流,进一步释放武汉区位优势,推动了经济建设发展。

武汉市属企业首次投资建设跨长江大桥

2019年2月,全长约27km的江北快速路江岸段、黄陂段通车,这是我国首条长江滨江景观大道,临江、近江、看江是其最显著的特征。武汉生态投资集团作为建设单位,按照"共抓大保

图5　江北快速路二七立交桥

护、不搞大开发"的要求，全面统筹协调各参建单位，高标准、严要求地推进工程建设，克服了拆迁量巨大、防汛压力重、工期短等难题，实现了建设效率与生态文明的有机统一。

江北快速路建成通车后，成为武汉"大临港"板块的重要疏通通道和武汉新港集疏运体系"两路两铁"的重要组成部分，极大地方便了城市交通，从阳逻到汉口中心城区仅需20分钟，使沿线数十万市民受惠，对推动汉口滨江商务区发展和长江新城、武汉新港建设，带动江岸、黄陂和新洲三区沿线经济的发展和鄂东地区快速崛起都具有重要意义。

2019年9月，屈原故里——湖北省秭归县迎来第一座跨江大桥——香溪长江公路大桥的通车。这是武汉生态投资集团所属武汉市市政建设集团投资建设的第一座长江大桥，也是武汉市属企业首次承建跨长江大桥。作为湖北"六纵五横一环"骨架公路网六纵两支中跨越长江的节点工程，大桥通车解决了秭归县12个乡镇被长江天堑隔断，64km长江水域无一座跨江通道的局面，实现了当地百姓的百年梦想，对于改善库区交通条件，加快脱贫致富具有重大意义。

项目包含"5桥1隧"，路线全长5.419km，创下多项之"最"：跨度之"最"，主跨采用519m的钢箱桁架推力拱结构，是世界上最大跨度中承式钢箱桁架推力拱桥；技术之"首"，国内首次在大跨径钢桁架拱桥中采用拱脚连接以及"厚承压板格构+预应力"的新型构造形式；规模之"最"，拱肋主桁安装采用整体节段吊装悬拼方式，其缆索吊机规模为同类型桥梁规模之最；世界领先，采用"扣缆塔合一"的大悬臂扣挂法施工，施工扣塔主跨达601.2m，位居同类型桥梁的世界前列。

图6　香溪长江公路大桥

万里长江第一隧　开启武汉地下过江历史

过去"蜀道难、难于上青天",而今"天堑变通途",武汉的交通面貌发生了翻天覆地的变化,市民的出行难问题基本得到解决。隧道"网络"的构建,更为武汉经济社会发展和向外开放提供了强有力支撑。

2008年12月28日,被誉为"万里长江第一隧"的武汉长江隧道通车试运营。该工程全长3630m,是第一条经国家批准立项、第一个开工、第一个建成通车的长江水下公路隧道,系连接武昌、汉口主城区汽车过江交通的主通道,有效缓解了长江大桥、长江二桥的交通压力,极大改善了市民过江交通环境和出行条件,优化了城区内部路网布局,加强了武昌中心区与汉口中心区

图7　万里长江第一隧

图8　2号线地铁盾构机下井

的经济联系,成为武汉城市发展的标杆工程。

2012年10月,武汉市轨道交通2号线一期通车,这是武汉市首条地铁,也是国内首条穿越长江的轨道交通线路,串联武汉四大商圈,是武汉轨道交通线网规划中最重要的黄金交通走廊。武汉市市政建设集团承建三站三区间,包括金银潭站、中南路站、宝通寺站、街道口站、广埠屯站,其中金银潭站是武汉市市政建设集团建设的首个地铁项目,也是轨道交通2号线终点站,其顺利实施为承接后续地铁项目奠定了基础。

2016年8月,武汉市轨道交通6号线一期工程建成。项目线路穿越长江Ⅰ级阶地富水砂层,地质条件复杂,技术风险高,施工难度大,专业协调多,建造质量要求高,管理难度大。武汉市市政建设集团承建两站两区间,建设中坚持"质量第一,科技领先"的建设理念,推广"四新"成果和十大新技术应用,并通过自主创新攻克多项技术难题,确保了建设过程中安全风险可控,成型盾构隧道轴线精准。该工程跨越汉江,连接汉口和汉阳,造就武汉三镇地铁互通成环,对提高城市功能和综合承载能力具有重要意义。

图9 6号线国博中心北站站厅

2018年4月,武汉东湖国家自主创新示范区有轨电车T1、T2试验线工程试运营。项目位于"中国光谷"——东湖高新区,全长约30km,总投资31.4亿元,引领光谷提前进入有轨电车时代,对该地区城市格局、多模式多层次的公共交通系统以及产业发展起到关键推动作用,具有重要的战略意义和示范作用。线路开通运营后,有效支撑了光谷地区整体升级,也成为落实公交优先战略的重要实践。

擦亮绿水青山　引领武汉生态文明建设

习近平总书记强调:"要建设一支生态环境保护铁军,政治强、本领高、作风硬、敢担当,

图10 "大三通"高架段

图11 沌口水厂

特别能吃苦、特别能战斗、特别能奉献。"在武汉生态投资集团改革发展历程中，始终牢记总书记殷殷嘱托，坚决贯彻习近平生态文明思想，打造了一批惠民生、树标杆的示范生态项目，以擦亮绿水青山的实际行动引领武汉生态文明建设。

1996年11月，武汉市沌口开发区汉阳沌口水厂工程建成。该工程引进了当时先进的技术和设备，其中的"心脏"部位——气水反冲滤池系华中地区首次引进欧洲的技术与标准，制供水自动化程度高，结构复杂，预埋件数量大，施工精度高，工序繁多。该项目的建成极大改善了区域供水状况，为沌口地区乃至全市的改革开放、招商引资、经济腾飞提供重要支撑。

图12 汉口江滩

图13 倒口湖公园

长江之滨的武汉，拥有得天独厚的临江景观。2002—2003年建成的汉口江滩防洪及环境综合整治工程，系武汉标志性景观中心，立志打造"全国江滩之最"。该项目将抗洪抢险与亲水休闲相结合、江滩景观与沿江环境相结合，为城市防洪工程建设注入了新的理念，改写了武汉市没有千亩广场的历史，并承载了丰富多彩、健康向上的人文内涵，为城市功能的提升、生态环境的改善发挥了重要作用。

海绵公园是在公园建设中运用海绵城市理念建设的公园，武汉倒口湖公园便是其中代表之一。倒口湖是武汉历史上的洪水管涌多发区。2016年，武汉遭遇大汛，倒口湖发生管涌险情，李克强总理亲临现场指导抢险工作。汛后，倒口湖作为武汉市青山区海绵公园示范点进行海绵改造，并于2018年6月正式开园，成为武汉首座以防汛科普为主题的海绵化雨洪公园。

2006年12月，汉阳江滩综合整治工程建成。该工程位于长江左岸，建设内容包括防洪护岸、道路排水、园区绿化、音响亮化、中控监控、体育健身、大禹神话园及鹦鹉文化等七大项工程，再现了"晴川历历汉阳树，芳草萋萋鹦鹉洲"的景象。万里长江第一桥凌空而过，诸多风景名胜相伴，令汉阳江滩成为独具文化韵味的风景长卷，对改善城市绿化生态环境，推动汉阳沿江地区发展起到了重要作用。

图14　汉阳江滩

图15　青山江滩

2015年6月，武青堤堤防江滩综合整治工程（青山江滩）建成，成为武汉市首段利用海绵城市理念建成的城市生态缓坡式堤防。作为长江主轴生态轴的重要组成部分，该工程的实施有效保障了武汉河段的防洪安全，增强了防洪能力，改善了沿江景观，推动了滨江旧城改造，突出的绿化景观对缓解城市温室效应、改善周边人居环境具有重要意义，获得2017年C40城市奖"城市的未来"奖项、中国建设工程鲁班奖等多项荣誉。

2011年11月，东沙湖连通渠工程通水。该工程是大东湖生态水网的启动工程，打通了东湖与沙湖的循环连通道，形成一条亮丽的城市水景观带，使优美的生态水系与东湖深厚的历史文化积淀相互辉映，促进了城市旅游新格局的形成，为发挥"大东湖"环境效益、社会效益、经济效益增光添彩，显著提升了城市的品质与形象。

图16　东沙湖连通渠

图17　东湖港

2019年5月，东湖港综合整治工程竣工。历史上的东湖港河道淤积、区域渍水，东杨港水体黑臭，市民要求根治的呼声强烈。该项目被列入武汉黑臭水体整治和海绵城市建设计划，体现了武汉"四水共治"的决心。如今水清岸美人和的东湖港、东杨港成为城市的新名片，并在国家海绵城市建设试点创新典范项目暨"中国特色海绵样板"征集活动中被评为"水系样板"。

2019年10月，北洋桥生活垃圾简易填埋场生态修复工程建成。北洋桥垃圾场于1989年启用，2013年关闭，总占地面积559亩，与武汉火车站距离仅六七百米。该工程的建成基本解决了相关污染隐患，保护了周边环境安全，同时提升了城市窗口形象，带动了周边商业、住宅、文旅项目的开发，显著提升了区域土地价值，促进了城市的经济发展。

2017年5月，武汉千子山循环经济产业园开工建设，是目前华中地区在建的最大一座循环经

图18　北洋桥生态修复效果图

图19　千子山循环经济产业园

济产业园，也是国内首家集生活垃圾焚烧发电、建筑垃圾处理、有机垃圾处理、市政污泥处理、工业危废和医废处理等六大循环经济产业链于一体的循环产业园，对武汉系统补齐固废处置能力短板，建设"美丽武汉"具有重要作用。首个投入运营的医废处理项目是武汉唯一一个同时具有蒸煮处理与高温焚烧处理多种模式的医废处理项目。

鏖战"火神山医院" 书写"中国速度"

作为"铁军之师"，武汉生态投资集团积极践行国企责任，是武汉城市应急抢险的"先锋队"，奋勇参与了1998年抗洪抢险、2018年除雪融冰等城市应急任务。2020年初，突如其来的新冠肺炎疫情席卷武汉，1月23日武汉开始了长达76天的封城。为应对汹涌而来的疫情，武汉生态投资集团深知责任重大，主动逆行出征，积极投入疫情防控武汉保卫战中。战役的"第一枪"在"火神山"打响。

图20 火神山医院施工现场

1月23日，除夕前一天，武汉生态投资集团第一时间抽调党员成立突击队，第一时间组建项目团队，第一时间调集机械设备，第一时间进入施工现场，于当晚22时首批进入火神山医院建设现场，组织上百台挖掘机、推土机等施工机械紧急集合，通宵进行场平、回填等施工。灯火通明的建设现场，为千万武汉市民点燃战胜疫情的希望火种。

在"火神山"，每一位建设者都夜以继日与时间赛跑、与疫情抢时，每道工序的时间安排都精确到小时。他们不眠不休、连续奋战，充分发扬"特别能战斗、特别能吃苦、特别能担当、特别能创新、特别能奉献"的"五个特别"企业精神，仅用十天就在一片平地上建起一座规模宏大、设施齐全的现代化医院，也是世界上首个接诊新冠肺炎患者的专门医院，向世界再一次展现了"中国速度"的奇迹。

图21 夜战"火神山"

疫情防控武汉保卫战中，武汉生态投资集团共承担了22座方舱医院、9个定点医院隔离病区、23处集中隔离点、10项城市应急保障等65项抗疫应急任务，搭建床位约2.5万张；提前建成千子山医疗废物应急处理项目，累计处理各类医疗废物7.3万桶，并完成华南海鲜市场垃圾处理任务，成为武汉参战人数最多、时间最长、任务最重、范围最广的市属国企之一，获得了国家、省市多项抗疫先进表彰。

征途漫漫，唯有奋斗！武汉生态投资集团将满载城市建设者的荣光，筑梦新时代、启航再出发，以打造"超大城市全生命周期建设运营服务商"为企业愿景，力争"十四五"末资产规模突破2500亿元，年利税突破20亿元、营业收入超过400亿元，拥有一、二家上市公司，成为全国一流的生态环保和城市建设领军企业，为现代化大武汉建设和行业发展作出更大贡献！

武汉生态环境投资发展集团有限公司大事记

新中国成立初期，武汉生态投资集团前身武汉市城市建设管理局成立。

1983年　政企分开后成立武汉市政工程总公司，迈出市场化第一步。

1994年　武汉市江环实业发展总公司成立，进军生态环保领域。

2002年　按现代企业制度要求成立武汉市市政建设集团，走向高速发展时期。

2010年　武汉环境投资开发集团成立，作为政府环境产业投资平台承担全市大型城管基础设施和环境项目的投融资、建设及运营，成为武汉公共环境投资建设主力军。

2013年　武汉碧水集团成立，负责全市水环境治理、水资源保护及利用、河道堤防、水务基础设施、生态林业等项目的投融资、建设、运营和维护改造。

2015年　以武汉市市政工程总公司为班底组建武汉航空港发展集团，担负武汉临空经济区融资平台、投资主体、工程建设主体使命，由单一施工企业转变成"平台＋施工"企业。

2020年	参与疫情防控武汉保卫战，成为参战人数最多、时间最长、任务最重、范围最广的市属企业之一，受到国家、省、市表彰。
2020年7月	参加武汉防汛战役，出动防汛人员3万余人次，各类机械车辆和设备1万余台次，守护了城市安澜。
2020年9月	武汉市委决定，整合武汉航空港发展集团、武汉碧水集团、武汉环境投资开发集团，重组成立武汉生态环境投资发展集团，打造集投融资、研发、设计、建设、运营为一体的全生命周期城市建设运营服务商。
2021年1月	整合内部设计资源，成立武汉生态环境设计研究院，填补武汉生态设计领域空白，打造生态规划设计政府智囊和创新阵地。
2021年3月	承办"第一届生态保护与利用高峰论坛"，成立武汉首个跨行业生态产业联盟，探索生态保护新路，共建生态化大武汉。

讲述人：武汉生态环境投资发展集团有限公司
党委书记、董事长　胡承启

讲述人简介

　　胡承启在国企改革、武汉轨道交通建设、生态环境治理、城市基础设施建设和功能提升、功能区规划及开发建设、投融资等领域屡有创新突破，为武汉城市建设和发展作出了积极贡献。

百年市政　匠心佛山

——"百城百企"记佛山市市政建设工程有限公司

扫码看视频

佛山市市政建设工程有限公司，坐落于岭南历史文化名城——广东佛山，是广东省建筑行业较早实现整体改制的民营企业。佛山市政正以崭新的面貌，紧跟时代发展的步伐，为社会、为客户、为员工创造新的价值，立足佛山、环抱大湾区、走向全国！

佛山市市政建设工程有限公司，企业前身是成立于1958年的佛山市政府下属的市政工程队，为事业单位；1994年成立佛山市市政建设工程总公司，为国有企业；2002年整体改制为佛山市市政建设工程有限公司。

到2021年，这家企业已经为市政工程建设奋斗了63年。

匠心建设　以质量为生命

时间是最忠实的记录者，也是最客观的见证者。60多年来，公司走过了不平凡的生存与发展历程，经历了风风雨雨，几经革故鼎新，在困境中不断探索和寻求企业的生存发展之路。新一届公司领导人，不忘初心，牢记使命，坚持以"诚信第一、合作共赢、回馈社会、幸福员工"这种经营理念，把舵公司这艘航船在市场经济的大海中"直挂云帆济沧海"，让公司的经营始终保持可持续发展的活力，重新进入良性发展的新篇章。

经过60多年的发展壮大，佛山市市政建设工程有限公司（以下简称"佛山市政"）现已成为国家市政公用工程施工总承包壹级资质企业，施工资质类别多。公司汇聚了多层次的优秀技术管理人才，并向年轻化趋势发展，公司员工的平均年龄约为35岁，大学专科及以上学历超过90%，国家注册一、二级建造师占比50%以上，中、高级工程师等持各类证书人员占比90%以上。目前佛山市政主要经营范围包括市政基础设施配套工程、建筑工程、公路工程、水利工程、园林绿化景观工程等。

多年来，佛山市政曾参与众多大型城市重点工程项目建设，在建设过程中，佛山市政坚持"以人为本，以质量为生命，以市场为导向，以发展为根本"的原则，打造了众多优质工程。历年来所承建的工程项目连续多年获得广东省市政优良样板工程奖、佛山市市政基础设施优良样板工程奖等多种奖项；施工工地也多次获得广东省安全生产文明施工双优示范工地、佛山市安全生产文明施工双优示范工地等荣誉称号；同时，公司的治理水平也获得行业市场充分认可，保持着稳定的发展态势，公司连续多年获得广东省守合同重信用企业、广东省市政行业先进单位、佛山市市政公用事业行业优秀企业、佛山市优秀施工企业等多项荣誉，是佛山市城市建设领域的主力军。

修复明末清初商业古路

升平路兴起于清末民初，佛山早期最为集中的商业中心，佛山商业重要发源地，这条历史悠久的商业街，从1934年开路到如今，已有上百年历史，在20世纪初到90年代对佛山经济和文化发展具有重要意义。

在20世纪60—90年代，升平路的维修和改造工程都是由佛山市政的前身佛山市政府下属的市政工程队负责，其中还包括了与升平路相邻的锦华路、汾宁路、公正路、福宁路的维修和改造工作。在施工机具匮乏的年代，老一辈市政人发挥不怕苦不怕累的奉献精神，对该路段进行路面及管网维护，使其对佛山市的城市发展发挥重要作用。

图1　佛山升平路

打造佛山CBD中的璀璨明珠

佛山季华公园坐落于佛山最繁华商圈，于1994年5月建成，占地200多亩，是风景优美，意境优雅，具有亚热带风光的大型开放游览性公园。是一座20世纪佛山园林设计最为现代化的公园，是改革开放后提升佛山市人民群众精神文明的重点示范性工程。在市政府的统一领导下，伟大的建设者们不惧艰辛，保质保量按时完成工程建设。建成后，季华公园所有场地免费为市民提供，欢乐畅游的市民和颇具现代化的建筑及园林绿化设计，正是改革开放的春风吹满大地的最好体现。

图2　佛山季华公园

修建佛山第一条东西向主干道

1990年，季华路还未有"路"，放眼四周皆是一片翠绿农田。1993年，季华五路步入开发期。从最初的市政人参与开工建设到现在，季华路已由最初的2km增加至20km，从一片荒芜到现在两侧名企汇聚，成为商业繁华的城市会客厅。

季华路于1993年完工，为混凝土路面，全长2km，双向四车道，是佛山市第一条东西向主干道。该道路采用人车分流设计，道路两侧留设自行车道与人行道，在20世纪90年代极具前瞻性。

佛山人行天桥"零"的突破

佛山同济路人行天桥坐落于同济路与体育路交界处，为钢筋混凝土桥。1978年改革开放春风吹遍神州大地。随着经济总量不断增长，为适应社会发展，1983年佛山市第一座人行天桥应

图 3　佛山季华路

运而生。佛山同济路人行天桥借鉴了我国第一座人行天桥——广州人民南路人行天桥的施工经验，实现了佛山市人行天桥"零"的突破，也是佛山地区改革开放成果丰收的最好体现。历经 30 多年的风吹雨打，同济路人行天桥已被改造成为横跨同济路与体育路，集交通和景观功能于一体的现代化人行天桥。

图 4　佛山同济路人行天桥

打造"百年市政"金字招牌

63年来，佛山市政始终以"匠心"对待每个项目，严格要求，精心施工，打造精品工程，奉献优质产品，始终以"真心"培育企业人才，干一项工程，树一座丰碑，育一批人才。打造出一支不怕苦、不怕累、团结协作、能打胜仗的队伍！以人为本，匠心工程，真正做到令业主放心、令市民满意，经得起历史的检验，经得起人民的检验，确保"百年市政"这个金字招牌熠熠生辉。

同时，在日常运营中，佛山市政不忘社会责任，始终以"诚心"勇担社会责任，发扬"勇挑重担、不怕困难、冲锋在前、连续作战"的精神，积极参与扶贫助学、抢险救灾、抗疫防控等社会活动，以实际行动履行社会责任，赢得社会各界的广泛好评。

千帆竞发，百舸争流，站在新的历史起点，佛山市政将以更加崭新的面貌，紧跟时代发展的步伐，为社会、为客户、为员工创造新的价值，全力打造规模一流、品牌一流、团队一流，最具有社会竞争力和社会责任感的建筑强企。立足佛山、环抱大湾区、走向全国！为了实现中华民族的伟大复兴，为了尽快实现我们的"中国梦"而作出应有的贡献！为实现"百年市政"的梦想而努力奋斗！

佛山市市政建设工程有限公司大事记

1958年2月	为了整合市政、环卫、园林工程、维修、维护的统一管理，组建了市政府下属市政工程队，为事业单位。
1973年5月	改名为佛山市市政工程处，成为市政、环卫、园林为一体的施工管养单位，为事业单位。
1976年10月	成立佛山市市政建设工程公司，将环卫和园林的职能分立出去，保留市政施工和市政维修的职能。
1994年6月	成立佛山市市政建设工程总公司，将市政施工和市政维修的职能分离，标志着公司正式进入国有企业时代，也成为佛山市第一家主项为市政公用工程施工总承包壹级的施工企业。
1998年至今	公司从1998年参与承建佛山市第一座污水处理厂——东鄱污水处理厂，还先后承建了佛山市镇安、沙岗、城北、三水驿岗、三水金本、云东海工业园、南庄等多座污水处理厂，是佛山市承建该类工程最多的企业。
2002年11月	佛山市市政建设工程总公司改制为佛山市市政建设工程有限公司，正式脱离国资背景，由国有企业转制成为佛山市第一批建筑行业的民营企业。
2005年至今	自佛山市华阳路道路桥梁工程（现南海大道）荣获广东省市政优良样板工程奖，先后

	有佛山市三水驿岗污水处理厂等十多项工程获得此奖项。
2015年5月	四会市生活垃圾无害化填埋场改扩建项目由公司中标承建，这是公司首次承建该类型工程。
2019年2月	为适应企业的高速发展，由扎根了61年的佛山市城区中心（现为禅城区）迁址到毗邻广州的南海区智富大厦，借助粤港澳大湾区和三龙湾的建设契机，企业进入了发展的快车道。

讲述人：佛山市市政建设工程有限公司
副总经理　黎智惠

讲述人简介

黎智惠，入职佛山市政至今28年，从事过工程、经营、行政等方面的管理工作，经历过事业、国企、民企的管理模式，具备较强的实践经验和良好的沟通协调能力，积累了非常丰富的专业知识和社会资源，行业内有一定影响力和认可度。

大道精诚　匠心筑梦

——"百城百企"记沈阳市政集团有限公司

扫码看视频

10

　　沈阳市政集团有限公司是全国创建最早的市政企业之一，为共和国的建设发展作出了不可磨灭的贡献。一代又一代沈阳市政人，砥砺传承国企血脉，弘扬大国工匠精神，南征北战，修路建桥：从广东深圳滨海大道，到内蒙古赤峰银河大桥；从山东曲荷高速公路，到北京冬奥崇礼工程；从江西赣州高速公路，到西藏拉林公路，征战的足迹遍布全国26个省、直辖市、自治区，为国家建设精品工程，为人民创造幸福生活，为企业实现百年梦想奉献担当。

弘扬光荣传统　铸就百年梦想

　　1948年11月2日，随着辽沈战役的硝烟散尽，东北战略重镇沈阳解放。为尽快医治战争创伤，修复城市道路交通，确保支前物资快速运送，沈阳特别市政府工务局道路交通总队应运而生，这就是沈阳市政集团有限公司（以下简称"沈阳市政集团"）的前身。

　　翌年5月，沈阳市政人打响了战后重建的第一仗，开始修建沈阳火车站前的胜利大街。这条路是支援前线的主要通道，也是沈阳解放后第一项大的市政工程。老沈阳市政人靠着铁锹镐头、扁担土篮和手搬肩扛，在群众自发帮助下，仅用一个月就将此路建成。

　　沈阳解放后，以其雄厚的工业生产实力，成为全国解放战争的后方基地，多数支援淮海战役和渡江战役的战略物资，都是沈阳制造并运向前方。为了增加铁道路轨，扩大南下运输能力，更好地支援前线，沈阳市政集团老前辈勇敢地承担并完成了在车站两翼修建南、北两座公铁立交桥的艰巨任务。

1950年，新中国成立的第二年，抗美援朝战争爆发。为建设强大的人民空军，国家在沈阳建立"松陵"和"黎明"两大军用飞机制造厂，并就近建设机场。

1951年4月，老一辈沈阳市政人受命承建东塔、北陵和于洪三座军用机场的场道工程。沈阳市政集团老前辈夜以继日地加班大干，心中最朴实的愿望，就是尽快让咱们的国产战机从自己亲手修建的跑道上飞向蓝天，去保卫祖国的领空。直至今日，这三座军用机场仍在使用。

沈阳刚解放的时候，市政设施极其简陋，道路曲折狭窄，桥梁残缺不全，排水设施匮乏。老一辈市政人对城区内交通主干道及排水工程进行改扩建，并参与修建库容量120万m^3的辉山水库和长达10km的辉山明渠，对贯通城区东西的运河进行大规模改造，使河水清澈长流，至今仍在造福沈阳。

历史见证了老一辈市政人为沈阳解放后的重建作出的巨大贡献；沈阳市政人的名字，永远镌刻在历史的丰碑上。

时光荏苒，沧桑巨变。在党的领导下，沈阳市政集团在国有体制下走过60年辉煌历程，2007年转制民营。

从1949年修建沈阳解放后第一条道路——和平区胜利大街，到如今承建沈四高速公路，并摘获中国公路交通工程最高荣誉"李春奖"，见证了沈阳市政大工匠为国家的奉献和担当。

从1953年以锹撮镐刨铺设沈阳解放后第一条地下排水管道——铁西区工人村排水工程，到如今用现代化盾构机建设沈阳地铁，并荣膺中国建设工程最高荣誉"鲁班奖"，见证了沈阳市政集团新时代创造的辉煌。

从1954年建设沈阳解放后第一座桥——沈阳南湖桥，到如今承建2022年北京冬奥会崇礼南互通立交高架桥，见证了沈阳市政集团这支光荣团队的铁军风采。

大爱无疆　援建西藏那曲"三项工程"

那曲位于藏北高原，海拔4700m，高寒缺氧，人的体能和生命极限受到严峻挑战。

那曲的藏族人民自古以来没有干净的水喝，冬天取暖靠烧牛粪，道路坑洼不平，满街污水横流，生存环境极其艰难。

2008年，全国人大常委会副委员长热地向中央反映那曲人民艰难的生存状况，随即，党中央、国务院决定援建那曲。

之后，全国多支建设队伍前往考察，却都弃之而去，致使这个国家立项十多亿元的大型援建项目搁置了五年。

2013年8月，受辽宁省和西藏自治区委派，沈阳市政集团怀着强烈的社会责任，承担起援建那曲"三项工程"建设重任。

那曲"三项工程"建设，是一个复杂而庞大的系统工程，涉及新建净水厂、取水泵站、加压泵站、供水管网；新建污水处理厂、铺设排水管网；新建热源厂、换热站、供热管网等3大系

图1　沈阳市政集团承建的西藏那曲热源厂

图2　沈阳市政集团承建的西藏那曲净水厂

图3　沈阳市政集团承建的西藏那曲污水处理厂

统、7大专业、6大工艺、580多个专业单体工程项目，需铺设地下主管线总长358km，几乎铺满了那曲的地下空间。

2016年10月15日，经过三年艰苦奋战，"三项工程"建设全部完工，创造了最高海拔条件下施工的新纪录。全国人大常委会原副委员长热地和西藏自治区主要领导，都亲临那曲视察，对沈阳市政人征战高原的奉献精神和对贫困藏区的无私援助，给予了高度赞扬。

"三项工程"建成后，藏北人民终于在西藏和平解放50周年之际，喝上了自来水，冬季实现了集中供热，污水得到了治理，道路全部改造，沈阳市政人把党的温暖送到藏民千家万户，彻底改变了那曲地区藏族人民的生活条件。

勠力同心　征战北京冬奥会工程

2018年，沈阳市政集团东北区域公司吴玉兴团队，征战2022年北京冬奥会张承高速崇礼南互通立交改扩建工程。

图4　沈阳市政集团承建的北京冬奥会张承高速崇礼南互通立交桥雄姿

崇礼南互通立交改扩建工程，是北京连接冬奥会滑雪主赛场的卡脖子工程，世界各国的冰雪健儿和观赛嘉宾，都将通过这一重要交通枢纽，抵达太子城奥运村和滑雪主赛场。

按合同规定，该工程应当于2018年6月开工，于2019年12月31日竣工，但受征地拆迁影响，直拖到年底才具备进场清表条件。

由于政治意义远高于合同意义，尽管总工期滞后了半年，但竣工期限却一天也不能延后，这就意味着，18个月工期，必须抢在8个月内完成，其难度可想而知。

在巨大的压力面前，英勇的沈阳市政人勠力同心，争时间，抢速度，抓质量，保工期，制定严谨科学、高效精细的施工组织方案，倒排工期，挂图作战，采取立体化、平行流水的全新施工组织模式，科学高效的排兵布阵，各分项工程同步推进，最大限度地提升了施工效率。

在那些日子里，参战的党员干部靠前指挥，共产党员的精神力量，释放出巨大的生产力，影响和感召全体员工争先恐后，勠力奋战，使工程得以快速推进。

英勇的沈阳市政铁军，以大国工匠的勇气担当，创造了18个月工期8个月完工的建设奇迹，并最终以99.35分的历史罕见高分，一次性通过竣工验收，受到北京冬奥组委、河北省及建设单位的高度赞扬，为企业赢得荣誉。这是继荣膺"鲁班奖"和"李春奖"之后，沈阳市政大工匠创造的又一个建设奇迹。

沧海横流，方显英雄本色。70多年砥砺奋进，沈阳市政集团不断创造新的辉煌，作为地方民企，在参与西藏拉林公路建设、2022年北京冬奥工程建设，以及持续20年的沈阳地铁建设中，无论在技术、质量和信誉上，都不输央企和国企，赢得建设单位和同行的尊重。

沈阳市政集团坚持科技兴企、科研创新，2010年成为省级企业技术中心，先后获得省部级科技成果4项，国家级工法5项，国家专利33项，省部级工法61项，获国家、行业、省、市各类科技奖项44项；有150余项工程分别获得"中国建设工程鲁班奖""李春奖""国家银质工程奖""全国市政金杯示范工程""建设部优质工程奖"及众多省市级优质工程奖。

大道精诚，匠心筑梦。如今，继往开来的新一代沈阳市政人，将继承老一辈光荣传统，弘扬新时代市政精神，为实现企业的百年梦想，不断创造新的辉煌。

沈阳市政集团有限公司大事记

1948年　沈阳解放，沈阳市政府工务局道路交通总队成立，即沈阳市政集团前身。
1949年　承建沈阳市胜利大街道路改扩建工程，系沈阳解放后修建的第一条路。
1953年　新建沈阳市铁西区工人村排水工程，系沈阳市第一项排水工程。
1954年　新建沈阳市南湖桥工程，系沈阳市新建的第一座城市跨河桥。
1958年　新建沈阳市辉山水库工程（现棋盘山水库），系沈阳市第一项大型水利工程。
1960年　新建沈阳市黄河大街与长大铁路线公铁立交桥工程。
1963年　承建沈阳市府大路沥青混凝土道路工程，系沈阳第一条新结构道路。
1974年　承建沈阳市浑河隧道工程。
1978年　被党中央国务院授予"全国大庆式企业"荣誉称号。
1980年　改革开放后率先进入深圳特区，注册建立分公司，至今已延续40多年。
1982年　被党中央授予"全国精神文明建设先进企业"。
1994年　承建沈阳市日产40万t的北部污水处理厂工程。
1996年　承建企业历史上第一条高速公路工程——浙江杭甬高速公路。
1998年　进入河北清河市场并建立分公司，至今已24年。

1999年	进入山东并建立分公司,承建高唐至邢台等多条高速公路,至今已23年。
2002年	进入浙江温州并建立分公司,至今已20年。
2006年	参加沈阳地铁建设至今16年,1号线中央大街站荣获中国建设工程鲁班奖。
2007年	企业告别延续60年的国有体制,转制民营。
2011年	承建沈阳浑南新城地下综合管廊工程。
2013年	在西征海拔4700m的雪域高原,援建西藏那曲"三项工程"建设。
2014年	参建沈四高速公路,并荣膺中国公路交通工程最高荣誉"李春奖"。
2014年	联合江苏、上海等兄弟企业,建立全国首家市政行业私募基金"华信基业投资管理有限公司"。
2014年	刘春发在住房和城乡建设部安徽全国城市基础设施建设经验交流会上,做交流发言。
2016年	承建西藏拉萨—林芝高速公路米拉山口—墨竹工卡一标段工程建设。
2017年	获评国家住房和城乡建设部"全国住房城乡建设系统先进集体"。
2017年	获评国家住房和城乡建设部"全国建设系统企业文化建设示范企业"。
2018年	荣获"辽宁五一劳动奖状"。
2018年	中国市政民企分会在沈阳召开成立筹备会,刘春发出任民企分会主任委员。
2019年	承建2022年北京冬奥会崇礼南互通立交改扩建工程,并以99.35高分验收。
2019年	赤峰银河大桥异性钢结构主塔施工创新成果,获国家级QC小组一等奖。
2021年	董事长刘春发再次当选中国市政工程协会副会长兼施工委员会主任委员。
2021年	刘春发在中国市政工程协会嘉兴党建论坛访谈环节讲述"沈阳市政故事"。
2021年	承建的五爱立交青年桥、文化路立交桥四座桥梁,荣膺沈阳十大桥梁。

讲述人:沈阳市政集团有限公司
　　　　董事长　刘春发

讲述人简介

刘春发同志以睿智的企业家韬略,从容驾驭严酷市场形势下的企业经营,大胆调整战略格局,在稳固本土长达16年的地铁建设及其他产业外,带领企业走出去闯市场,使施工领域遍布全国26个省市自治区,将企业打造成集投融资、设计、施工和运营管理为一体的现代化大型综合性企业集团,引领企业向着百年梦想宏伟目标奋进。

撑开城市骨架　绘制恢弘蓝图

——"百城百企"记西安市市政建设（集团）有限公司

扫码看视频

11

西安市市政建设（集团）有限公司，参与了新中国成立后西安市的城市改造和基础设施建设，创造了西安市多个第一：西北地区第一条高速公路西临高速公路Ａ标段，西安第一座城市立交星火路立交桥、第一条城市隧道环城北路地下隧道、第一座城市人行天桥北大街人行天桥、第一座城市人行地下通道南大街通道、第一座污水处理厂邓家村污水处理厂……这些第一，足以载入西安城市建设发展史册。

在西安城市建设突飞猛进的时代，西安市市政建设（集团）有限公司更是奋发进取，时刻把握时代发展脉搏，实现了大跨越和大发展，曾参与施工建设了多项重大工程，西安城区南北中轴线、城市二环路、城市三环路以及太华路立交、白家口立交、辛家庙立交、太白路立交、西铜路立交、环南路地下通道、钟楼盘道、大雁塔环塔路……一条条道路、一个个高架、一座座立交拔地而起，多个带有时代印迹和城市符号的民生工程都在这一时期完成。

经过70年的不懈努力，集团公司的施工能力和综合实力稳步提高，企业的品牌知名度、行业领域的话语权、影响力都有了大幅提升。2018年9月经西安市人民政府批准，通过增资扩股，引进战略投资伙伴以及员工持股，公司成为西安市政行业首家混合所有制改革企业，进一步扩大了投融资平台，实现了企业的华丽转身，为公司今后的发展插上了腾飞的翅膀。目前在榆林市和外省宁夏、青海、甘肃、新疆、内蒙古、河南、山西、山东、江苏、安徽、辽宁、吉林等地均设立了子分公司，业务拓展到了全国大部分地区。

如今，公司更是厚积薄发，奋发进取，以城市基础建设为己任，围绕西安市绿道建设、乡村振兴、城市更新、断头路提升改造、缓堵保畅等重点工程项目,发扬追赶超越的精神,日夜奋战,确保各项工程任务的顺利完成,为西安城市发展继续做出应有的贡献,为建设西安续写市政恢宏蓝图。

三处隧道的贯通　彻底打通交通瓶颈

新中国成立初期,公路运输是西安对外运输的主要方式,全市公路则以土路和砂石路为主,通车里程349km,公路密度0.035km/km^2,年货运量只有68.6万t,公路运输非常落后。1953年,第一个国民经济五年计划执行后,西安开始投注大量资金修筑公路。至1990年,西安市已形成由国道(国家级公路)、省道(省级公路)、县级公路、乡镇公路及各种专用公路组成的公路网络,境内计有公路204条、2780.07 km。

从20世纪50年代回溯至今,当时的很多路网结构都被延续到现在。但不同以往的是,如今的路网结构更加发达和便捷。而这也成为西安城市蜕变崛起的重要支撑来源。

通达则地盛,地盛则繁华。路网交通的便捷畅通程度,直接影响着一个城市的发展脉络。有时候一座城市的改变,可以说是从一条道路、一个高架,甚至一座桥梁开始。

环城南路作为西安东西交通的主动脉之一,北临护城河,南接繁华街市,与含光路、朱雀路、长安路、文艺路、雁塔路等路段交汇,沿线大中院校、企事业单位众多。随着城市人口和汽车保有量的快速递增,这一路段经常车满为患,每逢上下班高峰和节假日时间,更是车山人海,举步维艰。

图1　文昌门—和平门西隧道出入口段

为了彻底改变这一路段行车难的状况,2012年10月西安市委市政府正式启动永宁门及环城南路交通综合治理工程,新建三处地下隧道,彻底打通环南路三个重要交通瓶颈,其中文昌门—和平门隧道由西安市市政建设(集团)有限公司承建,工程包括管线迁改、树木移栽、道路、隧道、排水、交通、消防、电气、自控、装修、通风等12个项目。

环城南路综合改造期间,市政人秉持"少占、快干、早还"的原则,通过对现场交通流的精确测算和分流道路的快速实施,制定分阶段疏导方案,在施工期间,没有形成大的交通拥堵,确保了车辆行人的安全便利通行。

图2　文昌门—和平门立交工程隧道夜景

建成后的文昌门—和平门隧道工程与护城河景观相互辉映,成为西安市区一道亮丽风景。隧道的贯通与建成,不仅使环城南路东西向交通承载能力显著提升,南北向交通出入城门时间大幅缩短,更使环城路行车难得到有效缓解,实现了环城路的立体交通路网,为整个西安路网的合理解压分流,构建快速、便捷、立体的现代化城市路网,为加快实现西安缓堵保畅目标作出贡献。

图3　文昌门—和平门立交工程隧道道路

该工程不仅是西安市市政建设（集团）有限公司认真践行"服务百姓、紧抓民生"的初心使命，解决西安交通拥堵的又一实际体现，也是施工单位在工程质量上一丝不苟、攻坚克难精神的城市建设工程的典范。

首座全钢梁结构立交——路网格局中的关键性枢纽

西安市西三环与锦业路立交工程位于西安市高新技术产业开发区，是西安市城市快速路网系统的重要组成部分，曾被评为2020年度"陕西省建设工程长安杯奖"，2020年度—2021年度"国家优质工程奖"。

图4 锦业路立交工程

该工程主要包含道路、桥梁、排水、交通、照明、绿化等内容的综合性市政公用工程，工程南北全长1156m，是西安市第一座全钢梁结构的城市立交。在西安市桥梁中首次采用装配式全钢箱梁设计，装配率达到63%，工程整体装配率首次达到A级装配式建筑的标准，创西安地区市政行业装配化程度历史新高。

自运行以来，该工程交叉口交通流量由原来的10938pcu/h提高到19017pcu/h，进一步实现了三环路的立体化高速通行，成为西安市"三环 五横 五纵 九辐射"路网格局中的关键性枢纽。

起初项目建设主要是为了解决交叉口的交通拥堵问题，提高交通运输效率，但项目建成通车后，不仅加快了高新技术开发区对外辐射的交通能力，又完善了本市综合交通运输体系，对推动本地区经济社会可持续发展具有重要意义。

灞河桥——新鲜血液动力

秦汉大道灞河桥工程位于东风路，跨越灞河。桥梁部分由主桥和东西两侧引桥构成。其中主

图 5　秦汉大道灞河桥

图 6　秦汉大道东风路灞河桥工程

桥采用两跨半中承式连续系杆拱桥，桥梁总长537.3m、总宽53.5m、最大跨度89.25m，分3幅设置，由双向八车道、双向非机动车道、双向人行观光道组成。

秦汉大道灞河桥工程可以说是东风路拓宽改造工程重要组成部分，曾被评为2015年度"全国市政金杯示范工程"。建成后作为灞河中的一道亮丽风景线，极大地改善了东风路交通环境现状，加强了港务区内部的交通通行能力，为周边群众出行带来了便利，为连接灞河两岸的交通做出巨大的贡献，同时为灞河两岸的经济发展注入新的活力。

一座座高架桥拔地而起、一条条下穿隧道贯通始终，西安的交通路网、城市动脉不断畅通延伸，西安市市政建设（集团）有限公司承建的一项项精品市政工程也正以日新月异之姿"盘活"

古都西安。但工程背后员工们付出的心血与汗水，以及隐藏的"科学化、人性化、精细化"的创新理念却鲜为人知。

未来公司将进一步秉承"诚信、奉献、创新、卓越"的企业精神，努力实践"诚信守法、以人为本、奉献精品、持续改进、不断创新、追求卓越"总管理方针，进一步奋发进取，开拓创新，为企业的发展开辟新的篇章，再铸新的辉煌。

西安市市政建设（集团）有限公司大事记

1951年　西安市人民政府建设局开始组建下属"工程总队"。
1955年　由工程总队改为上下水道公司。
1969年　自1969年元月1日起由上下水道公司改为西安市市政工程公司革命委员会。
1979年　1979年12月西安市市政工程公司革命委员会改为西安市市政工程公司。
1981年　由西安市市政工程公司改为西安市第一市政工程公司。
2006年　由西安市第一市政工程公司组建为西安市市政建设（集团）有限公司。
2012年　正式揭牌成立西安市市政建设（集团）有限公司。
2018年　西安市市政建设（集团）有限公司增资扩股混合所有制改革正式完成。

讲述人：西安市市政建设（集团）有限公司
　　　　党委书记、董事长　马松涛

讲述人简介

马松涛精炼企业精神，强调归属文化，把公司与西安市的基础设施建设结合起来，以建设传承深厚历史情怀的"百年企业"为社会形象、建设与时俱进创新型"百亿企业"为内涵，带领公司，重塑企业文化，迅猛发展，为实现西安市政崛起付出了全部心血。

务实创新 谱写辉煌新篇章
——"百城百企"记广州市市政集团有限公司

扫码看视频

12

作为广东省市政建设的龙头企业和主力军，广州市市政集团有限公司在70余年的发展历程中，铸就了2000余项经典之作，书写了城市建设和发展的辉煌历史，创造了多个全国市政建设的"第一"：全国第一座城市道路立交——大北立交，全国第一座4层双环形互通式立交——区庄立交，全国第一座高架路——人民路、六二三路高架路，全国第一座人行天桥——人民南路人行天桥。

广州市市政集团有限公司始建于1949年11月，与共和国同龄。2000年由广州市市政工程总公司转制为广州市市政集团有限公司（以下简称"广州市市政集团"），是住房和城乡建设部核定的市政公用工程施工总承包特级资质企业和工程设计市政行业甲级资质企业。

图1　广州市新白云机场第二高速公路

广州市市政集团一直承担着广州市以及珠三角、广东省的城市建设重任，是广东省市政基础设施建设的主力军和龙头企业。经过激烈市场竞争的洗礼，广州市市政集团实现了跨越式的发展，在资质、技术、管理、品牌等方面培育了较强的优势，树立了"广州市政"的强优品牌，市场范围拓展到全国20多个省份，年施工规模超过350亿元，现已经发展成为集工程总承包、房地产开发、项目投融资、工程设计、材料销售、物业运营服务、科技研发和技术咨询于一体的大型综合企业集团。

广州市市政集团以高质量发展为中心，着力实施创新发展战略，重点发展工程建设与服务、现代城市服务、建筑工业制造与研发三大主业板块。以信息化和数字化为引领大力发展市政装配式建造，推进建筑工业化和工程智造，在以装配式为代表的建筑产业现代化方面走在全国前列。

图2　广州大桥

图3　地铁2号线三元里站

以"大经营、大市场"理念布局全国市场,实施"区域总部经济"和并购重组投资计划,积极参与基础设施建设创新投融资机制项目,由传统单一施工向综合投资建设运营一体化方向发展,大步迈向中国企业五百强。

全国第一座城市道路立交——大北立交的建设

大北立交是中国广州市的第一座道路立交桥,是为配合白云机场而兴建,也是中国内地第一座立交桥。

图4　全国第一座立交桥——大北立交

20世纪60年代,为开通中国国际航线,打破国家的孤立地位服务,大北立交作为白云机场扩建配套工程开始建设。

1964年4月1日,大北立交建成,它位于环市中路与环市西路交汇处,解放北路纵贯其间。该立交桥利用地势条件,采用下穿式的环形布置。南北走向解放北路在下穿越,车道宽14m,净高4.5m,两侧各有一引道接联环市中路、环市西路;东西走向的环市路则以环形平面盘旋设计,当中设一直径40m的中空环形花岛,环岛周边道路宽15m。

后来大北立交在1986年和1999年先后进行了两次改建,变成3层并部分纳入内环高架系统,它的变化也是广州城市交通建设发展的缩影。

全国第一座4层双环互通式立交——区庄立交的建设

1983年,广州第一座,亦是全国第一座4层双环互通式立交桥——区庄立交落成。区庄立交位于中国广州市环市东路与先烈中路、先烈南路交汇处,是一座4层双环式的立交桥,对改善当时广州中心城区交通具有非常大的意义。

图5　全国第一座4层双环式立交桥

1980年期间，环市路—先烈路交叉口交通严重拥堵。为缓解交通压力，区庄立交工程于1982年12月开工，1983年11月竣工。

区庄立交高13.5m，占地面积3.22hm²，共分4层。底层宽15m，是东西走向的环市东路下穿车道；第二层是原道路上设置的自行车道和人行道，宽分别为7m和5m；第三层是车辆转弯的环形车道，环道内直径50m，环道宽16.5m，四面路口由8条引桥与之连接，引桥宽8m，共长790m；第四层是南北走向的先烈路高架车道，宽10m、长490m。

区庄立交的四层设计实现了各个方向的"全互通"的功能，且人车分离，交通更顺畅。后来区庄立交更是作为样板，写入桥梁工程教科书。

全国第一条城市高架路——人民路、六二三路高架路

汹涌的人潮行走在人字形高架路，照片极具冲击力。这张名为《人》的照片，由《羊城晚报》记者摄于1987年9月20日。它记录下了人民路、六二三路高架路刚开通那一天，15万市民徒步登上高架路的盛况，乃当年广州一大奇观。

去过广州的人有个感觉是高架路很多，其实中国最早修建高架路的城市就是广州。据说是20世纪80年代广州的领导去美国考察时，看到美国城市的高架路，觉得道路这样修建可以让城市交通变得更加便利，后来广州就开始修建中国第一条城市高架路，这就是人民路、六二三路高架路。

图6 人民路、六二三路高架路开通盛况

人民路、六二三路是广州老城区的一条主干道，全长4562m，宽31m，从珠江边直达广州火车站。在20世纪八九十年代，人民路、六二三路是一条很繁华的街道，由于人多车多，人民路的交通开始变得紧张起来，中国第一条城市高架路就建在这里了。

1986年11月，人民路、六二三路高架路开始修建，宽度约11m。1987年9月，高架路建成通车，建设工期仅10个月。

这座人民路、六二三路高架路由广州市市政集团参与建设，是中国内地第一座城市高架路，记载着中国城市现代化交通的起点，也是中国改革开放的见证者。人民路、六二三路高架路建成后，形成了老城区南北向交通大动脉，缓解交通压力的同时，也开启了广州城市交通的"立体化时代"。

图7 人民路、六二三路高架路

全国第一座人行天桥——人民南路人行天桥的建设

人民南路位于广州老城区越秀区，南至珠江边，曾经是广州最繁华的商业中心。1980年9月30日，人民南路、西濠二马路交汇处建起了广州第一座，也是全国第一座过街人行天桥。

图8 全国第一座人行天桥——人民南路人行天桥

资料显示，这条被记入史册的人行天桥，桥平面呈L形，一截跨人民南路，一截跨西堤二马路，桥面和桥梯全部是用花纹钢板，不加铺装，总投资20万元。从动工起造到建成通行仅用了22天，创造了广州建桥的最快纪录。人行天桥的出现，在广州开启了一个人车分流，安全通行的新时代。

紧跟时代步伐　实现企业的最高价值

伴随着市场经济的飞速发展，广州市市政集团把握发展机遇，紧跟时代步伐，走过了项目管理改革、现代企业改造、产业转型升级、创新驱动发展的励精图治之路，在全国市政建设领域取得了骄人的成绩，自2000年改制至今，已荣获国家优质工程金奖4项，国家优质工程奖4项，中国土木工程詹天佑奖8项，金杯奖40项，省、市优良样板工程超480项，并多次获得全国建筑业AAA级信用企业和中国优质市政施工企业。

未来，在日新月异的城市建设中，广州市市政集团将继续以高效管理和集约经营提高效益，以诚信服务和建造精品赢取市场，以奉献社会实现企业的最高价值，不断前进，将务实与创新进行到底，与社会各界共同谱写光荣与梦想的辉煌新篇章！开拓全新的下一个百年！

图9 琶洲国际会展中心（市政金杯奖）

图10 广州市第五热力资源电厂

图11　广东省潮州至惠州高速公路TJ20标（国家优质工程金奖）

图12　外倾式非对称全钢结构系杆拱桥——南沙焦门河车行桥

图13　中山临海科技新城

图14 猎德大桥系统北延线第二标段（市政金杯奖）

图15 荔城·一品山湖

图16 同德围南北高架桥工程（詹天佑故乡奖）

图17 湖南省衡阳市船山东路东航道桥

广州市市政集团有限公司大事记

1949年11月	广州市人民政府成立了建设局道路工程队和渠务工程队，后被广州市人民政府工务局接收为施工单位，为广州市市政集团的前身单位。
1957年1月	广州市市政集团两前身企业由广州市人民委员会基建办公室同意，改为国家企业机构：成立广州市道路工程公司和广州市排水工程公司。
1984年1月	广州市道路工程公司和广州市排水工程公司合并为广州市市政工程总公司，标志着广州市市政集团两前身企业等单位正式合并。
2000年3月	广州市市政工程总公司改制为广州市市政集团有限公司，广州市市政集团有限公司正式挂牌，并召开成立大会。
2008年5月	广州市建筑集团有限公司、广州市市政集团有限公司、广州工程总承包集团有限公司合并重组，广州市市政集团和总承包集团成建制划入建筑集团。经过广州市国资重组，广州市市政集团跨入新的发展平台。
2014年9月	晋升市政公用工程施工总承包特级资质和工程设计市政行业甲级资质，成为广州市第一家、全国第九家取得市政公用工程施工总承包特级资质的企业，企业发展迈入新阶段。

讲述人： 广州市市政集团有限公司
党委副书记、副董事长、总经理 郭云飞

讲述人简介

郭云飞，2018年任广州市市政集团总经理以来，带领广州市市政集团从营业收入142亿元、利润总额2亿元，发展到年施工规模超350亿元，利润总额超4亿元。

栉风沐雨　匠心筑路

——"百城百企"记杭州市市政工程集团有限公司

扫码看视频

13

杭州市市政工程集团有限公司由杭州市市政工程总公司（原杭州市市政工程公司）改制而成，前身可追溯到新中国成立前的市政工程作业队伍，是一家施工总承包拥有市政公用工程特级、建筑工程壹级、公路工程壹级、桥梁工程壹级资质，设计拥有市政行业甲级等资质的本地骨干建筑企业；是全国市政行业最早的改制企业之一、杭州第一家荣获市政府质量奖的建筑业施工企业，是中国市政工程协会副会长单位、浙江省市政行业协会会长单位。

杭州市市政工程集团有限公司主要从事城市道路、桥梁、地下综合管廊、地铁、公路、水务、房建等基础设施项目施工总承包、工程总承包及设计、养护等服务，新中国成立后至改革开放初期承担了修复城市战争创伤及本地最早、最多的市政道路、给水排水、广场、地下空间、高速公路等工程施工任务，20世纪90年代以来承建了以城市高架立交、自来水厂、污水处理厂为代表的杭州绝大部分市政基础设施建设项目，市场遍布全省各地和全国20多个省（直辖市、自治区）及海外地区，取得国家级工法、标准、专利等一大批行业领先的科技成果，通过质量、环境、职业健康安全一体化管理体系认证，在浙江市政行业率先导入卓越绩效管理模式，综合实力居浙江市政行业领先地位、全国市政行业先进行列。

集团有100多项工程荣获国优、中国钢结构金奖、全国市政金杯示范工程、浙江省"钱江杯"优质工程等奖项，连续多年被评为全国"安康杯"竞赛优胜单位，被授予全国建筑业先进企业、全国质量管理小组活动优秀企业、中国市政工程行业民营企业16强、浙江省先进基层党组织、浙江省建筑强企、浙江省建筑产业现代化示范企业、全省住房城乡建设系统"最美建设集体"、浙江省AAA级"守合同重信用"企业、浙江省创建和谐劳动关系暨双爱先进企业、全省"红色工地"建设先进企业、浙江省建筑业新冠肺炎疫情防控工作先进单位、浙江省市政行业先进单位、杭州市企业社会责任建设最佳企业、服务保障G20峰会先进施工企业等一大批荣誉称号。

杭州艮山立交桥　杭州第一座公铁立交桥

艮山立交桥位于杭州城东重要交通干线艮山西路东端，东起凯旋路，西接环城东路，是杭州第一座公铁立交桥、改革开放后杭州竣工的第一个大型市政项目，1978年建成。

艮山立交桥建成通车后，解决了艮山铁路道口机非混合、人车拥堵的乱象，并拉开了杭州城市更新的序幕。

图1　艮山立交桥

杭州803地下粮库　亚洲最大的地下粮库

803地下粮库是1980年至1984年在原有人防坑道毛洞的基础上扩建改造而成，当时建筑面积11700m²、使用面积9600m²，平面布置是棋盘道式，主体结构为离壁式、贴壁式混凝土被复，外包两毡三油防水。自然通风、密闭防潮，设有独立电站、水库，内外出入口6个，洞外还建有大小接待室、办公室等设施。

803地下粮库是亚洲最大的地下粮库，最大储备量达10万t。

杭州中东河综合治理工程　杭州第一个大型市政建设工程

中东河北接京杭大运河，南达钱塘江，纵贯杭州主城区，是杭州历史最悠久、底蕴最深

图 2　803 地下粮库

图 3　中东河综合治理工程

厚、特色最鲜明的市河；新中国成立初期两岸开设有300多家工厂，居住着约35万居民，由于河道年久失修、淤塞严重，逐渐变成"杭州的龙须沟"，危及两岸民众的身心健康。1982年，国务院和浙江省政府分别拨款，支持杭州进行中东河综合治理。1983年，杭州第一个大型市政建设工程——总投资2.2亿元的中东河综合治理工程正式开工，6年间治理中河自凤山桥至新横河桥6.1km、东河自断头河斗富一桥至滚水坝4.13km，包含10多个单项工程、近500个单位工程，1989年建成。

中东河经综合治理后，开辟了两岸民众新生产生活史。

杭州中河立交一期工程　华东地区第一座互通式城市立交桥

中河立交一期工程位于杭州环城北路与中河路交叉口，为迂回苜蓿叶形三层立体交叉结构，底层为环城北路东西向机动车直行道，长778.346m；顶层为中河路南北向机动车直行道，长839.862m；顶层与底层之间以机动车匝道相连，包括南向西的迂回单向匝道、东向北的单向右转匝道，以及南向东与西向北、北向西与东向南、西向南与北向东3个苜蓿叶形双向匝道，全长1583m，形成全互通机动车立交；中层为通行非机动车立交；人行道布置在非机动车道一侧；桥面总面积18150m^2，其中机动车道4900m^2、非机动车道6890m^2、二期机动车道6360m^2；造价1000万元，1989年建成。

中河立交是杭州早期结构比较特殊的立交桥、华东地区第一座互通式城市立交桥，杭州的立交桥"长高"就是从这座桥开始的。

图1　中河立交一期工程

杭州庆春路综合改建工程　杭州城市重大建设发展的突破口

改革开放后，杭州城市重大建设发展源自"五场一路"综合整治，1992年，以庆春路综合改建工程为突破口，拆除两侧部分破旧建筑、修直拉平马路，经过两年时间，东起环城东路、西至环城西路、长3040m、均宽40m的通衢大道焕然一新，并在东、西端人车密集处新建立交桥和人行天桥各一座；1994年建成。

庆春路综合改建后，成为改革开放初期杭州最重要的一条东西向城市主干道。

杭州供水抗咸一期工程　杭州第一个供水抗咸工程

杭州供水抗咸一期工程是为解决受钱塘江咸潮影响，杭城自来水变咸、变混浊问题的重点工程，集水源输送、旧城改造、河道治理、钱江防洪等多种功能的综合性工程；1996年建成。

供水抗咸一期工程建成投产后，杭州年供水量达3.17亿t，确保了供水安全。

图5　庆春路综合改建工程

图6　供水抗咸一期工程

杭州艮秋艮新立交桥　浙江省第一座苜蓿叶形全互通三层立交桥

艮秋艮新立交桥占地约12hm²，主要由桥梁、道路、排水工程及电力、供水、燃气等配套管线组成，造价1.1亿元，1997年建成。

艮秋立交桥为苜蓿叶形全互通三层城市立交桥，顶层为南北向秋涛路高架桥，长870m；中层为东西向艮山路路堤式直行道，长857m；顶层与中层由4条匝道相连；底层由环道和辅道组成非机动车及人行系统。

艮新立交桥为艮山路跨新塘路直通式立交桥，长700m，东端连接沪杭甬高速公路杭州出入口，西端与艮秋立交桥连为一体。

艮秋艮新立交桥被评为1998年度浙江省建设工程钱江杯奖优质工程，是浙江省第一个荣获全国市政金杯示范工程（1998年度）的项目。

艮秋艮新立交桥是当年杭州规模最大、功能最全、投资最多的大型立交桥，是浙江省第一座苜蓿叶形全互通三层立交桥，建成启用后串联起艮山路、新塘路、秋涛路等几条主干道，极大方便了市民出行，很长一段时间成为城东重要的交通枢纽。

图7 艮秋艮新立交桥

杭州市四堡污水处理厂扩建工程
卵形消化池单池容积当时居亚洲第一、世界第二

杭州市四堡污水处理厂位于杭州东南部四堡，西邻京杭大运河，东迄钱江二桥，南濒钱塘江，北界杭海路，占地600余亩，是当时全国最大的城市污水处理厂之一。

四堡污水处理厂扩建工程规模为，将每日40万m^3的一级（机械）处理扩建至每日40万m^3的二级（生化）处理，主要构筑物按每日60万m^3处理能力建设，扩建污泥消化系统，使污泥处理能力由原来的每日15m^3（干质）扩大到每日60m^3（干质），同时对原一级处理设备进行局部改造，使之适应二级处理的需要；土建造价2亿元，1999年建成。

扩建工程与改造工程同时进行，在建筑结构、工艺流程、方案优化等方面同时保证了原厂生产正常运行。

扩建工程属大型群体构筑物，4只曝气池单池容量达3.2万m^3（长×宽×高=83.05m×74m×6.5m），8只二沉池为单池直径55m的圆桶形水池。这些构筑物容量规模当时均在国内领先。

3座卵形消化池高度42.5m，最大内径24m；池体为光滑曲面，没有弯折点，应力分布均匀，结构受力合理，具有较高的力学性能；单池设有18根搅拌管，每根长32m，外方供货；单池容积1.09万m^3，当时居亚洲第一、世界第二。

四堡污水处理厂扩建工程被评为2001年浙江省建设工程钱江杯奖优质工程。

四堡污水处理厂扩建工程是国家计委立项的省市"双重点"工程重大项目、当时杭州最大的环境治理项目，总投资3.7亿元，建成运行后极大地缓解了因杭州经济社会快速发展和人民生活水平不断提高而带来的城市污水排放量显著增加及市区特别是北部工业区污水排放对运河（杭州段）的污染问题。

图8 杭州市四堡污水处理厂扩建工程

杭州中河高架路
杭州第一条南北向城市高架快速路重要组成部分

中河高架路位于杭州老城区中河沿线，是杭州第一条南北向城市高架快速路——上塘—中河—时代高架快速路中最早建成的交通大动脉，北起文晖路口，南与复兴立交桥相接，全长4500m。整条高架分三期建设，一期工程自庆春路以北到中河立交桥，1998年建成通车；二期工程在一期工程基础上向南北两头延伸，南面为庆春路至望江路段，北面为中河立交桥至文晖路

图9 中河高架路二期工程01标、三期工程02标

段，同步建设涌金立交桥（城中立交桥，杭州第一座三层立交桥），1999年建成通车；三期工程为望江路至复兴立交桥，2002年与复兴立交桥同时开通。

中河高架路串联起城南与城北地区，是杭州流量最大的高架快速路之一，全线建成通车后对杭州提高交通通行能力、缓解南北向交通压力、改善投资环境、适应现代化城市建设需要、促进经济发展具有重要意义。

杭州上石立交桥
当年排名浙江第一、华东第二

上石立交桥（瓜山立交桥）为杭州北部交通门户、重要交通枢纽，位于快速主干道上塘路与快速中环线石祥路交汇处，为"8"字造型4层全互通式半定向城市立交桥。

整个立交桥工程包括立交、道路两个部分；第四层为2016年建成的石祥路提升完善工程东西向留石高架路石祥高架西段跨越线，北线、南线分别长1931m、1898m，最高32m；第三层为南北向上塘高架路，长1331.9m；第二层为东西向石祥路跨线桥，长871.9m；主桥宽19～27m，双向四车道；第二层与第三层之间用4个匝道引桥相连；第一层为上塘路与石祥路交叉口地面道路；总造价4亿元，2003年建成。

立交桥占地450亩，桥梁面积8.5万m^2，绿化面积超10万m^2，是杭州第一座桥梁主体、绿化和亮灯同时完成的立交桥，当年排名浙江第一、华东第二。

上石立交桥被评为2005年度全国市政金杯示范工程、2005年度浙江省建设工程钱江杯奖优质工程，石祥路提升完善工程被评为2018年度浙江省建设工程钱江杯奖优质工程。

上石立交桥建成通车后，上塘高架路、留石高架路经该桥与杭宁、杭甬、沪杭、杭金衢、杭州绕城高速公路北线相连，对完善城市快速路网、增强市区放射性道路交通流量的转换与集疏功能、促进杭州经济社会发展起到非常重要的作用。

图10　上石立交桥

杭宁高速公路（浙江段）
杭州市政施工企业承建高速公路项目首次荣获国优奖项

杭宁高速公路（浙江段）二期工程第14合同段（杭州南庄兜枢纽）包括主线和匝道，分两期实施，一期工程2001年完工，二期工程同年开工，2003年建成通车，总造价1.13亿元，荣获2004年度国家优质工程银奖，是杭州市政施工企业承建的高速公路项目第一次荣获国优奖项。

杭宁高速公路（浙江段）二期工程第14合同段是杭宁高速公路的杭州起点，建成通车后对沟通杭宁高速与杭州绕城高速公路北线、完善杭州市区与余杭区的公路网具有重要意义。

图11　杭宁高速公路（浙江段）二期工程第14合同段

杭州市南星水厂饮用净水技术改造及扩建工程
浙江省第一个净水厂技改项目

杭州市南星水厂饮用净水技术改造及扩建二期工程1标位于杭州市南星水厂内，南临钱塘江，东靠复兴大桥（钱江四桥），为老水厂改建项目，建设规模为日供水30万t，施工过程中需确保老水厂正常生产，构建筑物有反冲洗泵房、均质滤池（管廊）、平流沉淀池、压力配水井、二级泵房（吸水井）、深度处理综合池、排泥水处理综合设施池等7大单体及附属配套的阀门井、加药管槽、道路、管道等子项目；造价6400万元，2008年建成。

杭州市南星水厂饮用净水技术改造及扩建二期工程是浙江省第一个且按照欧盟标准改造的净水厂项目，建成投产后杭州日供水量增加30万t，使复兴地区、钱江新城、下沙地区的居民全部用上直饮水。

图12　杭州市南星水厂饮用净水技术改造及扩建二期工程1标

杭州地铁1号线
浙江省第一条建成运营的城市轨道交通线路重要组成部分

杭州地铁1号线乔司北站和乔司站—乔司北站—汽车城站高架区间段工程2标地处杭州东北部，主要位于乔农路与杭浦高速公路之间的杭海路上，南接乔司站北端，北侧终于乔司北站—汽车城站之间的U形槽，全长约3011m，包括1个车站（乔司北站为高架三层侧式车站，长127m）、两段区间（乔司站—乔司北站区间高架段长约2150m、乔司北站—汽车城站高架段长约734m），造价9000万元，2012年建成。

图13　杭州地铁1号线乔司北站和乔司站—乔司北站—汽车城站高架区间段工程2标

杭州地铁1号线是浙江省第一条建成运营的城市轨道交通线路，进一步拉近了主城区与下沙、临平副城的空间距离，极大地方便了两大副城居民的日常出行。

杭州石德立交桥
杭州市政施工企业承建市政基础设施项目首次荣获国优奖项

石德立交桥（德胜快速路中段工程A2标）是杭州东北部大型互通立交枢纽，位于石桥路与德胜路交汇处，第一层为南北向石桥路与东西向德胜路交叉口地面道路，第二层为南北向石桥路高架（秋石高架路），第三层为东西向德胜路高架（德胜快速路），八条匝道交错于第二、第三层之间，形成三层涡轮式立交；德胜路南、北高架标准宽12.75m，石桥路高架标准宽25m，匝道标准宽9m；地面德胜路宽43～50m，石桥路宽56m；新建雨水管道约6120m、污水管道约400m、排出口3座、各类检查井139座。整个工程平面投影建筑面积约13万 m^2，造价2.26亿元，2013年建成。荣获2008年度国家优质工程银奖，是杭州市政施工企业承建的市政基础设施项目第一次获得国优奖项。

石德立交桥始建于2005年，因拆迁问题，直至2013年才实现所有匝道全部贯通；建成启用后有效沟通了杭州各城区之间的联系，成为主城区重要的交通枢纽之一。

图14　石德立交桥（德胜快速路中段工程A2标）

印象西湖工程　升降式特大型舞台全球首创

大型山水实景演出《印象西湖》工程位于杭州岳湖景区，即南至赵公堤、北至岳湖楼、西至曲院风荷、东至苏堤的水域，主要施工内容为升降式特大型舞台、容纳2000多人的观众席土建及景区整治，2005年开工，2006年完工。印象西湖工程升降式特大型舞台系全球首创。

应举办G20杭州峰会文艺晚会《最忆是杭州》需要，《印象西湖》实施提升改造工程，主要对面积达3000m²的水上舞台及看台、景区进行改造提升，2015年开工，2016年完工。

印象西湖工程升降式特大型舞台系全球首创。

图15 印象西湖工程

杭州艮山路地下综合管廊工程
浙江省第一个城市地下综合管廊工程重要组成部分

艮山路（彭埠立交—东湖路立交）地下综合管廊（自来水供水管道维修改造）工程Ⅱ标位于杭州东部，西起五号港路西侧，东至杭海路交叉口东侧，全长1925m，沿线与五号港路（规划）、园兴路（规划）、红普路、月杨路、九环（田）路、九盛路、杭海路等7条道路相交，设置人员进

图16 艮山路（彭埠立交—东湖路立交）地下综合管廊（自来水供水管道维修改造）工程Ⅱ标

出口、自然通风口、机械通风口等节点,形式有单舱、双舱、三舱、四舱4大类,入廊电力电缆、通信电缆、给水、燃气、雨水舱等管线,顶部覆土厚度2.3～11.7m,断面净高4.4m、净宽10.6m;造价2亿元,2018年建成。

艮山路地下综合管廊工程是杭州市被列为全国第二批地下综合管廊试点城市后实施的第一个城市地下综合管廊项目、浙江省第一个被列入国家规划的城市地下综合管廊项目,建成投运后有利于各类管线维护、扩容及有效利用城市地下空间,大大减少地面道路反复开挖对交通的影响,对统筹杭州城市地下空间建设及社会公共资源控制、管理起到重要引领作用。

图17　杭州艮山路地下综合管廊自来水供水管道

杭州市市政工程集团有限公司大事记

1986年　转企,体制发生根本性变革,成为全民所有制企业。

1987年　获市政公用工程施工总承包壹级资质,成为浙江省第一家市政公用工程施工总承包壹级资质企业,标志着企业整体发展水平进入国内一流行列。

1993年　更名为杭州市市政工程总公司,企业规模不断壮大。

1999年　年薪10万元公开招聘总经理,开创杭州城建系统施工企业面向社会高薪招聘主要负责人的先河。

2001年　改制,成为国有参股、多元持股的有限责任公司。

2004年　总部新办公楼落成启用,在改善办公条件、提升企业形象上迈出重要一步。

2006年　投资安徽合肥房产项目,涉足房地产业。

2007年　独立中标杭州市、浙江省第一条城市轨道交通线路——杭州地铁1号线乔司北站和乔司

	站—乔司北站—汽车城站高架区间段工程2标，挺进地铁施工领域；竞得浙江安吉道路BT项目，介入BT领域。
2008年	晋升公路工程施工总承包壹级资质，形成市政、公路"双壹级"资质优势。
2009年	承接新加坡房建施工项目，海外事业起步。
2010年	中标福建福州元洪投资区污水处理BOT项目，进入BOT领域。
2011年	获城市轨道交通工程专业承包资质，为独立承接城市轨道交通工程、加快开拓地铁建筑市场奠定基础。
2012年	晋升房屋建筑工程施工总承包壹级资质，为承接较高等级房屋建筑工程创造条件。
2013年	购置地铁盾构机，实现机械装备质的提升。
2015年	晋升市政公用工程施工总承包特级资质、工程设计市政行业甲级资质，成为杭州第一家、全国第八家设计施工一体化市政工程总承包特级资质企业。
2016年	被认定为国家高新技术企业，在加快科技创新、提升竞争能力等方面攀上新台阶。
2018年	独立中标杭州地铁3号线一期工程土建施工SG3-10标段，实现地铁盾构施工领域零的突破；荣获杭州市政府质量奖，标志着实施卓越绩效管理收获重要成果，质量管理水平和自主创新能力居国内、省内行业领先地位；独立中标临余公路（科技大道）综合改造工程1标段（农林大道—青罗线）EPC总承包项目，真正实现设计施工一体化。

讲述人：杭州市市政工程集团有限公司
　　　　董事长　郑旭晨

讲述人简介

郑旭晨，正高级工程师，中共党员，中国市政工程协会副会长、浙江省市政行业协会会长，全国"五一劳动奖章"获得者。带领全体员工，顺应建筑业发展要求，解放思想、改革创新、克难攻坚、奋力拼搏，促进企业在强化党建引领、扩大产值规模、提高发展质量、扩充施工资质、提升装备实力、加速转型升级、加快科技进步、加强人才建设、凸显文化导向、履行社会责任等方面取得显著成绩，推动企业由基础设施建设施工承包商向综合服务商转变。

追求卓越　服务社会
——"百城百企"记太原市政建设集团有限公司

伴随共和国前进的步伐，太原市政建设集团有限公司沐浴党的阳光雨露，从呱呱落地到树高千尺，已走过了68年的光辉历程，发展至今已是拥有市政公用工程和公路工程施工总承包双壹级、建筑工程施工和机电工程施工总承包贰级资质的国有大型建筑施工企业。

扫码看视频

14

太原市政建设集团有限公司（以下简称"太原市政集团"）的前身为太原市市政工程公司，成立于1953年。

68年来，在市场风雨的洗礼中，太原市政集团坚定信念砥砺前行，在实践中探索前进，在探索中开拓创新，闯出了一条多元化模式下"大市政"发展道路，以卓尔不凡的勇敢实践，为太原市政集团的转型跨越发展写下了浓墨重彩的一笔。从成立之初到如今，太原市政集团经历了用铁锹人工搅拌混凝土，用木板铺成马道人工往上扛钢筋、挑砖、拉水泥等极为落后的生产方式，到现在机械化操作代替手工劳作的时代变迁，他们高质量、快速度地完成了多项重点工程，创造了一个又一个奇迹，为共和国装点出道道如画风景。

68年，几代市政人承前启后，继往开来，不断壮大。市政人用自己的勤劳与智慧为太原市城市基础设施建设及省内外的市政、公路建设作出了不可磨灭的贡献，见证了共和国从百业待兴到经济大国的变迁，并为这一历史性进程贡献了自己的力量！

斗智斗勇　打赢汾河"迂回战"

1953年初，太原市政集团承建的迎泽大桥开工建造。初建时的太原市政集团一穷二白，资金短缺、技术薄弱，在水陆兼顾的困难条件下，修建难度可想而知，市政前辈逢山开路、遇水搭桥，将难题一一拆分，打响了一场与汾河斗智斗勇的"迂回战"。依靠全民参与。联系十多个工厂加紧赶制各种施工机具，公司领导亲自动员施工，全力以赴推进桥梁修建。依靠施工技术。施工运用了预应力筋张拉及孔道压浆技术，保证了波纹管定位、压浆参数等事项达标。依靠转移作业。施工受气候影响，实际作业天数不过200天，施工人员将所需箱梁放到陆地上预制，河水基础所需管桩在河岸上进行生产，将水上难题转化成熟悉的陆地作业。依靠"人海战术"。工地上最多时达到一万人，材料加工组、运输组、混凝土浇筑组齐参与，铁镐、铁锹、抬杠、箩筐齐上阵，钢管、水泥、砂子等材料都要一包包、一根根背到工地上，一天十几个小时不停挖土、装运。通过发扬坚持不懈、辛勤开拓的精神品质，市政人留给城市一座凝聚时代精神映像的迎泽大桥。

图1　1954年建成后迎泽大桥

迎泽大桥是新中国成立后，中央对太原城市建设首次投资新建的首座跨汾大桥。这也是太原人自己设计与修建的一座钢筋混凝土悬臂式桥梁，堪称当时市政建设工程的杰出范例，是市政建设服务于工业建设的完美典范，在当时是全国最长的公路桥，因而赢得"华北第一桥"的美誉。同年，应运而生的太原市政集团肩负年轻共和国重任，筚路蓝缕、自强不息建设新中国的豪情壮志，承载着太原城市建设的光荣与梦想，历时一年，圆满建成了太原市首座跨汾大桥，留下一个崭新时代的标记，一种精神气质的象征，豪迈地肩负起了新中国建设太原城市的历史重任。

精雕细刻　铸就"精品工程"

太原市政集团承建的太原市迎泽公园石拱桥工程，于1962年12月开工，1963年10月竣工。该工程是20世纪60年代为太原市的发展作出贡献的主要代表工程之一，其施工建设备受全市人民的关注，承建该工程的带队领导和工程技术人员高度重视，投入了大量的施工力量。

图 2　太原市迎泽公园七孔桥

在"七孔桥"建设施工中，分地基和桥墩、桥孔、桥面三段施工。砌工组进驻工地时，地基和桥墩已经完工，施工人员的任务是用水泥砌垒青石，完成弓形七个桥孔的施工。施工中的青石由施工人员拉运到公园内指定材料库，每块石头由聘请的高级石匠按照技术要求加工，制作成不规则形状，然后将加工后的每一块石头一个一个编号，施工人员按照石头编号一一对应砌垒，严丝合缝。施工技术含量高，操作严格规范，一丝一毫不得马虎，要保证工程质量，安全生产第一原则。为便于石料运送，施工人员采用钢丝架设了双轨，往返运输石料，节省了人力。施工中，刚加工好的石头锋利，扎伤了手，血、水泥、石屑粘在一起，刺伤血口，手肿得厚厚一层，受伤工人扯一块布捂住伤口继续施工，没有一个人叫苦、叫累。当时由于潮湿、寒气重，有的工人脊背受寒，双臂酸痛抬不起来，仍咬紧牙坚持作业。

全体施工人员以高度的责任感，以一流的施工速度和工程质量圆满完成了施工任务，树立了良好的企业形象，铸就"精品工程"。

该桥位于迎泽公园中部，长廊西侧，为公园主要景点之一。随着公园的发展和游人逐渐增多，原有小桥已无法满足游人需要，于1955年改建为五孔桥，1962年又增建二孔成为七孔桥，于1963年10月1日完工，是当时省内最大的石桥，坚固美观，石桥上刻有"犀牛望月"，石柱上雕有石狮子，两厢栏杆板刻有各种图案。步入七孔桥可以观赏到南北两湖的山水风景和自由往来的湖内游船。

艰苦奋战 实现"零的突破"

太原市政集团承建的东山过境高速公路第五标段全长1.74km，是东山过境高速公路的"咽喉"地段，包括杨家峪大桥、陈家峪大桥、北沙河桥和互通式道路立交桥4座，其中杨家峪大桥长度超过了800m，总造价6000余万元。自1993年10月进入开工以来，东山项目部全体员工战酷暑，斗严寒，面对著名的"三难"，一是桥梁桩基施工"难"，二是路基施工"难"，三是桥梁施工"难"，敢打善战的市政人以不畏艰险、知难而上的精神，制定"打好两大战役，实施四个保证，见缝插针，全面开花"的施工战略，在第五标段全线展开了一场攻坚战，把整个大桥从梁体预制、承台、薄壁墩、盖梁到架桥分成五个工段。勇创"三个第一"，杨家峪大桥桥梁预制夺第一、大桥起架夺第一、大桥主体完工夺第一，在市政架桥史上写下了辉煌的一页。全体市政人冒高温、斗酷暑，昼夜奋战，不惜代价，不讲条件，抢速度、夺工期，1996年10月27日，全市人民翘首企盼的太原东山过境高速公路在公司东山项目部全体职工的齐心努力下，经过3年零3个月的艰苦奋战正式竣工通车。

图3 东山过境高速公路第五标段

东山过境高速公路工程实现了太原市高速公路建设史上"零的突破"，是几百万太原父老乡亲翘首企盼的腾飞之路、致富坦途，也是太原市纵贯全省的南北交通大动脉，通往外部最快速便捷的东出口。经过3年零3个月的艰苦奋战正式竣工通车，施工中，市政人时刻体现着匠人的"匠心巧思"，诠释着不朽的"太旧精神"，硬是靠着顽强的拼搏和不肯服输的勇气，争得了"三个第一"，在东山第五标段创造了惊人奇迹，在市政架桥史上写下了辉煌的一页，擎起了太原市政集团第一座"市政金杯"。其中，难度最大的杨家峪大桥和陈家峪大桥于1998年被中国市政工程协会评为全国市政金杯示范工程。

"人·城市·生态·文化"构建汾河多元化生态系统

太原市政集团承建的汾河太原城区段治理第四标段,1998年10月3日开工建设,1999年12月31日完工,工程地点位于汾河西岸胜利桥北155m至漪汾桥之间,工程内容包括西暗渠、西平台防护、中隔墙、1号橡胶坝及土石方工程等。施工中,地基处理是工程重点,项目部采用强夯、振冲桩进行处理,确保基础稳固,在进行中隔墙施工时,项目部采用镀锌钢丝石笼的施工工艺,有效抵御河水对中隔墙的冲刷,保证了施工质量。该工程荣获2001年度山西省建筑工程汾水质量奖。2002年,太原市政集团被中共太原市委、太原市人民政府授勋——"在汾河太原城区段蓄水美化工程建设中荣立一等功"。

太原市政集团承建的汾河治理北延工程第六标段,2005年10月18日开工建设,2006年3月20日完工,工程内容包括对1.137km的堤防进行填筑及防护。主要工程量有挖土方淤泥25000余m^3,土方回填75000余m^3,石笼近12000m^3,生态防护砖12000余m^3等。施工中,项目部多次召开现场协调会,精心安排,把责任落实到人,倒排工期落实到小时,采用流水线作业,全力推进施工进度。

图4 汾河太原城区段治理美化三期景观工程五标段

太原市政集团承建的汾河太原城区段治理美化三期景观工程五标段,南至晋祠迎宾路南2000m,单线全长约12km,2018年12月18日开工建设,2019年6月15日完工,北起祥云桥南500m。施工内容包括位于东西两岸已施工完成的大堤顶的公园内园路和连接城市主干道滨河东西路的14个车行出入口。在道路铺设过程中,为契合"二青"会体育精神,项目部在该工程面层铺设彩色沥青，不仅使路面更加干净美观，也为场馆周边道路增添一抹运动色彩。由于东大堤顶涉及国际自行车赛道，项目部制定可行性方案，在1、2号出入口施工中，采用墙端倒圆角处理，确保交通安全顺畅，保证工程快速推进。

这几项工程利用现有的优质水资源和良好的生态基底以及丰富的地貌特征，构建出丰富可持续的汾河生态系统。在确保行洪和游憩安全的前提下，打造出独具汾河特色的滨水游憩带和集休闲、旅游、观光于一体的大型综合性湿地景观，形成可持续性发展的多元化生态系统，大大提升周边地块的环境品质和汾河景区的社会效益及生态效益。这几项工程从规划设计到施工建设积极贯彻了"以人为本"的理念，始终围绕"人·城市·生态·文化"的主题，把河道治理、环境保护、城市绿化有机结合起来，进行环境综合整治，保持了汾河良好的自然生态，实现了人与自然和谐共生、城市发展与环境建设的协调一致。

太原市政集团注重在施工过程中进行技术创新，用先进的施工技术实现施工生产的高效能化。企业编制的多项工法被评为山西省省级工法，获得国家实用新型专利证书、山西省科技创新项目奖等多项荣誉，QC成果荣获多项省级奖项。

作为全国市政行业的主力军，多年来，太原市政集团秉承"追求卓越、服务社会"的企业宗旨，发扬"团结、拼搏、求实、创新"的企业精神，以创新的理念、先进的施工技术、优质的工程，全力打造企业品牌，太原市政集团承建的工程多次荣获全国市政金杯示范工程，山西省汾水杯，山西省市政金杯示范工程等优质工程奖。太原市政集团也先后被国家、省、市有关部门授予全国优秀施工企业、全国施工行业重合同守信用企业、全国建筑业AAA级信用企业、山西省优秀骨干建筑业企业、山西省100强企业、山西省建筑施工安全生产先进单位等荣誉称号。

太原市政集团以"为职工拼幸福，为企业谋发展"为指引，始终坚持"以质量求生存，靠诚信促发展"的经营理念，弘扬严谨、耐心、专注、专业、精益求精的工匠精神，依靠良好的市政品牌和企业声誉，将经营空间拓展到多个城市，先后在四川、广州、深圳、珠海、重庆、湖北、湖南等省市成立了分公司，使企业走出了山西，走向了全国。

太原市政建设集团有限公司大事记

1953年　企业前身"太原市市政工程公司"成立，隶属于太原市建设局。
1962年　更名为"太原市市政工程公司第二工程处"。
1966年　恢复为"太原市市政工程公司"。
1975年　划归太原市建筑工程管理局，更名为"太原市第三建筑工程公司"。
1976年　恢复为"太原市市政工程公司"。
1984年　更名为"太原市市政工程施工处"。

1985年　恢复为"太原市市政工程公司"。

1998年　更名为"太原市市政工程总公司"。

2018年　改制为国有独资控股企业，更名为"太原市政建设集团有限公司"。

讲述人：太原市政建设集团有限公司
　　　　党委书记、董事长　郝东辉

讲述人简介

郝东辉提出了"为职工拼幸福 为企业谋发展"的总体思路，以项目促发展，向管理要效益，用品质树品牌，引领公司蹚出了一条具有行业特色的高质量发展之路。

栉风沐雨七十载　砥砺前行续华章
——"百城百企"记山东淄建集团有限公司

扫码看视频

20世纪50年代的国防工程、60年代的援蒙工程、70年代的"三线工程"、北京人民大会堂、天津抗震救灾……与新中国同龄的山东淄建集团，在祖国需要的关键时刻，总是挺身而出，默默地奉献出自己的一切，在历史上写下光辉的篇章。

山东淄建集团有限公司始建于1949年6月，历经山东省建筑工程公司张博办事处、山东省建筑工程局第二工程处、淄博市建筑工程公司、山东省建设厅淄博建筑工程公司、淄博市建筑工程局、淄博市建筑工程公司，2004年改制成山东淄建集团有限公司（以下简称"山东淄建集团"）。

70余年艰苦奋斗的历史，处处映托着淄建70余年来艰苦创业历程，闪烁着几代淄建人砥砺奋进的创业辉煌：

改革开放之初，淄建人走在改革开放的"大潮"头，勇做"弄潮儿"，率先实行"经理负责制"；1988年，率先走出国门的淄建人把淄建的旗帜插上了美国的关岛；2004年6月淄博市建筑工程公司发展成为一个年企业总值七个多亿元的国有大型施工总承包壹级企业，同时具备了海外工程签约权、海外劳务输出权、境外企业办厂权及相关项目材料、设备出口权。

改制后的山东淄建集团深耕环保市场，完成年施工产值118亿元，确立了国内固废处置行业施工总承包领军企业的市场地位，成为中国固废行业领域的工程标杆企业。目前，山东淄建集团施工的垃圾焚烧发电项目占据了全国同类市场的四分之一，承建垃圾焚烧发电等环保项目500余项。我国垃圾焚烧处理行业共获得6座鲁班奖，山东淄建集团便斩获了3座。

栉风沐雨七十载，砥砺前行续华章。现如今，山东淄建集团依靠成功转型走出了一条发展壮大之路，企业规模不断刷新历史新高，前进之路越走越宽，正向着建设百年淄建的目标不断奋进。

振兴祖国石化事业　齐鲁30万t乙烯工程

1984年4月1日，齐鲁30万t乙烯工程隆重举行开工典礼。这是国家重点建设的四大乙烯工程之一，是中共中央、国务院批准的成套引进项目，是国家"六五""七五"期间的重点工程，承载着振兴祖国石化事业的重任。从开工至2004年，山东淄建集团承建污水处理厂、排海管线、循环水场和自备电厂等8项重要工程。

齐鲁石化公司30万t乙烯污水处理厂是齐鲁石化公司30万t乙烯装置配套工程，1985年开工，1987年投用。其中污泥焚烧回转炉直径1.9m，长20m，重25t，安装高度12m。三级处理主要工程量有国内外设备63台/105t，工艺管线26000m，电力变压器2台，配电箱、盘、柜48

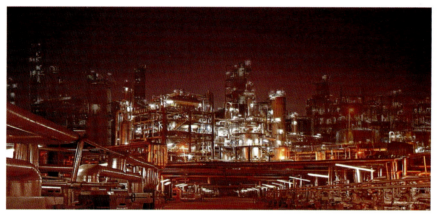

图1　齐鲁30万t乙烯工程（一）

图2　齐鲁30万t乙烯工程（二）

台，电缆12000m，自控仪表422台（套），其中工业计算机柜2台、终端2台、模拟盘4块、仪表柜8台、UPS不间断电源1套。全套工艺设备从德国和日本引进。工艺设备安装、调试和保运一次成功。

1990—1991年，山东淄建集团又承建该污水处理场二期扩建工程，完成设备、工艺管线、电气仪器等全部安装调试任务，投料试车一次成功。

1985年4月28日，山东淄建集团承建齐鲁石化公司供排水厂排海管线，系30万t乙烯三大外围工程之一。管线总长59.459km，山东淄建集团承建其中29.122km，于1986年6月30日建成，被乙烯建设指挥部誉为"质量最好、速度最快"的一段管线，荣获指挥部颁发的"优胜杯"奖，并被评为省优工程。该工程为齐鲁石化公司30万t乙烯装置配套工程，工程质量总体获中国建设工程鲁班奖。

齐鲁30万t乙烯工程属于国家重点工程，投资大，影响深远，具有重要的战略意义，获评"建国60周年百项精品工程"。

提高老百姓生活指数 淄博市污水处理厂工程

淄博污水处理厂位于张店区大张乡范刘庄东侧，距张桓公路东北约1km。该厂承担张店区及南定地区的工业污水和生活污水的处理任务，日处理能力25万t。由上海市政工程设计院设计，山东淄建集团二公司和安装公司承建污水处理区的土建和安装工程。

1990年7月20日第一期工程开工，1992年3月20日竣工。淄博污水处理厂场区东西宽188m，南北长458.5m，占地面积86000m²。土建主要以水池构筑物为主，大部分为地下或半地下现浇钢筋混凝土结构。主要构筑物为粗格栅、进水泵房、细格栅房、曝气沉砂池、A段曝气池、B段曝气池（90.4m×88m×7.2m）、最终沉淀池、中间沉淀池（直径51m），现浇整体钢筋混

图3 淄博市污水处理厂（一）

图 4 淄博市污水处理厂（二）

图 5 淄博市污水处理厂（三）

凝土结构。建筑物为总变电所、分变电间、机修车间、鼓风机房和仓库、车库等，建筑面积共3169m²。安装工艺设备均采用奥地利技术。淄博污水处理厂被评为1992年度市级优良工程。

2009年淄博污水处理厂进行了升级改造，由山东淄建集团第五项目公司和工业设备安装公司施工总承包，出水水质达到一级A的排放标准。该工程荣获山东省泰山杯奖、国家优质工程奖。

淄博污水处理厂现改为光大水务淄博有限公司第一污水处理厂，当年属于淄博市内规模最大、设备最先进的污水处理厂，为淄博这座老工业城市的发展作出了巨大贡献，通过对工业和居民生活污水的处理，让老百姓的生活指数得到了提高，淄博的生态环境得到了改善，是一座功在当代利在千秋的利国利民的民生工程，其建设投用具有重大的现实意义和深远的历史影响。

增进中国也门两国友谊　也门哈贾供排水项目

哈贾供排水项目位于也门哈贾市，1996年6月1日开工，1998年6月30日竣工。该项目由德国赠款援建，业主为也门萨那水管总局，由中国路桥总公司总承包，山东淄建集团与山东省国际公司联合劳务分包。劳务包干费用128万美元。

该工程分给水、排水两大系统。给水由井泵站、中继泵站、加氯间、蓄水池和配水管网等组

图6 也门哈贾供排水项目

成;排水由污水收集管网、主排水管线和污水处理场等组成。管道200余km,机电设备190余台(套)。浇筑钢筋混凝土20000m³,建筑面积1000余m²。

1995年12月20日,山东淄建集团与山东省国际公司签署也门哈贾市供排水项目合作协议,1996年6月1日开工,1998年6月30日竣工。管道为200余km。

也门哈贾供排水项目是淄博市内第一个在也门承建的大型给水排水民生工程,项目的建设提高了中国的国际地位,加强了两国人民之间的友谊,也锻炼了集团公司员工出国施工的能力。也门总统萨里赫视察该项目时对施工进度和质量表示非常满意。

保障城市美好环境
济南市第二生活垃圾综合处理厂(焚烧发电厂)工程

济南市第二生活垃圾综合处理厂(焚烧发电厂)于2011年9月建成,位于济南市济阳县孙耿镇,由光大环保能源(济南)有限公司投资建设,山东淄建集团承建,是一座以焚烧城市生活垃圾、利用余热发电于一体,高度现代化、智能化、环保节能、利国利民的大型公益工程,是当时亚洲一次性投资建成规模最大的垃圾焚烧发电项目。

工程占地120亩,总建筑面积50079m²,主要由收储、焚烧、烟气净化、发电厂房组成的综合主厂房、98m高烟囱、174.2m长高架引桥、600m³/d渗滤液处理站、循环水泵房、冷却塔等组成。设计规模为2000t/d(4台500t/d)的焚烧炉(比利时制造的机械式炉排炉)和余热锅炉,2台18MW的凝汽式汽轮发电机组,年焚烧生活垃圾66.7万t,最高可达80万t,年发电2.5亿kW·h,年上网2.1亿kW·h,相当于节约标准煤8.3万t/年,可满足10万户城市居民一年的日常用电,实

图7 济南市第二生活垃圾综合处理厂（焚烧发电厂）工程效果图

图8 济南市第二生活垃圾综合处理厂（焚烧发电厂）综合厂房东立面

图9 济南市第二生活垃圾综合处理厂（焚烧发电厂）立面图

现减排二氧化碳 20.6 万 t/年。

济南市第二生活垃圾综合处理厂（焚烧发电厂）的投入运营解决了济南作为省会城市的生活垃圾围城问题，实现了生活垃圾的无害化、减量化、资源化处理，是一座节能环保的现代化教育基地，是一项利国利民的工程。该项目荣获中国建设工程鲁班奖。

未来事业任重道远　　向百年淄建的目标努力奋进

经过70余年的发展，山东淄建集团成为集国际工程、建筑工程、机电工程、医疗养老、工程检测、职业教育及资本经营七大板块于一体的大型企业集团，业务涉及国内三十个省市区，并在美国、波兰、阿尔及利亚、尼日利亚、东帝汶、刚果、利比亚、越南、柬埔寨、印尼、智利等十余个国家开展工程承包业务。

山东淄建集团具有国家建筑工程、机电工程、市政公用工程施工总承包壹级资质、钢结构工程专业承包壹级资质及电力工程、石油化工、冶金、消防、起重设备安装、预拌混凝土等专业承包资质。自成立以来，山东淄建集团承建了一大批国家、省、市重点工程，近年来，在公共建筑、民用建筑、垃圾焚烧发电、污水处理、化工、冶炼等行业及大型公用设施建筑安装项目上成绩显著，特别是垃圾焚烧发电等环保项目领域取得快速发展，取得了国家环保建设领域6个鲁班奖中的3个，确立了国内固废处置行业施工总承包领军企业的市场地位，还多次荣获"国家优质工程""中国电力优质工程""中国石化优质工程"、山东省"泰山杯"、江苏省"扬子杯"、河南省"中州杯"、浙江省"钱江杯"等奖项，同时还创出了一大批国家级和省级安全文明

图 10　宁波垃圾焚烧发电厂工程（荣获中国建设工程鲁班奖）

示范工地；被评为国家高新技术企业、全国工程建设诚信典型企业、中国施工企业AAA级信用企业，获得中国工程建设企业信用星级认定15星；连续多年荣登ENR全球最大国际工程承包商250强，外出施工产值占据山东省淄博市外出施工的半壁江山，被评为山东省对外承包工程行业先进单位。

历史潮流波澜壮阔，未来事业任重道远。在新的时期，山东淄建集团将深入实施以环保产业为先导的企业市场战略，继续开拓巩固传统建筑市场，着力拓展海外市场，持续推进企业高质量发展，向着打造百年淄建的目标努力奋进。

山东淄建集团有限公司大事记

1949年8月	公司前身山东省建鲁营造公司张博办事处成立。
1998年11月	夏书强调任淄博市建筑工程公司总经理、党委书记。
2004年10月	公司改制，从淄博市建筑工程公司改制为山东淄建集团有限公司，夏书强任集团董事长、总经理、党委书记。
2020年12月	北京通州垃圾焚烧发电项目获鲁班奖，成为山东建筑企业在北京获得的第一个承包工程鲁班奖。
2020年12月	公司被评为国家高新技术企业。

讲述人：山东淄建集团有限公司
董事长、总经理、党委书记　夏书强

讲述人简介

自1998年11月夏书强同志就任公司领导以来，带领职工深化改革，锐意进取，走上了一条转型发展迎接新动能时代到来的发展之路。在他的带领下近年来公司承担了全国近四分之一的垃圾焚烧发电厂、生物质发电厂等环保项目的建设任务，创出了我国垃圾焚烧处理行业6座鲁班奖中的3座，成为中国固废行业领域的工程标杆企业。在抓好国内市场的同时，夏书强同志又把目光投向了"一带一路"倡议上面，成为我国倡导"一带一路"以来的受益者和建设者。

铸精品工程 扬铁军风采
——"百城百企"记南宁市政工程集团有限公司

扫码看视频

21年的励精图治与改革创新，21年的斗志昂扬与艰苦奋斗，南宁市政人克服了重重困难、跨过了道道险阻，解决了一个又一个历史遗留问题、官司纠纷问题。21年，南宁市政人一步一个脚印携手走过，逐步扭亏为盈、由小变大、由弱变强、由量变到质变，将公司从一个管理混乱的困难企业，发展成为中国市政工程协会副会长单位、广西首家市政特级企业，成为一个发展稳健的现代企业集团。

南宁市政工程集团有限公司（以下简称"南宁市政"）成立于1951年，是中国市政工程协会副会长单位、广西首家市政公用工程施工总承包特级企业。公司经营业务主要以市政基础设施建设为主，同时经营房地产开发、房屋建筑施工、工程设计、沥青专业施工、商品混凝土、新型水泥混凝土构件、工程技术检测和劳务专业施工等业务。

21年以来，公司始终坚持着"立足南宁、深耕广西、布局全国"的经营方向，业务量直线上升，逐渐发展成为一个主营业务突出、配套产业齐全、技术力量雄厚的综合企业集团。

近十年来，公司大力弘扬"克难攻坚、敢打硬仗"南宁市政铁军精神，完成了南宁市五象湖公园、园博园、友谊路、民族大道、南湖公园环湖路、平乐大道精品工程、大学路轨道2标及4标、贺州市黄姚一级景观大道、防城港86所义务教育均衡发展验收学校项目、广州空港大道和深圳羊台山森林公园等一大批急难险重项目施工任务，赢得了政府主管部门和业主的高度肯定。

坚实的基础——世界园林博览会园址

园博园位于南宁市邕宁区蒲庙镇八尺江畔的顶狮山地块,总面积约263hm²,是第十二届中国(南宁)国际园林博览会举办园址,可谓南宁占地面积最大、建筑造型最复杂、最能代表地域文化特色的城市综合性公园。

图1　国际园林博览会举办园址

南宁市政当时承建了该园市政工程项目,主要包括道路工程、桥梁工程(含桥梁装饰工程)、给排水管网工程、电气工程(高低压管网工程、路灯工程)、智能管网工程等,园博园项目存在施工现场条件复杂、工期紧张、施工难度大、交叉作业多等诸多不利因素,项目全体市政人齐心协力、克难攻坚,最终促成园博园工程于2018年12月4日顺利建成。项目荣获2020年南宁市建设工程"邕城杯"奖、广西建设工程"真武阁杯"奖(最高质量奖)、国家优质工程奖。

在建造该项目时,南宁市政具体实施主要包括:7条共6.5km的一级园路。其园路线形可谓优美、平整、坚实,面层与条石及其他构筑物接缝紧密、平顺美观。园路采用沥青路面,同时用整幅联机摊铺,线形优美顺畅,面层平整密实;路基扩宽段采用泡沫轻质土施工工艺,减少路基建设用土,节省土地资源。

项目含槿花桥、金花桥、叠翠桥、鼓乐桥、云锦桥、竹影桥6座景观桥。其中槿花桥为5m×17m的曲线形连续梁桥,金花桥为(20+30+20)m异形连续梁桥,叠翠桥为1×15m(净)钢架拱桥,鼓乐桥为19.3m混凝土拱桥,云锦桥桥梁全长18m,竹影桥为曲线形连续梁桥、桥长80m。景观桥桥形各异、线形顺滑。超大超宽箱梁采用一次性混凝土现浇,施工质量控制优异。

混凝土棱角分明，色泽均匀，内实外美。施工技术采用中小桥无缝化，有效提高桥梁使用的耐久性和抗震性能，提高了来往车辆的舒适度，同时降低工程事故发生概率。

此外还在实施园区中新建4孔塑料梅花管和3号手孔管网，新建公园围墙总长度约6.5km。增加园内给水系统、绿化浇洒系统、景观湖换水系统、消防管道系统、雨污水工程等。

南宁市政保留和利用原状地形和山水风貌，因势造景，主题建筑依山而建，各具特色，其建成后的园路线形优美、平整、坚实，面层与条石及其他构筑物接缝紧密、平顺美观，其景观桥桥形各异、线形顺滑流畅，为日后企业建设同类工程奠定了坚实的基础。

用心铸就精品工程　扬市政铁军精神

经过21年的改革创新、艰苦奋斗，南宁市政实现了企业效益和规模的节节攀升；通过兼并重组、多元经营，推动了集团产业化、规模化发展，其承接过的南宁机场高速路工程、南宁市青环路扩建工程、南宁市沙井大道工程、南宁市平乐大道工程等11个工程项目，曾先后荣获全国市政金杯示范工程。而南宁市民族大道改造工程等100多个项目，也先后获得自治区级和市级荣誉奖项，承建的南湖公园环湖改造工程、石门森林公园改造工程和青秀山北门改造工程，更被列为广西海绵城市建设试点示范工程。

在企业发展的同时，南宁市政也一直在努力回报社会，近些年先后无偿捐赠1200多万元用于南宁市园博园建设、精准扶贫工作、新冠肺炎疫情防控工作、抗洪抢险、抗震救灾、公益助学活动等，展现出一个企业应有的责任与担当。

21年以来，南宁市政克难攻坚、优化结构，加快了集团转型升级步伐；通过公司平台化运作、发展成果共享，实现企业效益和员工收入大幅提升的双丰收；通过理顺产权、彻底改制，走上了自主发展的道路；通过工效挂钩、能上能下常态化管理，打造了一支优秀的经营管理团队；所塑造的一个个精品工程，承办的一个个急难险重项目，无不体现出荣耀铁军的风采，彰显出大企的良好形象。

未来南宁市政将继续秉承"发展企业、服务社会、造福员工、回报股东"的企业宗旨，继续往EPC总承包模式、市政道路施工领域、地铁领域、建筑设计领域、水利水电领域、园林环保领域纵深发展，致力于把企业打造成为一个管理规范、技术先进、发展稳健的现代企业集团。

南宁市政工程集团有限公司大事记

1951年　南宁市政工程总公司成立，开启奋斗历程。
2000年　陈锦耀先生从外单位调到南宁市政，任公司党委副书记、总经理。从此，公司新一届领导班子成立。

2002年　公司取得市政公用工程施工总承包壹级资质。

2006年　南宁市人民政府正式批准公司改制。

2010年　公司取得房屋建筑工程施工总承包壹级资质。

2011年　成立第一家专业化项目管理公司——来宾荣耀投资有限公司，标志着公司开始进入BT投资市场。

2014年　公司当选中国市政工程协会副会长单位，陈锦耀董事长当选中国市政工程协会副会长。

2016年　公司取得市政公用工程施工总承包特级资质，同时获得工程设计市政行业甲级资质，成为全国第17家、广西首家市政特级资质企业。

2017年　公司下属检测公司成功在新三板挂牌上市，成为广西壮族自治区内首家挂牌上市的检测企业。

2019年　荣耀中心项目开工奠基，集团新办公大楼正式开工建设。

2021年　公司继续当选中国市政工程协会副会长单位，陈锦耀董事长继续当选中国市政工程协会副会长。公司踏上发展新征程。

讲述人简介

在陈锦耀同志的正确带领下，公司持续不断进行改革创新，多元化经营战略改革，平台化制度改革，使企业不断做大做强，经济效益和社会效益显著，企业的品牌效应增强。

讲述人：南宁市政工程集团有限公司
　　　　董事长　陈锦耀

奋楫争先　当重庆建设主力军
——"百城百企"记重庆城建控股（集团）有限责任公司

扫码看视频

17

山城重庆是一座红色历史厚重却又活力四射的城市。建立于2001年的重庆城建控股（集团）有限责任公司（以下简称"重庆城建集团"）在重庆红色文化中孕育、成长、发展。重庆城建集团以重庆市建设委员会所属7家子企业为基础组建成立，以创造优良环境，造福社会为己任，积极参与各项基础设施建设，为城市现代化建设作出了重要贡献。

重庆城建集团前身为20世纪50年代初成立的重庆市市政公司，2001年9月由重庆市政府出资组建了重庆城建控股（集团）有限责任公司。经过20年的风雨洗礼，重庆城建集团已经逐步发展成为集资产经营、投资融资、城市建设、公路桥梁、水利水电、工业与民用建筑、房地产开发等一体的大型国有骨干企业。在市场经济条件下，企业越发注重盈利能力和高质量发展，重庆城建集团加快战略转型，转变经营模式，大力发展主业，积极拓展各级市场，朝着打造充满生机和活力的新城建，迈出了坚定的步伐。

作为重庆城市建设的主力军，重庆城建集团受到各级部门的高度评价，被人社部、国家发展改革委、解放军总政治部授予"汶川地震灾后恢复重建先进集体"，获得"重庆市最具影响力企业""重庆市百强企业""重庆市国企贡献奖""重庆市为国建功立业功勋企业""重庆市企业文化建设示范基地"等荣誉称号，树立起了企业良好社会形象。

主城首座城市大桥　缘起抗战时期

四山环抱、两江相拥的地貌限制了重庆江北的发展，早在1929年及抗战时期，国民政府市政当局就有了在嘉陵江上建桥的想法。中国近代桥梁工程大师茅以升受重庆市政府委托，完成了两江大桥初步设计。

因经费缺乏，直到1958年12月，嘉陵江大桥（又名牛角沱嘉陵江大桥）才开始施工，1966年1月建成通车，成为重庆中心城区第一座跨江大桥。

图1　嘉陵江大桥

嘉陵江大桥全长625.71m，正桥为（68+80+88+80+68）m五跨连续钢桁梁桥，南岸引桥为1孔22m简支梁，北岸引桥为7孔约23m简支梁。为了让基础更牢固，使用了当时世界上最先进的技术，即苏联专家在武汉长江大桥采用的大型管柱基础。由于嘉陵江的砂卵石覆盖层厚5m多，桩要穿过它们打进河床基岩上，还要深钻5m才能稳固，再用水下钢筋混凝土浇筑起来，桥墩有直径20多m的深墩在水下。

1965年11月，邓小平到重庆视察，此时的牛角沱嘉陵江大桥只有引桥，在得知邓小平要步行过桥以后，工人们连夜用木板在主桥上搭出了一条路。1975年，重庆博物馆首席书法家李德益先生应邀为大桥题名。

嘉陵江大桥是重庆主城首座城市大桥，结束了两岸居民只能靠轮渡过江的历史，为市级文物保护单位，被誉为重庆"公路第一桥"。

结束轮船摆渡历史　长江大桥成重要通道

在重庆长江大桥修建之前，重庆南岸人民千百年来只能靠轮船摆渡到市中心，这个历史终于在1980年7月1日被改写。重庆长江大桥又称"石板坡长江大桥"，位于长江水道之上，是重庆市境内连接渝中区与南岸区的过江通道，于1977年11月动工兴建，1980年7月建成通车。重庆长江大桥北起石板坡立交，上跨长江水道，南至黄葛渡立交；全长1120m。

重庆长江大桥分别由原旧桥、复线桥、桥墩、引桥及两岸立交组成；主桥路段呈西南至东北方向布置。重庆长江大桥是当时国内跨度最大的预应力钢筋混凝土T形刚构加挂梁桥，桥名由叶剑英题写。

图2　重庆长江大桥

重庆长江大桥在渝中区、南岸区的桥头两侧桥头堡设立四座雕像，名为"春夏秋冬"，由原四川美术学院院长叶毓山先生设计创作，每座雕像高8m，皆为铝合金铸造，于2019年入选第三批重庆市文物保护单位。

重庆长江大桥是重庆市通往中国南方城市的一条重要出口通道，是长江中游第一座特大型城市公路桥，也是重庆市西南部的城市主干道的重要构成部分。

缓解交通压力　创跨度之最

重庆长江大桥作为重庆主城区城市干道组成部分，交通流量非常大，截至2008年，已经通过汽车超过30亿辆次，是中国车流量最大的大型跨江桥梁。为扩大重庆长江大桥的通行能力，缓解交通压力，2003年，重庆市政府决定对重庆长江大桥进行加宽改造，原有的重庆长江大桥与复线桥均采取单向行驶。复线桥工程于2003年12月开工，2006年9月竣工，全长1103.5m，宽19m。

图3　重庆长江大桥复线桥

2006年5月26日,重庆长江大桥进行复线桥的合龙工程;5月27日,重庆长江大桥完成复线桥的合龙工程,复线桥全线贯通;8月27日,重庆长江大桥完成桥面沥青铺装工程;9月2日,重庆长江大桥完成南北桥台及地下通道、桥面防撞栏杆及人行道装饰;9月6日,重庆长江大桥通过交工验收;9月24日,重庆长江大桥完成大桥荷载实验工作;9月26日,重庆长江大桥复线桥通车运营。

长江大桥复线桥在330m主跨中间创造性地采用10m钢箱梁,使施工风险减少,同时大大加快了施工速度。主跨采用330m钢箱梁,整体浮运、定位、吊装、合龙创造了世界同类桥梁之最,建成时为世界同类型边连续钢构桥梁跨度第一。

首次自行设计施工安装　屡获嘉奖

重庆嘉陵江石门大桥全长1096.5m,位于嘉陵江水道之上,是中国重庆市境内连接江北区与沙坪坝区的过江通道,也是成渝、汉渝两条对外公路重要连接线的咽喉。嘉陵江石门大桥于1985年12月动工兴建,1988年12月竣工通车运营。

嘉陵江石门大桥线路北起大石坝立交,上跨嘉陵江水道,南至汉渝路立交;线路全长1096.5m,主桥长806m;桥面为双向四车道城市主干道,设计速度为60km/h。建成时跨度居亚洲同类型桥梁第一,世界第二。

嘉陵江石门大桥为独塔斜拉桥,拉索采用对称竖琴布置,两索面设置在中央分隔带上,每根内、外索由多根高强镀锌钢丝聚集而成,其平行钢丝束排列成不等边八角形。桥的斜拉索由重庆城建桥梁公司自主生产,自行安装,其设计和施工获得鲁班奖和国家科技进步一等奖。

嘉陵江石门大桥对于改进重庆市的道路交通运输系统,沟通沙坪坝和江北大石坝工业片区,减少车辆绕行,提高运输效率,疏解市中心的交通拥挤,合理调节城市布局,发挥重庆市经济中心城市的作用,都具有重要的意义,不仅是城市中环线上的重要桥梁,同时也是成渝、汉渝两条

图4　重庆嘉陵江石门大桥

对外公路重要接线的咽喉。

首用施工索道牵引新工艺　创造主缆架设无破、断丝记录

鹅公岩大桥是中国重庆市境内连接九龙坡区与南岸区的过江通道，位于长江之上，为门型双塔柱悬索桥，是重庆市主城区东西方向快速干道的组成部分。鹅公岩大桥于1997年12月开工，2000年12月建成通车，西起于九龙坡区鹅公岩立交，东止于南岸区赵家坝立交，正桥全长1.42km；桥面布置为双向八车道，设计最高速度为80km/h。

鹅公岩大桥的主缆索股架设在中国国内首次采用施工索道牵引新工艺，创造了中国国内主缆架设无破、断丝记录。桥在砂岩和泥岩互层的软质岩上建造采用无齿加锚桩的隧道式锚碇的新技术。钢箱制造过程中采用无余量切割和无马拼装新技术。

鹅公岩大桥连接了重庆九龙坡区、南岸区、原经济开发区和原高新技术开发区四区，对改善重庆的交通网络结构，推动重庆和西部的社会经济发展将起到重要作用，获评2002年度全国市政金杯示范工程。

图5　鹅公岩大桥夜景

最大双悬臂施工　树立新重庆形象

作为国家重点工程渝黔高速公路上最重要的控制性工程，大佛寺长江大桥是中国重庆市境内连接江北区与南岸区的过江通道，也是重庆—湛江高速公路（国家高速G65）重要组成部分。主桥采用双塔双索面漂浮体系预应力混凝土斜拉桥，引桥为桥面连续预应力混凝土简支梁结构，于1997年11月动工兴建；2001年12月通车运营。

1994年，重庆市人民政府关于修建重庆市第一条环线高速路的构思，正式纳入城市规划之中，其中包括大佛寺长江大桥。大佛寺长江大桥西起五童立交，上跨长江水道，东至盘龙立交；

图6 重庆大佛寺长江大桥

线路全长1176m,主桥长846m;桥面为双向六车道高速公路,设计速度为80km/h。

大佛寺长江大桥首次在特大型斜拉桥中采用了最大双悬臂施工,双悬臂最大长度为191.2m,为当时同类型桥中最大。首次采用尾部梁段固结模型的边跨合龙设计,首次采用了无凿平层的8cm的SMA铺装层设计方法,在保证施工质量的前提下,减少了施工环节,缩短了施工工期。

在2001年12月通车运营时,时任中共中央总书记江泽民欣然挥毫为其题写了桥名,并设于桥塔横梁上。大佛寺长江大桥的建成,对改善重庆市乃至整个西南地区的交通环境,树立新重庆形象,起着十分重要的作用。

技术工艺创新集合　新牌坊立交获一致好评

新牌坊立交位于重庆渝北区新牌坊,是重庆最为重要的南北向交通节点工程。新牌坊立交由

图7 新牌坊立交

新溉路、210国道、松牌路、新南路形成5路交叉，东西向长约1000m，南北宽约960m。在重庆市政工程建设中首次使用移动模架施工技术、桥梁无装饰清水混凝土工艺和橡胶沥青混凝土工艺，保证了交通顺畅，结构外形美观，受到社会各界一致好评。

魔幻"枢纽型"立交　结构复杂功能强大

山城重庆因地形起伏大，被称为3D魔幻城市，其中黄桷湾立交便是魔幻城市的最好诠释。黄桷湾立交也称盘龙立交桥，连接广阳岛、重庆江北机场、南岸、大佛寺大桥、朝天门大桥、弹子石、四公里、茶园8个方向，高达5层、共15条匝道。2009年9月开工建设，2016年3月沥青铺设完成。

作为主城最大最复杂的立交，黄桷湾立交是连接朝天门大桥、慈母山隧道、内环高速、机场专用快速路的重要节点，也是迄今为止重庆主城区功能最强大的"枢纽型"立交桥，被称为最"魔幻"立交。

2016年3月11日，重庆黄桷湾立交匝道沥青铺设全部完成，进入最后的收尾阶段。作为重庆主城最大最复杂的立交，黄桷湾立交是连接朝天门大桥、慈母山隧道、内环高速、机场专用快速路的重要节点。立交桥有5层结构、15条匝道，第一层是连接朝天门大桥与慈母山隧道的"三横线"快速干道，第二层是机场专用高速匝道，第三、第四层分布着各条匝道，底层是弹子石至广阳岛道路。被称为最"魔幻"立交。

图8　黄桷湾立交

黄桷湾立交获得2018—2019年度国家优质工程奖，重庆市市政工程金杯奖，2017年度重庆市建筑业协会巴渝杯优质工程奖。

灾后重建重点工程　建筑结构安全达一级

汶川"5·12"地震对城市建筑造成毁灭性破坏，不少建筑在一夜之间变成废墟。作为重庆市援助汶川"5·12"地震灾后重建的重点工程项目，崇州市人民医院及妇幼保健院工程于2009年6月开工，2009年11月崇州市人民医院门诊楼工程顺利封顶，工程一期建设用地面积65332m^2，总建筑面积57305.7m^2。

工程建筑结构的安全等级为一级，结构的设计使用年限50年。所有建筑的抗震设防类别均为重点设防类建筑；工程的抗震设防基本烈度为7度。项目获得重庆"巴渝杯""三峡杯"以及四川"天府杯""芙蓉杯"等十余个建筑领域奖项，获得了重庆市市级文明工地以及成都市市级文明工地称号。而重庆城建集团也先后被人社部、国家发展改革委、解放军总政治部授予"汶川地震灾后恢复重建先进集体"，获得"重庆市国企贡献奖""抗震救灾先进集体""重庆市为国建功立业功勋企业""重庆市对口支援四川崇州灾后恢复重建工作先进集体"等荣誉称号。

图9　崇州市人民医院

濑溪河以北市政基础设施（1、5号道路）工程

荣昌县濑溪河以北市政基础设施（1、5号道路）建设项目位于荣昌县昌元街道办事处，1号道路全长980m，5号道路全长515m，设计路宽40m。于2007年10月开工，2008年4月正式竣工验收通车。获得全国市政金杯示范工程、重庆市市政工程金杯奖。

图10　濑溪河以北市政基础设施（1、5号道路）工程

南坪交通枢纽工程

重庆南坪中心交通枢纽工程是市级重点工程，2008年3月开工建设，2009年12月竣工。工程有效解决了重庆南坪中心区交通拥堵，使南坪中心区商业氛围、城市形象、城市环境得到根本改善。获得2014年度全国市政金杯示范工程，2014年度重庆市市政工程金杯奖，2013年度重庆市巴渝杯优质工程奖。

图11　南坪交通枢纽工程

2021年是中国共产党建党100周年，恰逢重庆城建集团成立20周年，在这个重要的历史结点上，重庆城建集团将立足新发展阶段，贯彻新发展理念，构建新发展格局，推动高质量发展，开启重庆城建集团发展的新局面。

在新的发展时期，重庆城建集团将紧紧把握我国全面建设社会主义现代化和深入推进西部大开发战略的良好机遇，坚持调整创新，加快转型发展步伐，进一步强化和巩固企业在市政建筑业务领域的行业地位，切实履行国企使命，推动企业又好又快发展，为国家和社会作出更大贡献。

重庆城建控股（集团）有限责任公司大事记

2001年8月31日	重庆城建控股（集团）有限责任公司根据渝府[2001]82文件批准成立，系重庆市政府打造的重庆建筑业的一艘航空母舰。
2001年9月25日	经过近1年的筹备，重庆城建控股（集团）有限责任公司的成立大会在人民宾馆东楼会议室。
2005年1月1日	列为重庆市市属重点企业。重庆市国有资产监督管理委员会代表政府，履行出资人监管职责。
2006年11月1日	公司整体无偿划转给重庆建工投资控股有限责任公司，成为重庆建工投资控股有限责任公司全资子公司。
2010年7月1日	公司所属重庆桥梁工程有限责任公司、重庆第一市政工程有限责任公司、重庆第二市政工程有限责任公司、重庆市爆破工程建设有限责任公司、重庆市市政建设开发总公司纳入重庆建工集团股份有限公司二级公司管理。
2013年3月14日	设立重庆城建控股（集团）有限责任公司，将重庆第二市政工程有限责任公司、重庆桥梁工程有限责任公司、重庆市爆破工程建设有限责任公司管理关系整体划入重庆城建控股（集团）有限责任公司，由重庆城建控股（集团）有限责任公司进行出资人管理。企业整合大会在维景酒店长江厅召开。

讲述人：重庆建工城建集团桥梁工程总公司
　　　　技术顾问　刘成清

讲述人简介

刘成清50多年来跟随着建造队伍走南闯北，始终践行"活着就为桥梁事业"的承诺，秉持工匠精神，用智慧和责任在长江和嘉陵江上架设了一座又一座通往繁荣和富强的大桥。

匠心构筑城市交通　品质引领未来发展
——"百城百企"记云南省建设投资控股集团有限公司市政总承包部

扫码看视频

18

云南省建设投资控股集团有限公司市政总承包部自2005年成立至今16年，按照集团对市政部"管理型、专业化、做专、做强"的发展定位，经过近年来的探索和实践，市政部外拓市场，内强管理，目前已拥有较为成熟的总包管理模式，并得到了快速发展。

云南省建设投资控股集团有限公司市政总承包部的前身为云南建工市政建设有限公司，于2005年4月13日成立。

2010年8月，云南建工市政建设有限公司被集团公司吸收合并，更名为云南建工集团有限公司市政总承包部。

2016年4月，云南建工集团、十四冶集团、西南交建集团合并重组成立云南省建设投资控股集团有限公司后，云南建工集团有限公司市政总承包部更名为云南省建设投资控股集团有限公司市政总承包部（以下简称"市政部"），主要负责集团市政、路桥板块的市场拓展和项目的总包管理。

自成立以来，市政部先后参与沣源路、呈贡新城中庄路、呈澄高速、长水机场至杨林经济开发区道路工程、昆明东南绕城高速公路、曲靖市"五纵五横"、富源县城14条市政道路、滇南中心城市群现代有轨电车示范线、红河州新安所至鸡街高速公路、红河州泸西至弥勒高速公路、元江至蔓耗高速公路、曲靖麒麟大道、昆明市官渡区市容环境提升改造等一批省市重点项目建设。

破解难题　为城市"穿针引线"

中庄路是昆明呈贡新区建设的龙头项目，是周边地块开发、呈贡雨花片

图1 呈贡新城市政工程中庄路 I 标段

区建设的重要组成部分，周边各地块的排水、电力、电信、供水、煤气及交通等市政设施均需通过该道路引进。

中庄路 I 标段为新建城市主干道，由中庄1、2、3、8、10号路组成，道路全长4486.35m。道路断面形式为机动车道、非机动车道、人行道、绿化带。

建设过程中，市政部采用了大量的新工艺、新技术破解施工难题。一是针对全路段原土路基为高液限土的情况，路基施工时采取土夹石及风化料等换填，同时在挖方基底铺设一层土工膜，对高液限土进行保水封闭，保证路基的稳定层。二是用土工格栅处理高填方路段及填挖接头不均匀沉降问题。施工中采用高填方区全路面宽度范围内铺设多层土工格栅，处理因高填方带来路基不均匀沉降问题。同时在填挖结合处，铺设一层土工格栅，解决填挖结合处的不均匀沉降问题。三是对路基范围内的水坑（塘）、农用井等，采用抛石挤泥方法进行处理，以此来提高地基承载力、减小沉降量，提高土体的稳定性。

工程2006年2月27日开工，2008年11月25日竣工验收，新建后的中庄路既把先前开发的地块串联了起来，又成了新城区范围中心位置的交通大动脉和生活服务大道，社会效益显著，经中国市政工程协会评定为2009年度"全国市政金杯示范工程"。

扩建拥堵公路 保障城市交通

沣源路，过去被称为7204公路。由于过于陈旧、破损，常被称为昆明的"肠梗阻"。附近的居民一直盼望着能有一条主干道分流东西车辆。

市政部承建的7204道路改扩建工程投资建设—移交（BT）项目包含道路、桥涵、综合管沟、排水、照明、交通设施、绿化景观、防洪沟等工程。

图2　7204道路改扩建工程投资建设—移交（BT）项目

市政部在桥梁工程施工时采用了清水混凝土模板施工技术、混凝土裂缝控制技术、大直径钢筋直螺纹连接技术、有粘结预应力技术、纤维混凝土施工技术，有效保证了施工质量。

盘龙江桥水下基础采用筑岛反挖法施工，完成水下混凝土基础施工，降低了施工难度及成本，减轻了盘龙江的污染。

综合管沟施工时采用了长螺旋钻孔灌注桩技术、深搅加芯桩＋土钉墙技术、喷锚支护技术、清水混凝土模板技术、遇水膨胀止水胶施工技术、基坑封闭降水技术、地下水回灌技术等，保证了施工安全，提高了工程质量。

工程2009年3月21日开工，2011年6月21日竣工验收。沣源路建成后，带动了沿线片区仓储、运输、加工、贸易等行业，同时，为市区人口转移、城市功能延伸提供有力保证。市政部施工过程中自行研发了多项科技成果和省级工法。该工程经云南省建筑业协会评定为2012年度"云南省优质工程一等奖"，同年经中国市政工程协会评定为"全国市政金杯示范工程"。

修建昆明市环湖东路　助力"一湖四城"体系建设

昆明市环湖东路是支撑昆明市按"一湖四城"的城镇体系规划建设顺利实施的交通运输干

图3 昆明市环湖东路四标段工程

线。由市政部承建的第四标段道路范围内包含3座中桥、1座小桥、2个涵洞。主要施工内容为路基工程、桥涵工程、排水工程等。

环湖东路四标段地处滇池湖畔，距滇池最近的距离不到百米，最远的也不足千米。所经区域位于滇池断陷盆地的东部，西部临接滇池水域，以大陆停滞水堆积和地表河流侵蚀堆积作用为主，采取常规软基处治技术无法满足道路地基承载力要求。市政部在施工中，结合现场实际，采用了长螺旋钻孔管内泵压CFG桩、振动沉管CFG灌注桩及铺设土工格栅等综合处治技术，有效地提高了地基承载力，减少了后期沉降量，其处治效果良好，较其他单一的软基处治方法显示了巨大的优越性。

工程2009年5月20日开工，2012年12月21日竣工验收。经云南省建筑业协会评定为2013年度"云南省优质工程一等奖"。

减少城市污染　承建镇雄污水处理厂

云南省镇雄污水处理厂工程是镇雄县污水治理的重点工程，设计时充分考虑了镇雄县的远期规划和发展。污水处理厂建设结合地形条件、周边建设情况，尽量减少对周边自然植被的破坏和土方挖填；合理设置进、出水口，水处理更加环保；使用节能环保设备，满足了节能环保要求。

市政部在1号、2号一体氧化沟施工过程中采用了混凝土裂缝控制技术、补偿收缩混凝土技术，经满水试验无渗漏现象，满足了质量要求，氧化沟成型后，平整、光洁、质感自然。结构工程采用HRB400高效钢筋应用技术、粗直径钢筋套筒螺纹连接技术等，节约了材料，保证了质量，达到了抗震设防的要求。防水工程采用高聚物改性沥青卷材，有效保证了地下及屋面防水质量。

图4　镇雄污水处理厂及配套管网工程

工程2012年4月5日开工，2012年12月5日竣工验收。该项目的建成减少了环境的污染，加快了镇雄县的发展，经云南省建筑业协会评定为2013年度"云南省优质工程一等奖"。

一马当先　建设绥江县迁建工程

马掌坝桥、四方桥为云南省昭通市绥江县新县城迁建项目重点控制性工程。其中四方桥属于独塔单索面预应力混凝土部分斜拉桥，其受力兼有普通斜拉桥和连续梁桥的特点，在云南省范围内尚属首次设计施工。

图5　绥江县迁建工程——四方桥

图6 绥江县迁建工程——马掌坝桥

施工中采用了多项新工艺、新技术，如大体积混凝土防裂施工技术、挂篮悬臂施工技术、斜拉索等值张拉安装技术、合龙段劲性骨架施工技术、高强混凝土裂缝控制技术、竖向精轧螺纹钢预应力张拉技术、结构安全性监测（控）技术等。

马掌坝桥2009年4月1日开工，2012年9月17日竣工验收。四方桥2011年3月1日开工，2013年8月14日竣工验收。四方桥工程经云南省建筑业协会评定为2014年度"云南省优质工程一等奖"，马掌坝桥工程经云南省建筑业协会评定为2014年度"云南省优质工程二等奖"。

高质高效　打造昆明新机场交通网络

昆明新机场即昆明长水国际机场，是中国面向东南亚、南亚和连接欧亚的国家门户枢纽机场。市政部承建的新机场南部工作区市政道路及公用配套设施工程位于航站楼以南，该工程道路北接航站楼、飞行区，南接机场高速公路，连接场内各个地块，构成了昆明新机场主要的交通网络。

市政部在施工过程中对红土碎石、水稳料和沥青混凝土等材料采用料场集中搅拌的方式，减少了粉尘、油烟的污染和施工现场占道现象，在料场修建沉淀池，清洗用水进行二次回收利用，节能环保。市政部在施工全过程，实行安全生产三级管理负责制。从工程开工到竣工，没有发生安全事故，被云南省住房和城乡建设厅评定为云南省2010年度建筑安全质量标准化工地。

工程2010年2月20日开工，2012年1月21日竣工验收。昆明新机场项目建成后实现了人与货物的快速、高效、便捷运输。市政部对建筑固体废弃物再生集料进行了大量的试验研究，制备出了达到规范要求的道路水稳材料，荣获2012年度中国施工企业管理协会科学技术奖科技创新二等奖，填补了行业空白。市政部自行研发了多项专利和省级工法。该项目经云南省建筑业协会评定为2015年度"云南省优质工程一等奖"。

图7　昆明新机场南部工作区市政道路及公用配套设施工程

解决部队出行问题　促进地方经济发展

96201部队进出口道路工程将着力解决96201部队出行问题，同时作为经济技术开发区普照海子片区路网发展的重要组成部分，为普照海子片区的进一步发展提供坚实的基础。

该项目道路地质条件差，有人工填土、软土、膨胀土，高差变化大，市政部在施工过程中严格控制碾压质量，保证压实度达到设计要求，确保路面不开裂，坡面增加片石混凝土菱形骨架进行加固，保证边坡稳定，道路不出现沉降现象。沥青路面使用摊铺机摊铺和重型压路机碾压，保证了各结构层的平整度和压实度。该工程2014年1月荣获云南省住房和城乡建设厅"2013年度

图8　96201部队进出口道路工程

云南省建筑施工安全标准化工地"称号。

道路的建成改善了96201部队出行问题、沿线居民的生活环境和经开区信息产业基地的交通状况，为普照海子片区的进一步发展提供坚实的基础。合理的道路设计和丰富多彩的绿化，使道路成为漂亮的城市景观大道。

建设龙溪路延长线　促进澄江县旅游业发展

龙溪路延长线位于澄江县主城区西北部，是连接澄江县城与呈澄高速的主要干道，同时也承担着澄江县旅游客流疏导的重要功能。

梁王河桥是由混凝土预制箱梁桥改为钢板梁桥，市政部在施工过程中采用了梁板由工厂制作，现场吊装拼接的方式，焊接全部采用二氧化碳气体保护焊，采用活动操作平台，有效保证了钢板梁桥的焊接质量和施工安全。为保证台背回填质量，提高施工效率，有效缩短工期，避免台背位置因实体结构影响而漏压或压实不到位的情况出现，市政部将挖掘机破碎头改良成为液压夯实机，压实强度大，机械操作灵活，压实范围全面。运用结构安全性监测（控）技术，使桥梁上部结构在施工过程中结构的受力和变形始终处于安全可控的范围内，成桥后的结构内力和线形符合设计要求。

建成后的龙溪路大大提升了澄江县城景观形象，对促进澄江县旅游业发展，提升沿线地块的整体商业价值，改善居民生活环境和居住品质起重要作用。经云南省市政工程协会评定为2017年度"云南省市政基础设施金杯示范工程"。

图9　澄江县龙溪路延长线建设工程项目

应用新技术　完善片区路网系统

昆明滇池国家旅游度假区大渔片区7号道路工程位于呈贡新城大渔片区。道路设计等级为城市次干路，沥青混凝土路面，全线设机动车道为双向四车道，两侧设非机动车道和人行道，标准路幅宽30m。本工程主要包括道路、桥梁、涵洞、排水、照明、交通、绿化工程及其附属工程等方面。

图10　昆明滇池国家旅游度假区大渔片区7号道路工程

市政部在本项目施工中积极推广运用《建筑业十项新技术》(2010)，如桥梁伸缩缝采用纤维混凝土技术，钢纤维的掺入显著提高混凝土的抗拉强度、抗弯强度、抗疲劳特性及耐久性。

工程2009年5月31日开工，2017年6月30日竣工验收。本工程主要连接周边居住区与学校医院等公共设施，承担着片区内部居民上班、上学、通勤出行等功能，道路的通车对拉动周边地块升值、完善片区路网系统、推进片区开发进度、提升大渔片区旅游品质意义重大。

科学施工　带动教育事业发展

富源县城北片区、西片区14条市政道路新建、改扩建项目位于云南省曲靖市富源县，建设内容包含机动车道、非机动车道、人行道的路基、路面、给水、排水、综合管沟、桥梁、绿化、照明、交通工程等。

市政部在本项目施工中，人行道采用了透水混凝土+透水砖结构，既能够节约水资源、补充地下水，又具有吸声降噪、缓解城市热岛效应等生态环保优点；综合管廊的施工，减少了各种工程管线维修费用，确保道路功能充分发挥，有效利用了城市地下空间，改善了城市环境。

图11 富源县城北片区、西片区14条市政道路新建、改扩建项目

工程2014年12月29日开工，2019年6月19日竣工验收。工程的建成使用带动了周边教育资源（富源六中、富源八中）及周边地块的发展，投资效益显著，经云南省市政工程协会评定为2020年度"云南省市政基础设施金杯示范工程（一等奖）"。

精心设计　扩大对外开放格局

泸弥高速泸西连接线改扩建工程位于泸西县黄草洲片区，道路设计等级为城市主干路，沥青混凝土路面，全线设机动车道为双向四车道（无中央分隔带），两侧设非机动车道和人行道。

市政部在本项目的施工中，全部路基采用土工合成材料应用技术，减少路面因路基不均匀沉降造成开裂。

工程自2017年8月5日开工，2019年8月6日竣工验收。本工程主要连接泸弥高速泸西东收费站与周边居住区及城镇道路，有效完善了区域公路交通网络，对泸西发挥区位优势，扩大对外开放格局，加快融入滇中城市经济圈，促进区域经济社会协调发展具有重要意义。经云南省市政工程协会评定为2020年度"云南省市政基础设施金杯示范工程（二等奖）"。

市政部将紧紧围绕集团迈向世界500强的目标，坚定不移走集团化经营和"管理型、专业化、做专、做强"道路，抢抓云南省基础设施建设机遇，按照内强管理、外拓市场的思路，以高质量发展为第一要务，以深入实施"四保一控一树"、提高总包管理能力为主线，全力以赴确保"能通全通"圆满收官，在基础设施领域作出新的贡献，创造出更加优异的成绩！

图12　富源县城北片区、西片区14条市政道路新建、改扩建项目

图13　泸西至弥勒高速公路建设项目白水立交

云南省建设投资控股集团有限公司市政总承包部大事记

2005年　承建呈贡新城市政工程中庄路1标段项目获2009年度"全国市政金杯示范工程"。

2011年　承建7204道路改扩建工程投资建设—移交（BT）项目获2012年度"云南省优质工程一等奖","全国市政金杯示范工程"。

2011年　昆明新机场南部工作区市政道路及公用配套设施工程获2015年度"云南省优质工程一等奖"。

2012年　昆明市环湖东路四标段工程获2013年度"云南省优质工程一等奖"。

2012年　镇雄污水处理厂及配套管网工程获2013年度"云南省优质工程一等奖"。

2012年　绥江县迁建工程——四方桥工程获2014年度"云南省优质工程一等奖"。

2012年　绥江县迁建工程——马掌坝桥工程获2014年度"云南省优质工程二等奖"。

2013年　呈贡至澄江高速公路工程获2020年度昆明市优质工程"春城杯"特等奖。

2014年　96201部队进出口道路工程获2016年度"云南省优质工程三等奖"。

2016年　澄江县龙溪路延长线建设工程项目获2017年度"云南省市政基础设施金杯示范工程"。

2017年　昆明滇池国家旅游度假区大渔片区7号道路工程获2019年度"云南省市政基础设施金杯示范工程二等奖"。

2019年　富源县城北片区、西片区14条市政道路新建、改扩建项目获2020年度"云南省市政基础设施金杯示范工程一等奖"。

2019年　泸弥高速泸西连接线改扩建工程获2020年度"云南省市政基础设施金杯示范工程二等奖"。

讲述人：云南省建设投资控股集团有限公司市政总承包部
总经理　杨龙

讲述人简介

坚持速度与质量并重，规模与效益并举，带领云南省建设投资控股集团有限公司市政总承包部成长为总包核心竞争能力突出、发展势头强劲、管理科学规范、资金运转高效、员工满意幸福的行业一流总包事业部。

铺筑幸福道路　架设理想桥梁
——"百城百企"记包头城建集团股份有限公司

扫码看视频

作为一个具有红色情怀的支边企业和传承优良传统作风的施工企业，67年来，包头城建集团优质高效地完成了一系列重点工程、民生工程、标志性工程。按照"立足包头，走向全区，面向全国"发展思路，积极承建陕西、云南、四川、广东、江西等省外工程项目，拓宽了企业生存发展的市场空间。近3年荣获市级、自治区级、国家级优质工程和安全标准化工地、绿色工程等荣誉76项。

包头城建集团股份有限公司（原包头市市政工程公司）成立于1954年，是一个具有"红色"情怀的支边施工企业。2009年改制为职工集体持股的股份制民营企业。在企业历届领导班子的正确带领下，经过几代"市政人（城建人）"的艰苦创业、励精图治、创新发展，成长为包头地区市政行业的知名骨干企业。目前为中国市政工程协会、中国建筑业协会、中国施工企业管理协会会员单位，内蒙古建筑业协会副会长单位、包头建筑业协会会长单位。

为了一座城市的崛起，在社会主义建设时期，老一代"市政人"响应国家号召，"支援边疆，到祖国最需要的地方去"，支援包头建设。1953年，国家"一五"期间，包钢等5个重工业基地落户包头。包头市政府急需为城市和经济社会发展建设市政基础设施。1954年春天，天津市政工程局响应国家支援边疆建设的号召，抽调道路和管道方面专业技术管理人员、技术工人等500多人组成的、以年轻人为主力的整建制单位来支援包头建设，与包头市政工程队100多人合并组建为包头市市政工程公司。

按照1955年包头城市规划，老一辈市政人以超人的毅力，用铁锹、铁镐、大筐、扁担等简陋工具，肩扛人抬进行施工。老一辈市政人开始在纵横80多km的荒原上披荆斩棘，从无到有，修筑道路，初步建成包头市区骨干道路。1958年，包钢正在进行大规模建设，因洪水泛滥，厂区边的桥梁被冲毁。为了保卫包钢免受洪灾并解决市民的生活用水问题，包头市政府决定兴建昆都仑水库，包头市政工程公司勇挑大梁，在全市单位大力支援下，一年时间基本建成昆都仑水库，填补了包头水利工程的空白，成为内蒙古当时最大的水利工程。

67年来，一代代城建人薪火相传，用心建设好每一项工程，与包头城市建设一路高歌奋进，携手而行。

便民通道　包头市阿尔丁大街地下通道建设工程

包头市阿尔丁大街（内蒙古科技大学）地下通道建设工程位于包头市阿尔丁大街，向南距离校园南路与阿尔丁大街交叉约190m，通道全长约64.8m，合同造价约2880万元。

本工程基坑支护结构采用ϕ800mm钻孔灌注桩排桩桩顶设置钢筋混凝土圈梁及钢筋混凝土支撑梁，桩中部设400mm×400mmH型钢双楄钢支撑，桩间净距200mm，桩长为12.3m、16.6m、16.9m。基坑外围采用ϕ800mm高压旋喷桩作为止水帷幕，旋喷桩间相互搭接300mm且连续施工，工作井后靠及进出口洞加固均采用ϕ800mm高压旋喷桩。

主通道穿越阿尔丁大街采用6.5m×4.3m钢筋混凝土预制管节，混凝土管节设计强度等级C50S8，强度等级为C50S8，每环管节为一整体，管节厚度500mm，宽度1500mm，单节重约37.26t，整个工程管节总用量为44节。管节两端分别预埋钢套环和钢环，管节内还预留对称压浆孔和起吊及翻身孔。两管节之间接头形式为F形承插式。接缝防水装置采用锯齿形止水圈和双组分聚氨酯密封膏，充分防止管节结合部渗漏水。

图1　包头市阿尔丁大街（内蒙古科技大学）地下通道

通道呈工字形布置，垂直下穿阿尔丁大街，主通道全长为64.8m，结构内径宽为5.5m，共设置四个出入口，东西两侧各设置两个出入口，宽度为5.5m。顶管始发井结构内平面净尺寸为10.2m×8.6m×5.85m，接收井净尺寸为8.6m×5.5m×5.85m，底板厚为0.8m，侧墙厚度为0.6m。顶板厚为0.7m。

内蒙古科技大学位于昆区阿尔丁大街，由于历史原因，被阿尔丁大街划分成东西校区，西校区以教学为主，东校区以生活为主，该工程的竣工，科大东西校区师生可以直接穿行地下通道到达对面，提高了行人的安全性和便捷性，提升阿尔丁大街机动车的通行效率。该工程先后荣获"2012年度包头市建筑施工安全标准化示范工地""2013年度内蒙古自治区建筑施工安全标准化示范工地""2015年度包头市建设科技示范工程"。

实现立体交通　包头哈屯高勒路与建华路立交工程

哈屯高勒路与建华路立交工程位于包头市内哈屯高勒路与建华路交点处。包头城建集团股份有限公司（以下简称"包头城建集团"）结合包头市路网规划，对原拟定苜蓿叶形互通式立交进行完善。

图2　包头哈屯高勒路与建华路立交工程

本次工程为建华路西侧四个匝道的施工。四个匝道桥宽度均为8m。断面布置为0.5m（防撞护栏）+7m（车行道）+0.5m（防撞护栏）。上部结构为普通钢筋混凝土箱梁，单箱单室结构，梁高1.4m，悬臂1.8m。下部结构起点桥台为钻孔灌注桩、承台、肋板、台帽；终点桥台为钻孔灌注桩接盖梁；桥墩处为钻孔灌注桩、承台、墩柱、系梁（盖梁）。桥面沥青混凝土铺装层，上层为4cm细粒式改性沥青混凝土，下层为6cm中粒式沥青混凝土。采用带钢柱形式的防撞护栏，护栏外侧设挂檐。

哈屯高勒路和建华路均为包头市城区主干道，本工程完工后，该立交桥成为一个功能完善，真正意义的完整立交桥，实现了立体交通，方便了市民出行、来往车辆，便捷了物流交通。该工程也荣获了"2016年度包头市建筑施工安全标准化示范工地"。

畅通城市交通　包头市110国道道路改造工程

包头市110国道（白云路至银海路）道路改造及综合管廊（剩余部分）工程内容包括：跨青山截洪沟桥一座、雨水管线、污水管线、给水管线、再生水管线、绿化水管线、道路工程。

1. 跨青山截洪沟桥

在原桥位处建新桥，新建桥采用跨径布置为 4m×20m 的空心板梁桥，桥梁全长 81.191m。桥上部结构为 20m 后张预应力混凝土空心板梁，梁高 105cm。下部结构桥墩采用单排桩接柱的排架墩形式，墩柱顶设置盖梁，墩柱底设置系梁，墩柱直径为 1.5m，基础采用直径 1.8m 钻孔灌注桩；桥台采用桩接盖梁式桥台，桥台桩基直径 1.2m。桥面铺装 5cm 细粒式 SBS 改性沥青混凝土（AC-13C）+7cm 中粒式沥青混凝土（AC-20C）+桥面防水层+10cmC50 防水混凝土。人行道及分隔带铺装 3cm 烧结砖 +3cm 水泥砂浆结合层。

2. 新建道路工程

采用沥青混凝土路面，道路结构层总厚度92cm，非机动车道结构层总厚度38cm，道路两侧侧石均采用花岗石侧石。

3. 管线工程

雨水管线主管管材采用 $D1200$、$D1000$、$D800$、$D600$、$D500$ 预应力钢筋混凝土Ⅱ级管，桩号 K2+194.191～K2+262.694 段为雨水盖板涵 $B×H$=1500mm×1000mm，YN-66～67、YS-63～64采

图3　包头市110国道（白云路至银海路）道路改造及综合管廊（剩余部分）工程

用D800钢承口钢筋混凝土管顶管施工。

污水管线主管管材采用D800、D700、D600、D500的预应力钢筋混凝土Ⅱ级管,其中W-55~56采用D800钢承口钢筋混凝土管顶管施工。

给水管线采用DN800球墨铸铁管(K9级),再生水管线采用DN600球墨铸铁管(K9级),钢制管件与阀门采用法兰连接。钢管及钢制管件喷砂除锈应达到Sa2级。管道外防腐采用环氧煤沥青涂料,四油一布,厚度≥0.4mm。

绿化水管线管材采用De110、De90 PE给水管,管道基础采用15cm砂垫层基础。

雨水箅子、检查井井盖、井盖座均采用加重型球墨铸铁箅子、井圈(防盗型)。检查井周围50cm范围内回填天然砂砾至道路基层底部,回填密实度不低于95%,道路基层底部至道路面层以下回填C25混凝土。

工程竣工后,道路中间部分由双向六车道组成,两侧设有辅道(公交专用道)、非机动车道和人行道,多条绿化带将道路自然分隔,其他硬件基础设施均与中心城区相媲美,方便了往来车辆和周边居民出行,为包头城市交通畅通作出新的贡献。

立交桥跨越华建铁路　实现110国道(东西)主线畅通

包头市110国道跨华建铁路专用线立交桥工程位于包头市青山区110国道中段,项目在华建铁路专用线以西约450m设置挡墙后开始为桥梁起点。桥梁是跨越华建铁路专用线,是连接110国道(东西)主线交通顺利畅通和华建铁路正常运输的枢纽要塞。

桥梁向东跨越公忽洞路口,在公忽洞路以东300m为桥梁终点,后设置挡墙接入地面。项目

图4　包头市110国道跨华建铁路专用线立交桥工程

桥梁总长931.2m，桥梁宽度26m，双向六车道，两侧挡墙段线路总长度276m，工程总造价1.33亿元。

上部结构为：

（1）25m预制小箱梁结构：一跨分两幅布置，单幅2片边梁、2片中梁，梁高1.4m，采用先简支后结构连续的结构形式。桥跨布置主要为3×25m和4×25m一联。

（2）27+42+34m现浇箱梁：其中42m跨越公忽洞路与110国道的交叉口，箱梁整幅26m布置，采用单箱5室截面，梁高2.3m，采用预应力混凝土结构。

（3）3×25m现浇箱梁：本联桥梁位于公忽洞路口以东平面半径为300m的圆曲线上。箱梁整幅26m宽，采用单箱5室截面，26号墩处端横梁高2.3m，27号、28号墩处中横梁高1.9m，其余主要梁高1.6m，采用预应力混凝土结构。

下部结构为：

25m跨径预制小箱梁桥梁下部结构采用大悬臂结构盖梁，盖梁配置预应力钢束。桥墩采用双柱，每个墩柱下设置承台接4根直径1.3m桩基础。

27+42+34m跨径现浇箱梁桥梁下部结构采用柱式墩，每个墩柱下设置承台接2根直径1.8m桩基础。考虑一定的景观效果，墩柱采用方柱，立面刻槽装饰。桥台采用整体性强的重力式桥台，侧墙端部顺接挡墙，基础采用承台接双排桩基础。

该立交桥是包头市区单体最长，造价最大的桥梁工程，也是结构、线形较为复杂和新颖的桥梁工程，也是包头城建集团近年以来承接的最大的桥梁工程。110国道是包头市主城区"三横三纵三连"快速路网的主干道之一，该桥梁完工后，地面行驶火车，桥上行驶汽车，各行其道，实现立体交通，让110国道更加畅通，为青山区110国道沿线的企业、物流、居民的出行带来便利。

牢记使命　挺起城市建设脊梁

新时代开启新征程。以"铺筑幸福道路，架设理想桥梁"为企业宗旨，包头城建集团勇担内蒙古、包头市政建设的重任，优质高效地完成了一系列重点工程、民生工程、标志性工程。建设路复线工程，创造了"包头速度"；包头机场场道工程，创造了"包头质量"。城市快速便捷交通网络的形成，一项项供热、环卫、景观、桥梁等工程的高质量完成，展现了企业风采。

面向未来，城建人坚持科技创新引领发展，中国地质大学（武汉）和内蒙古科技大学产学研基地等陆续落户企业，促进了地下非开挖技术的市场化发展，成为企业的特色品牌，并逐步发展到省外。同时，包头城建集团加强党建、精神文明建设和企业文化建设，发挥政治引领作用，主动承担社会责任，多次被市委市政府授予抗洪抢险、扶贫帮困、抗击疫情等先进集体，彰显了企业风范。

67年风雨兼程。今后，包头城建人将不忘初心牢记使命，挺起城市建设脊梁，为打造北疆亮丽风景线作出更大的贡献。

包头城建集团股份有限公司大事记

1954年　包头市市政工程公司成立。

2001年　企业更名为包头市政公路工程股份有限公司。

2009年　企业更名为包头城建集团股份有限公司。

讲述人：包头城建集团股份有限公司
　　　　董事长、总经理　刘　江

讲述人简介

刘江同志于1979年7月参加工作，一直奋战在市政工程建设行业。多年来，率领经营团队，谋划企业发展、强化经营管理、服务职工群众、担当社会责任，取得良好经济社会效益。

传承红色基因　再征建设领域"新蜀道"
——"百城百企"记成都市市政工程（集团）有限责任公司

成都市政成立60年间，业务涵盖城市道路、桥梁、下穿隧道、电力通道、污水处理、垃圾填埋、公路工程、房屋建筑工程、园林绿化工程及结构补强工程等。公司始终坚持党的领导，坚持在党和政府的领导下不断求发展，求创新，求变革，在成都市政的身体里流淌的是红色的血液，传承的是红色的基因。这份传承和坚守，让成都市政勇于挑战建设领域的"新蜀道"。

扫码看视频

成都市政成立于1952年，为原国有企业成都市市政工程公司，2001年改制为成都市市政工程（集团）有限责任公司（以下简称"成都市政"），是成都市最早专业从事市政基础设施建设、建筑工程建设的施工企业。拥有市政公用工程施工总承包壹级、桥梁工程专业承包壹级、建筑工程施工总承包贰级、公路工程施工总承包贰级施工企业资质；同时兼具建筑装饰装修工程、地基基础工程、起重设备安装工程、消防设施工程、防水防腐保温工程、隧道工程、钢结构工程、古建筑工程、城市及道路照明工程、公路路面工程、公路路基工程、环保工程、特种工程等多项施工总承包、专业承包资质及施工劳务资质、模板脚手架专业资质。公司承建的成都市棕北住宅小区、成都市污水处理厂二期和成都市天府—南站城市立交桥工程三度荣获"中国建设工程鲁班奖"，承建的一环路高升桥立交工程荣获"国家优质工程金奖"。

一座污水处理厂净化一个园区
典型项目助力"钢城"华丽转身

攀枝花作为新中国成立后首次地质勘测中发现的大规模铁矿储藏地，一直以"钢城"的身份为国家发展作出巨大贡献。在新一轮产业转型的浪潮中，对工业园区的绿色环保和可持续发展提出了极高的要求。而成都市政承建的米易白马工业园区一枝山功能区工业集中式污水处理厂，严格贯彻环保原则，助力攀枝花实现华丽转身。

米易白马工业园区一枝山功能区工业集中式污水处理厂位于四川省攀枝花市米易县南部丙谷镇与垭口镇交界一枝山的安宁河畔，是米易县重点工业园区一枝山功能区配套的集中式污水处理厂，该项目占地面积40.89亩，总投资约为2.5亿元。新建污水处理厂1座，设计规模3万m^3，配套新建厂外截污干管1500m。

在承建过程中，成都市政严格按照国家及行业现行标准、规范、规程以及公司质量管理手册等要求，建立质量控制体系，完善质量控制计划和措施；牢固树立并践行"质量第一"的企业发展理念。该工程在建设过程中着力提高建筑工人防范风险的意识和能力、建立健全安全管理体系及档案、落实安全保障措施。该工程在建设过程中严格遵守省、市文明施工标准，完善文明施工设施、有效落实工地文明施工长效管理机制。建设符合国家产业政策，符合当地产业发展导向，项目贯彻了"清洁生产""总量控制"和"达标排放"原则，采取的污染物治理方案均技术可行，措施有效。

经环境评估，项目建成后对当地原有的整体自然生态环境平衡产生的影响非常小，同时又极大地改善了周围的水体质量，对园区治理水污染，保护当地流域水质和水域生态平衡具有十分重要的作用。以一座污水处理场净化了整个园区，极为高效地解决了园区的污水处理难题。

成都市政传承红色基因，始终秉承诚信经营的宗旨，立足为社会提供优良产品和优质服务，建设了成都市东西干线、一环路、二环路、三环路、污水处理三厂、自来水六厂、龙泉驿垃圾填埋场等地标建筑和民生工程，为成都市的基础设施建设、全域路网建设、交通枢纽建设、旧城改造及环境保护等方面作出了突出的贡献。公司成立60多年来，所承建的项目遍及四川全境以及重庆、厦门、珠海、贵阳、昆明、拉萨、乌鲁木齐、兰州等城市。成都市政荣获3项"中国建设

图1　米易白马工业园区一枝山功能区工业集中式污水处理厂（一）

图 2 米易白马工业园区一枝山功能区工业集中式污水处理厂（二）

图 3 米易白马工业园区一枝山功能区工业集中式污水处理厂（三）　　图 4 米易白马工业园区一枝山功能区工业集中式污水处理厂（四）

工程鲁班奖"，1项"国家优质工程金奖"，所建工程荣获四川省天府杯及成都市芙蓉杯20余项。公司还远足援建尼泊尔、赞比亚、索马里、也门、乌干达、坦桑尼亚以及伊拉克等国际项目，赢得了良好声誉。

在5·12汶川地震巨大灾害面前，作为市政建设行业的主力军，成都市政不因是民营企业而放弃社会责任，灾后第一时间积极组织人员、设备，抽调救援物资，奔赴地震灾区，投身于抢险救援，努力克服自然条件恶劣，施工难度大等因素，胜利完成了援建任务，践行了企业勇于担当，有所作为的社会使命。

站在向品质发展转型的路口，成都市政坚持科研创新、技术领先，积极探索市政建设发展的新思路，持续增强企业核心竞争力，现拥有国家专利140余项，省级工法、企业级工法50余项，在中国建筑业协会发布QC成果30多项，并有成果获一、二等奖。公司多次荣膺"全国用户满意企业""全国实施用户满意工程先进单位""建设部工程质量优秀企业""四川省质量管理优秀企业""四川省建筑业最佳企业""四川省工程建设系统优秀企业""四川省用户满意企业""四川省专业承包建筑企业20强""四川建筑企业综合实力50强""四川建筑企业最大建筑市场占有份额100强"等殊荣。在绿色可持续发展的赛道上，贡献着自己的力量。

成都市市政工程（集团）有限责任公司大事记

1952年　成都市人民政府建设局工程总队成立。
1954年　成都市建筑工程局第二工程公司成立。
1957年　扩编为成都市市政工程局。
1963年　并组为成都市市政工程处。
1978年　更名为成都市市政工程公司。
2001年　改制为成都市市政工程（集团）有限责任公司。

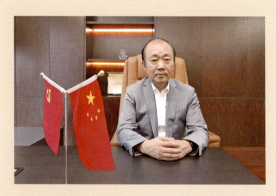

讲述人：成都市市政工程（集团）有限责任公司
　　　　董事长　付锦涛

讲述人简介

付锦涛从20世纪80年代初，就一直投身于建筑工程施工技术与管理工作。凭借良好的思想政治素质以及丰富的建筑施工企业经营管理能力，在成都市市政工程（集团）有限责任公司党委书记、董事长的岗位上不断解放思想，勇于开拓，坚持运用市场经济规律指导和规范企业的生产经营。作为国有改制企业的第一责任人，他认真学习和贯彻执行党的路线方针和政策，带领企业员工坚持将诚信守约，优质服务，提高用户满意度，塑造提升企业形象，为社会创造更多的精品工程和用户满意工程作为企业应承担的社会责任目标。在其带领下，成都市政承建的工程多次荣获"四川省天府杯优质工程奖""成都市芙蓉杯优质工程奖"，三次荣获"中国建设工程鲁班奖"，为创建四川建筑业强省作出了贡献，也为公司在建筑市场赢得了良好的声誉。

不懈追求　勇攀高峰

——"百城百企"记北京住总集团有限责任公司
　　　轨道交通市政工程总承包部

作为北京市轨道交通建设的主力军,住总轨道市政部历经20年,见证发展足迹,织就城市地下交通动脉,让城市地下的道路越走越宽广。将为建设方便百姓出行的惠民工程的初心与誓言,化作践行使命的实际行动,为城市轨道交通建设作出了首都国企应有的贡献。

扫码看视频

北京住总集团有限责任公司轨道交通市政工程总承包部(以下简称"住总轨道市政部"),最早的前身为1986年成立的北京住宅机械施工公司,当时的主业为机械施工;1996年公司主业调整为深基坑护坡、降水及土方施工;1998年在原机械施工公司基础上组建北京住总市政工程公司,主业同步调整为市政道路、桥梁和管线施工;2013年拆分重组成立轨道市政总承包部。经过近20年的深耕,实现了轨道交通、市政路桥、高速公路、水务等多领域迅猛发展,迈出由传统的基础设施建设者向基础设施投资建设运营服务商转型的坚实步伐。

地铁是方便百姓出行,拉动城市经济发展的重要链条,早在2002年北京住总集团和市政公司领导层就认识到作为解决北京交通拥堵问题最好的途径,轨道交通必将得到大力发展,审时度势,作出了重大决策——进军轨道交通建设领域。

面对压力和挑战,住总轨道市政部迎难而上,为打开地铁施工的大门,通过引进外部人才、学习先进技术、选购住总首台盾构机及配套设备。经过近两年的不懈努力和充分准备,北京住总集团于2004年初一举中标北京地铁10号线一期11标段工程。这标志着北京住总集团开启了轨道交通建设的新时代。

近年来,住总轨道市政部参与北京地铁10号线一、二期,大兴线,15

号线、6号线一期、14号线、7号线、16号线、6号线西延工程、22号线、3号线、11号线、13号线、7号线东延、八通线南延和沈阳地铁1号线，西安地铁2号线、3号线等总计20条地铁线共计27个地铁标段的建设。为北京住总集团地铁产业板块的骨干力量，被誉为勇创佳绩的"地铁尖兵"。在市政施工领域，住总轨道市政部先后承建了北京市南水北调东干渠工程、北京城市副中心水环境治理（河西片区）PPP建设项目、广渠路东延项目、延崇高速、7号线东延道路工程项目、北京城市副中心站综合交通枢纽工程、国道109新线高速公路项目等多项大型综合市政工程。

攻克难关　开启轨道交通建设新时代

2004年3月，北京住总市政工程公司（住总轨道市政部前身）成功承揽北京地铁10号线11标工程。靠着锐意进取的创新精神、实事求是的科学精神、英勇顽强的拼搏精神，项目团队攻克了一个个技术难题、穿越一处处风险点，打赢了这场地铁盾构战，用4年时间完成了住总"第一次吃螃蟹"的壮举。

图1　北京地铁10号线亮马桥站

11标段包括麦子店—亮马河—农展馆的盾构区间和亮马桥车站。此标段当年被专家断言是当时在建地铁盾构施工中最复杂、最困难的一段。难点在于：其一，车站施工涵盖"盖挖法""洞桩法""明挖法""洞柱法"等所有核心施工技术；隧道施工则既有"盾构法"，又有"浅埋暗挖"法；其二，隧道双向全长约5300m，是当时在施地铁盾构隧道最长的区间；其三，设计线路要经过三次小半径转弯，呈S形，其中350m的转弯半径当时是盾构机的转弯极限；其四，要穿河、穿楼、穿路等多个5A级风险点。

面对施工中的道道难关,时任项目经理蔡永立为此倾尽了全部精力和心血,他给自己和项目团队定下了目标——破难题、出经验、出论文、出工法、获奖励。他常跟大伙说:只有在破解难题中才能长才干、长经验。在他的带领下,项目部人员在学中干、干中学,创造了一个又一个奇迹。

最终该工程按期顺利完工,确保了10号线一期在2008年奥运会前开通运营,同时为集团地铁产业的后续发展积累了宝贵的经验。该标段先后荣获竣工长城杯金奖、国家优质工程以及两项北京市科学技术进步奖、一项国家级工法、两项国家实用新型专利,其QC成果获全国一等奖。

勇往直前　挑战全暗挖地铁项目

由住总轨道市政部承建的地铁6号线西延03标包括一站一区间,为廖公庄车站和廖公庄车站至田村站区间,工程总造价6.5亿元,是住总集团承建的第一个全暗挖地铁项目,涵盖了浅埋暗挖法的全部工法及工艺。廖公庄站为暗挖双层三跨和双层四跨结构,车站总长237.6m,廖公庄站至田村站区间全长2.25km。

地铁暗挖工程是劳务密集型和风险密集型的项目,项目高峰期施工人员长期保持在1200人左右,特一级风险源众多。在施工的5年间,项目未发生任何安全事故,如此长的施工周期保持零事故的背后是项目部把"上楼下坑进洞"的要求贯彻始终,把集团"大安全"理念潜移默化地融入为项目管理和一线工人操作的行动自觉,凭借润物细无声的安全管理方式,充分彰显了住总人"安全红线不可逾越"的强烈责任意识。

图2　北京地铁6号线西延03标廖公庄车站

图3 北京地铁6号线西延03标廖公庄车站验收通过合影

凭借以井长负责制为核心形成的有效管控，廖公庄站、廖公庄站至田村站区间自开工以来的各个阶段，在一米米挖掘、一步步精装中，项目始终以"领头雁""排头兵"的标准领跑6号线西延全线，并率先一次性通过竣工验收。在西延工程其他各标段还在进行抢工保通的同时，住总人已经完成全部施工内容，提前3个月进入通车前的保驾护航阶段，以超前的工程速度，过硬的工程质量，实现了"同场竞技、住总第一"，向首都人民交上了一份满意答卷。

高标准高质量　迎战冬奥会配套工程

延崇高速是2022年冬奥会重大交通保障项目，延崇高速06标是北京住总集团首个冬奥会配套交通设施，也是北京住总集团首次涉足高速公路项目。住总轨道市政部领导高度重视该工程建设，选派精兵强将组建建设团队承担此项建设任务，为集团立足公路市场争当开路先锋。

06标线路总长约5840m（单线），包括3座桥、1条特长隧道（玉渡山隧道），其余为路基段。住总轨道市政部承建西羊坊桥、玉渡山桥、路基段及部分玉渡山隧道，造价约4.5亿元。该工程难点多：一是涉及工法多，基本上高速公路涉及的工法全部涵盖，且大部分为首次施工；二是重大风险多，管控难度大。隧道爆破开挖、桥梁高空施工、钢箱梁吊装、地质复杂等重大风险多，且施工战线长、人员多、隧道围岩地质条件差，风险控制难度非常大；三是作为冬奥配套交通设施，工期紧、任务重、标准高、要求严。

为高标准、高质量完成冬奥工程建设，住总轨道市政部多措并举，落实"不等项目吹哨，提前服务督导"要求，聚焦一线，下管一级，成立专项督导组进行常驻督导服务；项目部全面聚焦"工期、质量、安全、成本、环保、功能"六大目标，深入分析各个工序特点，挖掘末端因素，在确保安全质量的前提下提升功效，全力以赴确保住总工区范围在规定时间内全部贯通。

图4 延崇高速06标工程

隧道爆破施工风险高，是安全管控的重点，项目部建立隧道爆破"三看两盯控一指导"制度，严格执行相关措施，确保隧道爆破施工安全。此外，项目部通过技术创新严控工程质量，研发自进式锚杆施工法，解决了掌子面塌方的安全问题，大幅提高施工效率，赢得了建设单位、监理单位的一致好评。

经过两年多的艰苦奋战，住总轨道市政部优质高效完成建设任务，为集团立足公路市场和基础设施板块的发展奠定了坚实的基础，为集团高质量发展作出重要贡献。

住总轨道市政部作为住总集团建筑工程主业轨道交通市政业务领域的龙头企业，立足京津冀协同发展、"一带一路"倡议、"雄安新区"等国家战略及首都城市战略定位，按照"十三五"规划确定的目标方向，在集团领导强有力的指挥下，紧抓基础设施建设领域发展机遇，围绕"具有领先竞争优势的基础设施投资建设运营服务商"的发展定位，以承揽"高、大、精、尖"项目为目标，以做实做稳京津市场、有选择地拓展国内其他市场、努力开拓集团空白领域市场为原则，坚持"业务高端化、管理精益化、技术先进化、市场区域化"的发展思路，补齐发展短板，夯实发展基础，抢抓机遇，攻坚克难，在多个方面都取得重大突破，基础设施建设产业不断做强做大，在集团建筑主业中发挥重要的基础和支撑作用。

为加快主业转型升级，2018年成立北京住总基础设施建设集团有限责任公司，实现公路工程施工总承包壹级等资质就位；业务领域不断拓展，由"地铁、市政"双主业向"地铁、市政、水务、高速"多主业转型升级。经营模式不断创新，加速拓展PPP市场，在大型交通基础设施、大型公建项目上均获得重大突破，实现高速公路业绩的不断积累，迈出了由传统的基础设施建设者向基础设施投资建设运营服务商转型的坚实步伐。

北京住总集团有限责任公司轨道交通市政工程总承包部大事记

1986年　北京住宅机械施工公司成立，主业为机械施工。

1996年　北京住总鑫宇机械施工有限责任公司成立，主业调整为深基坑护坡、降水及土方开挖。

1998年　在原机械施工公司基础上组建北京住总市政工程公司，主业调整为市政道路、桥梁和管线施工。

2004年　北京地铁10号线11标（一站两区间）公司第一个地铁项目，公司开始涉足轨道交通领域。

2006年　沈阳市地铁1号线一期9标（一区间），第一个外埠地铁工程。

2012年　北京市南水北调配套工程东干渠工程施工第二标段。

2013年　并到集团，成为北京住总集团直属事业部。

2017年　北京城市副中心水环境治理（河西片区）PPP建设项目，填补了集团水务领域空白，以联合体形式承揽，实现PPP项目成功落地，迈出了由传统的基础设施建设者向基础设施投资建设运营服务商转型的坚实一步。

2017年　延崇高速公路（北京段）06标（两桥一隧及路基段），该项目不仅是冬奥重大交通保障项目，也是集团第一个冬奥会配套交通设施，同时也是集团首次涉足的高速公路项目。

2018年　由住总轨道市政部分管的北京住总基础设施建设有限责任公司成立。

2019年　北京地铁3号线一期08标，该工程为住总轨道市政部首个地铁车辆段工程。

2019年　北京地铁7号线东延地下综合管廊工程01标，该工程是住总轨道市政部承揽的首个地下综合管廊工程，同时也填补了集团在该领域的空白。

2020年　北京城市副中心站综合交通枢纽工程03标，以联合体中标，中标额为39亿元。是集团首个大型综合交通枢纽工程，也是迄今为止中标额最大的公建总承包项目。

2020年　晋级公路工程施工总承包壹级资质，获得全面进军高速公路领域的"通行证"。

讲述人：北京住总集团有限责任公司轨道交通市政工程总承包部党委副书记、经理；北京住总正阳资产管理有限责任公司董事长（兼）张国强

讲述人简介

张国强同志先后参与北京住总集团承建的多个地铁、公路、市政等工程建设，多项工程获得市级、省部级、国家级大奖。他二十年如一日深耕一线，把握发展机遇，着力打造地铁、公路、市政、水务板块，推动企业各方面的工作跃上了更高的增长平台，充分彰显了该同志企业管理能力，为促进企业全面健康发展打下夯实的基础。

砥砺奋进一甲子　勇往直前六十年
——"百城百企"记北京市市政四建设工程有限责任公司

自建设北京市第一条煤气管道和热力管道、第一座箱涵顶进法施工的立交桥、第一座过街天桥、第一座污水处理厂、第一座中水厂，到建设当时全国最大的卵形消化池——北京小红门污水处理厂、世界海拔最高的玉树自来水及污水处理厂站、全国最大建筑垃圾资源化处理厂——大兴建筑垃圾资源化处理厂、北京市最大交通枢纽——四惠交通枢纽等重点工程，公司遵循"突出业主、区域经营、持续发展"的方针，工程业绩遍布全国20余个省、市、自治区，品牌享誉大江南北。

扫码看视频

步履不停，奋进一甲子。1956年，北京市市政四建设工程有限责任公司（以下简称"市政四公司"）的前身，北京市第四市政工程公司在北京正式挂牌成立，承担了首都建设的重要使命，2000年由全民所有制改制为国有控股有限责任公司。老一辈市政四人用勤劳和汗水，披荆斩棘修路架桥，用双手描绘了希望的蓝图，用豪情和傲骨奏响了发展的乐章。

20世纪，市政四公司先后创造了多个北京市第一：北京市第一条城市公用煤气、天然气、热力干线；第一座城市人行天桥；第一座采用暗挖法施工的人行过街通道；第一座地表水净水厂；第一座污水处理厂；第一座中水厂。参与建设了北京地铁1号线、2号线工程；北京二环至六环路、京通快速路工程及广安门立交桥、广渠门立交桥、京广桥和红领巾桥等多座大型立交桥。公司工程业绩遍布全国20余个省、直辖市、自治区。开创了电力、水利、排水工程盾构施工的先河，在地铁建设领域，参与了全国多个省市的轨道交通工程建设共计60多km，车站20余座；承建了北京市最大交通枢纽——四惠交通枢纽等建筑工程300余项；承建了北京地区90%以上的污水处理厂站，并承建了全国十余个省市自治区水处理厂站为代表的水厂

200余座。承建了路桥工程2000余项；承建了直径2m以上大口径地下管线盾构法施工和机械化顶管施工150多km；承建了输水、输气、输油压力管道350多km，一般市政综合管线3000km；承建了机电安装工程110余项。

关键时刻彰显国企本色：2013年彻夜鏖战、七天七夜建成小汤山非典医院；17年后再战小汤山，抗击新冠46小时打通小汤山医院院区生命线；玉树灾后援建千日建成世界海拔最高的玉树自来水、污水厂站；亚运会、奥运会前完成多座场馆的市政配套工程；完成了中南海、玉泉山以及北京市人民政府宽沟招待所、国家重点文物保护单位恭王府等重要区域的改建与维修工程。

走进新时代、迈向新征程。市政四公司立足北京，面向全国多元发展，形成以城市轨道交通工程为主的地下工程，以水处理、垃圾处理、土壤修复为主的环境治理工程，以城市道路及桥梁工程为主的综合市政工程，以厂站、地铁机电设备安装为主的机电安装工程和以交通枢纽等公用设施为主的建筑工程五大核心板块。全面实施"科技兴企"战略，以科技创新促进人才培养，以工程创优提升质量管理，坚持"创新、创优"双轮驱动。公司科技创新团队多年来致力于技术、装备的研发工作，取得了丰硕成果。主编和参编了50余部国家、行业及地方标准，拥有发明专利和实用新型专利、省部级工法、省部级科技进步奖等百余项。

全国最大的卵形消化池——北京小红门污水处理厂

位于南四环外凉水河畔的小红门污水处理厂，承担着北京市区西部、西南部、南部大部分地区污水处理任务，流域范围西起西山八大处，东到京津塘高速公路，北起长河，南到公路一环，流域面积约为223.5km²，服务人口241.5万人。工程于2003年11月开工，2005年9月竣工交验，

图1　北京小红门污水处理厂

2005年11月二级水处理部分正式投入运行；泥区工程于2004年7月开工，2007年10月建成投入使用。

小红门污水处理厂的卵形消化池是当时全国最大的卵形消化池。投入运行后，污泥量减少20%以上，生产的沼气再利用既可以节约能源取得较大的经济效益，也对环境保护作出了巨大贡献。水厂自投产以来，运行平稳，未出现运行事故，出水水质达到的设计标准，满足一级B水质的要求，基本改变凉水河水系的水质，取得了良好的社会效益。

世界上海拔最高污水处理厂、供水厂
——玉树结古镇污水处理厂及自来水厂

2010年，青海省玉树地区发生地震后，根据北京市委市政府的有关要求，市政四公司第一时间组织了70余人的援建队伍奔赴高原，先后完成了污水处理厂、供水厂、供水管网工程以及5座公交场站。

公司承建的国内海拔最高的结古镇供水厂，日供水量3万t，能解决10万居民吃水问题，改变了玉树人民没有自来水的历史。承建的玉树州结古镇污水处理厂，占地总面积72.6亩，处理规模为日处理能力1.5万t，成为全世界海拔最高、全国污水一次处理率标准最高、同等规模污水厂处理污泥含水率最高的"三最"污水处理厂。援建队伍以"艰苦不怕吃苦 缺氧不缺精神"的意志品质战斗玉树高原，克服了玉树灾区海拔高、空气稀薄、天气寒冷、有效施工期短、建材全部依靠外运等重重困难。在北京市委市政府要求的时间内圆满完成了各项施工任务，供水厂、污水

图2　玉树结古供水厂

处理厂获得了国家优质工程。

新建成的玉树污水处理厂和供水厂各车间设备均为进口设备，施工援建任务完成后，市政四公司多种渠道对玉树水厂的管理人员先后多次对口支援培训，帮助厂站工作人员到北京各大模范污水处理厂进行学习，保证厂站的运行。公司还每年定期对水厂进行回访，提供整改方法。

全国最大建筑垃圾资源化处理厂——大兴建筑垃圾资源化处理厂

大兴建筑垃圾资源化处理厂工程，厂区整体规划223亩，包括1条南方路机固定式环保建筑垃圾分拣破碎生产线、2套南方路机混凝土搅拌站和1套南方路机稳定土厂拌设备，工程设计产量为年处理100万t的建筑垃圾，以及为消纳处理建筑垃圾产生的循环再生建筑材料而配套兴建的年产量为60万t的混凝土搅拌站，年产量为70万t的无机料站。是市政四公司在垃圾处置、环境保护板块的代表工程之一，荣获北京市2016年度市政基础设施结构长城杯金质奖，北京市荣获2018年度市政基础设施竣工长城杯金质奖工程。

厂区建设环保标准十分严格，生产线采用封闭厂房式设计，生产过程中局部集中负压除尘，粉尘集中排放浓度低于$10mg/m^3$，厂界噪声白天低于55dB，夜间低于45dB，污水零排放。处置厂对于实现北京市建筑垃圾资源化、减量化，改善北京市整体环境将起到重要作用。

图3　大兴建筑垃圾资源化处理厂

北京第一条PPP地铁线路——北京新机场线磁各庄站

新机场作为首都新国门展翼腾飞的同时，轨道交通新机场线的建设也备受关注。新机场线是国内首条最高速度160km/h的城市轨道交通线，平均速度120km/h，从草桥到新机场运行时间仅需19分钟。

新技术意味着新挑战，磁各庄站作为唯一中转站，地理位置特殊，项目部全体成员不负众望，克服地质条件、站内空间小等困难，提前完成封顶，主体结构分部工程验收一次性顺利通过，成为新机场线首座通过主体结构分部工程验收的车站，收获长城杯、中国安装之星等奖项。

图4　北京新机场线

新机场是引领综合交通发展的新枢纽、驱动京津冀协同发展的新引擎,具有重要的政治意义,市政四公司凭借深厚的技术积淀,为新机场线的建设添砖加瓦。

北京市最大交通枢纽——四惠交通枢纽

四惠交通枢纽是北京第一座涵盖省际长途换乘功能的综合交通枢纽,是北京第一个实现公交枢纽集中调度的综合交通枢纽,也是北京目前换乘客流量最大的综合交通枢纽。是集轨道交通、长途客运、市区公交、东部市域公交于一体,包括出租车、小汽车、自行车、步行等多种交通方式的综合交通枢纽,也是市政四公司承揽的第一个房建工程,建筑面积36631.81m^2。

面对占地面积广、旅客吞吐量巨大的交通枢纽,公司统筹人员安排,优化工期排布与交通导行方案,顺利完成施工任务。四惠交通枢纽开始运营后,全日客运量约为36.81万人次,高峰小时客运量约为5.06万人次,为公司房建工程留下了浓墨重彩的一笔。

图5　北京市四惠交通枢纽

引用BIM技术　开展可视化安装　地铁8号线机电安装工程

北京地铁8号线三期工程机电专业设备安装工程Ⅲ标段、北京地铁8号线三期南延工程机电专业设备安装工程，包括四座地下站、两座地上站及相应的区间，施工内容包括通风空调系统工程、给排水及消防系统工程、动力及照明系统工程、环境与设备监控系统工程、门禁系统、屏蔽门与安全门系统工程。项目多、专业全面、接口多、交叉作业多，施工难度非常大。为了解决这个问题，市政四公司特别引用了BIM技术，使用BIM软件绘制各车站主体结构图纸并加入各专业综合布置管线，实现了各专业综合布置深化设计，为施工提前做好总体概念及可视化保证。

承接一项工程、精雕一部作品、结交一方朋友。北京市市政四建设工程有限责任公司凝聚了几代市政四公司人的勤劳与智慧，精耕不辍，步履不停。在新的历史时期，市政四公司将与国家的改革发展大潮同向共进，用智慧和汗水共同续写工程建设的炫彩华章。

图6　北京地铁8号线

北京市市政四建设工程有限责任公司大事记

1958年12月　北京市第一条煤气管道。

1959年9月　北京市第一条热力干线"东郊热电厂至天安门"段，其中在天安门前第一次采用了综合管廊敷设方式。

1960 年	北京市第一座临时性简易一级污水处理厂。
1970 年	北京燕山石化向阳污水处理厂,日处理污水 4.38 万 t。
1986 年	北京市第一座河水净水厂——田村山水厂,日供水 17 万 t。该工程荣获国家优质工程银奖。
1988 年	北京市第一座生活污水处理厂——北小河污水处理厂,该工程是亚运会市政配套工程项目,1990 年 5 月竣工通水,日处理污水 4 万 t。同年获亚运工程特别鲁班奖。
2000 年	北京市第一座中水处理厂——酒仙桥中水厂,日处理能力 6 万 t。
2008 年	采用盾构法施工的输水隧道——北京市南水北调配套工程团城湖至第九水厂输水工程第二标段。
2009 年	全国最大的卵形消化池——北京小红门污水处理厂,荣获鲁班奖、国家优质工程奖、詹天佑奖。
2012 年	世界上海拔最高污水处理厂——玉树结古镇污水处理厂及自来水厂,荣获国家优质工程奖。
2013 年	北京市第一座有盖花园式再生水厂——北京昌平未来科技城水厂。
2014 年	北京市首次不截留盾构穿湖施工——北京地铁 12 号线 19 标。
2015 年	东北地区第一座应用铺盖法施工的地铁车站——沈阳地铁 9 号线 1 标段。
2016 年	全国最大建筑垃圾资源化处理厂——大兴建筑垃圾资源化处理厂。
2017 年	北京第一条 PPP 地铁线路——北京新机场线磁各庄站。
2018 年	江西省第一座装配式桥梁——赣州赣南大道 1 标。
2019 年	山东首个 EPC+F 项目济南黄河新区纵二路道路工程。

讲述人:北京市市政四建设工程有限责任公司
　　　　总经理　史亚军

讲述人简介

史亚军积极传承"市政四奋斗者"的企业文化,团结带领市政四公司1200人的团队,努力、拼搏、奋进,打造健康高效的运营机制,为公司高质量发展奠定坚实的基础。

创新实干　铁色不改
——"百城百企"记中铁十五局集团有限公司

扫码看视频

中铁十五局集团有限公司的前身是铁道兵第五、六师合并而成的铁道兵第五师，70多年来传承和发扬铁道兵精神，创下卓越功绩，一获中国公路交通行业优质工程最高奖——李春奖，二取国家科技进步特等奖，七创中国企业新纪录，八摘中国土木工程詹天佑奖，十夺中国建设工程最高奖——鲁班奖，屡创"中国第一""世界之最"，始终扮演着中国建筑业"明星企业、品牌央企"的核心角色。

中铁十五局集团有限公司的前身是历经战火洗礼，筑就"打不烂、炸不断"钢铁运输线的中国人民解放军铁道兵第五师和第六师，1984年光荣参加国庆大阅兵后集体转工，并入铁道部，称为铁道部第十五工程局；1999年12月与铁道部脱钩改称中铁第十五工程局；2001年4月，正式更名为中铁十五局集团有限公司（以下简称"中铁十五局集团"）。

从世界海拔最高的高寒高原铁路——青藏铁路到世界上一次建成里程最长的重载铁路——浩吉铁路，从中国第一条客运专线——秦沈客专到中国第一座欧亚大陆桥——北疆铁路，从脉动中国的明星高铁——京沪高铁、武广高铁、广深港高铁到中国最美高铁——沪昆高铁、杭黄高铁，中铁十五局集团在中国100多条高铁和普铁建设中留下了闪光足迹。特别是2012年12月3日京沪高铁联调联试中，由中铁十五局集团承建的枣庄至蚌埠先导段创造了486.1km/h的世界铁路运营试验最高速度。

从中国第一条高速公路——沪嘉高速到中国第一条沙漠高速公路——榆靖高速，从北京2022年冬奥会大通道——延崇高速到中国最美高速公路——京新高速、拉林公路，中铁十五局集团先后在纵横中国东西南北的120多条高等级公路建设中，洒下了辛勤汗水。

作为被中央军委美誉为"穿山甲"的善建铁军，从修建中国西南地区海拔最高、最长的贵昆铁路梅花山隧道起，中铁十五局集团先后修建了不同地质、不同结构的铁路、公路、市政隧道1200多座，总长800多km，在特长、大跨度开挖、复杂地质等隧道施工领域具备了不可比拟的竞争优势。

70多年来，中铁十五局集团成长为集工程承包、勘察设计、资本运营、铁路运营、物流贸易、房地产开发、工业制造和海外业务为一体的大型综合特级国有企业，拥有上海市首家，也是全国为数不多的"四特四甲"资质，先后完成科技开发项目319项，获国家级工法10项，省部级工法75项，国家科技进步奖3项，省部级科技进步奖130余项，授权专利312项；创造中国企业新纪录7项、中国土木工程詹天佑奖8项、中国建设工程鲁班奖10项；连续20年荣获全国"安康杯"竞赛优胜奖。

中铁十五局集团是行业前沿的开拓者，在集铁路、地铁、轻轨、公路、航空等功能于一身的综合交通枢纽领域，致力以技术创新抢占前沿制高点，在深圳福田站和南京青奥轴线地下工程等建设中，积累了多项世界领先的系统管理施工经验，填补多项行业空白。

亚洲最大的地下高铁车站——广深港深圳福田站

中铁十五局集团承建的广深港深圳福田站设计新颖、位置特殊、规模宏大，技术标准要求高，是目前亚洲最大的、世界列车通过速度最高的地下高铁车站，是中国铁路建设地下大型高铁车站的示范性工程。

该车站位于深圳市福田区市民中心广场西侧益田路与深南大道交汇处，为地下三层客运车

图1　广深港福田站效果图

图 2　广深港福田站

站，站场规模4台8线，集明挖顺作、盖挖逆作等多项施工技术于一身。车站全长1023m，标准段宽78.86m，相当于21个足球场大小。建筑面积14.7万 m^2，土方开挖量达到了138万 m^3。福田站于2008年9月开工建设，2015年12月30日正式开通运营。

施工中，中铁十五局集团应用了建设部推广的10项新技术中的9大项30小项，研发了复合地层超深、超厚地下连续墙施工技术等10项自主创新技术。其中《富水软弱复杂地层全地下大直径钢管立柱施工工法》获国家级工法，《全地下高铁车站大跨度、大截面型钢劲性钢筋混凝土结构施工工法》等3项工法获得省部级工法，《城市中心区大型多层地下结构施工综合技术研究》等4项技术获得省部级科技进步奖，《一种室内模拟高压旋喷技术切土效果的试验方法》等16项施工技术、方法获得国家专利。

福田站建设解决了大都市中心区土资源匮乏，高铁网无法深入城市中心区的难题，填补了我国地下高铁站建设的技术空白，也为香港融入内地高铁网提供了重要的工程支撑，为建设粤港澳大湾区，打造世界级城市群的国家战略提供了重要助推力。2016年，该工程荣获中国铁路总公司"优质工程"奖，2018年获鲁班奖、詹天佑奖。

国内最大的地下交通枢纽——南京青奥轴线地下交通工程

南京市梅子洲过江通道连接线——青奥轴线地下交通系统及相关工程是2014年国际青年奥运会的主要配套工程之一，由中铁十五局集团和中铁十四局集团联合承建，是一座向地下深挖近10层楼高度、由11条匝道及地下隧道叠落交错的三层地下交通枢纽，是国内首次采用三层叠交近距隧道结构群形式的城市地下互通立交枢纽工程，也是目前国内规模最大、结构最复杂的城市

图3　南京市青奥轴线地下交通工程

地下交通枢纽。

该工程平面呈"T"字形布局,东接南京绕城高速公路,西连扬子江大道、梅子洲过江通道等市政交通路网,与青奥会议中心、青奥村等主要场馆配套衔接。工程采用明挖暗埋顺作法施工,总造价32.5亿元。隧道结构面积7万m^2,地下空间2.1万m^2,隧道总长5769m。其中主线隧道全长2928m,匝道11条全长2841m。

该工程设计新颖独特,建设难度大,施工风险高、工期紧。其中四维降水设计和地表沉降预测模型技术、长江漫滩高承压水大型超深基坑分区组合式降水施工技术达到国际领先水平,在国内同类工程中尚属首次。

2012年5月29日工程开工建设,17个月完成主体工程,2014年7月9日达到通车验收条件并试运行,先后荣获江苏省新技术应用示范工程、江苏省扬子杯优质工程、中国铁建杯优质工程、中国铁建优秀设计、鲁班奖、詹天佑奖等各类奖项40多项,获得发明专利1项,实用新型技术专利13项、省部级科技进步奖2项,省部级工法7项。

南京市青奥轴线地下交通工程的建成,实现了城市交通功能与青奥配套建筑及景观的高度融合,不仅为青奥会顺利召开发挥了重要作用,还为城市地下空间的开发提供了成功的经验。同时,作为机场、南京南站、国家级江北新区与河西新城区等重要区域的快速连接纽带,推动了南京拥江发展的战略实现。

发扬铁道兵精神　开创高质量发展新局面

中铁十五局集团是世界500强中国铁建旗下的基建劲旅,下辖15个全资子公司,设有7大区域总部，1个海外事业总部。随着现代企业制度的建立，集团已具备跨地区、跨行业、跨所有制和跨国经营的能力，先后承建100余项重点铁路工程，120余项一级以上高等级公路工程，80余项大型市政、城市轨道交通工程及多项大中型水利水电工程、房建工程。在秦沈、武广、沪昆、广深港客运专线和京沪、香港高铁等20余条客运专线及高速铁路工程建设中，创造了极其辉煌的业绩。

中铁十五局集团现为"全国优秀施工企业""国家级技术中心""全国质量效益型先进企业""全国守合同重信用企业""全国精神文明建设工作先进单位""中央企业先进集体""上海市高新技术企业""上海市文化创新十佳品牌""上海市文明单位"；近年来，先后荣获"全国科技进步特等奖""全国施工企业现代化管理创新成果一等奖""全国五一劳动奖状"、中华全国总工会评为"模范职工之家"、全国首批"安康杯"竞赛示范企业、"河南省高新技术企业"。

站在新的起点之上，中铁十五局集团将继续按照"实事求是、守正创新、行稳致远"方针，紧扣"高质量发展"主线，聚焦主业实业，发扬铁道兵精神，创新实干，在建设世界一流企业中发挥主力军作用，以更大的拼劲和闯劲推动企业市场开发能力、改革攻坚能力、破解难题能力、项目管理能力、创誉创效能力再提升，努力开创"高质量发展"新局面，为推动十五局重返中国铁建先进企业行列，实现"强大企业、幸福员工"和中华民族伟大复兴的中国梦作出十五局人应有的贡献。

中铁十五局集团有限公司大事记

1990年9月12日	北疆铁路与哈萨克斯坦在阿拉山口接轨，标志着从我国连云港到荷兰鹿特丹港的第一条欧亚大陆桥正式建成。
1992年9月16日	兰新铁路复线铺轨贯通，对促进西北地区乃至全国的经济发展、社会进步和加强民族团结都具有十分重要的意义。
2006年7月1日	青藏铁路建成通车，对加快青藏两省区的经济、社会发展，降低进出藏客运和货运成本且提高其安全性，增进民族团结，造福各族人民，具有重要意义。
2010年4月18日	湖北省沪蓉高速全线正式通车，沪蓉高速马水河特大桥全长994m，其中有6个100m以上高墩，最高的6号墩154m，为目前国内乃至亚洲建桥史上所罕见，是极具挑战性的世界级工程，堪称世界梁式桥梁第一高墩群。
2010年8月23日	集团承建的喀和铁路创造了24小时单线铺轨11.366km，再次刷新铁路铺架全国新纪录。
2010年12月3日	在集团承建管段内，京沪高铁试运行跑出486.1km/h速度，中国高铁再次刷新世界铁路运营试验最高速。
2014年5月底	南京青奥轴通车，由中铁十五局集团和中铁十四局集团联合承建的南京青奥轴

	线地下交通系统是国内首次采用三层叠交近距隧道结构群形式的城市地下互通立交枢纽工程，也是目前国内规模最大、结构最复杂的城市地下交通枢纽。
2015年10月30日	广深港香港高铁826标项目隧道全线贯通，是中国首条进港高铁深港连接隧道。
2017年8月26日	湖南省永吉猛洞河特大桥主体完工，是湖南省同类型桥梁结构中跨度最大的桥梁，被收录进世界最高桥100大名录。
2017年9月29日	林拉公路二期工程建成通车，建成后将成为一条连接藏中、藏东经济带乃至大西南的主通道。

讲述人：中铁十五局集团有限公司
党委书记、董事长、总经理　黄昌富

讲述人简介

黄昌富同志打破国外垄断盾构技术"卡脖子"难题，加速了盾构核心技术中国化进程，调任中铁十五局集团后三年就把企业打造成为增长最快的千亿建筑集团。2021年，荣获"全国优秀共产党员"荣誉称号。

筑高质量隧道工程　连接城市美好未来
——"百城百企"记上海隧道工程有限公司

扫码看视频

科幻小说中，时空隧道可以连接着过去、现在和未来；现实中，城市的一条条隧道，对一座城市的交通起着舒缓的作用。进驻一座城，造就一座城。自始建于1965年的中国第一条越江隧道——上海打浦路隧道起，上海隧道累积建设完成隧道总里程突破1000km。

作为中国地下工程领域的开拓者，隧道股份全资子公司上海隧道工程有限公司（以下简称"上海隧道"）拥有国家级企业技术中心、国家级盾构工程中心和中国首家施工企业博士后工作站，连续五次获得国家高新技术企业，形成了以"非开挖体系""标准化与信息化""复合地层隧道施工"及"绿色环保"为主要方向的技术战略，积聚了雄厚的科研实力。

56年来，上海隧道逐步形成以超大直径隧道建设为核心优势，集轨道交通、预制构件、装备制造、应急抢险的全产业链业务布局，并创下了业内诸多"第一"：建成国内首条越江隧道——上海打浦路隧道、世界首条15m级盾构法隧道——上海长江隧道、世界首例复杂环境下大直径土压平衡盾构法隧道——上海外滩通道、国内首条双层公路隧道——上海上中路隧道；研制了我国首台具有自主知识产权的"先行号"土压平衡盾构、"进越号"大型泥水平衡盾构以及中国首台类矩形盾构"阳明号"，率先实现国产盾构装备的产业化与批量出口。

上海打浦路隧道　中国越江隧道的起源

打浦路隧道位于上海市区南部黄浦江江底，是中国第一条水底公路隧道。1965年6月，经上海市人民委员会同意，打浦路隧道以扩大试验工程名义组织开工，工程代号"651"，当时为保密工程。

当时，我国在水底隧道技术方面，可谓"一片空白"。因为上海特殊的软土层，使得在黄浦江底造隧道相当难，甚至一些外国专家还预言：要在这饱和含水的淤泥质地层中修建水底隧道，就如同"豆腐里打洞"，完全不可能。但即便在如此背景下，中国的隧道建设者们白手起家，开始挑战世界级难题。

图1　打浦路隧道

打浦路隧道包括引道在内，全长2761m。隧道底部最大埋深在地面以下34m，最大纵坡为3.84%，水底段设有0.6%的缓坡段。隧道外径10m，内径8.8m，双车道，车道宽7.0m，钢筋混凝土路面。1970年10月，打浦路隧道竣工；1971年6月，打浦路隧道建成通车。

在1971年打浦路隧道通车之前，人们跨越黄浦江只能靠摆渡。如今，繁华如魔都已拥有了多条越江隧道，若以现在的眼光看，年过半百的打浦路隧道略显粗糙，但它却是上海城市发展历程中的一个里程碑，更拉开了中国水下陆路交通的发展序幕。

上海外滩隧道　百年外滩的搭桥手术

外滩隧道地处上海最核心的重要区域，建设外滩隧道是配合上海世博会的重大工程，使被割裂的滨水地区与西侧街区重新融为一体，为重现历史风貌，改善区域环境，重塑外滩功能，最大限度地实现外滩价值创造了必要条件。

外滩隧道南起中山南二路老太平弄，沿外滩万国建筑群，穿越外白渡桥至海宁路吴淞路。

为迎接上海世博会、完善城市路网、再现"万国建筑博览"——外滩的历史风貌，上海外滩

图2 外滩隧道

地区自2007年起实施了交通综合改造工程。

外滩隧道由于其特殊的地理位置，需超近距离穿越百年外白渡桥、外滩沿线万国建筑群、地铁2号线、南京东路过街通道等。一系列连续穿越对沉降控制的高精度要求为全国之最。为了最大程度减轻地表沉降对建筑物的影响，上海隧道采用当时世界上最为先进的盾构掘进技术开掘隧道。隧道采用直径14.27m的土压平衡盾构掘进施工，圆隧道段长1098m，隧道外径13.95m，内径12.75m。建设规模为单管双层，双向六车道。

双层设计的外滩通道建成后，外滩地区的通行能力将大为改善，过境交通和到发交通的分流减缓了上海世博会期间的交通压力，不仅提高了过境交通的通过效率，还让行人回归地面，方便市民与游客出行。

上海长江隧道　万里长江第一隧

上海长江隧道起于浦东新区，穿越长江口南港水域到达长兴岛，隧道是G40沪陕高速公路的重要组成部分，是连接上海市区和长兴岛及崇明岛的首条越江通道，对于形成国家沿海大通道，充分发挥上海区位优势，并对增强浦东国际机场和洋山深水港的辐射功能具有十分重要的意义。

上海隧道采用直径15.43m的泥水平衡盾构掘进施工，圆隧道段长7574m，隧道外径15m，内径为13.7m。上海长江隧道采用两台当时世界上直径最大的泥水平衡盾构机一次掘进7.5km，其单次掘进距离和隧道直径规模皆为世界之最，在中国和世界隧道建设史上具有里程碑式的意义。

工程造福万代，隧道连接未来。站在"两个一百年"的交汇点，中国市政开启新征程，上海隧道依然面向未来、聚焦民生，关注城市发展诉求，为建设宜居的生态城市提供隧道工程等基础

图3 上海长江隧道

设施领域的专业服务,以"做一时,用一世"的优质工程为民造福。

杭州钱江隧道 勇立潮头的钱塘首隧

杭州钱江隧道是杭州、嘉兴、绍兴连接上海,促进与长三角其他城市之间联系的快捷通道。对加快发展环杭州湾产业带,加强钱塘江两岸重要城市的相互联系和经济往来,推动长三角一体化进程具有重要意义。

钱江隧道位于著名的观潮胜地(海宁盐官镇)上游,向北连接海宁市辖区,向南连接绍兴市辖区。2008年,上海隧道承建了杭州钱江隧道,标志着上海隧道正式进入浙江交通大市场。

钱江隧道施工过程中,上海隧道采用直径15.43m的泥水平衡盾构掘进施工,圆隧道段长3251m,隧道外径15m,内径13.7m。建设规模为双管单层,双向六车道。

作为钱塘江下的首条隧道,盾构掘进穿越钱江两岸百年历史老防洪堤,以及江底全断面砂性

图4 杭州钱江隧道

地层。受到钱塘江高潮差强潮汐影响，盾构正面压力和隧道受力波动极大，对超大直径盾构施工提出了新的挑战。

从2008年1月开工到2013年年底，上海隧道项目负责人几乎生活在工地，过着"白加黑"的日子，只为高质量完成这项工程。经过1800多个日夜的坚持，钱塘江南岸这块荒地变成了大江东新城的"一条黄金通道"。

钱江隧道建成后，穿过钱塘江只需3分钟。钱江隧道和南北接线一起，连接沪杭、杭浦、杭甬、杭绍甬四条高速公路，所需时间都将大大缩短，杭州、绍兴、嘉兴等钱江两岸三市都将紧密联系在一起。自此，杭州绕城东段的交通压力将得到有效缓解，萧山国际机场的辐射能力将大大增强，地区经济也将随着钱江隧道和钱江通道的启用而迅猛发展，促进环杭州湾金融、贸易、教育、科技、文化等产业的发展。

上海北横通道　史无前例的极限穿越

北横通道是上海东西走向的主动脉之一，作为上海市中心区域"三横三纵"快速通道的重要部分，支撑了上海城市东西向主轴发展、服务了中心城苏州河以北区域沿线重点地区、分流了延安高架交通压力、提高了中心城东西向交通的可靠性与便捷性。

北横通道西接北翟路快速通道，东接周家嘴路越江隧道，贯穿上海中心城区北部区域，北横通道途径长宁区、静安区、普陀区、虹口区和杨浦区五个行政区。

北横通道在市中心建筑密集区连续穿越，沿线共穿越类型众多的建筑90多处（140多幢），其中2次穿越运营中的轨道交通；全线平面曲线半径小于600m的区段超过隧道总长的52%，最

图5　北横通道

小平面曲线半径仅为500m，堪称"城市极限穿越的百科全书"。

上海隧道突破重重技术难题，采用直径15.56m的泥水平衡盾构掘进施工，圆隧道段长6416m，隧道外径15m，内径13.7m，出色地完成为单管双层、双向六车道的建设规模。

上海诸光路通道　会呼吸的绿色预制通道

上海诸光路通道作为北部入城快速通道，为国家会展中心和西虹桥地区提供了对外联系的新通道。在高效服务中国进口博览会的同时，有效缓解了延安路高架的交通压力，进一步完善了上海交通网络，并为青浦区与闵行区提供了一条区区对接的新主干道。

图6　上海诸光路通道

隧道采用直径14.45m的土压平衡盾构掘进施工，圆隧道段长1390m，隧道外径14m，内径12.8m。建设规模为单管双层，双向四车道。盾构在掘进施工中先后穿越蟠龙港防汛墙桩基、蟠龙港新建桥梁桩基和西库里港桥桩基，并下穿金丰路雨水泵站辅助用房，侧穿多幢民宅及高档别墅，对地面沉降提出了很高的控制要求。

诸光路通道首次在施工中提出了"绿色全预制"的建设理念，成为国内首条"会呼吸"的超大直径隧道。全国首条双层"乐高"隧道诸光路通道，用预制拼装施工工艺，预制率首次达到了90%以上，它的通车大大改善第二届中国国际进口博览会场馆周边的交通状况。

武汉长江公铁隧道　世界公铁第一隧

武汉长江公铁隧道是武汉轨道交通网络中市域骨架线网的重要组成部分，实现了汉口中心区与武昌中心区快速直达联系。作为世界首条公铁合建的盾构法隧道，为集约利用过江通道资源和城市地下空间提供了新思路和新选择。

隧道沿三阳路向南穿越胜利街、沿江大道后进入长江，在武昌岸上岸，穿越了汉口和武昌中心区。

图7　武汉长江公铁隧道

武汉长江公铁隧道在盾构掘进过程中，需解决超大直径盾构穿越"钻石层"加"年糕团"复合地层的世界级难题。此段长江底石英含量高达70%的粉细砂层极易造成刀盘刀具磨损；富含黏土的强风化泥质粉砂岩、中风化泥质粉砂岩地层极易形成刀盘泥饼。

上海隧道采用直径15.76m的泥水平衡盾构掘进施工，圆隧道段长2590m，隧道外径15.2m，内径13.9m。施工过程中，"超大直径+复合地层"让施工的风险和难度呈几何级数上升，在中国隧道建设史上堪称首次，在全球工程领域也极为罕见。

珠海横琴隧道　中国复合跨海第一隧

珠海横琴隧道是确保横琴岛与珠海市区全天候通行的重要通道，随着粤港澳大湾区和横琴开发的不断推进，横琴岛的经济体量和人口规模飞速增长，其缓解交通压力的重要意义日趋显著。

横琴隧道位于珠海市横琴新区内，全长4763m，面临地质条件复杂、结构形式多样、施工组织困难、台风天气多发等难题，施工难度很大——横琴隧道先后穿越浅埋段、岩爆区、断层带、富水破碎带、软弱围岩段，隧道进口为双洞单线形式，出口为单洞双线形式，双洞单线小净距段最小净距仅1.5m，施工过程中隔墙保护难度大；单洞双线大跨段最大净宽16.4m，双洞转化为单洞施工工序繁多、安全风险控制要求高。

图8　横琴隧道

上海隧道采用直径14.97m的泥水平衡盾构掘进施工，圆隧道段长1082m，隧道外径14.5m，内径13.3m。2018年，克服施工难点，上海隧道确保横琴隧道顺利通车。通车后的横琴隧道连接了横琴新区、保税区及洪湾片区一体化区域，是区域的主轴交通道路，隧道主要承担客运功能，设计速度为60km/h，是横琴新区目前唯一不受暴雨、台风等恶劣天气影响的对外通道。

上海隧道工程有限公司大事记

1965年8月	上海隧道工程公司诞生，成为中国最早进行盾构隧道试验和工程应用专业工程建设单位。
1968年5月	上海隧道处、上海隧道工程设计院合并到上海市隧道工程公司，改名为上海市隧道建设公司。
1971年6月	新中国首条大型越江隧道——上海打浦路隧道在举国欢腾中全线贯通。
1985年4月	隧道设计研究院恢复为上海市隧道设计院，隧道建设公司改名为上海市隧道工程公司。
1993年11月	公司已成长为中国顶级基础设施总承包企业，敏锐捕捉到改革开放第一缕春风后，改制为上海隧道工程股份有限公司，并于次年在上海证券交易所挂牌上市，成为我国施工企业中首家上市募股的公司。
2014年7月	隧道股份全资子公司上海隧道工程有限公司成立。

砥砺奋进正青春　逐梦扬帆新征程
——"百城百企"记宏大建设集团有限公司

扫码看视频

　　23年间，从深耕长三角到开拓大西北，从投资云贵川到涉足东三省，宏大建设的脚步已踏遍大江南北（国内主要经济带）；23年间，从解决民生问题、乡村精品线路建设、脱贫攻坚到助力经济社会发展，宏大建设以"正青春"的热血干劲，为江苏、长三角，乃至全国的基础设施建设贡献了不可或缺的力量。

　　1998年，在中国经济最具活力的长三角，宏大建设集团有限公司（以下简称"宏大建设"）正式开始了服务中国建设事业的伟大征程。经过不断改革、创新，跨越式向前发展。23年来，宏大建设在对江苏市场进一步稳固深化的同时，成功开拓了山东、甘肃、青海、内蒙古、新疆、宁夏、陕西、河南、贵州、四川、云南、广西、安徽、江西、湖南、黑龙江、辽宁、福建、广东、海南等国内大部分省市区。

　　为进一步树立品牌，充分展现企业诚信和社会责任，宏大建设于2004年开行业之先河，创造性提出"**十年保修**"的质量承诺（至今仍为国内唯一），引起社会各界热烈反响，好评如潮。

　　23年来，宏大建设投资承建的大批路网管网、自来水厂、污水处理厂、省道国道、桥梁隧道、水利水电、湿地公园、河湖整治、土石方等政府重点工程，均以一流的品质、高效的服务赢得社会各界一致好评并屡获殊荣。集团先后被评为"守合同重信用企业""AAA级资信企业""建设系统先进单位""杰出慈善企业""全国市政工程建设QC活动优秀企业""中国建筑业成长性、竞争力双百强企业"等荣誉称号，连续多年荣获"全国市政工程建设优秀质量管理一等奖"，先进事迹多次被各类媒体宣传报道，被业界誉为"中国基础设施投资建设运营商"。

老旧小区改造守正创新　增强的不只是群众幸福感

江苏省昆山市是改革开放的受益者，"昆山之路"彰显的是勇立潮头的担当，为了民生幸福是"昆山之路"重要内涵之一，宏大建设也是在这样的环境氛围与责任驱动下发展壮大的。

2010年，中华园东村是当时昆山市最大的待改造旧小区。宏大建设主要负责有水电气通信、生活污水收集、道路升级改造，建筑物外立面出新及一些公共绿地和公共活动场地整治等工作。项目部进驻时，面对57栋单元楼、近4万人居住的流动性大的老旧小区千头万绪、无从下手。

在正式改造前，宏大建设项目部与中华园社区、街道部门人员组成施工调解小组，挨家挨户做动员说服工作，有针对性地做好帮扶纾困工作，化解矛盾。在深基坑支护施工过程中，尽管改造方案已经专家论证，但仍有地形地貌与方案描述有出入，幸得一位老住户指明地下障碍位置，才在改造过程中不影响电线电缆，并提出截断钢板桩分段振插焊接的方法成功解决了技术难题。正是在老旧小区改造初期以人为本的详细调研，改造过程中精益求精的现场监控，为后期保质保量按期完成施工任务创造良好施工环境发挥了重要作用。

中华园东村老旧小区改造项目成功实施后，"技改创新"在宏大建设施工班组蔚然成风。改造过程中成立的质量小组有效开展技术创新活动，有些成果还在全国技术活动竞赛中收获斐然成绩。

改造后的中华园东村如脱胎换骨。十年弹指一挥间，如今中华园老小区也与时俱进再次改造，增加了垃圾分类设施、多层老楼房加、改装电梯等改造项目，然而宏大建设十多年前留下的老雕塑、文化长廊及建筑风貌等几乎没有改动，这不仅让流动性较大的老小区留有不变的文化记忆，留住住户的"乡愁"，宏大建设的施工质量也经住了时间的检验。

图1　中华园东村老旧小区改造

无惧逆境兴水利 提高城市防灾减灾能力

从长三角到大西北，2011年宏大建设承接了青海省首个BT项目——海西州德令哈蓄集峡水利枢纽工程，该工程集供水、防洪、发电等功能于一体，寄托了海西各族群众的水利梦想，是国家节水供水重大水利工程之一，也是青海省"十二五"重点水利建设项目，更是海西州有史以来最大的单项水利工程。

由于德令哈蓄集峡水利枢纽工程地处3000多m的高原，在施工过程有一批管理人员、一线施工人员出现不同程度的高原反应，再加上项目围岩结构与设计勘探偏差较大、施工期间隧道顶部塌方、地面渗水、没电、没饮用水、没通信网络的恶劣环境，宏大建设始终以做"一流工程、一流质量"的理念，认真制定实施方案、精细组织施工、严格节点控制、强化质量意识、加强资金管理，历时43个月最终克服重重困难，保质保量圆满完成了各项施工任务。

作为海西有史以来最大的单项水利工程，德令哈蓄集峡水利枢纽工程保障了德令哈地区供水和防洪安全，支撑了德令哈地区经济社会稳定发展。项目前期十余年的艰辛筹备，宏大建设的参与保障了该工程的后续建设推进。蓄集峡水利枢纽工程建成后，提高了德令哈市区河段50年一遇的防洪标准，有效提升了德令哈地区水利基础设施水平，保证了城市居民生活用水和工业用水需求，提高了城市和周边地区防灾减灾能力，改善了巴音河流域水生态环境，开发了水能资源、提供了清洁电能，提升了柴达木循环经济试验区产业发展水平，是海西州水利工程建设史上一个重要里程碑。

图2 德令哈蓄集峡水利枢纽工程项目

江南风格的高原景观带　不是江南胜似江南

到青海旅游的朋友，不看看青海人的"母亲河"——湟水河，不到海东领略湟水河畔的湿地公园，或是一大遗憾。

由于受地理气候条件影响，在青海绿化难度很大，树是一种"珍贵物种"。由于高原高寒地区，冬季最低温度达-27℃，冬季季风达5～6级，苗木越冬是难点，然而平安心湿地公园种植区域苗木种类达65个之多。从2016年3月建设之初，根据聘请的林业专家建议，宏大建设在入冬前将植株1.5m以下的灌木、花卉搭建保温棚进行保温；对植株1.5m以上的乔木、灌木进行三角支撑；对抗风能力弱的乔木、灌木搭设独立保温棚进行保温；冬灌次数达到5次透灌。实施越冬措施，苗木当年成活率90%，次年成活率98%。

图3　平安心湿地文化公园

宏大建设承建的平安心湿地文化公园的绿化工程及园林建筑附属工程、给水工程、电气安装工程共达402700m²。建成后的湿地公园共种植乔木约8600株，灌木约2.5万株，草坪8.2万m²，以及1.2万m²的芦苇、菖蒲、千屈菜等水生植物。沉砂池采用沉砂条渠布置，占地约9.9亩，渠道长137m，平均底宽54m。人工湖面积约6700m²，平均水深超过0.5m。园林建筑有景观眺望台、水榭连廊、双臂廊架等供市民休闲时驻足，园林小品木栈道安装、水平台安装、下沉休息平台安装，园林绿化种植了适合土壤要求的草坪及灌木、绿化给水采用了自动旋转喷灌技术，从而形成了一条具有江南风格的高原景观带。

古之驿站，今之憩湾，这是政府打造平安心湿地文化公园的初心。公园项目的建成，不仅为青海省海东市平安新城核心区构建了一个城市绿色空间，还为人民群众的日常生活提供了一个放松心情、休闲娱乐的好去处，也为城区创建国家园林城市，提高城市品位，建设和谐社会起到积极的促进作用，为平安海东、幸福海东建设作出宏大贡献。

作为青海省历史上民营企业申报的第一个国优市政项目、青海省重点民生项目，平安心湿地文化公园2018年获青海省建设工程"江河源"杯奖项，2020年底获得国家优质工程奖。

赋能教育：高质量建成西北首个"中国大学生汽车教育体验基地"

骊山北麓，渭水之滨。西安汽车职业大学新校区建成之前杂草丛生，2017年9月宏大建设开始对这片土地进行精心打造。

中国大学生汽车教育体验基地项目总占地面积约332亩，所修汽车赛道为国际四级赛道，即俗称的"国际F3赛道"，全长2.45km，共设13个弯道，赛道中心线最小半径11.6m，最大直线长度405m，共设6个上坡，最大上坡坡度为2.53%，7个下坡，下坡坡度为2.8%，发车直道区域横向坡度2%，弯道区域横向坡度为1%~3%。场地可以分成大学生方程式赛道和汽车体验赛道两条单独的赛道，也可以通过组合，提供9种不同的赛道组合形式，能够满足汽车类所有教学、试验、比赛和安全教育等多种需求。

由于赛道的特殊性，车速过快，对结构要求极高，宏大建设在施工中的结构层由50cm的水泥稳定土、20cm厚天然级配砂砾的垫层、赛道18cm水泥稳定碎石的下基层、赛道20cm级配碎石的上基层，以及沥青层（8cm粗粒式沥青混凝土，6cm中粒式改性沥青混凝土，4cm沥青玛琋脂碎石混合料）组成。赛道整个高程控制均非常严格，项目部最终均控制在±5mm以内。

历时2年高标准、高质量、高效率的作业，赛道在2018年底完工投入使用。项目建成后，不仅承办国际大学生方程式赛事、国际四级赛事和国内多种汽车类赛事，还满足学院的教学需要，也为周边提供了独有的汽车文化和景观展现，为周边园区之后特色汽车小镇的建设提供了有力支撑。

图4　西安汽车职业大学

逆流而上推进采煤沉陷区治理　助力打赢脱贫攻坚

为便于拓展国内外市场，策应西部大开发和"一带一路"倡议，本着"全国一盘棋"的思想，宏大建设开始在国内业务布局。

贵州省水城县玉舍采煤沉陷区是六盘水市重要的煤炭生产基地，煤炭开发在为国家和地方经济社会发展作出重要贡献的同时，原有的自然生态环境受到了不同程度的破坏。大面积的采煤沉陷区严重损坏交通基础设施，给周边的群众生活带来了较大困难。

玉舍采煤沉陷区公路项目处在海拔高差近1000m的盘山公路上，道路线形控制要求高，且沿线处于风化强度较大的玄武岩地带，易造成山体滑坡，给工程施工带来极大的困难。为解决工程重点难点，宏大建设组织强有力的管理团队和技术骨干，给予充分施工保障，定期组织专业技术人员前往现场指导作业，多次召开专家论证会，采用钢护筒跟进法、高墩翻模法及控制爆破、压渣爆破、预应力锚索、主动防护与被动防护结合、智能监测等多项新技术新工艺应用，既保证了施工质量，又加快了施工进度。

2021年4月，随着宏大建设保质保量圆满完成施工任务，玉舍采煤沉陷区公路不仅大力改善了当地群众出行条件和交通状况，在社会效益上更为全面建成小康社会、打赢脱贫攻坚战奠定了坚实基础。

图5　玉舍采煤沉陷区公路项目李家寨大桥段

生态为景　文化为媒　助推发展乡村特色旅游

南京是一座古老的城市，也是一座崭新发展的城市。"南京绿肺"老山和"母亲河"长江是南京浦口独特的生态资源。按照南京市浦口区建设"新主城"的目标要求，牢牢把握"江北明珠"发展定位，打造都市圈"最美花园"的要求。沿老山、沿长江、沿滁河三大旅游体系，宏大建设

图 6　浦口区乡村精品线路工程

先后承接浦口区乡村精品线路——滁河线、苗园线及山贡（音读 hòng）里线等建设工程。

滁河线先后经过滁河故道、津浦铁路桥旧址、共兴圩村、汊河渡遗址、永宁土地综合整治示范区等特殊区域；苗园线横跨汤盘公路；山贡里线附近地区生态环境保护良好，是天然的富氧区域。本着尊重自然的理念，宏大建设采用喷灌技术、交互式灯光技术、透水铺装、发光健康跑道、生态停车场等新技术、新材料、新工艺，先后打造南京"新城"康东广场、津浦铁路、汊河渡、沐心岛居、时光花影、龙窝湾、月老广场等14个重要的景观节点、3条线路、5个社区，共68km的线路。

如今的南京，铁路、公路、航空、水运、管道等运输方式齐全，已经成为我国华东地区重要的交通枢纽。项目陆续建成后，不仅改善了交通状况，还系统性地与周边旅游景点形成互联互动，有利于提升游客游赏"新农村"体验，更有利于整合保护乡村自然文化资源，有力助推与继承发展南京乡村文化与特色。

在做大做强企业的同时，宏大人始终不忘回馈社会，积极投身公益事业，为革命老区援建多条通达公路、捐建多所希望学校，多次赞助地方政府举办的"宏大杯"体育赛事、青少年科技创新大赛等活动；汶川地震、阜宁龙卷风、新冠疫情爆发后均第一时间捐资赠物、奉献爱心；捐资千万元设立"宏大青少年人才发展基金会"，每年积极参与共青团"圆梦行动"，至今已资助品学兼优的贫困学生近万名、捐建"梦想小屋"数千间；投资制作的60集原创大型环保人文电视动画片《雪翎飘飘》，在获得国家优秀动漫奖后，连同知识产权均无偿捐献给"一个真实的故事"发生地——盐城丹顶鹤自然保护区。

2018年，经南京市委组织部批准成立集团党委，2019年初，成立纪检委和党风监督委，现宏大建设正在南京江北新区、自贸区南京片区核心地段独资开发江苏青商总部集群基地（全部自持），并积极筹备A股主板上市，形成以基础设施投资建设为核心，集土地一级开发、房地产开发、工程金融、科技环保、文化旅游等产业为一体的多元化、综合型集团公司。

站在"两个一百年"的历史交汇点，乘着"十四五"大有可为的重要战略机遇期，宏大建设已扬帆远航、乘风破浪，必将在建设"美丽中国"的伟大征程中作出更大贡献。

宏大建设集团有限公司大事记

1998年	宏大建设在长三角成立。
2003年	公司改革为二级管理，实现了施工型企业向管理型企业转变。
2004年	宏大建设提出"十年保修"的质量承诺，至今仍为国内唯一。
2007年	兼并重组后，又陆续成立了投资发展、建设咨询、资产经营、文化传媒等多家子（分）公司，开始实行多元化发展战略、市场化运作和跨地区经营。
2007年	经国家工商总局核准，成功组建为宏大建设集团有限公司。
2008年	集团向"投资外向型"企业转变。首个"民营资本与政府合作项目"成功落地，宏大投资建设模式转型顺利实现。
2009年	在西宁设立青海发展中心。
2011年	在北京设立事业发展中心。
2013年	在西安设立西北发展中心。
2016年	在成都设立西南发展中心、将总部迁至南京市江北新区。
2017年	在乌鲁木齐设立新疆发展中心。
2018年	在银川设立宁夏发展中心。
2020年	在哈尔滨设立东北发展中心。
2021年	在海口设立海南发展中心。

讲述人简介

20世纪90年代初，20岁的韩亮只身从苏北来到人生地疏的苏南，历经创业时的艰辛、发展历程中的拼搏，带领宏大建设从苏南发展到苏北、从江苏发展到全国，从施工班组发展到拥有十几项资质，以基础设施投资建设为核心，集土地一级开发、房地产开发、工程金融、科技环保、文化旅游等产业为一体的多元化、综合型集团公司。

讲述人：宏大建设集团有限公司
　　　　董事长　韩亮

百年征程 匠心永恒 为铸造高品质工程添砖加瓦
——"百城百企"记中建八局第三建设有限公司

扫码看视频

中建八局第三建设有限公司，1983年9月由中国人民解放军基建工程兵211团集体转业改编组建，2007年12月整体改制为现单位，隶属中国建筑第八工程局有限公司，总部驻地南京市。

公司现有员工7000余人，拥有建筑工程施工总承包特级资质、工程设计建筑行业甲级资质，市政公用工程、机电工程施工总承包壹级资质，地基基础、消防设施工程等6个专业承包壹级资质。公司通过质量管理体系、环境管理体系、职业健康安全管理体系认证。

中建八局第三建设有限公司成立以来已累计建设工程近2000余项，涵盖航空航天、文体场馆、办公综合、医疗卫生、工业厂房、基础设施等9大专业领域。公司先后被评为全国文明单位、全国建筑业竞争力百强企业、全国建筑业AAA级信用企业、全国优秀施工企业、创鲁班奖工程特别荣誉企业、全国"安康杯"竞赛优胜单位、江苏省文明单位、江苏省安全生产先进单位、江苏省科技进步和技术创新先进单位、江苏省和谐劳动关系模范企业等。2017年，公司被评为"全国文明单位"；2020年11月，经过复查考评，继续保持该项殊荣，是江苏省住房和城乡建设系统首家获此殊荣的企业。

近年来，公司有130多项工程被评为省部级以上优质、样板工程；其中鲁班奖22项、国优奖29项、詹天佑奖6项、钢结构金钢奖8项、安装之星奖7项、全国市政金杯示范工程2项；获国家科技进步奖一等奖1项、国家科技进步奖二等奖1项、省部级科技进步奖44项；主编国家及行业标准各1项；获专利授权1168项，其中发明专利50项，软件著作权84项；获省级及以上工法178项，其中国家级工法7项。

公司以南京为中心，做强江苏市场，做大京津、沪浙市场，发展安徽、河南、重庆市场，积极开拓海外市场；目前下设9个区域分公司、4个专业分公司、1个设计研究院和1个海外事业部，形成国内国际两大市场布局。近年来，公司紧跟战略导向，抢抓市场机遇，积极转型升级，形成房屋建筑、市政基础、设备安装、装饰装修、设计研发五大业务板块，提升工程全生命周期服务能力，打造主业强势、专业突出、内外联动、科学发展的战略格局。综合实力连续7年位列中建号码公司、江苏建筑企业双十强。

落实防水治污生态环境保护　开启长江水资源保护工程

江心洲污水处理厂位于江苏省南京市建邺区江心洲街道，毗邻长江干流和夹江支流，与江北新区隔岸相对，是长江大保护工程的战略支点，也是秦淮河治理工程的一个重要组成部分。

江心洲污水处理厂占地41.9hm^2，是江苏省规模最大的污水处理厂，承担着南京市主城区约60%的污水处理量，处理后的尾水排入长江。公司于2003年和2018年两次承建该项目。

公司于2003年开始实施江心洲污水处理厂扩建工程，工程地处长江岛屿上，交通不便，地下水位高，流砂现象多，公司克服重重困难，于2004年顺利完成竣工验收。建成后的江心洲污水处理厂采用A/O活性污泥法工艺，处理规模提高至64万t/d，出水执行《城镇污水处理厂污染物排放标准》一级B排放标准。为江苏省最大的污水处理厂，承担着南京市主城区约60%的污水处理量。

根据江苏省、南京市水污染防治行动计划和长江经济带生态环境保护要求，2018年公司再次参与江心洲污水处理厂一级A提标改造工程。为保证污水厂正常生产运营，改造配合污水厂停产

图1　江心洲污水处理厂

调配，分阶段实施；生化池阀门经久失修，由特殊工种下至池底封堵；池内空间狭长，污泥积砂堆积量大，由人工冲刷并打堆，再用大吨位吊机吊至池外；改造工点多而杂，工程量小而场地有限，公司投入大量资源各个击破。2020年12月，工程成功通过竣工验收会，建成后的江心洲污水处理厂采用"AAO"污水处理工艺，提标处理能力达67万t/d，一级A排放标准。

提标工程包含新建及改造单体，在提标施工过程中不停产作业。项目通过高效组织和精心调度，反复论证和优化方案，克服了施工与生产同步、工期紧、点多面广及多专业交叉进行的困难，顺利完成提标改造工程。厂区内除了构筑物和道路外，绿化100%覆盖，艺单体配备生物除臭系统，容易散发气味的生化池池顶采用种植绿化的方式形成了花园式污水处理厂。

图2　江心洲污水处理厂提标改造工程

对收集的废水使用"AAO"处理工艺层层净化处理，最终用排放泵将处理后的水直接排放至长江，故污水处理厂处理量的大小及污水的处理合理与否，将直接影响排放至长江的水量及水质。

项目的实施进一步减少了污染物排放总量，提高出水水质，对南京市乃至江苏省的水污染防治工作，特别是长江水环境保护工作有着重要作用和深远影响。

中建八局第三建设有限公司大事记

1983年　按照1982年国务院、中央军委《关于撤销基建工程兵的决定》和相关改编文件的指示要求，基建工程兵211团奉命改编为中国建筑第八工程局第三建筑公司。广大官兵脱下军装，穿上工装，踏上改革开放发展的新征程。

1988年　公司审时度势，制定了"立足南京，开拓经营"的发展战略决策，主动走出南京，抢占沿海市场。

1993年　公司根据形势的发展，制定了"沿江一条线，沿海连成片"的战略部署，积极发展区域经营。

1998年　中建八局为实现资源优化配置，提高经济运行效率，进行资产重组，把公司所属的海南、上海、中南3个最大区域公司划归局直营。

2007年	公司整体改制为中建八局第三建设有限公司，从此公司走上了发展的快车道。
近年来	公司以"转型升级、提质增效，品质发展，追求卓越"为纲领，转方式、调结构、创新发展模式，走高质量发展道路，扎实筑牢现代化建设集团发展根基。积极投身国家伟大工程建设，在长三角、京津冀、中原、西南等区域全面布局、重点突破，积极开辟国外市场。尤其是近两年，主要经济指标增长速度超过30%。
现在	公司正以"品质发展，追求卓越"为纲领，践行"创新、协调、绿色、开放、共享"五大新发展理念，走高质量发展道路，扎实向现代化建设集团迈进！

讲述人：中建八局第三建设有限公司
副总经理　李磊

讲述人简介

李磊在建设南京小汤山医院（南京市公共卫生医疗中心应急工程）的过程中，主动请缨，勇担现场总指挥，带领2000多名建设者日夜奋战，经过12天、288小时的鏖战，打造了跑赢疫情的"南京速度"，创造了令人惊叹的"战疫奇迹"。

57年栉风沐雨　57年砥砺前行
——"百城百企"记南京同力建设集团股份有限公司

扫码看视频

27

　　南京，这座坚韧的六朝古都。从公元212年到1949年，1700多年时间里，兴衰起伏是南京的城市命运。1937年，侵华日军在南京制造了惨绝人寰的南京大屠杀，30余万国人用生命记录中华民族史上最黑暗的一页。直到1949年4月23日，当中国人民解放军百万雄师横渡大江，南京解放了。当此市容破败、百废待兴之时，为尽快医治战争创伤，修复城市道路，1964年，南京同力建设集团股份有限公司的前身，南京市政总公司沥青厂应运而生。

　　57年栉风沐雨，从专业摊铺沥青，到修路造桥、"钻"隧道，在改革开放的大潮中不断劈波斩浪，南京同力建设集团股份有限公司（以下简称"同力建设"）逐步发展成以沥青混凝土铺筑、市政、公路、水利、园林协同发展的城市建设维护综合服务商。

　　57年千锤百炼，肩负光荣与梦想，恪守企业社会责任，同力建设凭借丰富的施工经验、对人才的高度重视、多方资源整合，开展多元经营，已成为南京市政基础建设的"主力军"。

　　57年砥砺前行，对历史最好的纪念，是书写新的辉煌历史；对历史最大的致敬，就是创造更多更大奇迹。57年来，同力建设与祖国同频、与时代共振，以多项"第一"与"首次"，从无到有，从有到强，开启了南京本土企业建设城市轨道交通工程的新篇章。

"不用再去北京看时髦建筑"
江苏省首座城市立交桥拔地而起

改革开放初期,立交桥仅是北京、上海、广州等少数城市的"时髦"建筑。1984年,当时的同力建设还叫南京市政总公司,是中央门立交桥的总包单位,负责桥梁板施工、制作和桥面上的沥青摊铺。由于负责项目大多数人都没有见过立交桥,同力建设边设计边施工,遇到难题运用新工艺解决问题,誓要建设一个改善交通格局、提高通行效率的四通八达的立交桥。

图1 中央门立交桥项目施工初期

为了修建南京中央门立交桥,同力建设设计师和建筑工人付出了巨大努力。在中层桥和高层桥施工的关键阶段,正值南京盛夏高温季节,时而烈日当空,时而暴雨倾盆。1986年7月29日,中层第一块桥板浇筑开始后,为了保证立交桥工程质量,800多名施工人员冒着大雨轮番上阵,连续奋战36小时提前完成了关键阶段的浇筑任务。实际上,1986年那个三伏天,同力建设

图2 中央门立交桥项目施工冲刺阶段

的施工人员硬是顶着烈日，奋战在高温下，完成了中央门立交桥超过一半的混凝土浇筑工作量。

南京中央门立交桥自1986年建成至今已运行35年。如今这座看上去并不起眼的立交桥，实际上是江苏省第一座大型城市道路立交桥，在1986年12月28日竣工通车时曾轰动了整个南京城，吸引了数十万名市民到场见证历史时刻。那一天，中央门立交桥上几百面彩旗猎猎，迎风招展，升空的大气球上悬挂着热烈庆祝南京"五朵金花"（南京"六五"时期的"五项工程"之一）绽放的巨幅标语，人们奔走相告，聚集在中央门立交桥上。

图3　南京中央门立交桥竣工通车时百辆跃进车自建宁路方向缓缓驶上第三层立交桥

由于当时条件所限，立交桥造型现在看起来十分呆板，路面仅有单向两车道、双向四车道，但在当时可是有效地缓解了南京交通拥堵情况首屈一指的超级工程。因为立交桥紧靠曾经的中央门长途汽车站，更是见证了无数个人山人海、渐渐淡出人们记忆的春运景象。

"超乎想象"　湖底隧道首次实现"南京造"

2003年，南京必须开建玄武湖隧道缓解交通压力。然而，当时江苏省道路上的隧道也不多见，更何况在湖底开挖隧道。

由于隧道施工的工艺技术和资金实力要求非常高，以往南京隧道工程均由外地的大集团承建，本地企业只能铺铺沥青打个下手，根本沾不上主体工程的边。当时，南京本地企业没有相关工程经验，上级主管部门犹豫引进外地品牌企业时，同力建设顶着巨大的压力啃下了这块"硬骨头"。

玄武湖隧道全长2.66km，双向六车道，净高4.5m。隧道限高，这就给沥青摊铺带来很大的难度。沥青摊铺完成后，主管部门负责人在检查时，由衷感慨道："这是我们本地企业做的！非常完美，超乎想象。"南京湖底隧道首次实现"南京造"。2004年，玄武湖隧道的沥青摊铺工程获

图 4　同力建设参与的玄武湖隧道项目

得江苏省"扬子杯"荣誉,这是罕见的凭单项工程获奖的项目。

玄武湖隧道的通车运行,不仅说明南京本土公司已具备了承接大型隧道工程建设的能力,标志南京本土公司完全可以胜任国内大中型隧道建设任务,对南京城建发展具有重要意义。

此后,同力建设又承接了模范马路隧道、集庆门隧道、晓庄广场隧道、红山路隧道等工程,为南京的隧道建设立下了汗马功劳。如今,经同力建设参建的隧道工程,遍布南京的主干道。

矩形顶管技术革新　扬子江大道提前贯通　献礼建党百年

2007年,在新街口西祠堂巷,同力建设在全市首次采用矩形顶管的方式建成地下人行通道。这种施工方式不用封闭工地,交通不会中断,不影响市民通行,且施工全部集中在地下,避免了建筑垃圾到处堆放、噪声扰民等弊端,具有天然环保优势。

十几年来,同力建设累计建有20余条地下过街通道,为装配式地下过街通道在市政工程中的运用作出了示范和贡献。

2020年12月8日,南京扬子江大道综合管廊工程"扬子江3号"大型矩形顶管正式始发。顶管管廊正式掘进后,同力建设遇到了冬季疫情管控、施工现场场地狭小以及中高考管控等,给项目施工进度带来了极大的考验。

扬子江大道是南京市规划快速路网中主城快速外环的重要组成部分。顶管施工区域地处长江漫滩,地下水极其丰富,掘进的地质情况异常复杂,穿越粉质黏土和砂质粉土层,土质改良难度大。并下穿$DN2000$、$2.8m \times 2.8m$两条压力污水管涵及多个管线,施工安全风险极高、难度大。

为加快项目推进,同力建设项目部以"大干60天,决战二季度"专项行动及破难行动为抓手,在确保安全的前提下,抢晴天、战雨天,开启"5+2""白加黑"工作模式,想方设法赶进

图5　全民健身中心地下过街通道

图6　同力建设承建的南京扬子江大道综合管廊工程提前22天胜利贯通，为中国共产党百年华诞献礼

度，充分发挥党建与重点工程立功竞赛活动相结合，提前谋划，全过程开展技术攻关，引领项目建设加速度，创造了1天掘进10m的施工记录。

最终，2021年6月28日，同力建设承建的南京扬子江大道综合管廊工程提前22天胜利贯通，为建党百年华诞献礼。

首台盾构机首秀　开启南京地铁"南京建造"新局面

2016年，江苏省政府出台了扶持地方建筑企业参与城市轨道交通建设的相关文件，同力建设抓住机遇，积极响应，与央企组成联合体，先后中标南京地铁5号线、6号线及9号线三个标段。

图7 南京地铁6号线工程，实现了南京市本土企业首台"南京购"盾构机顶进首秀

近年来，同力建设高度重视轨道交通市场的开拓，先后承建了南京地铁5号线、6号线、9号线等项目的建设。2021年3月13日，同力建设购买的首台盾构机THDG-20325顺利通过验收。该盾构机是同力建设采购的首台用于城市复合地层地铁盾构区间隧道掘进施工的大型施工设备，同时也是南京市本土企业采购的首台盾构设备，是具有开挖切削土体、同步注浆、自动纠偏等一系列功能于一体的隧道挖掘机具，为南京地铁6号线建设提供有力的保障。

2021年4月29日，随着"同力号"盾构机刀盘缓缓转动，同力建设首台自购盾构机在南京地铁6号线兴智街站至十月广场站区间正式始发，开启了南京地方建筑业企业建设南京地铁的新篇章，为南京城市轨道建设史增添了浓墨重彩的一笔。

南京地铁6号线工程全长约32km，共设车站19座，均为地下站。地铁工程作为重大民生工程，由同力建设承建的TA02标自2019年12月28日开工以来，同力建设立即抽调精兵强将跑步进场，一手抓疫情防控，一手抓生产建设，2021年11月已实现双线盾构隧道贯通。

接力新基建　开创新征程

一个个案例可见，坚持美丽中国、提升人居环境、守护绿水青山绿色发展观的同力建设，承担的南京一批批重点城市基础设施项目建设，不仅积累了先进科学的工程经验，在巩固行业市场地位的同时，为后续城市更新与新基建相结合的道路提供了有力支撑。

直面"中国建造"高质量发展需求，新基建作为信息社会的基石，将成为推动经济高质量发展的引擎。作为南京市政基础建设的先行者，作为南京市政基础建设的"主力军"，同力建设将借势"新基建"积极推动数字化转型，积极承接城市更新与新基建项目，传承工匠信仰，聚焦工期节点，狠抓工作落实，为推动南京基础设施高质量建设提供坚实保障，为南京城市建设作出新贡献。

南京同力建设集团股份有限公司大事记

1986年　建设江苏省第一座立交桥——南京中央门立交。
2003年　同力建设施工的南京玄武湖隧道沥青摊铺，为我国第一条湖底隧道（南京玄武湖隧道）面层。
2007年　承建南京市西祠堂巷地下过街通道，该通道为第一条矩形顶管地下人行道。
2007年　同力建设参与的新模范马路隧道，开启了"南京隧道南京人造"的新篇章。
2016年　参与南京地铁5号线，打开了南京本土企业进入轨道交通市场的局面。
2021年　承建的南京地铁6号线，实现了南京市本土企业首台"南京购"盾构机顶进首秀。

讲述人简介

方伟始终坚持以把公司做大做强为己任，带领企业抢抓机遇，锐意改革，公司现代化管理水平和规模效益不断提升。

讲述人：南京同力建设集团股份有限公司
　　　　董事长兼总经理　方　伟

不忘初心 为"新城建"添砖加瓦
——"百城百企"记江苏广吴建设园林有限公司

立足吴江，江苏广吴建设园林有限公司承接了多项政府重点工程、实事工程，拥有8项省级工法、30余项专利，获得"垂虹杯""姑苏杯""扬子杯""全国市政金杯示范工程"及区市省级标化工地等各级奖项近50项，连续多年被评为省级、市级优秀市政施工企业称号。

扫码看视频

20年前，江苏广吴建设园林有限公司（以下简称"广吴建设"）前身正式成立。20年来，广吴建设走过不平凡的发展历程。从寥寥数人创业到现在拥有各类专业人才300余名，从1台二手挖掘机到现在拥有装备精良的施工建筑机械设备100余台，广吴建设已从单一资质发展到市政、水利、建筑、地基基础、园林绿化、机电照明、环保工程等多元化、全方位的综合公司，并取得市政公用工程施工总承包壹级、水利水电工程施工总承包贰级、房屋建筑工程施工总承包叁级、地基基础工程专业承包壹级以及园林绿化、环保工程、道路照明等各种施工承包资质，成为全国市政工程施工中重要的建设性力量。

创新克难关 花园路改造打造精品工程

花园路位于苏州市吴江区，北起学院路南至五方路，全长3570m，道路红线40m，是连接吴江城区南北方向主干道之一。

花园路道路两侧分布的多为居民居住区，道路交通压力大，由于建成时间长久，道路破损严重，排水不畅，雨污水尚未分流，周边环境差。为改善居民出行条件，完善开发区的综合路网，经过开发区建设局立项，广吴建设进行施工改造。本次改造涉及道路、雨水、桥梁附属及路灯等分项工程，工

图1 花园路（一）

图2 花园路（二）

图3 花园路（学院路至五方路）改造工程

程造价8219万元。

为了延长工程主体及附属等设施的使用年限，将道路打造成精品工程，广吴建设施工过程中不断创新、采用新技术、新材料、新方案，并取得了"一种柔性管道基础加固结构"等5项实用新型专利证书。在整个项目中，花园路改造工程采用了新型施工工艺加强管道基础，使用双层竹篱笆夹碎石其上铺筑黄砂新工艺，增加了软弱地基柔性管道基础承载力；面层采用橡胶沥青混凝土，大大提高了沥青混合料的耐久性和抗疲劳寿命，改善了路面抗疲劳裂缝和反射裂缝的能力；雨水井盖采用强度高、效果好的特制复合井盖铸铁井座，安装时将井座调平后焊接在井口现浇钢筋混凝土承载板上，具有防盗好、承载强度高、道路整体效果好等优点；侧平石采用花岗石回纹雕刻图案施工，加工精致，线形流畅，半圆弧形优美。

花园路（学院路至五方路）改造工程克服了交通导流压力大、工期紧张、雨期施工和安全文明施工要求高等困难，工程全面竣工通车以来，得到了社会广泛好评。该工程于2013年10月获得"江苏省建筑施工文明工地"。2015年先后获评"区优""市优""省优""全国市政金杯示范工程"。

立足新起点　谱写广吴建设壮美新篇章

花园路（学院路至五方路）改造工程是广吴建设的示范工程，以本项目为起点，广吴建设不断提升工程质量，先后创造了十余项省市级优质工程，历年来工程项目合格率100%，优良率85%以上。仅2013年广吴建设市政项目产值就达8.5亿元，一跃成为吴江区乃至苏州市知名施工企业，苏州市优秀市政施工企业，苏州市市政协会常务理事单位。

经过20年的不断拓展，广吴建设从吴江走向江苏全省及浙江、安徽、西藏、新疆、广东、河北等地。2021年中国共产党迎来100周年华诞，同时江苏广吴建设园林有限公司也已经成立20周年。伴随着"十四五"的新规划开启，广吴建设又是一个满怀豪情的起点；新时代，广吴建设将继往开来，不忘初心，为"新城建"添砖加瓦。

江苏广吴建设园林有限公司大事记

2001年　吴江市广吴市政工程有限责任公司成立。

2005年　取得市政公用工程施工总承包叁级资质，获得市政工程准入资格。

2011年　取得市政公用工程施工总承包贰级资质，逐步出省经营，实现企业稳步发展。

2013年　正式变更为江苏广吴建设园林有限公司，取得市政公用工程施工总承包壹级资质，当年产值超10亿元，是苏州市市政行业知名企业。

2016年　花园路获得"全国市政金杯示范工程"，成为江苏省市政行业知名企业。

2018年　取得地基基础专业承包壹级资质和水利工程施工总承包贰级资质，实现多元化经营，跻身轨道交通市场。

2021年　启用新办公大楼并重新组建公司架构。

讲述人：江苏广吴建设园林有限公司
　　　　董事长　徐乐武

讲述人简介

徐乐武同志带领公司从无到有，从单一资质发展到市政、水利、建筑、地基基础、园林绿化、机电照明、环保工程等多元化、全方位的综合公司。

亿万斯年　时和岁丰
——"百城百企"记中亿丰建设集团股份有限公司

中亿丰建设是江苏省建筑行业的先行者和排头兵。成立69年来，中亿丰建设成功建造了享誉国内外的一系列知名工程，获得詹天佑奖2项、鲁班奖14项、大禹奖1项、国家优质工程奖17项、华夏建设科学技术奖2项，以及各类省级、市级工程类奖数百项。

扫码看视频

中亿丰建设集团股份有限公司（以下简称"中亿丰建设"）是江苏建筑行业较早实现整体改制的民营企业，前身苏州二建创立于1952年。

1952年，为更好地服务国家发展战略，市政府发文成立苏州市地方国营建筑公司。1979年，改革开放焕发社会主义生机活力，地方国营建筑公司整合了几家工程队合并成苏州二建。1989年，45天高效完成了难度非常大的察院场地下环道工程，苏州市委市政府授予苏州二建"敢闯敢拼，无畏困难"的称号，这在当时也被称为苏州二建的察院场精神。

20世纪90年代初开始积极探索，跨出了走出去的步伐，2003年整体改制为苏州二建建筑集团有限公司，2013年更名为中亿丰建设集团股份有限公司，现已成长为江苏省首家获得建筑工程和市政公用工程施工总承包特级资质与工程设计市政行业甲级、建筑行业甲级、岩土工程（勘察、设计）甲级的"双特三甲"民营企业，拥有特、壹、贰级资质20余项。

作为一家老牌建筑企业，中亿丰建设竭诚为中国城镇化建设及综合运营提供一流服务。在近70年的发展历程中，秉持根植苏州、建设苏州的初心，中亿丰建设完成了一个又一个项目，续写了一个又一个传奇。

还原古护城河风貌　苏州第一条下穿河隧道工程

苏州东汇公园南下穿护城河隧道工程是由中亿丰建设承建的苏州第一条下穿古护城河隧道工程。项目采用矩形顶管法进行隧道的建设施工，顶管分东西两条隧道先后顶进施工。顶管在穿越护城河时，由于隧道顶部与河床底部的覆土较浅，最浅处仅为1.8m。为了防止冒顶、管节上浮等不利影响，项目部开发基于模袋混凝土的多层河床处理工艺，对河床底部反压加载的同时保证

图1　隧道内部图

图2　工程完工图

了河底生态，不影响河道水深，保证了护城河游船的行驶安全。

建成后，行人通过隧道就可以在护城河两岸往返，一方面缓解了拙政园片区的交通压力，同时又保持了拥有2500多年历史的古护城河的原有风貌，是一项顺应民心的重点民生工程，也是苏州护城河下首条下穿隧道工程，增进人民福祉，大大提升了苏州的城市形象。

该项目也先后获得"2018年度工程建设行业互联网发展优秀实践案例""2019年江苏省工程建设新技术应用示范工程""2020年度全国市政工程建设优秀质量管理小组一等奖""全国市政工程质量信得过班组"等荣誉称号。

创新求索　苏州第一批管廊试点项目

苏州是全国管廊建设试点城市之一，高铁新城澄阳路地下综合管廊及澄阳路改拓建项目是第一批试点项目，中亿丰建设响应国家管廊试点建设要求，探索管廊建设施工经验，结合澄阳路（蠡太路—太东路）改拓建需求，积极开展管廊施工技术探索。

图3　管廊施工现场

管廊南起蠡太路，北至太东路，全长约3.24km。中亿丰建设项目施工人员积极开展新技术研发与应用，从复杂环境下基坑建造施工关键技术研究与应用、矩形顶管在综合管廊中的应用与研究、BIM数字化建造在地下综合管廊中的应用与研究等5大方面入手，开发并试验了适用于管廊基坑、主体、安装施工以及项目自动化管理的成套施工技术。

本项目作为管廊首批试点项目，一方面，在提升管线建设管理水平，完善城市功能、提升城市综合承载力方面发挥着重要作用；另一方面，通过综合管廊项目的实施，大胆地试验了多种新型施工技术，取得了大量科技成果，参编了管廊标准规范3部，发表科技论文10余篇，获得省级工法2项，专利及软著授权18项，以及质量、绿色施工、BIM等其他奖项10余项。

促轨道产业发展　苏州高新区第一条有轨电车线路

苏州高新区有轨电车1号线是苏州高新区第一条有轨电车线路。全长为18.19km，线路东西向贯穿高新区，连接滨湖片区的生态城和科技城、阳山片区的浒墅关经济开发区、中心城片区的枫桥街道和狮山街道。

苏州高新区有轨电车1号线全线共设立10个站点，基础结构除大中小桥外全部是U形槽。全线轨道采用无枕埋入式无缝槽形钢轨，该工艺兼具环保、维护成本低廉、社会车辆可以平稳通过轨道等优点，可以最大化利用路面交通，减少交通影响。轨道施工中，采用"移动式闪光焊机"焊接槽形轨，具备牢固、稳定、耐久、均衡和高强度等优势。槽形轨闪光焊机的研制获中国铁道科学研究院科学技术奖。同时有轨电车轨道施工第一次引用了先进的CPⅢ测量技术，该技术不仅提高了工作效率，同时显著提高了测量精度，保证了轨道线路几何尺寸顺直平整。本工程获2015年度全国市政金杯示范工程。

图4　2012年承建苏州首个高新区有轨电车1号线车辆段工程

通过本项目的实施，苏州牵头成立了中国第一家有轨电车行业协会，引领并促进全国轨道产业的发展。本项目有轨电车经验已经成功向南京、武汉、淮安、青岛、佛山、非洲埃塞俄比亚进行了输出并持续发扬，苏州有轨电车基地也被认定为江苏省有轨电车驾驶人考试基地和省级工业旅游示范点。

新技术示范　星塘街北延工程

苏虹路西起晴川桥西侧，东至钟南街交叉口东侧，全长1920m。星塘街交叉口新建东西向跨线桥上跨星塘街，桥梁总长507m。随着星塘街沿线地块相继开发及投入使用，道路交通流量持续增长，双向四车道规模已难以满足远期的交通需求，道路扩容改造迫在眉睫。

星塘街北延工程为桥梁新建及老路改造工程。整个施工过程运用了大量新技术，包括预埋管线采用了可弯曲金属导管技术；现场交通导改平面布置以及箱梁模板翻样采用了基于BIM的信息技术；现场施工管理、文件流转审批采用基于"E建筑"的一体化平台管理；项目路基、沟槽土方开挖采用混合动力挖机等；其中拖管两侧检查井采用了钢套管内拖管的施工技术，项目交通导改采用了太阳能可变交通指示牌，为中亿丰建设特有的专利技术，并获得了相关省级工法。

星塘街北延工程的顺利建设并投入使用，对星塘街沿线及苏虹路交叉口的交通压力起到了有效地缓解作用，该工程也是星塘街北延工程中重要的节点工程，对完善区域路网结构，提升服务水平有着重要的社会意义，同时本项目也是中亿丰建设在市政专业第一个江苏省建筑业新技术应用示范工程奖项，先后获得"2018年江苏省建筑施工标准化一星级工地""2019年度江苏省市政工程建设优秀质量管理小组二等奖""2020年江苏省工程建设新技术应用示范工程省内先进"和2020年度"姑苏杯"优质工程等荣誉称号。

图5 星塘街北延工程

践行高标准规划 永方路北延工程连接苏州黄桥黄埭

近年来，根据相城区高标准规划设计要求，各个区域板块需连接融合，急需一条能流畅沟通的快速通道。永方路北延工程是串联平江新城、黄桥、黄埭、漕湖区域的交通主干道，为构建起次快速通道的核心项目。

工程南起黄蠡路，北至春秋路，全长2.265km，本标段全长1.59km，道路标准路段为4幅双向六车道。沿线新建桥梁一座，为先预制后吊装连续箱梁桥，长度690m。整个大桥横穿荷塘月色公园，主桥基本位于水中施工，在基础施工过程中，采用局部土石围堰，填土挤淤，建立钻孔灌注桩施工平台，变水中施工为陆地施工。在承台和墩柱施工过程中，中亿丰建设项目部加大投入，采购六套定型钢模，安排足够的施工班组，采用流水施工作业。同时箱梁在项目部现场平面的合理布置下，采用现场预制，龙门吊结合架桥机安装，大大加快了施工速度，节省了施工成本。项目在2019年顺利完工，并成功获得"扬子杯"，为中亿丰建设在相城区打造了又一个窗口工程。

图6 苏州市相城区永方路北延（黄螱路—春秋路除S228—太阳路段）市政工程

永方路北延工程是相城区交通运输"十三五"发展规划的重要节点，也是加快构筑"三横二纵二连"的骨架快速干线网和"七横十二纵"的主干路网的重要组成部分。本项目的实施为相城成为"苏州新门户、城市新家园、产业新高地、生态新空间"，打下更为扎实稳固的基础。

重要节点工程　黄螱路建设

黄螱路（广济北路—金砖路）工程位于相城中心城区西北部，西起永方路，东至齐门北大街，全长2.8km，为一条东西向城市主干道，是苏州市相城区中心城区规划城市道路系统中的重要组成部分。相交道路文灵路、水厂街设置有轨道4号线站点，随着轨道交通4号线及周边区域路网的建成，黄螱路的建设更显迫切。

黄螱路工程施工范围为广济北路至金砖路段，全长约900m，标准路幅宽度50m。道路施工严格控制摊铺厚度、遍数、机具重量、含水率及平整度。管道上方及井盖周围采用人工配合小型机具压实。沥青水稳的施工，从原材料的采购供应、取样检验到摊铺碾压、养护及验收的全过程进行控制，保证施工质量。

本工程的顺利建成有利于加强4号线张庄站、龙道浜站与周边道路的联系，完善区域路网结构，是广济北路至齐门北大街段落中的重要节点工程。

图7　黄蠡路（广济北路—金砖路）工程

一条干将路　诉说苏州18个故事

干将路作为苏州古城区东西向交通要道，西至高新区，东接工业园区，全长7.1km，是苏州老城区古道之一，见证着历史的变迁。随着苏州的经济腾飞，原有的干将路老路车辆拥堵，设施陈旧，地下管网不堪重负等问题，道路亟待改造升级。在此背景下中亿丰建设承接了干将路综合整治施工任务。

图8　干将路（一）

图9 干将路（二）

本项目升级改造涉及道路、河道恢复、综合管线、绿化、交通设施、立面整治及轨道交通等多种专业同时施工。改造施工建设中，中亿丰建设对路口进行了拓宽处理，增加进出路口车道。实现了全线六车道，专辟公交专用车道，完善了交通智能化监控和诱导系统以及公交站点智能化。改造工程充分运用了园林外移、移步换景的筑景手法，重要的节点上还专门新建了"新十八景"。一条干将路，诉说苏州18个故事，别具一格。

干将路综合整治市政道路一标段项目改造采用传统的"两路夹一河"格局，是苏州古城一条融合古韵与繁华的绸带。本工程获2013年度全国市政金杯示范工程。在2012年度全国市政工程QC成果发布中，分获中国市政工程QC发布二等奖和三等奖。编写的施工工法，获"2012年度江苏工程建设省级工法"。

重要干线公路　524国道相城区段改扩建

524国道（原227省道）相城区段改扩建工程呈南北走向，横贯相城区高铁新城和渭塘镇，线路全长8.084km。该项目作为524国道的重要组成部分，由北向南连接了常熟市与苏州市区，是区域路网中重要的干线公路。

该项目于2018年7月30日开工，2020年9月28日交工验收。524国道交通量大、重载交通多，施工过程无法阻断交通，且渭中路至凤阳路段规划有高架道路，交叉作业情况复杂，需要结合城镇化改造施工进行交叉作业，进行交通组织。为保证白天交通的正常通行，项目部多方协调，多次进行夜间交通导改，大大缓解了周边群众的日常出行压力。该项目灰土施工量大，施工期间雨水天气较多，为保证工程质量和施工工期，项目部采用灰土集中拌合，排水、防水结合等

图10　524国道（原227省道）相城区段

多方面的措施，顺利完成了项目路基的施工。

本项目施工期间获得2019年度江苏省公路水运工程"平安工地"、2020年度苏州市级"示范工地"等荣誉。建成通车后为区域内南北向交通的出行提供了便利及有效支撑，有效缓解G524相城区段交通流量大、重载交通多、沿线产业出行需求及潮汐拥堵严重的现状。既改善区域经济发展的自然禀赋，加强区域竞争实力，又为推动地方经济的可持续发展、建设美好相城发挥积极作用。

完善快速路内网体系　吴中大道东段暨南湖路快速路

吴中大道东段暨南湖路快速路是苏州市中环快速路的重要组成部分，该道路连接友新高架与苏嘉杭高速，是吴中片区与苏州其他片区以及城市外部联系的重要快速通道。

吴中大道东段暨南湖路快速路工程路基桥涵施工项目WZNH-LQ02标段起于小石湖路口，沿吴中大道，终点于双祺路附近接东环快速路南延二期工程，路线全长为4.79km。本标段桥梁工程的内容主要包括：吴中大道东主线高架桥，一对C、D上下匝道桥，地面桥梁1座。吴中大道东主线高架桥总长为1331m，主线高架桥为14联41孔现浇箱梁，宽度有25.5m、29.5m、33.5m等几种。

该项目于2014年4月进场施工，2020年8月7日交工验收。施工期间获得2018年度江苏省公路水运工程"平安工地"、2018年度四季度市级"品质工程"、2019年度吴中区交通局先进单位、2020年度江苏省优秀QC小组等荣誉。

亿万斯年，时和岁丰，中国梦，中亿丰

党的十八大提出了中国梦，于是"亿万斯年，时和岁丰，中国梦，中亿丰"也应运而生，企

图 11　吴中大道东段暨南湖路快速路

业更名后站位和定位也逐步攀升，迈出了向国际化转型的重要一步，同时也开始迈向高质量发展之路。

2021年是中国共产党成立100周年，也是苏州二建改名中亿丰建设的第8年，这8年里，企业总产值扩大到300余亿元，企业规模实现指数型增长，增长幅度均显著提升，基本实现了企业又好又快发展的目标。而特级资质的取得、专业施工能力的增强、设计院的购并成功已成为推动企业向优质高端建筑集团演进的三股动力，房产开发、资产运营、职业培训事业的蓬勃发展又成为拉动企业从单一的施工企业向相关多元化综合性企业奋进的三驾马车。这些转变，将奠定起中亿丰建设下一步从优秀走向卓越的坚实基础。

中亿丰建设集团股份有限公司大事记

1952年　市政府发文成立苏州市地方国营建筑公司，标志着公司开始运营。

1979年　成立苏州二建，经济体制焕发活力。

1999年　苏州新城花园酒店获得了苏州市第一个鲁班奖。

2003年　挂牌"苏州二建"，成为民营企业。

2004年　中标景德路西延工程，独立实施首项市政工程。

2006年　获得了建筑工程施工总承包特级资质，开始开拓更广阔的市场。

2007年　荣获"苏州市优秀市政施工企业"，扩大了市政行业的影响力。

2008年　承接荷塘月色桥、漕湖产业园环湖路，首个桥梁工程、首次BT工程。

2011年　承接沪宁高铁新区站站前广场暨牌楼路工程，首获全国市政金杯示范工程。

2012年　承建苏州首个高新区有轨电车1号线车辆段工程，全面进入公路及高架桥梁施工领域，并荣获全国市政金杯示范工程。

2013年　企业更名"中亿丰建设集团股份有限公司"，二次创业后，站位和定位逐步攀升。

2015年　公路工程施工总承包升级为壹级资质，拓宽了经营渠道至交通领域。

2017年　获得市政公用工程施工总承包特级资质，江苏省第一家获得双特级的民营建筑企业。

2018年　承建苏州首个东汇公园南下穿护城河隧道工程，拓展隧道工程。

2019年　中标相城区一泓污水处理厂改扩建及有机废弃物资源循环再生利用中心项目，承建首个EPC大型污水处理厂项目。

2020年　战略收购了罗普斯金铝业股份有限公司，开启"建造—制造—智造"有序协同发展。

讲述人：中亿丰控股集团
党委书记、董事长　宫长义

讲述人简介

宫长义同志以全新的姿态和前瞻的视野，用现代化的战略思维描绘企业新的发展宏图。在发展速度上，经营产值始终保持年均12%左右的增长速度；在发展广度上，打造大区域总部，设立国际事业部，精准开拓市场；在发展深度上，立足房建和基础设施领域深耕细作。

笃行致远　砥砺前行
——"百城百企"记苏州市政园林工程集团有限公司

扫码看视频

苏州市政园林工程集团有限公司是经过转改制后的民营企业，历经半个多世纪的发展与创新，已成为现代化发展轨道上的新型民营企业，所承接工程有数十项荣获了国家级、省级、市级、区级优质工程奖荣誉，并且先后有5项工程荣获国家级市政最高奖——全国市政金杯示范工程。

组建于1957年的苏州市政园林工程集团有限公司是一家经过转改制后的民营企业。

20世纪50年代，苏州市政人带着箩筐、杠棒、小板车起程，挥舞着洋镐、铁锹、土夯掀开了苏州市政建设的历史篇章。

如今，苏州市政园林工程集团有限公司已从当时市政工程作业小队伍，成长为拥有市政公用工程施工总承包壹级、公路工程施工总承包贰级、水利水电工程施工总承包贰级等资质的现代化综合企业，主要从事市政、公路、桥梁、园林绿化、房屋建筑、机电安装、园林古建、水利工程、环保工程、公共广场、河湖整治、城市供水、雨污水处理、生活垃圾处理等工程的施工；先后荣获全国工人先锋号、全国QC小组活动优秀企业、全国市政工程质量信得过班组、江苏省文明单位、江苏省重合同守信用企业、江苏省厂务公开先进单位、江苏省模范职工之家、江苏省市政工程协会优秀会员企业、江苏省出省施工先进单位、江苏省抗击新冠肺炎疫情先进集体、江苏省住房和城乡建设系统"安康杯"竞赛优胜单位、苏州市优秀市政施工企业、南京市优秀市政施工企业、南昌市市政建设先进单位、苏州市党建示范点、苏州市劳动关系和谐企业、苏州市集体协商三星企业、苏州市优秀企业文化品牌、苏州市劳动保障4A级信誉单位。

疏通"堵点"参与狮山大桥拓宽改造工程

西起运河路,东至西环路,大桥长240m,主跨70m,岸跨各35m,钢筋混凝土挡墙引桥各50m。东西桥堍的4只石雕大狮子,与邻近的狮子山遥相呼应,为此取名为狮山大桥。

狮山大桥作为狮山路上的一条重要的交通道路,每天车水马龙。六车道的三香路往东,到了这里变窄为四车道,又是行人又是非机动车,经常拥挤不堪。为了缓解这样的情况,2017年4月21日起,苏州市政园林工程集团为狮山桥进行拓宽改造,以满足双向六车道的需求。

苏州市狮山桥拓宽改造工程西起狮山桥西侧路桥分界线,东至狮山桥东侧支路交叉口边,改

图1 狮山桥拓宽效果图

图2 狮山大桥拓宽改造现场

造范围内道路总长约322.29m。改造内容主要包括狮山桥两侧拓宽改造、引坡段及地面道路改造、雨污水管局部改迁等。其中狮山大桥老桥由现状双向四车道改造提升到双向六车道,再在两侧各拓宽8.6m新桥,供行人和非机动车通行。

新桥为连续钢箱梁结构一跨过河,跨径组合为41.5+80+41.5m,其中两片主梁中心间距7.8m;梁高3.0m,中支点位置处梁高为4.0m。本桥钢结构主要采用Q345qD钢板,总重约1824t,桥梁采用工厂分节段制造、现场分段吊装焊接施工,共分为14个节段,其中跨中最大节段重308t。

桥梁下部结构为工字形桥墩承台,底部为C35群桩基础,上面是双柱式桥墩系梁连接;新建桥台悬挑部分为桩接柱形式,桥墩台均为C40钢筋混凝土。桥面铺装层采用5cm环氧沥青混凝土,两侧布置不锈钢栏杆。三香路地面道路及狮山桥老桥桥面,铣刨老路4cm沥青面层后罩面,新建人行道路面采用6cm生态陶瓷透水砖,结构总厚度29cm。

图3 苏州市狮山桥拓宽改造后

该项目建成后,极大方便来往车辆和行人,让狮山桥成为古城区和新区之间的一个通行亮点。工程也相继荣获"2017年度苏州市建筑施工标准化文明示范工地""2017年度江苏省建筑施工标准化星级工地""2018年度全国市政工程建设优秀质量管理小组成果发布一等奖"。分别于2019年8月7日荣获苏州市"姑苏杯"荣誉称号、2020年4月14日荣获"扬子杯"荣誉称号。

笃行致远 砥砺前行

站在历史的新起点上,苏州市政园林工程集团有限公司与时俱进,加大技术创新和科研力度,科技成果硕果累累,有多项QC活动成果获得全国一等奖、多项课题获得省级工法、多项专利成果被评为省级专利技术、成功引用BIM技术在工程项目中应用，提高了现代工程领域的科技含量，为精准、高效、安全完成工程项目提供了技术保障。

展望未来，新时代"苏州市政人"在中国共产党的领导下，继续发扬"诚信、敬业、团队、创新"的企业精神，奋发图强，锐意进取，坚持"主业固基、信誉至上"的可持续发展战略，积极投身于城镇建设，畅通"城市网"，惠及百姓民生。

苏州市政园林工程集团有限公司大事记

1957年　公司成立，命名为市政工赈队。
1962年　改组为"苏州市建设局市政大队"。
1973年　调整为"苏州市市政工程管理处"。
1982年　挂牌"苏州市市政建设工程公司"。
1993年　对外增挂"苏州市市政工程总公司"的牌子。
2002年　转、改制为苏州市市政工程有限公司，自负盈亏的民营企业。
2003年　改为苏州市政工程集团有限公司，全面开展市政工程项目建设。
2014年　改名为苏州市政园林工程集团有限公司。

讲述人简介

陈志平同志加入苏州市政园林工程集团有限公司以来，从基层工作抓起，脚踏实地，兢兢业业，任职期间，不断在行业中创造佳绩，运用先进的管理理念来管理企业，得到了业界同行的好评。

讲述人：苏州市政园林工程集团有限公司
　　　　董事长、总经理　陈志平

惟实励新　打造徐州城市经脉
——"百城百企"记徐州市政建设集团有限责任公司

扫码看视频

31

从江苏最早宣扬马克思主义精神的"赤潮社",到淮海战役主战场,党的百年奋斗史在徐州这座英雄之城留下了不少足迹。在浓厚的红色精神文化孕育诞生的徐州市政建设集团有限责任公司,以"团结拼搏、开拓创新、诚信务实、优质高效"的企业精神,逐渐发展形成了"徐州市政"这一独具特色的企业品牌,一力承担徐州主次干道、桥涵、防洪排水等工程建设任务,成为基础设施建设的主力军。

成立于1958年的徐州市市政工程处是徐州市政建设集团有限责任公司(以下简称"徐州市政集团")的前身。徐州市政集团以市政施工为主业龙头,带动检测、设计、园林、投资、房地产、教育培训等产业多元化齐头发展,实现公司良性运营。一座座高架桥、一条条道路,一个个徐州市政人用自己的努力建设着这座历史文化古城。经过半个多世纪的发展,徐州市政集团足迹遍及江苏、浙江、广东、福建、山东、安徽、河南、青海等地,拥有市政公用工程施工总承包壹级、建筑工程施工总承包贰级、公路工程施工总承包贰级、建筑装修装饰工程专业承包贰级、环保工程专业承包叁级、城市及道路照明工程专业承包叁级等资质。

在不断地深耕与拓展中,徐州市政集团旗下已拥有五个工程施工子公司和徐州市宏达土木工程试验室有限责任公司、点石设计院、陆桥房产开发公司、智汇教育培训中心、金融中心等多家专业分公司,在不同领域共同为徐州的建设贡献力量。

攻克混凝土板块难题 泉新路"白加黑"顺利完工

泉山区是徐州的经济、教育、医疗中心,也是徐州特大城市的核心区之一,有淮海战役烈士纪念馆、拉犁山汉墓、汉画像石艺术馆等丰富的历史文化古迹。位于泉山区内的泉新路,是连接铜山新区与市中心区的重要通道和泉山森林公园周边的主要道路,因此其交通功能及景观功能尤其重要。

泉新路北起三环南路,南至黄河路,全长约3297m,宽度为50m。自2008年改扩建完成之

图1　泉新路(一)

图2　泉新路(二)

后，承载着两区车辆及行人往来枢纽的重任。随着经济发展及城市化进程加快，泉新路已出现水泥板部分板块破损、错台、唧泥等问题，影响了道路的使用功能及行车的舒适性和安全性。为改善道路服务状况，提高行车舒适性，徐州市政集团对泉新路进行"白加黑"维修改造。

泉新路维修改造的难点，自然要数控制混凝土板块反射裂缝的传递和延伸的问题。此次维修改造施工中，需要在混凝土板块上加铺沥青混凝土面层。首先将水泥混凝土板块采用切割机进行切缝，并用强力鼓风机将混凝土纵、横板缝内浮渣吹净，灌入沥青玛琋脂，然后在板缝两侧各30cm范围内涂刷粘层油，骑缝铺设防裂贴并用轮胎压路机碾压，确保防裂贴与水泥混凝土路面粘贴牢固。最后全线统一洒布粘层油，铺设2cmAC-5C砂粒式SBS改性沥青混凝土作为应力吸收层，防止反射裂缝的延伸。

在攻克了一个又一个工程难题后，泉新路维修改造项目顺利完工，并且获得徐州市2015年上半年建筑施工市级标准化文明示范工地、2015年度徐州市"古彭杯"优质工程奖、2016年度江苏省"扬子杯"优质工程奖、江苏省住房和城乡建设系统"安康杯"竞赛优胜班组等荣誉称号。

多年来，徐州市政集团秉持工匠精神，在徐州这片红色热土上奏响建设的美妙篇章。凭借着徐州市政集团全体员工的努力与创新，公司承担的工程荣获了全国市政金杯示范工程、江苏省"扬子杯"优质工程奖、徐州市"古彭杯"优质工程奖等多种奖项。企业更是获得了"江苏省建筑业优秀企业""江苏省文明示范单位""江苏省信用管理示范企业""江苏省建筑业最具成长性百强企业""徐州市建筑业十强企业""徐州高铁站区建设优胜奖企业""徐州市慈善先进单位"等诸多荣誉。未来，徐州市政集团将继续全面推进规模化、精品化、品牌化产业战略，全力打造21世纪规模一流、品牌一流、团队一流的知名企业。

图3 新城污水处理厂工程（获江苏省市政工程最高质量水平评价）

徐州市政建设集团有限责任公司大事记

1958年　成立徐州市市政工程处。
1980年　改组为徐州市市政工程公司。
1997年　改名为徐州市市政工程总公司。
1997年　核定为市政公用工程施工总承包壹级企业。
2005年　改制为徐州市政建设工程有限责任公司。
2008年　改名为徐州市政建设集团有限责任公司。
2010年　原建设部部长汪光焘视察集团公司。
2015年　集团公司改制十周年庆典。

讲述人：徐州市政建设集团有限责任公司
党委书记、董事长　赵中良

讲述人简介

赵中良自参加工作以来一直奋战在市政工程建设最前沿，先后参与或主持完成了徐州市自改革开放以来几乎所有市政重点工程建设工作，为徐州市城建事业发展和经济社会进步作出了突出贡献。

以感恩时代之心向百年企业奋进

——"百城百企"记常州市市政建设工程集团有限公司

扫码看视频

32

常州是一座有着3200多年历史的文化古城。京杭大运河千年流淌,依托大运河而兴起的漕运经济,为常州构筑了最坚实的城市基底。长三角一体化政策上升为国家战略之后,常州进入都市圈城市群时代。2016年发布的《国务院关于长江三角洲城市群发展规划的批复》,昭示着常州正式融入长三角世界城市群,同时成为迈向"五个国际化"的国际城市。城市的发展规律离不开新城再造与老城更新,自1956年以来,常州的城市发展,离不开常州市政的努力与耕耘。

1956年7月,一个"婴儿"诞生了,她就是常州市市政建设工程集团有限公司(以下简称"常州市政")的前身——常州市政工程队。出生之初工程队只有四十几个人,文化水平最高的只有高小毕业。那时工作模式靠肩挑人扛,运输工具靠板车,工程队只能进行简单的道路维护,根本没有新建的能力。

国家第四个五年计划后,部分上山下乡知识青年、部分工程相关专业学校毕业的学生陆陆续续输入,极大地改善了职工知识结构与职工地位。"四五"后,常州开始大规模城市建设,常州市政作为市里唯一承担城市建设的机构也得到了较快发展。到20世纪70年代末,常州市政这个"小青年"完成了常州运河上白家桥、德安桥、广化桥、怀德桥等桥梁和老城区部分弹石道路的沥青化改造,每年完成几百万工程量,但施工以人力为主,工程技术含量低。

随着国家改革开放,常州城市建设的步伐急剧加快,常州市政的城市建设职能得到社会和上级政府前所未有的关注,陆陆续续有各类大专院校毕业生和社会招聘人员进入,公司的规模不断扩大,施工机械化程度逐步提高。

进入90年代,常州市政年完成工程量也由原来的几百万元发展到90年代末的5000万元左右。到90年代末，常州市政引进了德国生产的沥青摊铺机、合资品牌现代挖掘机等高端生产设备，先后完成了技术含量较高体量又大的同济立交桥、广化桥等市内重点工程，年工程量过亿元。

2004年，常州市政进行了民营化改造，此时的常州市政正是三十而立的"青壮年"。改制后近17年，常州市政得到全方位飞速发展。

"龙城第一桥"同济桥　再次见证常州的历史与繁荣

"龙城第一桥"同济桥位于主城区的平南路和劳动路交汇处，历史上最早建于20世纪60年代，是横跨京杭大运河的双曲拱桥。

随着常州市人口增加，车流量增长，即便同济桥两侧加了贝雷片钢桥，这座30年老桥也不能满足通行需要。1992年常州市政府投资近1亿元进行改造，并把同济桥改造作为年度市重点工程。改造后的同济桥上下两层立交，东西、南北为双向六车道，主桥横跨京杭大运河，采用预应力钢筋混凝土悬浇挂篮施工。同济桥的建成极大地解决了常州市中心东西南北的交通拥堵问题。整座桥造型别致，成为当时许多市民参观游览的一道风景。

2015年，因贯穿常州市中心南北的地铁1号线施工，原同济立交桥桥台混凝土灌注桩影响地铁施工，改造后的同济桥在完成了20多年的使命后，整体进行爆破拆除重建。这一次，由常州市政建设的同济桥改造工程于2017年竣工通车。

鉴于横跨京杭大运河的桥梁大幅度加密，加上地铁1号线的开通，常州市中心交通流量得到

图1　2015年拆除前的同济立交桥

进一步缓解；改造后的同济立交桥为东西、南北各双向六车道桥面，桥梁功能也从满足交通出行转向交通改善和城市景观的双项功能。

图2　2017年通车的同济桥

同济桥的前世今生，正是常州由新中国成立前、新中国成立初期、改革开放、新时代中国特色社会主义阶段逐步演变的真实缩影，它的一次次改造，书写了常州人民站起来、富起来、强起来的发展历程。

解放初期，常州主城区人口只有几十万，面积只有几平方公里，人们出行主要靠两条腿。随着改革开放的春风吹来，城市化进程加快，大量人口涌入城市，促使政府提高和改善城市基础设施功能。

现在，常州常住人口超过450万，机动车保有量超过200万。为了让市民们走得宽松、环保，政府加大地铁建设力度，百姓也普遍有较强的环保意识。可以预见，未来同济桥的命运将随着时代的发展而改变，将再次见证社会的繁荣和进步。

高质量品控　改造大明路
常州经开区发展"血脉"进一步畅通

常州市在北部新北区、南部武进区的带动下，率先实现了经济的全面振兴。相对而言，常州市东部区域因基础设施，特别是道路桥梁等市政基础设施相对较为落后，已经严重影响到该区域经济的进一步发展。为加快城市东部的建设步伐，改善区域的投资环境，密切与无锡市的联系，常州市东部区域市政基础设施的建设显得越来越重要。

大明路改扩建工程位于常州市原戚墅堰区西侧，为完善道路路网，畅通铁路南北两侧交通，满足日益增长的交通需求，常州市政府于2012年投资近2亿元对其进行改扩建，道路采用双向六车道，两侧设置慢车道、人行道、地面辅道以及绿化工程。大明路扩建范围南起老京杭大运河明堰桥，北至东方东路，全长约1680m。工程涵盖普通道路、下穿沪宁铁道地道道路、跨越老京杭运河桥梁、雨水泵站、涵洞及各专业管线工程等。

图3　大明路工程一标段

根据大明路改扩建工程实际情况，项目部在施工过程中科学创新，严格管理，加强质量控制，组织对多项工程施工中的常见病害进行攻关——包括地道地下盲管施工容易出现排水不畅、地道引道道路混凝土路面容易出现裂缝破损、窨井沉降及周边破损、超厚软土地基大口径管涵及路基沉降、桥台后高填土沉降引起跳车、桥梁伸缩缝引起跳车等技术难题。

常州市政通过认真分析、梳理造成病害的原因，项目部制定了切实可行的质量控制措施，以上常见病害在大明路改扩建工程上全部得到了有效治理，确保了工程的整体质量，为评选江苏省"扬子杯奖"和"全国市政金杯示范工程"打下了坚实的基础。

2019年4月30日，历时两年建设的大明路正式通车。作为连接常州市武进东部地区和天宁区、经开区的一条重要通道，将进一步畅通经开区的发展"血脉"。改造后的大明路路面平整，线形优美，成为常州市东部一条主要的南北向交通主干道，为东部新城区建设，改善城东居住环境，促进区域经济发展，提高人民生活质量作出了新的贡献。

承建芜湖市三山水厂　助力宜居宜业城市建设

放眼江苏省外，常州市政的工程质量依旧无懈可击。三山水厂（一期）工程土建及安装工程，位于安徽省芜湖市三山区经济开发区，建设面积7149.6m²，建成后用于城市自来水净化处理。

三山水厂建设工程存在地下水位丰富，且在基坑开挖深度范围内为软弱复杂土层，基坑开挖难度大；混凝土施工量大且抗渗要求高，保证混凝土一次性连续浇筑成功的要求比较高；沉淀池、清水池为超长结构池体，在不进行二次装修的条件下，要求池体外观达到清水混凝土的效果；本工程施测精度要求高；大口径管道施工技术等技术难点。针对这些工程难点，常州市政项目部在施工前编制施工方案，采用切实有效的措施，确保了这些难点内容的施工质量。

三山水厂项目建设过程中，常州市政项目部采用当年不少新技术、新工艺、新材料等"黑科技"——轻型井点和深井降水控制地下水；泵送商品混凝土中掺入HEA复合型微膨胀剂，防止混凝土产生裂缝；采用新型锥形可拆卸对拉螺栓，模板拆除后表面光滑美观；新型模板及脚手架技术，施工时采用塑胶板作为支承模板，使池体达到清水混凝土效果；建筑节能和环保应用技术；建筑防水新技术，附属工程平屋面全部采用三元乙丙防水卷材；建筑物室内地坪采用环氧自流平耐磨硬化地坪，减少地面静电和灰尘，确保设备正常运行。

图4　芜湖市三山水厂（一期）工程

芜湖市三山水厂（一期）工程土建及安装工程从2013年6月1日开工以来，在业主、设计、质监、监理等相关部门的协调配合指导下，于2014年11月30日顺利通水。三山水厂工程是芜湖市三山区的重点工程。常州市政项目部为了达到既定的质量目标，根据预先制定的措施进行施工，在质量管理上，常州市政严格按照施工规范要求，遵循工程监督程序，服从监理工程师的各项指令及意见，确保工程质量，该工程还荣获了2018—2019年度"国家优质工程奖"。

一座城市是否宜居宜业，体现在与群众息息相关的细节中。近年来，芜湖市供水事业坚持高水平谋划、高标准建设、高质量管理，供水能力逐步提升，供水服务日渐完善。常州市政承建的芜湖三山水厂顺利建成投产，提升了城市的功能和品质，更折射出"皖江明珠"的光彩和魅力。

自2004年常州市政进行民营化改制以来，常州市政的净资产由改造初期的三千多万元发展到目前的3亿多元，完成施工产值先后跨过了5亿元、8亿元、12亿元、15亿元等几个台阶。施工产值近年稳定在20亿元左右，职工平均收入2020年增加到16万元。常州市政各类资信完善，企业知名度大幅提高，2019年被评为中国市政行业民营企业16强。

如今，"常州市政"这个"青壮年"正怀着感恩时代之心，以健康的体魄和饱满的斗志，向着"百年企业"的目标奋进。

常州市市政建设工程集团有限公司大事记

1956年7月	常州市政工程队成立，是公司最早的前身，大集体性质。
1958年7月	常州市市政工程处成立，隶属城建局的事业单位。
1982年10月	常州市市政工程公司成立，隶属城建局的国有企业。
1999年2月	常州市市政建设工程总公司成立，隶属城建局的国有企业，规模扩大。
2004年12月	常州市市政建设工程有限公司成立，企业由国有企业改制为民营企业。
2014年12月	公司改制十周年庆典，对公司改制十年情况进行总结回顾。
2016年7月	公司举行成立60周年庆典，不忘初心，传承创新企业精神，凝聚人心。
2019年12月	公司改制15周年庆典，凝心聚力再启航，同舟共济创辉煌。
2021年10月	常州市市政建设工程集团有限公司成立，继往开来，行无止境。

讲述人：常州市市政建设工程集团有限公司
　　　　董事长、党委书记　赵昔生

讲述人简介

赵昔生同志从东南大学毕业走上工作岗位，一步一个脚印，从工地技术员，不断学习成长，38岁就被评为研究员级高级工程师。同时，随着常州市政的发展壮大，他也从最基层的项目经理逐步走上了董事长的岗位。他创造了改制企业股权激励转让的成功范例，多次被评为省市优秀企业家。

养路养身　修路修心　35载坚守与耕耘
——"百城百企"记镇江市市政设施管理处

扫码看视频

自1986年成立至今，镇江市市政设施管理处一直秉持"百姓市政、服务先锋、修路修身、养路养心"的服务理念，打造了"马路医生""马路卫士"党建服务品牌。建成区的城市道路、桥梁、隔离护栏、挡墙及附属设施的管养维护等项目，都少不了镇江市市政设施管理处的身影。35年的坚守与耕耘，使得镇江市市政设施管理处屡获嘉奖。

1986—1994年是镇江市市政养护管理处成立、起步、探索阶段。20世纪80年代和90年代初期，"重建轻养"的思想盛行，外界对市政管养事业缺乏足够的了解和认知，因此市政养护维修工作整体应急突击性强、体力劳动密集、技术要求相对不高，政府对养护维修投入不足。1992年后，市场经济体制建立，在镇江经济快速发展，城市建设框架渐次拉开的背景下，市政道路桥梁的管养要求日渐提升。1994年4月，镇江市市政养护管理处更名镇江市市政设施管理处，此后在保证养护主业的同时加强了设施管理职能。

自镇江市提出"定额补贴、管养结合、以管补养、以创促养、共管共护"的"管养建"定位后，市政设施管理处顺势而为，建立"自我补偿、自我完善、自我发展"的市政管养模式，通过内挖潜力外拓市场，积极参与市场竞争。在成长过程中，市政设施管理处也需要审时度势、调整发展战略，此后便提出"立足养护维修，加强路政管理，全面提升精细化专业化管养水平"的市政管养理念，构建"百姓市政、服务先锋、修路修身、养路养心"的文化内涵，打造"马路医生"服务品牌。通过十年的培植、深耕，镇江市市政管养事业、单位建设、综合管理和职工工资水平得到了快速发展。

分段分幅减少交叉 电力路道路提升改造顺利施工

作为全国闻名的江南鱼米之乡和华东地区重要的交通枢纽，镇江市拥有3000多年悠久历史文化底蕴。在苏南党政军首脑机关驻地旧址，陈毅、李孝廉等6位新四军领导人旧居等地发生过的历史革命故事，也使镇江拥有着与众不同的红色记忆。电力路位于镇江市润州区老城区腹地，是市区重要干道，沿线单位、居民众多，交通流量大，因此电力路道路提升及海绵化改造工程对于辖区人民生活改善具有重要作用。

电力路道路提升及海绵化改造工程北起长江路，交会莲庵街，跨古运河，交中华路、大西路、新马路，南至中山西路，长1367.1m，道路宽40m。电力路安全文明施工难度巨大，该工程为老路改造工程，道路走向以现状为准，路面由以前的混凝土路面改为沥青路面。项目部采取分段分幅施工、减少施工交叉，构筑临时道路，突击施工公交站台和医院进出口、道路交叉口部位，确保道路通行。

道路施工主要包括路面结构、路基、管道、平侧石等附属结构，标准横断面采用二块板形式，新建雨水、污水、自来水管线，其余种类管线均保留现状。全线污水系统由南向北分为两段，中山路—古运河段污水系统接入迎江桥西南角污水现状$D600$污水截流井；古运河—长江路段污水系统最终接入长江路现状污水管道。全线雨水系统由南向北分为两段，中山路—古运河段雨水系统接入迎江桥下古运河；古运河—长江路段雨水系统最终接入长江路现状雨水管道。其中K0+520至迎江桥运河段采用顶管施工，人行道增设生态树池。

工程于2017年6月1日开工，12月30日竣工。先后获市级"文明工地"、省级"建筑施工标

图1　电力路

准化星级工地（一星）",2018年获得"金山杯"市优质工程奖、2020年获得"扬子杯"省优质工程奖,"市政道路车行道侧石施工质量控制"课题评为市级"优秀QC小组成果奖"等荣誉奖项。

经过35年的发展,镇江市市政设施管理处承担镇江市区大大小小的项目建设,包括城市道路、桥梁、隔离护栏、挡墙及附属设施的管养维护等。镇江市市政设施管理处为社会公益二类、差额拨款的服务性事业单位,实行一级管理模式,具有市政公用工程施工总承包贰级资质,先后获得江苏省"优质养护片"6个,承建的道路建设项目获得"金山杯"市优质工程奖6个、"扬子杯"省优质工程奖1个,省、市级文明工地十多个。

镇江市市政设施管理处大事记

1986年　镇江市市政养护管理处成立。

1994年　镇江市市政养护管理处更名为镇江市市政设施管理处。

1995年　运河河道管养、沿江防汛及京口闸设施划拨。

1995年　雨污水排水养护、维修、疏通,雨水收集、处理及排涝设施划拨。

2002年　行政处罚权移交至市城管局。

2004年　具备市政公用工程总承包贰级资质。

2009年　增设市政设施公共停车收费管理职能。

2009年　隶属镇江市城市管理局。

2014年　剥离公共停车收费管理职能。

2014年　定性为公益二类事业单位。

讲述人：镇江市市政设施管理处
主任、书记　李曦

讲述人简介

李曦在40年的工作中,始终坚持务实严谨、克己奉公、兢兢业业的工作作风,不断创新,锐意进取,充分发挥出良好的领导才能。李曦自任主任、书记以来,单位管养设施量增长110%,在内部管理上加大制度建设与制度执行,使得单位整体发展有了长足进步。

心怀感恩回馈社会　18年砥砺结硕果
——"百城百企"记裕腾建设集团有限公司

岁月匆匆，韶华流逝。18年，对于一个人来说，意味着成熟与激情、责任与担当。对于一家企业来说，也具有非凡的意义，18年代表着专注和使命。裕腾建设集团有限公司正式成立于2003年，这18年的日日夜夜像是一个个铿锵的台阶，记录了裕腾人持续奋斗的历程。回首过去，每一页都蘸满了裕腾人的热情与汗水。

扫码看视频

经过18年的努力、奋斗与奉献，裕腾建设集团有限公司（以下简称"裕腾集团"）通过不断地改革、创新和提升，实现了一个又一个新的跨越。裕腾集团下属众多分子公司，业务涵盖了产业园建设、市政建设、公路桥梁、生态环保、PPP和EPC项目、房地产投资、酒店管理等，已成为以工程建设为中心的规模性集团公司。

裕腾集团先后承建了大批园区厂房建设、市政、公路、桥梁、水利、港口、环保等工程项目，参与了苏州高铁站、昆山高铁站广场、长江引水、特大型桥梁、太湖整治、南京紫金新城、苏宿工业园、苏滁现代产业园、芜湖循环产业园等多项国家、省、市重点项目，工程项目遍布大江南北。

发展环保业务　找到建设领域的"新大陆"

在人们印象中，市政工程就是长期跟水泥、黄砂、石子打交道的。深耕市政领域近20年，裕腾集团一直想为公司注入新的动力，打造一个基业长青、可持续发展的企业，并把实现裕腾家人的幸福生活作为追求的方向。对接扬州大学专家团队，裕腾团队开始发展污水处理、固体废弃物处理、土壤修复等环保业务。

2012年，裕腾集团利用276天完成位于昆山市千灯镇肖市路北侧的千灯污水厂三期扩建工程，工程造价2880万元。施工范围包括进水泵房、曝气沉砂池、水解酸化及生化池、脱色及絮凝反应池、斜管沉淀池、中间水池、紫外消毒池、蓄泥池、脱水机房及加药间、鼓风机房变配电间、道路广场、景观绿化等工程项目。

自此，稳固基本市政领域业绩的同时，裕腾集团积极发展环保产业，投资污染水体治理、土壤修复等工程及设备研发。已在昆山、天津、邯郸、铜川等地成功实施多个水环境治理项目，如石牌污水处理厂二期改扩建工程、仪征污水处理厂项目、乌恰县污水处理厂PPP项目、乌恰县基础设施改造升级PPP项目、运河宿迁港水生态处理项目污水处理厂工程等项目。

图1 运河宿迁港水生态处理项目污水处理厂工程效果图

运河宿迁港水生态处理项目污水处理厂，位于宿迁市宿城区运河宿迁港产业园，总占地面积169亩。污水处理厂设计总处理能力9.0万t/d，其中一期3.0万t/d，配套管网16.5km。污水处理厂工程采用国内先进的高效混凝沉淀+曝气生物滤池工艺，出水水质达到国家《城镇污水处理厂污染物排放标准》一级A标准。项目总投资约12200万元，涉及自动化程度高、操作简单、工艺运行稳定等工艺难点。

裕腾集团负责工程的厂区构筑物主要包括细格栅及进水泵房，事故池及调节隔油池，高效混凝沉淀池，曝气生物滤池，精密过滤间，紫外消毒渠，尾水泵房及分配电间，污泥浓缩池，污泥储池，污泥脱水机房，加药间，活性焦预处理装置，总配电间，进水检测间，机修间，生物除臭及其他附属工程。从2021年1月16日开工建设起，裕腾人提前谋划，全过程开展技术攻关，引领项目建设加速度，创造了3个月竣工并投入使用的施工记录。

从市政工程到环保产业和EPC项目总承包，裕腾集团找到了建设领域的"新大陆"。如今，山东路桥集团和裕腾集团联合国内专业土壤治理与固体废弃物以及污水处理专业团队，创建合资公司苏州鲁高环境工程有限公司，致力于城市污水、生活餐厨垃圾、建筑垃圾等各项环保工程技术领域，并成功实践了一系列有效的解决方案。

高质量工程　塑造城市"第一印象"

作为迎来送往的车站，是许多人迈入城市大门的第一印象，也是很多人离开城市的决定性印象，它呈现出来的城市治理能力，往往也是折射城市面貌的那面铜镜。

图2　施工中的昆山南站配套B标工程

拥有便利的交通设施，是很多大城市都在孜孜不倦追求的目标。昆山市，不但经济长期雄居中国县域经济百强榜之首，交通条件也是得天独厚，同时拥有了高铁、地铁和环城高架，在全国县域独一无二。裕腾集团承接了昆山南站配套B标工程，该工程是昆山市重点工程，总规模约44000m^2。施工内容包括社会停车场、公交车站及部分站前广场的道路、雨污水管道和铺装工程。昆山南站配套B标工程于2011年5月和2012年5月分别被评为"江苏省文明工地"和"苏州市优质工程"。

苏州站坐落在苏州姑苏区，作为江苏重要的交通枢纽车站，一直以来在江苏的城市发展过程中扮演了很重要的角色。苏州火车站南广场景观及道路工程是苏州火车站子项之一，也是苏州市政府重点工程和十大民生实事工程。如今，苏州站实现了旅客不出站就可完成与轨道交通、公交车、出租车等交通工具的便捷换乘，是苏州的现代化大型交通枢纽。

苏州火车站南广场约35000m^2，裕腾集团承建了候车室、自行车库、景观廊、景观铺地、道路及雨污水等工程项目。

其中，苏州站候车厅架空设在16条铁路线上方，乘客乘坐扶梯便可"空降"到站台，站台上没有一根柱子，特殊情况下汽车可直接开到站台上。内部设计运用了一系列新技术、新材料、新

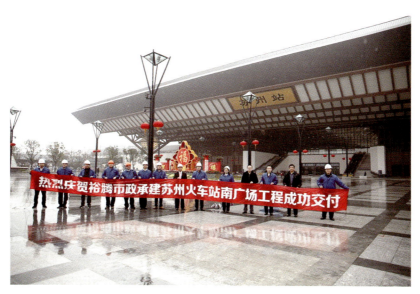

图3 苏州火车站南广场工程项目在雨中成功交付

设备，如大量使用声屏障、吸声材料以降低噪声，室内空调热源采用地热，应用自动售检票系统。

一条大道对一片区域的经济影响有多大？"飞凤路"能够解答

裕腾集团承建了无锡飞凤路（312国道—上跨沪宁高速）转体桥梁和道路工程，从2016年4月开工，300天的工期，裕腾集团专业团队将"家"搬到了无锡。

工程造价9757余万元，桥梁中心线与沪宁高速公路中心线交角为83°，主桥采用（65+100+65）m变截面预应力混凝土连续梁结构，桥梁全宽17.5m，全桥共12个悬浇段，2个边跨现浇段，

图4 无锡飞凤路转体大桥现状图

2个边跨合龙段，1个中跨合龙段。人非混行道悬挂于主桥悬臂下，采用吊杆连接钢梁悬挑结构。主孔跨越沪宁高速，桥墩支点处梁高6.3m，跨中梁高3.8m，采用转体施工。转体重量为6507t，11号主墩转体角度为82°，12号主墩转体角度为85°。桥梁转体结构由下转盘、球铰、上转盘、牵引系统、助推系统、止动系统组成。

匠心营造鱼尾狮公园景观工程
促进生态和谐　美化城市生活

在设计之初，鱼尾狮公园景观工程要以动静结合的灵动性和生态健康的自然性彰显现代城市公园的独特魅力。鱼尾狮公园还象征着"中新两国、苏皖两省、苏滁两市"友好合作，贯穿其中的文脉线索跨越地域鸿沟，因此对施工细节刻画有着十分严苛的要求。

图5　鱼尾狮公园景观

鱼尾狮公园景观工程位于徽州路、双城路、杭州路、中新大道合围区域范围，总用地面积约380000m²，其中水域面积130000m²，建筑基底面积600m²，空中栈道面积2500m²，总硬质面积42000m²，绿化面积134900m²。主要景观内容有空中栈道、特色景观桥、景观塔、景观小桥（7座）、亲水平台、栈桥、景观亭、景墙、景观廊架、驳岸、园路、3个停车场、广场铺装、管理房、2座公共卫生间、乔灌木种植工程等。

景观营造内容主要有五大基本要素：山水、植物、道路、建筑、小品。而优秀的施工呈现更是为滁州鱼尾狮公园添上浓墨重彩的一笔。裕腾集团负责规划五河景观工程位于锦州路，规划五河两侧景观带主要包括园路、小广场铺装、景观小品、室外给排水电气工程、绿化种植等。规划五河总用地面积24950m²，总硬质面积1978m²，绿化面积22972m²。

鱼尾狮公园景观本想保留原场地的水库环境，为城市留住一片温暖的乡土回忆。裕腾集团进行多次场地踏勘后，分析场地内原始高程，依托现场环境设计几个场地雨水汇集点，借助雨水花园、叠水湿地等的汇集作用，最终实现雨水的过滤、储存、使用功能。

怀感恩之心做工程　公益之路用心前行

诚如裕腾集团董事长周惠明所说："个人力量微不足道，我们能做到的就是项目建到哪里，公益善行就落在哪里。"

裕腾集团一直在关注支持公益事业，为社会发展作出了贡献。裕腾集团在快速发展的同时，不忘回馈社会，裕腾人的身影也总会出现在抗洪除雪、抗震救灾的前线——2013年，裕腾集团资助了辽宁喀左10名贫困学生；2015年，发起昆山雨花敬老家园，在裕腾集团大楼专设对外开放的敬老餐厅，为社会大众服务6年多；2020年，裕腾集团第一时间支援抗疫救援，全体职工一道捐资捐物，支援一线防疫人员和单位。2021年，裕腾人积极投身昆山防汛抢险一线，为应急救援提供物资设备。

一个个平凡的人，一件件朴实的事，一项项暖心的服务，一项项市政工程传递城市发展温度，点滴努力换来的是群众幸福指数的提升，叩开了幸福之门，恰似股股暖流，温暖了城市大街小巷。

2021年是不平凡的一年，2021年不仅是"十四五"的开局之年，也是两个百年目标交汇与转换之年，还是裕腾集团的"成年之年"，正青春的裕腾集团，在新时代的新起点，将继续扬帆起航！

裕腾建设集团有限公司大事记

2003年　昆山裕腾市政工程有限公司注册成立。

2005年　通过ISO 9001—2000质量管理体系及职业健康安全管理体系认证，公司被江苏省建设局核准为"市政公用工程施工总承包叁级资质"。

2008年　公司被江苏省住房和城乡建设厅核准为"市政公用工程施工总承包贰级资质"。

2011年　营业额首次突破5亿元，被住房和城乡建设部批准为"市政公用工程施工总承包壹级资质"。

2013年　获国家工商总局名称核准荣耀升级集团公司——裕腾建设集团有限公司。

2014年　集团荣获优秀市政施工企业称号，荣获"江苏省重合同守信用企业"，集团注册资本增至2亿元人民币。"扬州大学与裕腾集团产学研合作协议"签约。

2015年　裕腾集团被江苏省教育厅和科学技术厅授予"江苏省企业研究生工作站"，荣获第一批全国学习型乡镇企业称号。

2016年　集团获"江苏省民营科技企业"和周市镇"2015年度科技创新企业"。
2017年　集团党工部门被昆山周市镇评为先进基层党组织和工会工作优秀单位。
2018年　裕腾集团营业额超过15亿元，规模发展到二十多家分子公司。
2019年　裕腾集团总部大楼惠腾大厦落成，集团公司确立市政建设、产业园区、环保工程、公路桥梁、装饰装修、水利建设等六大块业务，开启新征程。

讲述人简介

周惠明同志从业30多年来，始终将社会责任扛在肩上，热心公益、致富思源，带领着裕腾人在创业路上艰苦奋斗，拼创幸福。

讲述人：裕腾建设集团有限公司
　　　　董事长　周惠明

先进技术管理 创一流工程质量
——"百城百企"记盐城市市政建设集团有限公司

扫码看视频

盐城市市政建设集团有限公司始建于1959年，原为盐城市建设局下属事业单位，2004年改制，开始走向市场。十多年来，在地方党委、政府和行业主管部门的关心指导下，以服务地方经济发展和城市建设为主线，坚持发展为先，不断做大企业规模；坚持诚信为魂。系具有国家市政公用工程施工总承包壹级、公路工程施工总承包贰级、工程检测试验贰级、房产开发叁级资质的企业。公司有60多年从事城市道路桥梁、交通公路、园林绿化、供电通信管线、污水管道等工程施工和房地产开发的历史，一直是盐城市市政公用工程建设的主力军。

盐城市市政建设集团有限公司是一家改制企业，成立于1959年，2004年"事改企"更名为盐城市市市政工程有限公司，2009年随着企业的发展需要更名为盐城市市政建设集团有限公司。在历届党政班子的领导下，历经半个多世纪的建设和发展，通过几代"市政人"发扬艰苦创业，锐意进取，顽强拼搏的企业精神，将盐城市市政建设集团有限公司打造成为以管理为主的现代市政企业。公司先后获得"全国文明单位""全国重合同守信用企业"、江苏省优秀市政施工企业等荣誉。目前为中国市政工程协会会员单位、中国施工企业管理协会理事单位、《市政技术》杂志副理事长单位、江苏省市政工程协会副会长单位，盐城市市政工程协会会长单位、《盐城市政》杂志主办单位等。

多年来，公司以市场为导向，立足盐城、拓展外埠，牢固树立"诚信为本、以质取胜"的经营理念，将让业主满意作为永恒的追求。严格履行各项工程合同，合同履约率100%，被国家工商总局授予"重合同守信用"企业称号，银行信用等级连续多年被评为AAA级，2005年公司通过了ISO 9000

（质量）、ISO 14000（环境）、ISO 18000（安全）体系认证。承建的各项工程一次性交验合格率100%，优良率达60%以上，近几年，有十多个工程项目分别获得市政"金杯奖"和"扬子杯"、市优质工程奖，连续多年被评为江苏省最佳建筑企业，并获得过"全国市政施工十佳企业"称号。

现公司以市政工程、公路桥梁工程、园林绿化工程、水环境整治工程、城市给水排水工程为主项，已成为城市综合型施工企业，数十项工程获得了国家级、省级、市级的优质工程奖项。

"一方有难，八方支援"。盐城市市政建设集团有限公司在社会公益和抢险救灾方面也表现积极，曾参加过四川汶川大地震、6·23阜宁特大龙卷风、3·21响水化工企业爆炸事故的抢险和灾后的援建工作。受到受灾各地政府的表扬和嘉奖。就在2020年的疫情发生期间，公司响应国家的号召，通过网络和电话的方式，积极参与对疫情严重地区的捐款捐物，并获得"抗击新冠肺炎疫情先进集体"称号。

随着施工技术日新月异和很多新技术、新工艺、新材料、新设备的引进与推广，工程项目综合机械化水平全面提高，安全信息网络建设已成规模，各项科技成果、课题研究取得重要进展。特别是近年来，集团公司始终坚持中国特色社会主义道路，与时俱进，加大技术创新和科研力度，科技成果硕果累累，有多项QC活动成果获得全国金奖、银奖，多项课题获得省级工法，多项专利成果被评为省级专利技术，提高了现代工程领域的科技含量，为精准、高效、安全完成工程项目提供了技术保障。

采用现代化作业　便利城市交通

东绕城公路（含新洋港大桥）工程项目位于盐城市亭湖新区，规划为南北城市主干道，本项目设计北起范公路高架连接线，南至飞驰大道，按新建道路进行设计，设计车速60km/h（其中机场路至华亭路路段受地形限制，限速40km/h），道路规划红线宽度为70m。起止桩号为K4+371.587～K10+034.512。

道路全长约5668.319m，管涵9座，板涵5座，全线双侧雨水管道，新洋港大桥1座。大桥跨径布设为6×25m+(35+60+35)m+7×25m，主桥为(35+50+35)m三跨变截面预应力混凝土连续梁辅以悬索装饰，引桥为25m跨径部分预应力混凝土组合箱梁。桥梁全长459.4m，横断面宽度为35.6m。

本工程沿线地形起伏较大，施工用地紧张，如何合理地布置施工场地、拌合站、施工便道是保证工程顺利进行的重要因素。本段桥梁类型较多，工程量很大，需根据现场协调好桥梁的施工顺序。

质量管理上以"先进的技术管理，创一流的工程质量"，力求技术创新，管理到位，始终保持工程质量处于可控状态，要符合工程验收规范和标准的要求合格。为确保工程质量和工程进度，充分采用现代化的机械设备，分项工程采用平行流水作业。

东绕城公路作为城市发展的重要交通枢纽，将对城市面貌的改善有着重大的战略意义。该项目的建成大大缩短了城东与城北之间距离，使得区与区之间的交通更加便利。

本工程荣获 2013 年度江苏省建筑施工文明示范工地、2015 年度江苏省优质示范工程"扬子杯"、2015 年度全国市政金杯示范工程等多个奖项。

盐城市市政建设集团有限公司大事记

1959年　公司前身盐城县城建局市政服务队成立。

1983年　更名为盐城市市政工程公司。

1992年　改称盐城市建设总公司，取得市政公用工程施工总承包壹级资质。

2004年　转、改制为盐城市市政工程有限公司，自负盈亏的民营企业。

2009年　更名为盐城市市政建设集团有限公司。

讲述人：盐城市市政建设集团有限公司
　　　　总经理　崔健

讲述人简介

崔健同志结合市政施工企业的特点，制定了一系列的管理制度，建立了灵活、高效的管理运行机制，增强了企业的竞争力和综合实力。

精工至善　筑梦革新　争当新时代高质量发展排头兵

——"百城百企"记江苏永联精筑建设集团有限公司

1962年，常熟和江阴划出部分公社合并成沙洲县（张家港市前身）；在苏州市下属的六个县市当中，经济发展长期倒数第一，一度有"苏南的苏北"之称，被形容为苏州的"边角料"。改革开放前夕，张家港交通基础设施破旧简陋，公路里程仅155km，沥青路面只有25.3km，占所有公路里程的16.3%。为了满足城市基础设施及交通设施建设需要，1979年经沙洲县革委会同意，建立沙洲县市政工程建设队，1986年成立张家港市市政建设工程公司，这也是江苏永联精筑建设集团有限公司的由来。

扫码看视频

从"一无所有"的"苏南边角料"，到成为县级市中唯一获得全国文明城市"六连冠"的"明星城市"，令人瞩目的成绩背后，是"张家港精神"的引导。沙洲县市政工程建设队抓住机遇，在加速推进城市建设中，不断破旧立新、发展壮大，成了地方市政龙头企业。

张杨公路工程
匠心筑造港城"精神地标"之路

"上学上班基本靠脚，出门远行只能坐船"是老一辈人对过去张家港交通的集体记忆。原名叫"鹿杨路"的张杨公路最初是一条羊肠小道，路面窄，车辆少，简易到没有任何附加设施。1992年，时任市委书记秦振华同志在邓小平南方谈话的激励下，提出了著名的张家港"三超一争"口号，迅速在全市掀起了公路改造的热潮，"张杨公路"便是其中的标志性工程。

作为本地市政企业，张家港市市政建设工程公司积极投身张杨公路工程的建设中。新建路基顶宽38m，快车道宽24m，两侧景观绿化带数十米，路

图1　1992年张杨公路施工现场

图2　建成后的张杨公路

面为高等级混凝土路面。这么高规格的工程建设，对于市政公司来说是一次前所未有的挑战，施工队充分发扬"张家港围垦精神"，顶骄阳、战酷暑、冒风霜、斗严寒，打消畏难情绪，以高度的责任心和使命感，克服施工中遇到的所有困难，使这条公路得以不断向前延伸。从1992年2月至1993年8月，仅18个月时间便使张杨公路的全线贯通。

建成后的张杨公路西起高峰村与江阴市交界处，东至鹿苑集镇，贯通沿线各个乡镇，全长达33.8km，成为江苏省第一条双向六车道部分封闭一级快速公路。张杨公路使张家港保税区成为连接上海、苏锡常、苏北的辐射区，成为张家港通向港口、国际的致富之路，也成了张家港发展的"精神之路"，它不仅让张家港的路况得到了很大的提升，还极大地改善了投资环境，为张家港经济跨越式发展奠定了坚实基础。

乡村里的"都市"
建设特色"永联小镇"　绘就美丽乡村"风景画"

"十一五"规划开局之年，我国经济发展进入新阶段，城镇化建设进程加快，作为张家港市新农村建设示范项目，永联村自2005年开始，历时10多年先后总投资20多亿元，规划用地1114亩，按照现代城市社区的标准进行设计，将永联小镇打造成总建筑面积100万m^2，可容纳5000户居民入住，集居住饮食、娱乐休闲、文教卫生等功能于一体的综合性、现代化、高标准的人文居住区，该项目由江苏永联精筑建设集团有限公司（以下简称"永联精筑"）实施。

永联精筑秉承"精益求精、精工细筑"的企业精神，按照规划设计要求，高质量、高标准地推进工程建设，打造让群众满意的民生工程。该项目在建设过程中，荣获江苏省建筑施工标准化星级工地、苏州市建设工程施工文明工地、张家港市优质结构工程、张家港市建筑施工文明工地等多项荣誉。

建成后的永联小镇，以"东厂西镇"的区域协调来优化空间布局，小镇的东侧为永联钢厂，居住区和厂群隔河相望，彼此分开但又紧密联系，实现了钢厂和村庄混合居住模式向现代城市社区的"绿色蜕变"。同时，小镇还不断深度挖掘本地文化习俗，打造特色旅游文化产业，将永联

图3　永联小镇金手指广场

图4　永联小镇建成后全景图

小镇打造成一个由本地居民、外来消费群体、创投群体共创共享的"城乡命运共同体"。永联小镇自建成以来,先后获得"全国文明村""全国农业旅游示范点""中国最有魅力休闲乡村""江苏省百佳生态村""江苏省五星级乡村旅游区"等30多项省和国家级荣誉称号。

应急水源地建设
保障城市水源稳固供给　打造文明城市亮丽"新名片"

一干河南起杨舍城区与东横河相交,向北穿南横套、合兴横套,经锦丰镇悦来、店岸,于七圩港出长江,全长14.5km,是张家港市主要饮用水河道。随着城市化的快速发展,供水安全的风险和挑战越来越大,建设应急水源地对于保障城市供水质量和安全具有十分重要的意义。永联精筑承建的应急水源地建设工程(沙洲湖市政配套)位于张家港市城北新区,是张家港一项融生态建设和新城区开发于一体的重大民生工程。

应急水源地建设工程(沙洲湖市政配套)是由一干河拓宽与两侧滨河绿地建设组成,南起张杨公路,北至南横套河,主要包括景观道路、广场基层、排水管道、小型构筑物、桥涵护岸及跨湖景观大桥,施工面积约55万 m^2。为做好项目建设,保障城市供水质量,永联精筑以一干河为核心,将两侧滨河绿地打造成为港城首条滨河生态廊道,使其成为港城"高颜值"亮丽名片。

整体工程项目自2011年10月开工,经过近两年有计划、有步骤地建设,于2013年9月顺利完工。工程竣工后,整个沙洲湖湖区蓄水量达80多万 m^3,成为张家港重要的应急水源地之一,为张家港市提供了稳固的水源安全保障。这其中,横跨一干河的沙洲湖大桥,采用了人字形塔、独塔双索面设计,全长270m,高76m,桥面设计了双向四车道,不仅是张家港市第一座"塔梁墩"固结体系混凝土斜拉桥,更成了张家港市的地标性建筑。整个工程项目还设置了休闲、商

图5　应急水源地建设工程

务、运动等不同功能空间，营造了"观水、亲水、嬉水"等多种滨水环境，为港城市民新添一处绿色生态、功能完备的城市休闲公园。

图6　沙洲湖大桥

经过40余年艰苦卓绝的奋斗，永联精筑已从一支工程施工队发展壮大为现在的综合型建设集团。公司管理和技术实力雄厚，系江苏省市政工程协会副会长单位，获评江苏省建筑业百强企业（六次）、江苏省市政工程协会优秀会员企业（三次）及江苏省市政抗疫先进单位，蝉联苏州市优秀市政施工企业十一连冠等荣誉。

未来，永联精筑将紧盯创新变革不动摇，紧抓责任落实不懈怠，抓住城市建设发展的新机遇，用全新的建筑理念不断探索实践，开创企业高质量发展的新局面。

江苏永联精筑建设集团有限公司大事记

1979年　成立沙洲县市政工程建设队，成为当时本地的第一支市政工程建设队。

1984年　成立沙洲县市政建设工程公司。

1986年　因撤县建市，更名为张家港市市政建设工程公司。

1992—1993年　修建张杨公路，建成我国第一条县级高等级公路。

2003年　经市政府批准，由国有集体企业改制为有限公司。

2008年　永钢集团以6000万元全资收购张家港市市政工程有限公司。

2009年　援建四川绵竹二环路改建工程（盐城段），获评全国市政金杯示范工程。

2010年　公司进行股份制改革，为公司注入新的发展动力。

2010年　承建锦丰南中心河道路改造BT工程，开启了企业经营发展新模式。

2013年　收购永联建筑、永记商砼、永舟物流等七家公司，组建为江苏永联精筑建设集团有限公司。

2016年　实施"走出去发展"战略,与中国二十冶合作承建江西孚能科技新能源工程。

2019年　收购具备建筑工程施工总承包壹级资质的中土(苏州)工程建设有限公司,补足建筑业务短板。

2019年　收购联卓建科,拉长建筑产业链条。

2019年　创新经营工作模式,与中国二十冶合作中标第一个建筑EPC项目,即乐余扶海花苑安置房EPC项目。

2020年　与悉地(苏州)设计院合作中标第一个市政EPC项目,即张家港市高新区AI城际空间站EPC项目。

讲述人：江苏永联精筑建设集团有限公司
党总支书记、董事长　卢文良

讲述人简介

卢文良带领公司经营团队深化改革、创新发展,跨越传统建筑施工经营理念,实现了以"永联精筑"品牌为旗帜的创新经营模式;开创了企业多元化发展新格局,以企业成长蜕变见证改革发展伟大成果。

以质量求生存　以信誉拓发展
——"百城百企"记杭州之江市政建设有限公司

秉持着"以质量求生存、以信誉拓发展"的经营理念，杭州之江市政建设有限公司一手抓国内市政建设市场，迎头赶上，以质取胜；另一手抓境外市政建设市场，搭乘国家"一带一路"这列快车走出国门，成为参与"一带一路"建设的重要支撑。一项项优质精品工程创优夺杯，一次次在国内外打响市政行业的"之江品牌"，这家企业以努力拼搏、开拓创新的奋发斗志，不断书写新的辉煌篇章。

扫码看视频

改革开放后，中国东部沿海地区率先崛起，经济发展迅速，市政建设领域迎来发展机遇。1982年，杭州之江市政建设有限公司（以下简称"之江市政建设"）成立。创业的"之江人"，秉持"以质量求生存，以信誉拓发展"的经营理念，立下打造市政行业的"之江品牌"的目标，乘着城市建设日趋繁荣的东风，开始迈出发展的步伐。

经过近40年的不懈努力，之江市政建设跻身浙江省市政建设先进企业前列，目前拥有市政公用工程施工总承包壹级、建筑工程施工总承包叁级、城市及道路照明工程专业承包叁级、地基基础专业承包叁级等资质，注册资本达1亿元，技术力量雄厚，机械设备齐全，承建的工程达1575多项，以工期短、质量优、服务周到的作风而享誉境内外，涌现了一大批"富春杯""余杭杯""西湖杯""钱江杯""全国市政金杯示范工程"等优质工程。

在国内市场日趋成熟之时，之江市政建设实施了"两头抓、抓两头"的经营计划，一手抓国内市政建设市场，把握城市基础建设行业的发展机遇，主动出击，迎头赶上，以质取胜，诚信经营，再创业绩；另一手抓境外市政建设市场，奉行"走出去"战略，搭乘国家"一带一路"这列快车走出国门，把市政工程建设的触角延伸到境外市场，探索出参与"一带一路"建设的新思路，大胆尝试着走出去、探路子、谋发展。

2003年，之江市政建设和上海建工集团首度合作，承接了我国援建的柬埔寨7号公路桔井至柬老边境段修复工程项目，提前介入了"一带一路"建设行列。2006年，之江市政建设打开了尼日利亚市政工程建设之门。从2013年起，在党中央"走出去"发展战略的指引下，之江市政建设积极稳妥地开拓了国外施工市场。在柬埔寨，之江市政建设先后承接了7.5亿美元的工程量，完成二级公路2000余km、桥梁300余座；在尼日利亚，完成工程施工总价10亿美元。在尼日利亚承建的OTA厂房施工中，之江市政建设的工程质量和敬业精神多次得到该国前总统奥巴桑乔先生和中国驻尼大使的肯定和赞扬。

积极主动融入"一带一路"建设，是之江市政建设未来发展的主旋律之一，在巩固发展现有东南亚、非洲项目的同时，还将步入中巴经济走廊，为周边国家的社会发展和经济振兴作出贡献。

拓宽改造杭富沿江公路　构建"富春江时代"新纽带

杭富沿江公路是富阳融入杭州大都市的主要交通要道之一，是实现富阳与杭州无缝对接、加快从郊县向郊区转变的重点基础设施。随着富阳经济的不断发展和现代化进程的快速推进，杭富沿江公路亟需拓宽改造。杭富沿江公路拓宽改造工程1标位于老杭富沿江公路，为老路拓宽改造工程，是2010年杭州市、富阳市的重点工程。

该工程中标后，之江市政建设从公司领导到项目部全体人员，统一思想，提高树立"精品意识"。项目开工后，公司要求项目部加大管理力度，严格执行标准，精工细做，把质量和文明施工安全生产作为工作重点，以确保"西湖杯"、争创"钱江杯"为目标。

图1　杭富沿江公路拓宽改造工程1标夜景图

图2 杭富沿江公路拓宽改造工程1标鸟瞰图

为此，公司和项目部成立创杯工程领导小组，确保制定目标的实现。在工程开工后，按照施工规范和创杯要求进行严格管理：一是落实工作责任，明确工作方向；二是加强组织建设，选派优秀项目经理；三是采用项目法管理；四是建立激励机制；五是加强职工技术培训，组建各专业施工队伍；六是完善质检机构及人员配置；七是采取内检程序。

2010年9月30日，杭富沿江公路拓宽改造工程1标圆满完成。该工程获评"杭州市双标化样板工程""浙江省市政工程双标化样板工程""浙江省双标化样板建设工程"，还在浙江省建筑工程QC小组2011年科技成果发布会上，被评为浙江省建设系统QC小组科技成果一等奖；工程质量荣获富阳市"富春杯优质工程"、杭州市"西湖杯优质工程"、"浙江省市政金杯示范工程"、浙江省"钱江杯"优质工程等多项荣誉，并成功申报全国市政金杯示范工程。

杭富沿江公路拓宽改造工程，对于提升富阳城市东大门的形象，缓解群众出行难，从时间和空间上加快融入杭州大都市，推进富阳市城市化和东洲运动休闲新城的建设都具有重要意义，将成为富阳城市东扩、回归"富春江时代"的新纽带。

参建台州市首条地下综合管廊　推进新型城市化建设

浙江台州首条地下综合管廊位于市区商贸核心区，从台州大道到现代大道一直到台州湾循环经济产业集聚区，总长约32km，投资35亿元。台州市地下综合管廊一期工程先行段（永宁河顶管）（重新招标）工程为台州大道综合管廊永宁河段顶管工程，位于台州市台州大道过永兴河路段南侧，里程段为T3+891～T3+980，全长89.1m，工作井和接收井为沉井结构。

该项目顶管施工段为下穿永宁河地段，两端连接明挖段，顶进长度为89.1m，顶推管节共计61节。采用管径外尺寸为6000mm×4300mm矩形顶管，内部净空尺寸为5000mm×3300mm，

图3 台州市地下综合管廊一期工程先行段（永宁河顶管）工程内部结构图

图4 台州市地下综合管廊一期工程先行段（永宁河顶管）工程外部竣工图

壁厚500mm，管节为整环结构，单节管长为1.5m，重约35t。采用强度为C50钢筋混凝土预制，抗渗等级为P8。

工程中采用多种新技术，包括地基基础和地下空间工程技术、水泥土复合桩技术、综合管廊施工技术，绿色施工技术，封闭降水及水收集综合利用技术，建筑垃圾减量化与资源化利用技术，施工扬尘控制技术，抗震、加固与监测技术，深基坑监测技术，信息化技术，基于BIM的现场施工管理信息技术，基于物联网的劳务管理信息技术。

该工程是之江市政建设首个新型施工种类——管廊项目。公司和项目部对工程质量、安全文明施工予以高度的重视，明确了工程的管理目标，设立质量目标为台州市"括苍杯"优质工程。项目部全体人员树立"百年大计，质量第一，信誉至上，优质服务"的思想，正确处理好质量与安全、工期、成本之间的关系。在平衡生产与各项指标之时，必须先服从质量要求，在此前提下再强调加快进度和节约成本，力求综合效益，保证质量目标的实现。

2020年1月9日，台州市地下综合管廊一期工程先行段（永宁河顶管）工程建成，之后获评"台州市市政公用工程安全文明标准化"工程、台州"括苍杯"优质工程荣誉。

台州市地下综合管廊的建成，将彻底解决传统建设模式中出现的城市"空中蜘蛛网"和"马路拉链"问题。该项目将成为推进新型城市化建设的有力抓手，不仅提高城市道路空间利用效率，还能提高城市抗灾害能力。电力、通信、给水、中水、污水、燃气等各条入廊管线，为未来台州的地上发展输送"鲜活血液"。

承建首个BT工程"长集镇火车站" 构筑区域综合交通体系

安徽省霍邱县长集镇火车站进站道路（BT）工程位于安徽省霍邱县长集镇境内，南起南环路，北至霍众路（S310），为南北走向道路，道路总长3403.71m，道路红线宽60m，工程主要施工内容为施工图和工程量清单范围内所有内容的融资、建设、移交。

长集镇火车站是阜六铁路沿线唯一的客运站。阜六铁路的建成通车，对完善国家干线铁路网布局，构筑区域综合交通体系，有效缓解华东地区南北向铁路运输压力具有重要作用，极大地方便了人民出行。同时，该条铁路也是"两淮"亿吨煤炭及霍邱铁矿资源的外运通道，对促进"两淮"煤炭生产基地建设、保障沿江乃至东南沿海地区能源和原材料供应具有十分重要意义。

该工程为霍邱县长集镇重点工程，施工时间短，质量要求比较严格，长集镇政府对该工程十

图5 安徽霍邱县长集镇火车站进站道路工程竣工图

分地重视。之江市政建设冒着巨大的压力,加班加点施工,终于在规定工期内圆满完成。该工程荣获六安市"皋城杯"。

BT项目是一种新型、特殊的投资方式。霍邱县长集镇火车站进站道路(BT)工程是之江市政建设承建的首个BT工程,工程体量大,对企业的资金储备要求比较高,这对企业也是一个新的挑战。经过此次工程的施工,之江市政建设对该类项目的运行有了基本了解,为公司运营更大体量的BT工程打下了基础。

创建优质精品工程 打响"之江品牌"

近40年来,之江市政建设一直以敢干负责的精神在为国内、境外筑桥铺路;以敢于对社会负责的精神在国内外打造工程精品,营造美好的社会环境,提高人民的生活质量,推动社会的进步和发展。之江市政建设取得的业绩和产生的社会

图6 安徽霍邱县长集镇火车站进站道路工程竣工图

效益,得到了各级政府和行业主管部门的肯定和赞扬,在行业中竖起了标杆,先后获评2015年"春风行动"杭州市建委系统表彰单位、2015年度杭州市优秀建筑业企业、第二届浙江省国际工程示范企业、G20峰会服务保障先进工地党组织、长安沙抗洪抢险先进单位、2018年度建筑业产值突出贡献企业、2018年度杭州市市政行业协会成绩显著单位、2019年杭州市服务贸易示范企业、2019年度浙江省市政行业先进单位、2020年度杭州市西湖区优秀建筑企业等多项荣誉称号;连续十年被浙江省重大工程交易中心评为"AAA"级信用企业,并在2014—2016年获评"国家级重合同守信用企业";被杭州市人民政府授予践行走出去战略"十佳示范企业";被西湖区人民政府评为"G20峰会最佳施工企业"。

近40年来,之江市政建设以规范施工为根基,以创优夺杯为抓手,严格按照规范的管理、服务和作业程序执行,保证各项工程的圆满交付,打造了一大批优质工程:之江国家度假区内的科海路工程,在"高标准、高质量、高速度"的原则下,争创了杭州市优质工程奖,即"西湖杯"工程荣誉奖;临平荷禹大道工程,克服受拆迁停工的影响,在2011年顺利竣工,并获得了"西湖杯"工程荣誉奖;320国道河道整治及转塘团结浦河道整治工程01标,在2012年获得"西湖杯"工程荣誉奖;千岛湖镇撤村建居庄天岭区块安置房工程多层区块三标(2号、5号、沿街商铺)工程获评淳安县"2015年度第一批县级建筑安全生产、文明施工标准化工地";獐山路一期(高新大道—东西大道)工程一标段、杭州市华丰路(同协路—笕丁路)工程获评"2015年杭

州市建设工程安全生产、文明施工标准化样板工地";温州市广化南路(鹿城段)市政道路获评2018年度温州市"建筑安全文明施工标化工地";霍邱县环城大道—南环西路(二期)改建工程荣获2018年度六安市优质工程"皋城杯";台州市地下综合管廊一期工程先行段(永宁河顶管)获2021年台州市建设工程"括苍杯"优质工程项目。

在新的阶段,之江市政建设将继续坚持"以质量求生存,以信誉拓发展"的经营理念,树立"以精诚团结为本,以开拓创新为动力"的企业精神,贯彻"以规范施工为根基,以创优夺杯为抓手"的质量理念,抓住用好"一带一路"建设机遇,创新发展思路,创建优质精品工程,以更加高质高效的战略和措施推动企业迈上新的台阶,努力打响"之江品牌"。

杭州之江市政建设有限公司大事记

2007年	晋升为市政公用工程施工总承包壹级企业,标志着公司发展进入了一个新的历程。
2011年11月	荣获市政工程质量最高奖项"全国市政金杯示范工程"。
2013年	在柬埔寨及尼日利亚成立基地,响应中共中央"走出去"的发展战略,通过海外市场的深入调研,稳妥地开拓了境外施工市场。
2016年	经营模式进行绩效改革,改革后大幅度提高了各部门的工作效率,提升了企业业绩。
2020年	抗击新冠肺炎疫情,践行不忘初心、担当使命的实际行动,坚决贯彻落实浙江省委、杭州市委提出的众志成城抗击新冠病毒等一系列指示精神,全力打好疫情防控阻击战。

讲述人:杭州之江市政建设有限公司
　　　　董事长　谢佰叶

讲述人简介

谢佰叶,出生于1960年1月,中共党员。多次被评为国家、省、市、区优秀企业家,连续20多年多次当选双浦镇人大代表和西湖区第三、四届政协委员,区党代表,杭州市民营企业协会副会长,多次就之江地区和双浦建设高质量发展建言献策。做到身在双浦不忘双浦建设,多次资助双浦教育文化事业、慈善事业、新农村建设,积极参与"春风行动"、抗洪抢险、抗击新冠疫情等,捐资捐物近100万元,近十年累计向社会捐资公益事业150余万元。

业精于勤　全力以赴　装扮杭州美景无双
——"百城百企"记杭州萧宏建设环境集团有限公司

扫码看视频

38

近50载的历史积淀，让杭州萧宏建设环境集团有限公司凝聚了"至信至精 至远"的核心价值观。承建的工程获"鲁班奖""国家优质工程奖""全国市政金杯示范工程""部优工程质量奖""全国用户满意工程""钱江杯"等多项优质工程。还获"全国优秀施工企业""浙江省建筑业先进企业""浙江省文明单位""浙江省建筑强企"等诸多荣誉。

杭州萧宏建设环境集团有限公司（以下简称"杭州萧宏"）创建于1974年1月。1986年其前身杭州市地方建筑工程公司城北分公司，还是一家年施工能力数百万元的小公司。在俞先富掌舵下，从1992年起不断登上新台阶，1993年与杭州市地方建筑工程公司脱钩，1995年资质晋升为贰级，1997年升为壹级，2001年发展势头强劲，更名为杭州萧宏建设集团有限公司。2007年成为全国首批8家市政总承包特级资质企业之一。而此时，一座30层萧宏大厦，已矗立在区政府大楼西侧。

稳健又高效地发展，源于"业精于勤、全力以赴"的精神。1987年3月，东海咸潮疯狂侵袭钱塘江，杭州全市用水频频告急。当时，副市长连夜找到俞先富，要求他以精兵强将抢修珊瑚沙水库，必须在8月24日之前重筑拦水坝。指令如山，容不得半点迟疑。当时28岁的俞先富刚担任经理不久，接到任务便连夜策划施工方案，组织施工人员。俞先富说："我把500人分成4个团，设4个领导，往下再组成29个造坝战斗小组，还采取了责任承包，也就是说，按时完成的不加钱，提前完成的每个人按每个部位加1元钱……大家拼命地干啊，一方面这是市里的抢险重点工程，另一方面是我们的激励机制起了作用。通过我们的努力，终于保质保量完成了任务。"

杭州市民迄今仍记忆犹新，当年的供水抗咸工程是省内重中之重的民生工程，它的建成可以一劳永逸地消除咸潮之苦。俞先富向市领导建议："将之江路向钱塘江外拓12m，在新拓的堤岸上筑一条新的防洪大堤，而那条输水方渠就埋在堤岸下。"此方案，无须动迁拆迁、交通不再阻塞、还能治理钱塘江，优势非常明显。"抗咸一期"工程方案最后按他的思路来规划设计，杭州萧宏承担了70%以上的工程量。最后，工程以过硬的品质、极高的效率，在第二年5月供水旺季到来之前完工，创下了杭州市政建设史上的施工奇迹，媒体誉之为"市政建设的一匹黑马""钱塘江畔升起的一颗新星"。

架桥铺路　五横三纵　钱塘时代重筑杭州经纬

"杭州西湖美景无双"，长久以来，西湖作为最具代表的符号为杭州带来了无数游客和声誉。但是西湖区域的承载能力毕竟有限，为了改善道路交通状况，加速江南城区发展，实现从"西湖时代"走向"钱塘江时代"的战略目标，"五横三纵"成了重铸杭州经纬的重要项目。在这项杭州重点工程中，杭州萧宏承接了杭州市紫金港路（文一西路—留祥路）02标工程、彩虹快速路滨江段三标段（互通段）工程和乔司至东湖连接线工程二标段等几大标段。

杭州市紫金港路（文一西路—留祥路）02标工程，是杭州首次出现的地下立交，由主线隧道、A匝道、B匝道、C匝道组成立交各象限，实现地下四通八达。这样的地下立交，在杭州还是首次建设。它的开通，将大大改善城西北部的交通，分担古墩路的交通压力，城西的居民出行也可以多一个选择。

该工程获得了2项"国家实用新型专利"、1项"省级工法"，项目部QC小组荣获了"浙江省优秀质量管理小组二等奖"。荣获2016—2017年度国家优质工程奖、浙江省"钱江杯"优质工程、浙江省市政金奖示范工程、浙江省市政行业三十年"经典工程"、杭州市"西湖杯"、"杭州

图1　杭州市紫金港路（文一西路—留祥路）02标工程

市建筑业新技术应用示范工程""浙江省建筑业新技术应用示范工程""杭州市建设工程安全生产文明施工标准化样板工地""浙江省市政公用工程安全文明施工标准化工地""浙江省建筑安全文明施工标准化工地"等荣誉。

杭州市彩虹快速路滨江段三标段（互通段）工程，内容包括高架桥梁、立交互通匝道桥梁、地面桥梁、地面道路、排水工程，工程造价59209.7155万元。三标段是彩虹快速路中重要的高架段，并包含一座与时代高架全互通交通转换的立交桥，项目呈东西走向，位于现状滨文路，西接二标段（隧道段），东至涵虚路与四标段衔接，全长2.36km。全线采用"高架+地面道路"形式，高架桥梁工程采用预应力混凝土连续箱梁结构，双向六车道，最大跨径48m，主线高架桥梁长2271m。

针对施工量大，质量要求高，施工技术要求高等特点，为确保工程质量，建立健全了质量管理体系，各工序实行了严格的"三检制"，针对超高墩柱脚手架的支模体系研发，特别成立了质量控制小组，取得了创新型QC成果，并获得省级工法。项目部积极运用"新技术、新工艺、新材料"，共计六个大项、十二个子项，作用积极、效果显著。工程获得了1项"国家实应用新型专利"、2项"省级工法"，项目部QC小组荣获了"浙江省市政行业优秀质量管理小组一等奖""中国市政行业优秀质量管理小组一等奖"，被评为"杭州市建设工程结构优质奖""杭州市建筑业新技术应用示范工程""浙江省建筑业新技术应用示范工程""杭州市建设工程西湖杯奖""浙江省市政金奖示范工程""浙江省建设工程钱江杯奖""中国钢结构金奖""全国市政金杯示范工程"。

乔司至东湖连接线工程二标段南起外翁线，连接已建成通车的东湖快速路一期（外翁线以南段），北至临东路。主要包括主线高架桥梁、平行匝道、沪杭高速互通匝道桥、地面桥、地面道路、排水工程、通信管线等工程。工程中的ZX85-ZX88联箱梁设计桥宽25m，跨径为37.75+60+35.20m，其中中垮上跨现状杭浦高速主线道路，采用挂篮悬浇施工。箱梁位于缓和曲

图2　杭州市彩虹快速路滨江段三标段（一）

图3 杭州市彩虹快速路滨江段三标段（二）

图4 杭州市彩虹快速路滨江段三标段（三）

线上，横向设置超高段，轴线渐变和横坡渐变段，线形复杂多变，通过对ZX85-ZX88联箱梁断面设计、线形设计及节段布置与挂篮、模板设计相结合，优化施工过程流水化作业、精细现场三级管控体系、发扬党员突击队和青年安全岗先锋作用，确保混凝土结构线形直顺、优美，混凝土质量内实外美、色泽一致；通过混凝土结构线形检测，充分展现了设计意图和设计效果，在悬浇工艺上实现了突破，确保杭浦高速通行车辆的行车安全。

工程连通杭州、临平区与海宁的快速路工程，工程全线约7.1km，为了让市民尽早感受到项目建设带来的便利，工程所有标段同步开工建设。通过精心组织科学施工，克服了施工工序繁多、施工组织难度大等困难。《大体积混凝土箱梁拆除施工工法》获省级工法；工程获得浙江省市政行业QC优秀质量管理小组二等奖、2020年度浙江省建设工程"钱江杯"优质工程、2019年度浙江省市政金杯示范工程、2018年下半年度杭州市建设工程"西湖杯"（优质工程奖）、2018年度杭州市余杭区建设工程"结构优质奖"，2018年度浙江省建筑安全文明施工标准化工地、2018年度浙江省市政公用工程安全文明施工标化工地等诸多荣誉。

"五水共治"关键工程　守护G20峰会用水安全

2016年，举世瞩目的G20峰会在杭州召开，成了杭州展现给世界的一张名片。在守护G20峰会用水安全的关键水利工程中，也有杭州萧宏的一份贡献。

图5　乔司至东湖连接线工程二标段（一）

图6　乔司至东湖连接线工程二标段（二）

华家排灌站是浙江省"五水共治"重点工程。位于钱塘江、富春江、浦阳江三江交汇处,是保障杭州国家高新技术产业开发区防洪、排涝安全及水环境改善的中型枢纽工程,工程主要由泵站、水闸、交通桥、连接河道等组成。工程自2015年投入运行以来,累计排涝及配水3.9亿 m^3,解决了滨江区多年以来的内涝问题,河道水质由劣Ⅴ类提高到Ⅲ类以上,实现了水生态、水环境的大幅提升,有力支撑了杭州国家级高新技术开发区可持续发展,为2016年G20峰会提供了水环境安全保障。

杭州萧宏在施工过程中积极研发应用四新技术,采用自主研发的工程项目管理系统,实现了全过程信息化管理。闸站临潮区结构混凝土浇筑掺加聚丙烯超细纤维等新材料,提高了混凝土的抗裂性能;地基采用振冲挤密处理,提高地基土的抗震稳定性和承载力,解决了粉砂土地基易发生液化和渗透破坏等难题;全场区合理布置管井降水,保证了施工质量和安全;"圆弧形外倾扶壁式挡墙施工方法"获水利部部级工法;"一种砂质粉土上的围堰"和"一种消浪挡墙"获国家实用新型专利;"提高圆弧形外倾扶壁式挡墙混凝土外观质量合格率"荣获全国水利行业优秀质量管理小组QC成果一等奖。工程荣获2016年度杭州市滨江区"滨江杯"奖,同年获得浙江省建筑安全文明施工标准化工地。

杭州萧宏建设环境集团成立至今的47年间,从依靠肩扛手拉建造杭州珊瑚沙水库艰难起步到杭州首座半地埋式七格污水处理厂,从下穿西湖的中型隧道到紫金港大型隧道,从普通管道到杭州首条建设的德胜管廊,从杭州乔司地铁南站到地铁杭临线、地铁杭富线,从杭州上塘高架到深圳南坪快速路,足迹遍布城市建设主动脉,拥有市政公用工程施工总承包特级、房屋建筑工程施工总承包壹级、桥梁工程专业承包壹级,水利水电施工总承包、机电安装工程施工总承包、园林绿化工程施工总承包贰级,地基与基础工程专业承包、隧道工程专业承包贰级资质,以及城市轨道交通工程专业承包资质。公司还涉及房地产和小额贷款经营,环保科技,生物医药和铝材产品研发、生产等,形成综合型施工、跨行业经营的集团型民营企业和国家高新技术企业,曾获全

图7 华家排灌站工程(一)

图8 华家排灌站工程（二）

图9 华家排灌站工程（三）

图10 华家排灌站工程（四）

国民营500强和建筑行业500强企业。

在发展赛道上，杭州萧宏也从不错过拓展的机遇。2008年，杭州萧宏整体收购衢州市交通建设集团。一家民营企业收购一家国有企业，这本身就是大手笔，而杭州萧宏从此把业务领域拓展至交通工程建设，意义非同小可。当时正值国际金融危机，不少企业举步维艰，对产业链延伸更是慎之又慎。但杭州萧宏依然选择收购，足见其实力和眼光。在技术赋能领域，杭州萧宏从无

到有，从小到大，始终厚植优势，创新发展，推动企业高质量发展，并在诸多施工领域形成硬核技术，被认定为"浙江省省级技术中心""高新技术企业"，承建的工程获得"鲁班奖""国家优质工程奖""钱江杯"等多项优质工程奖。

杭州萧宏建设环境集团有限公司大事记

1974年	组建杭州珊瑚沙水库工程处，隶属萧山县城北区的杭州自来水公司。
1980年1月	组建杭州乡镇企业管理局萧山城北工程队。
1980年3月	成立萧山第二建筑工程公司城北分公司。
1986年2月	更名为杭州市地方建筑工程公司城北分公司。
1993年10月	与杭州地方建筑工程公司脱钩，更名为杭州萧宏市政工程公司。
1995年9月	取得市政公用工程施工总承包贰级资质。
1997年3月	杭州萧宏市政工程公司更名为杭州萧宏市政工程有限公司。
1997年8月	取得国家市政公用工程施工总承包壹级资质。
2001年4月	杭州萧宏市政工程有限公司更名为杭州萧宏建设集团有限公司。
2002年2月	萧宏集团入选为"全国民营企业500强"。
2007年	取得国家市政公用工程施工总承包特级资质。
2008年1月	萧宏大厦落成。
2008年	公司整体收购衢州市交通建设集团。
2010年9月	集团技术中心被认定为省级技术中心。
2019年	集团被认定为国家高新技术企业。

讲述人：杭州萧宏建设环境集团有限公司
党委书记、董事长 俞先富

讲述人简介

俞先富带领萧宏从小到大，从弱到强，将一个仅几千元资产的小公司，打造成国家市政公用工程施工总承包特级资质的大型民营企业。如今，俞先富任浙江省市政工程协会副会长、杭州市市政工程协会副会长、滨江区建筑业协会副会长。

扬时代之风　铸恒基之魂
——"百城百企"记恒基建设集团有限公司

扫码看视频

浙江桐乡，一个文人荟萃，人杰地灵的地方。这里是文学家茅盾、丰子恺的故乡。而在这古运河流经之地，美丽的杭嘉湖平原，有一家从筑桥起家，名为桐乡市同福路桥工程有限责任公司的企业，经过20余年苦心经营，从一家几十人、以修筑桥梁为起点的小公司，发展成为注册资本金超1亿元，总资产过3亿元的恒基建设集团有限公司。

在现集团公司董事会主席吕德坤的带领下，恒基建设集团有限公司（以下简称"恒基建设"）走出了一条由小公司不断壮大为大集团的道路——从浙江桐乡第一家民营市政企业，成长为现在拥有市政公用工程施工总承包壹级资质和建筑、公路等工程施工总承包贰级资质的集团型企业。纵观20余年来的发展，恒基建设以"靠党起步、靠党发展、靠党壮大"为信念，以"创优质品牌工程"为根本，坚持"恒基建设，铸就永恒的基础"的誓言，以强烈的社会责任感参与社会活动，树立品牌、感恩社会，以建设者身份建设美好家园。

1995年，建筑业改革之风吹遍祖国大地。扑面而来的春风也吹到了嘉兴桐乡，国家鼓励发展私营企业的经济新政出台了。同年4月7日，吕德坤与四位挚友沈有根、吕根荣、孙敏庆、沈掌千，放弃了铁饭碗，毅然离开了同福桥梁工程队，带着仅有的3辆翻斗车，1台搅拌机和8根槽钢，凭借着东拼西凑的5万元资金，创立了桐乡市同福路桥工程有限责任公司。这家名不见经传的小单位却是国家改革开放政策实施以来桐乡市诞生的第一家民营市政企业，也就是恒基建设集团的前身。

1995年冬，公司获得320国道拓宽工程中一个标段的施工任务。这是公司成立后承接的第一项大工程，来之不易。在全体员工的共同努力下，该工

图1　1995年4月，桐乡市第一家民营建筑企业成立了

程验收时，当时还毫无知名度的同福路桥工程有限责任公司成为同时施工的四家单位中唯一通过全程竣工验收的施工企业。由此，公司在桐乡业界打响了第一炮。此后，公司不断承接市政建设的各项工程，在工程管理上精益求精，随着建造装备的不断更新和增加，建设的公路从乡村一直延伸到县市，从水泥路到柏油（沥青）马路，从一支工程队到拥有技术实力强、综合业绩突出的集团型多元化企业。

2004年5月11日，随着公司业务的不断扩张，地域的不断扩大，资质的不断增加，同福路桥公司更名为桐乡市恒基建设发展有限公司。"恒基建设，铸就永恒的基础"，这也就是公司名称的由来。

现如今，公司工程足迹遍布省内，延展苏沪皖川鄂黔六省市，为城市建设的发展，城市品质的提升，付出了辛勤和汗水。公司成为嘉兴市市政行业龙头企业，工程项目两次摘得"全国市政金杯示范工程"，多次获得浙江省"钱江杯"、嘉兴市"南湖杯"。

图2　恒基建设集团第一项重大工程——320国道拓宽工程（一标段）施工中

图3　嘉兴市建筑业第一个党建文化中心揭幕

亮丽的风景线　桐乡市梧桐区块庆丰北路延伸段工程B标段

桐乡市梧桐区块庆丰北路延伸段工程是2008—2009年度桐乡市政府重点项目。随着桐乡城

图4　桐乡市梧桐区块庆丰北路延伸段工程B标段（一）

市建设的飞速发展，城北与主城区交通流量日益增大，亟需建设一条沟通主城区与绕城北路的主干道，以缓解市区的交通压力。桐乡市梧桐区块庆丰北路延伸段工程B标段承载着这一功能，将已建的庆丰北路与绕城北路实现无缝对接。

工程于2008年1月8日开工建设，于2009年9月30日竣工建成通车，本工程共使用水泥2500t，分11批次进场，原材料见证检测共计11组，合格11组。混凝土试块、砂浆试块、管道回填压实度试验、塘渣垫层、水稳基层、沥青混凝土面层弯沉试验等各项试验检查频率符合要求且试验合格率100%。质量控制上，广泛深入开展质量智能分析、质量讲评，大力推行"一案三工序"的管理措施，同时积极开展QC质量管理活动，投资15万元开发建立了基于互联网技术上的工程信息管理系统，提高资源共享水平，达到项目管理高效益和低投入，实现了施工现场信息

图5　桐乡市梧桐区块庆丰北路延伸段工程B标段（二）

化管理在嘉兴地区市政工程上的首次尝试，以"提高水泥混凝土路缘石施工质量"为课题的QC活动，使得水泥路缘石无色差缺棱掉角、勾缝饱满、线面顺直清晰。

桐乡市梧桐区块庆丰北路延伸段工程B标段工程观感质量良好，内坚外美、细部工艺精湛、十项新技术应用效果显著、使用功能良好，是我们优化项目管理和对施工质量的精细化管理意识的成功体现，它的建成是恒基建设在市政基础设施施工领域中又一个新的突破，更是向更新更高的建筑产品目标冲刺的一个新的里程碑。自投入使用以来，各项使用功能满足要求，无质量问题，得到了桐乡市各界的广泛好评。

图6　2011年4月，市庆丰北路延伸段工程荣获"全国市政金杯示范工程"

该工程建成是桐乡市主体道路延伸规划的一个典型，显著改善了城北的交通环境，成为周边镇区进入市中心的交通要道，成为桐乡市市政道路设施的一道亮丽的风景线。同时该工程是嘉兴市首个"全国市政金杯示范工程"，也是公司的第一个全国性奖项。

清华园工程　乌镇大道的奇迹

桐乡市桐九公路桐乡客运中心至火车站段改建工程第四合同段工程，即现在的乌镇大道项目也是恒基建设的代表作。乌镇大道项目属于交通专业领域的工程，而负责该项目的恒基团队以前主要是做市政工程的，这就意味着他们跨入了一个全新的领域。

在项目启动之初，就面临两大难题，其中最突出的就是桥梁施工。因为这座桥梁需要横跨沪杭高速而过，下面就是川流不息的车流，道路不能阻断，想要在上面施工，显然难度很大。为解决施工难点，在恒基建设董事长的带领下，项目团队和交通部门、业主、交警部门、沪杭高速公司、路政等一起先后开了20多次的专题协调会。特别在上跨架设施工过程中，为解决困难，经

图7　桐九线跨沪杭高速桥

过反复研讨及沟通协调，采用了新型架梁与间断施工并用的方案，选择在凌晨五点多车流量相对较小的时间段，仅阻断交通流5分钟，利用这5分钟的空档开展架桥施工，既保证了工程正常进行，又减少了交通压力，降低了风险。就这样，项目施工中的一块硬骨头总算给啃下了。

在道路施工的过程中，也碰到了诸多难题。因为此前大多采用的是塘渣填埋路基的做法，这会导致路基不够稳固，为了保证质量，这次选择使用了一个概念比较新的灰土施工技术。这是一种存在于交通领域更规范的施工方式，可以防止道路出现明显沉降，但在技术上还不够完善。为此，吕国跃专门带队到江苏、陕西等地进行了考察，学习这项施工技术的先进经验。

拿下乌镇大道项目的经历，对吕国跃来说，有着巨大的收获。其中最大的收获是：工程不仅是为了赚钱，还要学会诚信，铸就品质。他始终坚信机遇与挑战并存，果然，这个项目正式通过验收后，拿到了工程施工标段第一名的荣誉。

"只有真正在施工一线摸爬滚打过，和员工一起找原因、出主意、定措施，直到把问题都解决好，这样才能与大家形成良好的互动，建立稳固的关系。"这也为吕国跃后来和项目经理、施工人员能良好沟通打下了基础。

桥是水上要津　桥梁博物馆记录桥的故事

恒基建设创始人吕德坤从事市政建筑行业，平时喜欢收藏与桥梁有关的书籍。在其收藏里，特别有一本讲述现代桥梁专家茅以升故事的书，茅以升立志造桥，奉献国家的精神也深深地感动了恒基人。

桥是水上要津，空中霓虹。对桥梁的这种特殊情感，让吕德坤坚持要做一件事：弘扬桥梁文化，提高古桥保护意识。2013年，桐乡市江南古桥文化研究会成立于"恒基"，桥梁研究者、古桥爱好者纷至沓来，在此寻觅古桥遗韵及精湛技艺。吕德坤始终认为，"恒基"因桥而立，桐乡因水而美，有水的地方就有桥，有桥的地方便有水。桥与水，水与桥，相得益彰，将桐乡这座江南小城凸显得与众不同、独显神韵。

建一个"桥梁博物馆"。长久以来，他对"桥"的念想，一直弥绕于心间。于是，一座占地

图8 嘉兴桥梁博物馆

1000m² 的"桥梁博物馆"应运而生。其间实物、模型、照片及桥梁构件等展示江南桥梁发展史与桐乡古桥风采，包含了桐乡100余座具有代表性的古桥，描述了古桥历史、构造特色、传说故事等。

在吕德坤看来，"桥梁馆"不仅记录了"桥"的历史，更多记载了"恒基"对于桥的那一份"情"，也让更多的人知晓，"恒基"因"桥"而兴起，也因"桥"而源远流长。

多元的企业文化新模式，助推了企业生产经营的高速发展。十多年来，通过畅通的职业发展空间、优厚的薪酬待遇、优越的生活条件、丰富的企业文化，"恒基"吸引和留住一大批骨干人才，为"恒基"的发展提供源源不断的动力。

图9 中国市政行业首个"全国市政企业文化建设基地"落户恒基

一路风雨一路歌，在多年创业发展的路上，恒基人披荆斩棘，砥砺奋进，以敏锐的商业眼光和独到的经营思路，塑造了恒基建设的辉煌。谈及恒基建设的未来，恒基人紧紧围绕"打造百年恒基"这个梦想，在激烈的市场竞争中，扬时代之风，铸恒基之魂，乘风破浪，勇往直前！

恒基建设集团有限公司大事记

1995年4月	吕德坤与沈有根等4名队友带着3辆翻斗车、1台搅拌机和8根槽钢，加上东拼西凑的5万元资金，创立了桐乡市同福路桥工程有限责任公司（恒基建设集团前身）。
1995年12月	承接320国道拓宽工程一标段工程施工业务。第二年，工程竣工，成为同时施工的4家企业中唯一通过验收的企业。其间，公司研创的公路混凝土板块灌浆技术，在实际应用中获得成功。
2007年7月	中共浙江恒基建设发展有限公司支部成立。
2008年5月	嘉兴市建筑行业首个企业文化中心——恒基企业文化中心落成。
2009年1月	公司被住房和城乡建设部授予市政公用工程施工总承包壹级资质。
2010年4月	公司工会被中华全国总工会授予"模范职工之家"荣誉称号。
2011年2月	获"嘉兴市政龙头企业"殊荣。
2011年4月	桐乡市庆丰北路延伸段工程荣获"全国市政金杯示范工程"。2015年2月，同福水厂工程再获"全国市政金杯示范工程"。
2012年3月	全国市政行业企业文化建设研讨会在桐乡市召开。集团公司被授予行业内首个"全国市政行业企业文化建设基地"称号。
2014年2月	集团公司荣获"嘉兴市市长质量奖"，成为桐乡乃至嘉兴市建筑行业首家获此殊荣的建筑企业。
2015年1月	桐九线跨沪杭高速桥架梁板合龙。
2017年11月	全国精神文明建设表彰大会在北京召开，集团公司被中央文明委授予第五届"全国文明单位"荣誉称号。

一笔一足迹 一步一脚印 逐绿前行 驰梦笃行
——"百城百企"记浙江大东吴集团建设有限公司

浙江大东吴集团建设有限公司（以下简称"大东吴建设"）成立于1994年，是浙江大东吴集团有限公司（以下简称"大东吴集团"）下属的一级子集团，现下辖7家专业子（分）公司，专业涵盖房建、市政绿化、通信电力、装饰幕墙、交通水利、建筑工业、绿色建材七大板块。经过27年的拼搏，大东吴集团已跨入浙江建筑业的前列，成为湖州市建筑行业的标杆。多次荣获全国民营企业建筑业500强、浙江省级文明单位、浙江省非公企业党建工作示范企业、浙江省AAA级重合同守信用企业、湖州市明星企业、湖州市金象企业等荣誉称号。

扫码看视频

28年来，大东吴集团如孩童般茁壮成长，砥砺前行、开拓创新，从首个国家鲁班奖项目马军巷小区到首个EPC项目湖东小学，从湖州地标建筑东吴国际广场到湖州首家建筑施工总承包特级资质企业，从传统建筑业发展到装配式建筑领航，绿色先行……一笔一足迹，一步一脚印，逐绿前行、驰梦笃行，以建筑工业化作为发展绿色建筑的有效载体，对传统建筑的"粗放"建造方式进行变革，向绿色、高效、创新的现代建筑企业逐渐转变，智领绿色科技，重塑建筑新生。从而助推湖州生态文明建设，发展成为践行"绿水青山就是金山银山"重要理念的样板地、模范生！

整修交通要道　施工运行两不误

太湖位于江苏省南部，北临江苏无锡，南濒浙江湖州，是中国五大淡水湖之一。自2005年6月湖州太湖旅游度假区改建以来，已成为南太湖带的核心，也是湖州建设"现代生态湖滨城市"的载体和湖州旅游业发展的重要部分。而太湖路作为连接城区与太湖旅游度假区、周边居民上班的交通要道，在上下班、周末期间车流量较多。经过多年的通车使用，太湖路急需整修改造。项目南起河沙圩大桥，长约1300m，规划红线宽68m，其中路面宽31m。

由于项目所在路段为交通要道，需要在保证施工进度的情况下，优化交通组织，不影响交通运行。在路基设计上，道路施工时应对开挖后现状路基先压实后检测。新老路基衔接处应开挖成台阶形式并分层压实填筑。在基层设计上，车行道使用20cm中粒式二灰碎石基层+30cm粗粒式二灰碎石底基层。

太湖路修整项目获得湖州市建设工程飞英杯奖，浙江省市政金奖示范工程、浙江省建设工程钱江杯奖（优质工程）、湖州市建筑安全文明施工优胜标化工地、浙江省市政公用工程安全文明施工标准化工地、浙江省建筑安全文明施工标准化工地。浙江省市政行业优秀质量管理小组一等奖等奖项。

图1　太湖路（一）

图2　太湖路（二）

见证湖州历史　千年老街焕发新魅力

有着1400多年历史的南街是湖州最繁华的街道之一，因位于仪凤桥南堍南至安定门（今南门）而得名。作为湖州的老街之一，它曾经见证过湖州发展的历史，也留下了一代又一代湖州百姓的生活印记。而南街于1987年拓宽，2005年把"冠名权"卖给江南工贸集团，后更名为"江南工贸大街"。

江南工贸大街位于湖州市主城中心区，为南北向的一条城市主干道，地处商业中心，沿线商铺林立，交叉路口繁多，行人车辆交通量极大，交通波段性特征明显，交通敏感度高。沿线地下管网分布杂乱，建成年代跨度大，质量等级不一，涉及众多相关部门，情况复杂。为解决行人过街对机动车的干扰，提高主干道交叉口的通行能力，改善交叉口的城市环境，满足迅猛增长的交通需求、实现城市功能，修缮工程结合江南工贸大街的改造拟在勤劳街、红旗路、同岑路3个路口修建3个人行过街地下通道。

由于工程属于中心商业城区地下通道施工，存在着几个需要解决的难点。首先应该认真考虑专项保护措施方案，对原有各种管线采取有效保护，对沿线商业网点、机关企事业单位的干扰最小化。另外也要编制实施交通专项组织方案，将现有交通干扰减小到最小。

该工程获得湖州市飞英杯市政工程质量奖、湖州市建设工程飞英杯奖、浙江省市政金奖示范工程、浙江省建设工程钱江杯奖（优质工程）、湖州市建筑安全文明施工优胜标化工地、浙江省市政公用工程安全文明施工标准化工地、浙江省建筑安全文明施工标准化工地、浙江省市政行业优秀质量管理小组、浙江省工程建设优秀质量管理小组、AAA级安全文明标准化诚信工地等奖项。

图3 江南工贸大街

图4 江南工贸大街地下通道

管线搬迁增加难度　攻坚地下过街通道工程

人民路地下过街通道工程项目位于湖州市人民路，由于地处城区中心，人民路交通繁忙且地下管线众多，不具备开挖施工的条件，综合考虑环境和人流疏散的需要以及管线搬迁难度、工期等因素，地下通道采用4.2m×6.9m矩形顶管法施工。通道成"Z"字形布置，设置2个出入口，总建筑面积约为823.8m^2。

图5 人民路地下过街通道（一）

图6 人民路地下过街通道（二）

本次工程基坑支护采用SMW工法桩，支撑体系采用一道钢筋混凝土支撑与两道 $\phi 609 \times 16$ 钢管支撑对撑，第一道钢筋混凝土支撑与冠梁一起浇筑，形成整体，第二道支撑焊接在两根双拼H型钢的围檩上，第三道支撑也焊接在两根双拼H型钢的围檩上，达到基坑安全效果。在基坑开挖时组织监测小组按专家论证通过的基坑开挖方案对基坑位移监测、沉降观测等进行监测，监测结果均在安全允许偏差范围内。

图7　人民路地下过街通道入口

该工程获得湖州市建设工程飞英杯奖、浙江省市政金奖示范工程、湖州市建筑安全文明施工优胜标化工地、浙江省市政公用工程安全文明施工标准化工地、2011年度浙江省市政行业优秀质量管理小组等奖项。

解决跨河交通瓶颈　仁皇山大桥贯通南北

仁皇山分区是湖州中心城市的重要组成部分，为改善新老城区南北向交通条件，解决分区跨河交通瓶颈问题，提高区块内基础设施服务能力及周边自然生活环境质量，大东吴建设承担起对该区域进行改造的任务。此次改造历时500天，含仁皇山大桥及桥头引道、龙王山路改造、泵站等。

仁皇山大桥总长约408m，主桥跨径128m，宽37m，位于仁皇山风景区南麓，横跨旄儿港，连接旄儿港南北两岸大享路及龙王山路，起点为南岸大享路和龙溪北路交叉口，终点为北岸龙王山路和山前路交叉口，为钢混凝土混合连续箱梁。龙王山路道路改造工程，含道路改造、雨污水管道、泵房、路灯基础等工作内容。该工程属于市重点工程，地质及现场情况相当复杂，车流量大，施工难度较大。

该工程获得湖州市飞英杯市政工程质量奖、湖州市建设工程飞英杯奖、浙江省市政金奖示范工程、浙江省建设工程钱江杯奖（优质工程）、华东地区优质工程奖。湖州市建筑安全文明施工

图8　仁皇山分区

图9　仁皇山大桥

优胜标化工地、浙江省市政公用工程安全文明施工标准化工地、浙江省建筑安全文明施工标准化工地、湖州市政行业协会20周年经典工程等奖项。

第一次"大东吴奇迹"——湖州地标——东吴国际广场

处于浙江省北部的湖州市，东邻上海，南接杭州，西依天目山，北濒太湖，与无锡、苏州隔湖相望，是环太湖地区唯一因湖而得名的城市，是一座具有2300多年历史的江南古城。

2009—2013年，董事局主席吴仲清带领团队挑战建筑新高度，建造了湖州地标——东吴国际广场。这座288m的巨塔不仅是全球十大双子塔之一，是湖州的城市地标，更因为他的诞生，拔高了湖州的城市地位，加快了湖州融入长三角一体化的进度，提升了湖城百姓的生活品质，也创造了服务业的新高度。

东吴国际广场是集购物、休闲、娱乐、餐饮、文化、旅游、高层住宅等功能于一体的大型项目,占地面积49976m²(约75亩),建筑面积30余万m²,总高度达288m(含避雷针),由星级酒店(超五星)、商业办公、文化娱乐、餐饮服务、酒店式公寓等组成,总投资约30亿元,项目计划于2012年投入运营,是2010年湖州市重点工程项目。

东吴国际广场,不仅仅为广大湖州企业营建企业总部,更是湖州快速崛起、兴旺与繁荣的代表,也是湖州城市的标志之一,见证着湖州这座千年文明古城对于跨世纪发展的国际化商务、居住、旅行、购物、休闲等全新生活方式的探索与追求,代表着这座城市积极、乐观的向上精神。本项目的成功运营,对提升湖州市的形象起到不可估量的作用。

图10 东吴国际广场(一)

图11 东吴国际广场(二)

第二次"大东吴奇迹"——疫情下的南太湖山庄项目

2020年2月8日,湖州市委市政府召集建设方和施工方召开紧急会议,要求复工复产,确保"长三角一体化主要领导会议"在湖州顺利召开。作为会址建设的施工总承包单位董事长吴淑英当晚就召集了施工班组召开紧急会议。

南太湖山庄项目,该项目位于湖州毗邻太湖的小梅山半山腰,地理位置特殊,是典型的江南山地,在半山腰上造房子本就不是一件容易的事,再加上疫情期间建设工期紧迫、施工人员匮乏、建筑材料运输线中断……团队面临许多困难。在董事长吴淑英的号召下,大东吴建设吹响了"攻坚集结号",大家"集结所有力量,一鼓作气,咬定青山不放松!",绷紧精神,全力以赴、争分夺秒。

全集团抽调了精锐力量近200人,建筑工人1750余人,成立了项目推进领导小组,下设6个专项工作组,每天晚上,召开现场协调会,及时协调解决相关问题,做到"问题不过夜",全方位为项目提供支持。全体作业人员以"白加黑""5+2""两班倒"的工作模式,24小时昼夜不停施

图12　南太湖山庄项目

工，完成了"不可能完成"的任务！

工地一线热火朝天、如火如荼；后勤保障紧随其后、细致入微。一方面租赁了项目周边停车场，新增200多个停车位，方便工作人员停车；一方面，落实周边酒店，让一线工人就近入住酒店，包车接送，避免交叉感染；另一方面，安排湖州东吴开元名都酒店提供卫生、安全的高品质盒饭，一天四顿，按时供应热饭热菜、水果饮料。同时，不计成本将高品质酒店作为员工隔离点，花重金购买3台"体温热成像感应迅速排查系统"为进出厂区和工地现场的人员实时监控体温。

那时，在南太湖山庄工地上流传一句口头禅："武汉有雷神山、火神山，湖州有小梅山。"这句话形象地诠释了2020年年初全国人民抗击疫情时奋斗的状态，更体现了大东吴人奋战小梅山的拼劲。南太湖山庄项目的攻坚，可以强烈地感受到大东吴人那股子顽强而又执着的品质，传达出的是一份神韵，更是一种顽强的生命力。纵使环境恶劣，困难重重，但大东吴人始终像在石缝中的竹子一样刚强勇敢，坚韧顽强。这个项目在春节后仅用100天就完成了全部建设，顺利圆满地交付给业主，也给市委市政府递交了满意的答卷。

探索新材料新技术　为高质量项目赋能

湖州市外环北路（青铜北路—太湖路）工程Ⅱ标总长700m，总造价1.2亿元。主体工程为长田漾大桥，桥梁全长336.2m、宽57m，两幅，单幅宽23.5m，两幅桥面中间空隙10m；桥型布置为21孔不等跨上承实腹式钢筋混凝土半圆无铰板拱桥。

长田漾大桥既是一条重要通道，更是一个重要景观。该桥连接起附近长田漾和乌龟漾等南北水系，同时又与奥体中心体育场馆遥相呼应，形成一幅错落有致的画面。建筑风格上，该桥借鉴

图13 长田漾大桥（一）

图14 长田漾大桥（二）

了颐和园十七孔桥的特色，整体造型如长虹卧波，21跨连拱依次排列，十分优美。

为了建好这座桥，项目施工中采用了许多新材料、新技术。为更好地体现古典拱桥的效果，栏杆及外侧墙身采用石质材料。以桥拱所需使用的填料为例，施工中采用的材料是泡沫混凝土，这是一种含有大量封闭气孔的新型轻质材料，具有质量轻、整体性能好、低弹减震性好、耐久性能好、环保性能好、施工方便、冲击能量吸收性能好、价格低廉等优点，与以往建桥使用的材料相比，不仅节省了成本，而且提高了施工质量。此外，现浇混凝土拱圈采用全桥水平推力锁止浇筑系统及轻型钢桁空间网支架的支撑体系等新技术的运用，也有利于进一步加快施工进度，保障工程质量。

该项目荣获湖州市飞英杯市政工程质量奖、湖州市建设工程飞英杯奖，浙江省市政金奖示范工程、浙江省建设工程钱江杯奖（优质工程）、全国市政金杯示范工程。湖州市建筑安全文明施工优胜标化工地、浙江省市政公用工程安全文明施工标准化工地、浙江省建筑安全文明施工标准化工地、浙江省市政行业优秀质量管理小组、湖州市政行业协会20周年经典工程、浙江省市政行业30年"经典工程"等。

奋楫新时代，扬帆新征程！站在新的历史起点，大东吴建设立足湖州中心点，面向长三角、面向全国，铸造品质一流的绿色建筑，打造具有大东吴特色的建筑新品牌。在公司全体员工的努力下，大东吴建设先后取得房屋建筑工程施工总承包特级资质、建筑行业甲级设计资质等认证，荣获国家"鲁班奖"、国家优质工程银奖、国家建筑工程装饰奖、全国市政金杯示范工程等奖项。

目前大东吴建设拥有5家国家高新技术企业，四星绿色工厂2家、三星绿色工厂1家、绿色建材产品2大类、绿色产业园1家，并致力打造了绿色建筑集成产业基地，该项目已成功纳入省重点示范项目、湖州大好高项目、(省、市、县)重点项目。

下个百年，大东吴建设将在中国共产党的英明领导下，以理想为帆，实干为桨，守正创新，勇毅笃行，努力朝着"中国市政行业领军企业"的目标愿景不断迈进。

浙江大东吴集团建设有限公司大事记

1994年5月	成立湖州通讯建筑工程安装公司正式营业。
1994年12月	成立中共湖州通讯建筑工程安装公司支部。
1995年10月	公司承建的湖州丝绸工业学校综合楼获湖州市"十佳建筑工程"荣誉。
1999年2月	公司被城区区委命名为区级文明单位。
2000年3月	公司通过对ISO 9002质量管理体系认证。6月，湖州大东吴通讯电力建筑工程集团有限公司，经批准，更名为浙江大东吴建设集团有限公司。
2001年11月	集团公司新办公大楼在陆家坝园区落成，集团总部及各分子公司乔迁新大楼办公。
2003年7月	"浙江大东吴建设集团有限公司"正式更名为"浙江大东吴集团有限公司"，增设：浙江大东吴集团建设有限公司。
2006年7月	全国工商联2005年度上规模民营企业调研结果揭晓，大东吴集团位列309位。
2007年2月	大东吴建设位于湖织大道2599号的太泗圩园区办公楼正式启用。
2008年4月	"大东吴"商标经认定为中国驰名商标。
2008年5月	汶川地震发生后，大东吴集团党委在迅速筹备救灾物资后，市值230万元的11种药品及时运往灾区，获"抗震救灾先进集体"荣誉称号。
2008年	房产开发壹级资质、建筑装饰装修工程设计与施工壹级资质、建筑幕墙工程专业承包壹级资质，先后获得国家住房城乡建设部批准。
2008年11月	大东吴集团被评为2008年度湖州市明星企业，董事局主席吴仲清被评为明星企业家。
2015年8月	大东吴集团被湖州市双拥办、湖州军分区政治部评为"拥军模范企业"。

2016年7月	大东吴集团党委荣获吴兴区"十佳两新组织党组织"称号。
2017年12月	浙江大东吴集团建设有限公司注册资本变更为10亿元。
2018年1月	大东吴集团被授予省级"文明单位"称号。
2020年1月	大东吴集团捐赠资金1000万元,专项用于新型冠状病毒疫情防控及医疗卫生公益事业。
2020年3月	大东吴集团连续第三年荣获2019年度湖州市"金象企业"和纳税大户。
2020年9月	"2020浙江省民营企业100强"正式发布,大东吴集团位列第98位。同年,大东吴集团成功入围"2020中国民营企业制造业500强"。
2020年11月	大东吴建设与住房和城乡建设部科技与产业化发展中心、湖州市住房和城乡建设局,就"绿色建筑与绿色金融协同发展智库建设"签订三方战略合作协议。
2021年1月	大东吴建设成功认定为浙江省2021年高新技术企业。
2021年2月	大东吴集团获评湖州市"金象企业"和纳税大户。
2021年4月	大东吴建设获评"第二批浙江省建筑工业化示范产业基地"荣誉称号。

讲述人简介

讲述人:浙江大东吴集团建设有限公司
　　　　董事长　朱培林

朱培林自公司成立以来,一直坚守职位,见证着大东吴集团的崛起,曾被评为2009年浙江省优秀建筑业企业经理、2011年中国工程建设优秀高级职业经理人等荣誉称号。

讲述人:浙江大东吴集团建设有限公司
　　　　常务副总经理　李斌

李斌先后取得一级建造师、优秀项目经理,入选湖州市1112人才工程等荣誉称号,已经负责完成16项专利、1项QC、2项企业工法、1项省级工法、1项国家标准的申报工作,为大东吴集团的发展作出了重要贡献。

打造城市新地标　树立城市新形象

——"百城百企"记温州市市政工程建设开发有限公司

城市地标是一个城市风貌发展建设的标志性区域或地点，它代表城市风格与品位的符号，已然成为这座城市文化的策源地。近年来，温州的城市建设日新月异，在温州"大建大美、精建精美"征程中，涌现了瓯海大道整治、瓯江路道路及景观提升改造、市府路整治提升、体育休闲公园足球基地工程、中水利用管线工程、滨江大排档等一批精品工程，成为温州城市新地标，成为温州的城市亮丽名片。地标式精品工程的背后，离不开温州市政为城市蝶变贡献的力量。

扫码看视频

走过半个多世纪的光辉历程，温州市市政工程建设开发有限公司（以下简称"温州市政"），历经城建体制改革和国资体制改革，领军温州市政重点工程建设，见证了温州完成改革开放"探路者"到"引领者"的转变。

经过60余年风雨征程，在新时代温州市政正承前启后地推动企业多元化发展，肩负起新的行业使命，在新温州建设的热潮中，把提高市政设施管理和维护水平作为新的工作目标，以养护业务为核心，沥青分包工程、招投标工程为支撑，肩负起市、区政府和集团下达的各类市政设施抢修、抢险突击施工任务。

温州市政对每一个项目实行标准化工程质量管理，铸造出一个又一个精品工程，努力建设成为品质优越、内和外顺的现代化企业，为促进城市群资源共享、产业互补、协调发展，贡献着市政力量；为增强城市功能、提升城市品位，打造城市新形象奉献汗水和智慧；为温州建设全面小康社会，实现中国梦而凝聚、专注、协作、创新，砥砺奋进谱写温州亮丽山水智城建设的锦绣画卷。

瓯江路改造提升工程 许一个温州"亮丽外滩"

瓯江，被温州人誉为"母亲河"，孕育了瓯越文明，养育着两岸人民。每每谈论起瓯江，市民往往会与上海的黄浦江、杭州的钱塘江相提并论。道路对于城市，往往是最好的代言人。瓯江路之于温州，就好比上海的南京东路的外滩，或是杭州钱江新城的之江路。相似的不仅是一派江景，一定程度上讲，瓯江路承载着城市转型升级和交通大动脉的非凡意义。

由于饱受路面沉降不均、局部破损等问题的困扰，瓯江路主干道已出现多处坑洼；江路的慢行连续性差，道路两头畅通、中段瓶颈突出，立体过街设施缺乏等问题困扰着温州市民。

在助力温州"大建大美"向"精建精美"提升、向"全域美"拓展建设背景下，温州市政人发扬实干精神，严格围绕既定时间节点，全力抓质量、保安全、抢进度，有力有序有效推进该项目建设。于2018年、2019年国庆前相继完成瓯江路道路及景观提升改造和附属管理用房工程施工任务，实现了瓯江南岸骑行道、健跑道、漫步道三线贯通，助力温州新名片"瓯江外滩"在新中国成立70周年的国庆期间完美呈现。

温州市政承建的瓯江路道路及景观改造提升工程以"思源瓯江 活力外滩"的理念为指引，以增加沿江运动文化为宗旨，推进骑行道、健跑道、漫步道三线贯通，完善沿江公共配套设施，提升沿线休闲舒适度等项目，与"夜游瓯江"相结合，带动旅游人气提升为主要提升要求，通过构建"一线四核"的空间结构，实现道路"序化、洁化、亮化、彩化、美化"的总目标，全面提升温州瓯江路"瓯江外滩"整体品质，打造瓯江特色窗口、彰显温州独特魅力。

图1 瓯江路道路及景观改造提升工程

以过硬的技术克服困难 整治后的瓯海大道有颜值更有品质

瓯海大道是温州"东西走向"交通出行黄金通道,也是连接温州大都市区东西双核心区的高架快速路。为提升温州城市形象与品位,2016年,温州市启动城市主入口干道瓯海大道整治提升工程,工程造价2.3亿元。随着温州市2016年"1+7"道路整治项目工程序幕拉开,温州市政受政府委托承担本项目的沥青路面施工任务。

图2　瓯海大道综合整治提升工程后

温州市政紧紧围绕"强化通盘谋划,优化组织方案,控制好工期,安排好时序,确保顺利推进"的工作要求,克服了边设计边施工、连续阴雨天气不利影响、交通流量大、要求高、任务重、工期紧等困难,通过合理安排计划,增加作业面,专业队伍穿插施工等方式,实现24小时不间断施工,有序推进施工作业,顺利于2016年9月15日完成整治任务,并全线通车。

作为市政府大力推进城市道路建设和综合整治的一项重要工作,温州市政承建的瓯海大道综合整治提升工程是加快市区道路建设,切实补齐城区道路"短板",实现"以空间重塑、形态重整、功能重构、产业重振"为着力点,把温州市区道路综合整治作为加快城市转型,促进城市有机更新的重要切入点,对进一步提升城市环境、改善人民生活品质具有重要意义。

攻坚克难 百折不挠用科技攻下"污水"

2017年9月23日,温州市中心片污水处理厂迁建工程进厂污水主干管工程开工。工程位于滨江商务区桃花岛,建成后将成为亚洲最大的半地埋式全封闭一体化污水处理厂,解决中心片的

图3　温州市中心片污水处理厂迁建工程

龙湾西片区、鹿城中片区及梧埏片区的污水处理问题。与工程配套的进水管、尾水管和排江管由温州市政建设。

进场污水主干管工程是其中一个重要项目，将解决新建中心片污水处理厂的进水问题。当时，工程被列为中央环保督查重点建设项目，必须在2018年5月底完成通水任务。时间紧、任务重，针对工程地下地质条件复杂、老旧管线施工技术难度大等困难，温州市政持续加大人员、机械投入，通过多次邀请国内行业专家不断优化施工方案，以土体加固、潜水员水下施工等措施，克服地下作业空间有限、老管线保护、基坑大量涌砂等诸多施工难题。经过项目部全体人员日夜奋战、坚持不懈的努力，确保工程按时保质顺利竣工。

2018年2月8日，工程施工进入攻坚阶段，施工团队进行了主体W1井的第一次开挖施工。然而W1井周边地质条件复杂，在开挖过程中受到基坑内外压力差过大和瓯江潮汐影响，井内原污水管道管顶以下周围出现大量突砂、涌水现象。经过温州市政人多次拜访行业专家、实地勘查、不断进行方案优化，反复筛选确定每一个细节，温州市政制定了封闭式泥水平衡顶管施工法进行施工，通过井体周边土体注浆加固处理，同时安排潜水员完成水下清理、混凝土封底等措施，对井内漏水点采取混凝土条石砌墙、引流的方法，待底板及井壁浇筑完成达到强度后再封堵。

这是一场和时间赛跑的战斗，24小时不间断施工，人员、机械持续加大投入。经过50个日夜的奋战，大面积的突砂、涌水现象得到了解决，第一道侧墙、底板浇筑完毕。

2018年5月22日中午，中心片污水处理厂迁建工程进场污水主干管工程2号井至1号井顶管顺利贯通。这个工程实施过程中难度系数、危险系数最大的环节终于完成，这意味着，污水通过新管道引流至位于瓯江路的新污水处理厂，从原来的20万t提升到40万t。

建成后的温州市中心片污水处理厂成为亚洲最大的半地埋式全封闭一体化污水处理厂，解决温州市中心片的龙湾西片区、鹿城中片区及梧埏片区的污水处理问题，后续温州市政又完成温州市中心片污水处理厂再生水利用管道工程，进一步助力提高再生水的利用效率，优化用水结构，为温州市创建国家节水型城市打下坚实的基础。

桃花岛上的体育休闲公园　探索城市开发新路径

桃花岛片区紧邻瓯江，东望七都岛，南临状元北片区，西近行政中心区，北接CBD核心区，区位条件十分优越。由于建设了污水处理厂等大型市政基础配套设施，该片区内原有的绿化景观利用率较低，公共空间可达性和游憩性较差，空间活力略显不足。

为了进一步提升滨江商务区建设品质，构建江城互动景观风貌。2020年，为助力打造滨江商务区新地标，温州市政人持续发扬"铁军精神"，直面疫情严峻挑战，克服人员短缺、材料无法及时供应等困难，倒排工期、抢攻项目，高质量完成室外足球场、管理用房、景观绿化、道路铺装、临时停车场、钢栈桥等施工内容。温州市政还凭借出色的彩色沥青工艺和经验优势，匠心打造兼具耐磨防滑、脚感舒适的园区彩色沥青路面，为市民运动休闲再添好去处。

开工前，市、区两级资规部门联合城市规划设计研究院，在片区已建地块上规划编制了一个以康体、户外生活为主题的专项规划，用地规划功能为公园绿地兼容体育用地，充分利用公用设施屋面空间打造滑雪场、足球场等体育活动场所，并强化与地面空间的慢行联系，形成联动瓯江路、会展路及滨江休闲带的公共开放空间。于是，才有了"靓影"初现的体育休闲公园。

桃花岛上的体育休闲公园是温州市政重点工程，对改善生态居住环境、挖掘土地开发利用价值、提升城市功能形象也起着至关重要的作用。

图4　桃花岛体育休闲公园

温州最大的海鲜大排档　从"大建大美"向"精建精美"提升

2020年竣工，2021年已投入使用的温州滨江大排档项目位于滨江商务区核心区域，总用地面积约8万m^2，是温州最大的海鲜大排档，也是温州市"月光经济"产业中"夜宴"部分的重点项目。

温州滨江大排档建筑整体布局呈围合型商业形态，以中央美食广场为核心，结合本地特色文化小吃打造温州文化美食广场；四周形成商业内环，沿街分区域设置不同主题餐饮空间；整体以大众化海鲜排档为主，兼顾融入高端品牌商业，局部设置少量轻商业，如咖啡吧、茶吧和小酒吧等。

图5　温州滨江大排档

温州市政一如既往，坚持高标准、高站位，在项目攻坚中，完成矿渣回填、场地平整、钢结构及商业用房、停车场、景观绿化、景观铺装、标识、管道施工等内容，全力以赴打造有特色、有亮点、有趣味的温州标杆海鲜夜市，助力温州城市从"大建大美"向"精建精美"提升。

温州滨江大排档项目是温州市政聚焦主业发展、拓展经营板块的重要一环，更是温州市"月光经济"的重要组成部分，旨在打造温州特色夜市聚集区，提高土地产出效益，加速相关产业集聚，提升滨江商务区区块整体形象。

头雁高飞领新程，铁军淬炼建新功。温州市政以创新为源泉，积极探索城市生态修复和城市功能修补，"一盘棋"统筹生产、生活、生态空间布局，系统解决城市发展不平衡不充分的问题。在重点道路整治运用具有彩色、降噪、透水、抗滑等高标性能的沥青产品，大大改善市民出行体验；以与瓯海新城集团合作经营方式，加速推进瓯海基地布点进程；以增资扩股方式，开展蓝田污泥干化焚烧业务；以做大环保产业为导向，谋划江河保洁工作；打通上下游产业链，全力开展洞头霓屿矿产资源开采、经营、运输等业务，盘活矿产资源，做大做强国有资产；成立温州市渣土利用开发股份有限公司，缓解城市渣土消纳难题；启动龙港市综合养护基地建设，助力打造温州大都市南部中心城市。

在做精、做深、做优"家门口"市场的同时，温州城发市政用心谋划"走出去"，走出了一条从"建路、护桥"到"建区、建城"的大发展之路；经营版图从鹿城、瓯海、龙湾等主城区一路拓展到瓯江口、洞头、永嘉、苍南、龙港等浙南区域。同时，用活"党建+"理念，以城发市政铁军精神为主体，对内焕发员工斗志，对外锻造企业品质，把企业文化与党建工作相融合，为打造"品质市政"和企业高质量发展提供强大的内生动力。

新时代下，新一代的温州市政人正肩负新的使命，以"闯"的精神、"创"的劲头、"干"的作风，为成为区域一流的市政综合服务供应商而奋斗不息。

温州市市政工程建设开发有限公司大事记

1958年	前身为"温州市市政工程处"，系独立核算全额拨款正科级全民事业单位。
1984年	体制改革后实行企业化管理。
1992年	经市编委批准改称为"温州市市政工程建设开发公司"，隶属于原温州市市政园林局，并取得市政公用工程施工总承包贰级资质。
2010年	在温州市城建体制改革中整体划入新组建的温州市城市建设投资集团有限公司。
2017年	温州市政综合养护基地落成。
2017年	参股公司"瓯越交建科技股份有限公司"成立。
2020年	完成事业单位注销登记。
2020年	全资子公司"温州科创环境发展有限公司"取得营业执照。
2021年	取得市政公用工程施工总承包壹级资质。
2021年	控股公司"温州市渣土利用股份有限公司"成立。
2021年	控股公司"龙港城发市政工程有限公司"成立。
2021年	控股公司"温州市霓发矿业有限公司"成立。
2021年	控股公司"温州瓯发市政工程有限公司"成立。
2021年	经市国资委批准正式更名为"温州市市政工程建设开发有限公司"。

讲述人简介

郑益树同志带领温州市政以深化国企改革为契机，以资质升级引领企业发展，以科技创新助力转型升级，努力打造多元化发展新格局。

讲述人：温州市市政工程建设开发有限公司
党总支书记、董事长　郑益树

以党建优势引领行业高质量发展
——"百城百企"记浙江国腾建设集团有限公司

扫码看视频

42

浙江国腾建设集团有限公司成立于2007年10月,注册资金16016万元,是一家以工程设计施工服务、苗圃园林、地产置业、生态修复、机械租赁等为一体的企业集团,总部位于浙江省沿海中部的台州市路桥区。

集团始终坚持科学化管理,通过质量、环境和职业健康安全管理体系认证,被授予国家高新技术企业、浙江省诚信企业、浙江省AAA级重合同守信用企业、浙江省林业重点龙头企业等荣誉。承建的项目屡获浙江省"钱江杯",浙江省"优秀园林工程"金奖,省、市、区各级优质工程奖,省、市、区双标化工地等一系列奖项。

图1 国腾集团总部大楼"效果图"

牢记家乡使命　助力乡村振兴

经过15年的拼搏发展，浙江国腾建设集团有限公司（以下简称"国腾集团"）完成了许多出色的"成绩单"，在这些成绩的背后，离不开一个人的努力与坚持。赵建国，现任国腾集团董事长，一个出色的本土企业家和优秀的乡村振兴带头人。

图2　国腾集团董事长赵建国

企业家的胸怀有多大，企业的发展潜力就有多大。2014年，国腾集团董事长赵建国忘不了生他育他的春泽社区（原坐应村），毅然把工作重心从公司负责人转移到春泽社区党委书记这个新身份上。他深入群众，实地走访调研，真抓实干，创新工作方法，引导村民转变思路，发挥企业家的创新意识，引导当地优秀企业参与乡村建设，走出一条有特色的乡村振兴道路，将处于路桥区城乡接合部的，人口规模、村集体经济都一般的坐应村，建设成为如今远近闻名的"美丽乡村"。原来环境的脏、乱、差现象得到了彻底整治，村容村貌焕然一新。

"中国要强，农业必须强；中国要美，农村必须美；中国要富，农民必须富。"在乡村振兴战略的号召下，经过赵建国多年努力，这个曾经毫不起眼的村落，成为路桥乡村建设的一面旗帜。在他的带领下，春泽社区先后设立党员先锋驿站、养老服务照料中心、五人制足球场、红色游步道、党建公园等，并实行网格化、常态化、信息化管理，建立塘长制、路长制、门前三包等长效化工作机制。

共建"红色工地"新驿站　创新党建引领新模式

国腾集团党支部筑堡垒，聚匠心，把支部建在项目上。打造更具国腾辨识度的党建金名片

图3 红色驿站

"红色驿站",将党建的政治优势更好地转化为项目建设新动力,成为党支部工作的一道亮丽风景线。

公司全力推进党建工作跃迁升级,将党建积极融入美丽路桥建设和乡村振兴当中,先后参与了桐屿春泽社区、螺洋水滨村、桐屿梁家村、蓬街於家桥村、横街洋宅西村等美丽乡村建设,承建的项目多次被省市区各级主管部门评为优质工程和金奖工程。"支部在哪里,环境就打造到哪里",依托国腾集团在市政、园林、绿化、道路等方面的专业技术特长和能力,公司高品质服务于社区群众,回馈于社会。2021年5月,国腾集团党支部联合春泽社区党委,举办庆祝建党100周年系列活动,在党员教育共享、组织生活互动、文化交流共建和特色旅游品牌创建等方面开展深入合作,通过社企党建共建主题成果展、"学党史、悟思想、办实事""党员服务接地气,春泽

图4 路桥大道跨下分水桥梁(改造)工程党员活动室

社区换新颜"等活动,以实际行动献礼建党100周年。

"万事功到自然成",赵建国带领村民共建美丽乡村成绩斐然,也得到了社会的认可,春泽社区焕然一新,先后荣获浙江省3A级景区、省生态文化基地、省示范文化新地标、省五星级文化礼堂、国家森林乡村、浙江省级小康体育村、先进基层党组织等荣誉。赵建国个人荣获台州市"最美文化礼堂人"、路桥区"百优标兵"尽职好村官、路桥区首届乡村振兴领军人才等众多荣誉称号。2018年11月,赵建国被浙江省人民政府授予"千万工程"美丽浙江建设工程个人二等功。

"荣誉即是责任",赵建国同志说,他将继续带领广大党员群众,开拓创新,全力打造美丽乡村升级到"大花园"生态,为实现共同富裕,为助力乡村振兴,贡献自己的最大力量。

"污水零直排"攻克治水难题

台州市椒江区污水零直排项目一期(白云街道),地处温黄平原的台州,山海相依、河网遍布,是浙江省治水压力最大的区域之一。傍水而居的台州人,深知平原地区治水之难。台州南部尤其是椒黄路三区地势平坦、河网众多,水体污染压力大、生态补水缺乏,是台州治水面临的难题。如何对生产、生活和经营活动产生的污水实行截污纳管、统一收集,经处理达标后排放至外环境,做到"晴天不排水,雨天无污水",这是摆在国腾建设者面前的大考验。

结合项目实际,国腾集团针对白云街道存在地下空间管网密集、雨污分流不彻底以及管网破损、断裂、淤塞、错接、混接等问题,因地制宜,创新采用雨污水真空(负压)排水系统,彻底解决了污水收集困难的问题。作为一项隐蔽工程,同时又是民生工程,公司以科技研发为依托,不断开拓创新,如:市政污水全收集处理工程管道顶管施工技术、社区雨污分类直排系统施工技术、农贸市场污水排放系统改造施工技术、基于海绵城市理念的市政道路雨水排水系统设计及施工技术等。在完成前期摸底调查、测绘、管网排查的基础上,通过制定"一巷一策""一片区一方案"等建设方案,对排查出的问题,逐点梳理、逐个销号,为实现雨污水全收集,管网全覆盖,雨污全分流,污水不入河的目标,以精益求精的工匠精神,努力践行国腾建设人的初心和使命。

图5 污水零直排项目检查井砌筑

该项目建设范围为白云街道创建区范围总

图6 污水零直排项目现场围挡

图7 污水零直排项目现场废土覆盖

面积721hm²，实施范围总面积452.33hm²，另有城市支路（巷道）19条。项目主要建设内容为建筑排水立管、室外排水管、检查井、雨水口、化粪池、隔油池等污水设施的改造和建设。项目新建各类污水管线约246.016km，各类雨水管线166.397km，各类检查井约20581处，破除与修复路面面积23.91万m²。项目于2020年6月6日开工建设，2021年4月28日竣工。

同时，公司以党建为引领，在项目上组建"红色驿站"，充分发挥党组织战斗堡垒作用和党员先锋模范作用。以"红色驿站"为载体，团结广大党员，提升项目品质、树品牌、创亮点、出精品，把党建优势转化为行业发展优势，树立国腾集团的良好形象。

黄岩西城全力推进　为城市污水提质增效

在黄岩区西城街道东路村，"污水零直排区"建设改造工程正在有序进行，施工人员忙着对设有排污管道的地下沟槽进行开挖。在国腾集团项目执行经理朱杰的带领下，团队已经施工一个月了，完成了70%，基本上当月底能全部完工。

为了更好更快解决雨污合流、污染环境等问题，2021年年初，黄岩区西城街道重新制定了"污水零直排区"创建作战图，实行分区块、分主次逐步推进建设任务。

图8 黄岩区污水综合治理改造工程党员活动室

图9 排水管道施工、路面破碎开挖

施工改造以"雨废分离,雨污分流"为总体原则,通过改立面废水管道、改错接污水管、改阳台厨房废水、改商户排污管等,全面疏通清理雨污管道,解决管道错接、老化、堵塞等问题。

"晴天不排水,雨天无污水"
椒江白云街道农贸市场实现雨污分流

在椒江区白云街道界牌菜市场的"污水零直排区"建设改造工程即将全面完工。商户们在生产和经营活动中产生的污水,将实行截污纳管、统一收集,经处理达标后才能排放到外环境,做到"晴天不排水,雨天无污水"。

椒江区市场监管局市场合同监督管理科科长陈嘉懿表示,雨污分流对整个环境的提升有一个很大的作用。农贸市场有一些油污以及打扫卫生之后的污水是需要进行分流处理的,雨水和污水分离之后也减轻污水处理厂的工作压力。

截至2021年10月,台州市已完成49个镇(街道)、349个生活小区、23个工业园区"污水零直排区"建设,完成投资额67.7亿元,建设成效明显。随着"污水零直排区"建设的有序推进,全市水环境质量明显提升,2021年1—10月,全市地表水县控以上断面达标率、优良率分别较2017年提高17.3个百分点、1.8个百分点,跨行政区域省控河流交接断面水质达标率为100%,较2017年提高33.3个百分点。

牢记使命担当,奋楫扬帆起航!站在新的历史起点,国腾集团始终坚持"生态、创新、厚德、共赢"的经营理念,以市场为导向、以客户为中心、以创业为根本、以创新为动力,培育和打造国腾集团的核心竞争力,加快产业升级、管理升级、标准升级、技术升级、队伍升级。

图10 立管安装

图 11 管道安装回填四周封闭围挡

图 12 管道安装

图 13 国腾集团总部大楼"实景图"

近年来，国腾集团以市政公用工程、园林景观、公路工程、地矿、生态环保五大板块为主体，科学配置了"一办四中心"，即总经办、市场运营中心、项目管理中心、行政人资中心、财务结算中心为服务的组织体系，在建筑、地矿、环保、规划设计、苗圃园林、文化创意、旅游文教、生态修复等系统领域内形成了一家有独特经营格局的和重视以"党建、制度、安全、生态、学习、师徒、合作、感恩、行为"九大特色文化为载体的生机企业。

"逆水行舟，不进则退"，下一个百年，国腾集团将披荆斩棘，负重前行，以理想为帆，实干为桨，守正创新，勇毅笃行，努力朝着"集团五年规划"的战略目标和"以一流品质做客户放心、社会满意的工匠企业"的企业愿景不断迈进。

浙江国腾建设集团有限公司大事记

2007年　"台州国腾建设工程有限公司"注册成立。

2011年　台州大道二期工程（参建）荣获浙江省建设工程钱江杯奖（优质工程）。
　　　　在路桥峰江上陶建成150亩苗木基地，发展园林绿化事业。

2012年　被银行系统评定为AAA资信企业。

2014年　取得城市及道路照明工程资质。

2015年　取得市政公用、城市园林绿化工程等工程资质。

2016年　被评为浙江省AAA级"守合同重信用"企业、被市科技局认定为"台州市级高新技术企业"。

2017年　荣获"浙江省林业重点龙头企业"，取得隧道、古建筑、桥梁工程等工程资质。

2018年　取得公路工程资质，企业更名为"浙江国腾建设集团有限公司"，设立五大事业部。

2019年　取得地质灾害防治单位施工甲级资质和建筑装修装饰、爆破作业设计施工等各类资质，被省科技厅认定为"浙江省科技型企业"，迁址至路桥区财富大道99号财富大厦16楼办公。

2020年　取得矿山、环保、机电、风景园林设计、工程造价咨询等各类资质。

2021年　获评国家高新技术企业、台州市建设行业企业技术中心、市级高新技术企业研究开发中心。

讲述人：浙江国腾建设集团有限公司
原副总经理　王新华

讲述人简介

王新华，男，汉族，1956年11月生，台州路桥人，1977年参加工作，大学学历，浙江国腾建设集团有限公司原副总经理，2020年退休后被集团返聘为地灾事业部顾问。

曾任黄岩县路桥区水利管理站站长，先后参加过杭州钱塘江二桥和京杭运河建设、台州民航站停机坪和广场建设、长潭水库黄椒温引水工程、黄岩至椒江八二省道建设、甬台温高速院桥互通立交和羊高山大桥建设、椒江乌龟山隧道、路桥白石关隧道、台州内环路横山隧道工程等重大项目的施工建设。

诚信经营　敢为人先
——"百城百企"记万宝盛建设集团股份有限公司

扫码看视频

万宝盛集团历经三十余年的发展，从单一市政建设经营模式到今天的多元化经营管理模式，下属五家全资公司涉及市政工程施工、建筑工程施工、园林绿化施工、房地产开发、物业管理、沥青拌合、新型建材研发试验（检测）生产、机械设备租赁等业务，是一家综合性建筑集团企业。公司具备成熟的经营和技术管理能力，经过不断拓展业务，先后在浙江、上海、山东、江苏、贵州、安徽等省市承建大型市政工程及房屋建筑工程。

万宝盛建设集团股份有限公司（以下简称"万宝盛集团"）创始于1984年，前身为嘉兴市城区市政工程公司，主要承担嘉兴老城区的管道养护和小街小巷的维修工作。1990年，公司响应主管部门的要求，走出去找市场，在当时市区主要业务被大企业垄断的情况下，公司积极向外发展，到金华、到上海寻找业务来源，通过努力，在上海、金华开拓了新的施工局面。在嘉兴市建设局领导的支持和鼓励下，公司向银行贷款40万元购置了一台WY80挖掘机，融资租赁了一台康明斯压路机，大胆南下金华经济开发区承担水厂北路、双龙南路、环城南路工程的施工任务。与此同时又东进上海，在上海浦东新区承担道路施工，开拓了上海建筑市场，走出去，成功完成了工程业务，取得了良好的信誉，同时也为公司发展获得了第一桶金。

1994年，嘉兴市、区合署办公，统一管理体制，撤销城区政府架构，城区建设局也合并入市建委，公司面临成立以来的第一次危机，以蒋关水同志为首的一班人积极响应政府要求，进行了股份制改造，成为嘉兴市第一家股份制改造的企业，推动了全市建筑业改制工作的顺利进行。

随着嘉兴市区的旧城改造项目、经济开发区基础设施建设高潮接近尾声，万宝盛集团把眼光投向了市外、省外的工程项目建设，遵循省政府号

图1　嘉兴市城区市政工程公司/秀城区市政建设开发公司成立　　　图2　嘉兴市秀城区市政建设开发公司股东大会

召的"浙江建筑业要走出去求发展，求壮大"，通过努力，先后承建了杭州、义乌、温州、绍兴、吴江、常熟、南京、盐城、贵阳等地工程项目的施工任务，取得了良好的经济效益和社会效益，为企业的发展开拓了视野，锻炼了队伍，培养了一批走得出去，拉得出来，关键时候顶得上去的技术骨干，为企业发展增强了后劲。

万宝盛集团认真评估近几年来的企业发展后，为推动企业高质量发展，发挥不断进取、勇立潮头、敢吃"螃蟹"的浙商精神，根据企业发展的总体需要，相继成立了沥青路面施工公司、万宝盛建材公司、澳太新型建筑材料厂、诚新房地产开发公司、天盛房地产开发公司、材料检测试验公司等一大批下属企业，初步完善了企业的发展架构。

为了做大做强企业，万宝盛集团不失时机地开展企业全面信息化管理工作，在2008年先后投入130多万元，培训了公司各类管理人员，引入专业管理公司成熟的管理系统，实现了财务、人事、项目全过程管理的资源共享、远程管控信息化管理。

近年来随着企业管理水平与施工技术的提升，万宝盛集团屡创佳绩，近三年来荣获"钱江杯"优质工程奖5个，浙江省市政金奖示范工程9个，"南湖杯"优质工程奖11个、"兰花杯"优质工程奖1个，浙江省建筑安全文明施工标准化工地5个，浙江省市政公用工程安全文明施工标准化工地9个，嘉兴市建筑安全文明施工标准化工地11个，全国优秀市政项目经理4人，浙江省优秀市政项目经理4人，嘉兴市优秀市政项目经理5人，公司多次被评为浙江省市政行业先进单位、浙江省市政行业诚信单位、浙江省工商企业信用AAA级"守合同重信用"企业、嘉兴市建筑业龙头企业、嘉兴市建筑业重点企业、嘉兴市重点骨干企业等荣誉。

打通高铁新城脉络　庆丰路道路桥梁工程建设为城市增光

城市的建设与发展离不开道路，道路不仅是城市发展的脉络，更是饱含了一座城市的历史印记。2015年7月16日北起三环南路，南至百川路的庆丰路正式开工。

庆丰路道路桥梁工程涉及陶家浜桥、纺工桥、塘浜桥3座桥梁，其中的纺工桥为三跨连续钢桁叠合梁梁拱组合桥，施工要求质量高，焊接难度大。万宝盛集团采用了钢桁梁厂内单件制作，分段组装，再运至现场进行合龙安装作业的施工方式。钢桁架与桁架现场组对采用全熔透焊接，联系横梁采用半螺栓半焊接形式，钢混凝土组合梁桥采用工厂化制造，减少现场操作量，保证了场地清洁，同时钢材部分回收利用，实现了节能环保，具有整体受力的经济性与工程质量的可靠性。

图3　庆丰路道路桥梁工程

庆丰路道路桥梁工程的实施不管是在经济社会发展、科技创新、企业培育、人才培养，还是在工程管理模式探索、工程实施管理创新方面都具有重要意义。

本项工程的实施，沟通了嘉兴南站的站前区广场和国际商务区的交通，对于嘉兴国际商务区的发展打下了良好的基础。在项目实施过程中，万宝盛集团按质量标准化方案实施，具体为管理制度标准化、人员配备标准化、过程控制标准化、现场管理标准化。通过"六位一体"的控制目标：质量、安全、工期、投资、环境保护、技术创新，实现施工工厂化生产、机械化作业、信息化管理、专业化组织。

通过本次工程的成功实施，万宝盛集团锻炼了队伍，构建了系统的组织保障体系、全面的管理体系以及突破性的技术创新体系，提高了应对复杂性重大工程的项目组织能力。

引入BIM新技术应用　打造精品国商区商务大道

嘉兴市国际商务区商务大道工程全长3401m，道路宽度60m，施工范围包括道路、桥梁、雨污水管道及其附属工程。于2012年8月19日开工建设，2015年1月27日项目竣工验收合格交付使用。施工过程中未发生质量、安全事故，无拖欠农民工工资情况。

在工程施工过程中，项目部积极推广应用了住房和城乡建设部推广使用十项新技术中的高性能混凝土、高效钢筋与预应力技术，新型模板及脚手架应用技术，安装工程应用技术，建筑节能和环保应用技术，建筑防水新技术，施工过程监测和控制技术，建筑企业管理信息化技术共7项新技术。引入了BIM技术在市政工程中使用，确保了工程全过程可控。新技术的应用既保证了工程的施工质量，又加快了材料的周转，节约了施工成本，大大缩短了建设工期，取得了良好的经济效益和社会效益。在工程实施过程中编制的QC成果两项获得省市政工程协会QC活动成果一等奖，并编制了一项省级工法。

图4 商务大道南侧道路俯瞰图

图5 商务大道北侧道路俯瞰图

树立城市文明新形象　胜利路改造工程为城市添彩

2018年11月5日，万宝盛集团承建的胜利路道路路面改造工程正式开工。胜利路道路路面改造工程全长约1.7km，西起金平湖大道，东至南市路，与东方路改造工程接顺。沿线有4条相交道路，现状断面为双向六车道，本次改造工程分为道路路面改造工程和两侧景观绿化提升工程，对路面品质和绿化、城市照明做提升改造，并对交叉口进行优化调整。

由于项目处于城市中心的繁华地段,周边商务楼宇和外商投资企业较多,一举一动直接影响着城市。开工前,公司就制定了该工程安全生产文明施工的目标,积极创建省、市"安全文明施工标准化工地"。配备精干的管理和高素质的施工队伍,紧紧围绕标准化工地目标,精心组织,精心施工。

在项目实施过程中,公司制定了详细的施工组织设计和专项施工方案,在施工过程中严格按照施工专项方案执行。对每个分部分项工程均进行了安全文明施工的交底。建立健全安全文明检查制度、安全教育制度和班前安全交底制度,对照省市的文明施工及五色工地的创建要求积极落

图6 改造完成后的胜利路俯瞰图

图7 改造完成后的胜利路夜景图

实相关措施。

同时，公司引入项目管理及信息化技术，对项目建设进行统筹管理，对项目难点及降尘、降噪等重点控制点进行专项攻关，取得了良好的社会效益，项目QC成果《降低城市道路改造项目扬尘》获得了省QC成果一等奖。

近年来万宝盛集团积极响应国家海绵城市建设的号召，积极参与海绵城市建设，这些海绵城市建设理念的低影响设施项目的实施，要求我们在项目实施时采取标准化、规范化的施工方式，对施工的全过程进行精细化管理。基于对这些观念的认识，万宝盛集团在近三年来对公司的可持续发展能力和科技创新能力进行了重点规划，重点关注标准化建设方面的能力培养，创办并获批市级高新技术研发中心（正在申报国家级高新技术研发中心）。通过员工的努力，公司目前拥有自主知识产权的国家发明专利20项，还有3项实用新型专利正在审批中。近三年来编制企业工法12项，其中上报省住房和城乡建设厅获批浙江省省级工法6项，主编和参编了国家级行业标准6项、省级行业标准1项。

万宝盛集团始终秉承"诚信经营、敢为人先"经营理念，以"团结拼搏、开拓创新"的企业精神，做大做强、做实做优企业的各项工作，为企业持续、健康、和谐发展打下良好的基础。

万宝盛建设集团股份有限公司大事记

1984年10月	成立嘉兴市城区市政工程公司/秀城区市政建设开发公司，主要承担城区的小街小巷维修和管道疏通，公司开办费50000元，实际到账5000元。
1992年	公司第一次跨出嘉兴，去金华经济技术开发区承揽市政项目，购置一批机械化装备，投入项目。
1993年	公司参与上海浦东的大开发，承担市政项目建设。
1994年6月	第一次股份制改制，成立嘉兴市万盛市政建设开发公司，是嘉兴市第一家进行股份制改造的企业。
1995年5月	嘉兴经济开发区成立，公司积极参与开发区建设，承担的洪兴西路延伸段、中山西路延伸段两个项目获得嘉兴市"南湖杯"优良工程。
1998年	开始参与嘉兴市旧城改造项目建设，承担了环城东路、环城西路改建项目，工程项目质量获得建设单位好评，环城东路项目获评优良工程。
1999年	参与嘉兴市秀洲新城建设工作，承担中山西路、洪兴西路建设，获评嘉兴市优良工程。
2008年7月	公司施工总承包资质升为壹级市政公用工程施工总承包资质。
2008年8月	进行二次股份制改造，改组成立嘉兴市万盛建设股份有限公司，整体改制为民营企业。
2008年10月	投资130多万元，导入新中大i6P工程企业管理软件，实现公司对项目人事管理、资产管理、绩效管理、招投标管理、合同管理、进度管理、物资管理、成本管理、质量

	安全管理、设备管理、风险管理等功能,很好地发挥公司层面的资源一体化整合优势与管理的协同优势,通过多组织多项目集中管理,将公司管控落到实处。
2013年3月	嘉兴市万盛建设股份有限公司积极响应政府部门的要求,积极参与金融改革试点,完善公司治理结构的现代化,在利用资本市场功能促进公司发展上进行探索尝试,实现公司股权上市。
2018年3月	组建万宝盛建设集团股份公司。
2017—2020年	公司先后承建的庆丰路道路桥梁工程、商务大道道路桥梁工程、三港大桥及三港路延伸段工程获得浙江省建筑安全文明施工标准化工地,浙江省"钱江杯"优质工程。嘉兴港区生活水厂、嘉兴港区污水处理厂、嘉兴市联合污水处理厂提标改造工程施工06-2标等五个工地获得浙江省市政金奖示范工程、浙江省市政公用工程安全文明施工标准化工地。

讲述人简介

蒋关水同志,1984年11月调入嘉兴市城区市政工程公司,从施工员干起,慢慢成长为一个合格的企业管理者,脚踏实地地一步一个脚印向前进,带领企业披荆斩棘,走自筹发展之路。

讲述人:万宝盛建设集团股份有限公司
　　　　董事长　蒋关水

艰苦创业　奋勇争先

——"百城百企"记菏泽城建工程发展集团有限公司

菏泽市首座大型公园、首座地标性城市桥梁、首座钢结构过街天桥、首个地下综合管廊项目、首个建筑3D打印项目……深耕菏泽56载，菏泽城建工程发展集团有限公司以"知难而进、励志改革、艰苦创业、奋勇争先"的城建精神，用丰硕的业绩建设了一个花城水邑新菏泽。

扫码看视频

44

从一支小小施工队起步，菏泽城建工程发展集团有限公司（以下简称"菏泽城建集团"）走过50余载的风雨历程，到今天发展成为一家国有大型综合性集团公司，资产总额达206亿元。50多年的岁月，记录了集团从小到大、从弱到强的发展历程。在城建人心中，集团经历了几个重要的发展阶段，从1965—1987年，集团起源立根基；到1987—2004年，初具规模迎发展；2004—2012年建立现代企业制度，敢教日月换新天；再到2012—2016年，"十二五"期间"二次创业"；2016至今，开启多元化征程，万紫千红总是春……描绘了几代城建人奋战在菏泽城市建设第一线的精彩画卷。

1965年，菏泽县城建局市政股成立，集团前身就此登上了历史的舞台，施工业务立下根基，经营方式出现雏形。1986年底，全国范围推行企业承包经营责任制，市政公司迎来了新的发展契机。

1987年，在建筑业开始推行"鲁布革"工程管理经验引领下，市政公司改为市政工程管理处，逐步设立7个科室和3个施工单位，建设新型综合加工厂，拥有设备54台，人员达200人，公司初具管理与运营规模。1994年，市政工程处取得了市政公用工程施工总承包贰级资质，迎来市场化的规模发展。中华路、广福街、丹阳路、牡丹路、人民路等菏泽市交通主干道逐步建设完成。

2004年，集团以市场为导向的企业化运管体系完善，现代企业制度开始建立，专业人才开始批量引进，市场化改革大刀阔斧进行。2010年，集团取得市政公用工程施工总承包壹级资质，在真正的市场下开始大跨步发展，以精品为理念的地标级工程业绩丰硕，打造出了一个水邑新菏泽。"泰山杯"奖、"山东省市政金杯示范工程""国家人居最佳范例奖""全国市政金杯示范工程"等多项荣誉首次落地菏泽，见证了集团翻开崭新一页。

"十二五"以来，集团进行"二次创业"，以市政、建筑、开发为三驾马车构筑多元发展经济，实施菏泽市首个PPP项目，大力发展棚改，业务量急剧攀升，同时，追求服务高水平，完成"粗放式"向"精细化"转型，综合实力突飞猛进。

"十三五"期间，集团实现多元化发展，形成了集市政基础设施建设、建筑工程、房地产开发、智能制造、新型建材、文化教育、医药及能源科技共七大板块于一体的国有大型综合性集团公司，完成了省外生产基地投建运营，把握"一带一路"机遇，成功开展哈萨克斯坦等国际业务；实现技术引领发展，拥有建筑3D打印技术、装配式建筑技术、轨道交通创新技术、建筑固废循环技术、工程质量修复技术等国内乃至国际领先技术体系。

改造赵王河湿地公园　打造城市文化生态"金名片"

赵王河湿地公园，南起万福河，北至北外环路，全长8km，总面积203hm^2，其中水面面积97hm^2。这是菏泽市区最具现代气息，体现"花城、水邑、林海"特色，集文化、娱乐、休闲、旅游为一体的重要景观带，极大地改善了两岸居民生活环境，提升了菏泽城市品位。菏泽城建集团承建了该项目一期与二期工程。

图1　改造前的赵王河

图2 赵王河改造过程（清淤）

图3 赵王河改造过程（运土）

图4 改造后的赵王河景观带

一期工程于2006年开工建设，2008年底全部完工，主要建设内容为河道清淤拓宽、土方造型、驳岸建设、绿地、广场、车行道、人行道、景观小品、景桥、水景、给水排水、公共设施等。所开挖形成的河道宽窄相间，最宽处600m。河岸弯曲有致，全线进行驳岸建设，采用驳岸形式近40种，创造多样的亲水效果，环境绿化15个板块，铺草坪6.5万 m^2，从南至北分为城市公园、文化休闲绿地、多样性主题公园、湿地生态保护及旅游区4个景观区。

2008年市政府决定实施赵王河综合治理工程（二期工程），建设内容为河道清淤拓宽、驳岸砌筑、绿化照明、广场、道路、桥梁、景观小品、公共建筑、给水排水设施等。建设跨河市政大桥8座，同时建设景观桥21座。

该工程自竣工以来，运行情况良好，功能完善，结构安全，细节精致，整体美观，节能环保，开创性地荣获多项菏泽区域内的首例"泰山杯"奖、"山东省安全文明示范工地"奖、"全国市政金杯示范工程"等省级、国家级奖项。

赵王河湿地公园所打造出的一叶扁舟、滩水归舟、丹霞紫烟、济水秋枫、万柿如意、清河晓月、清河烟柳、芦汀花椒8个相连的景区，唤醒了赵王河的城市记忆。文化与生态并举，将赵王河湿地公园建设成为具有高效生态价值的城市文化生态"金名片"，填补了菏泽主城区缺少大型绿肺生态配套的空白，进一步完善了城市功能，塑造了生态宜居的战略新高地。

承建单县嘉善新都综合开发PPP项目　提升城市综合品位

单县嘉善新都综合开发PPP项目是城市综合配套建设的重点工程，由菏泽城建集团于2019年建设完成。项目规划建设包括全民健身中心、科技馆、艺术交流中心、小学等子项目，建设地点位于单县嘉善河以东、君子路以西、胜利路以北，项目总用地面积40万 m^2，总投资约7.87亿元。

图5　单县全民健身中心

图6　单县科技馆与健身馆

图7　单县艺术交流中心

图8　单县嘉善路小学

全民健身中心项目建筑面积29830m²，其中体育运动场台严格按照国际标准设计与建设，全民健身馆主要设置高标准篮球、乒乓球、羽毛球等场馆，兼具会展、文艺演出、各类健身培训等功能。项目二期工程位于体育场的南部，主要建设足球、门球、室外篮球、网球、台球等20余个室外场地及配套设施和景观。

科技馆项目建筑面积为23429.1m²，主要设置科普实验室、数字科技世界和4D、VR、球幕等多种影院，临时和常设展厅同时兼具科普教育培训等功能。

艺术交流中心项目建筑面积为3071.4m²，主要包括展示区、创作区、接待区、活动区四大功能区，是一所现代化的群众艺术交流活动与艺术创作的文化建筑。

小学项目建筑面积为14503m²，其中教学楼两栋，每栋建筑面积约7000m²，综合楼建筑面积为503m²。班数设置为36个，可容纳在校生1500～1800人，办学类型为全日制学校。

科技馆项目先后被评选为国家3A级旅游景区、山东省科普示范教育基地和山东省科普示范工程等荣誉称号，累计接待散客约87.6万人次，政务参观420余次、累计约2万人次，研学团队470余次、累计约4万人次。在全民健身中心项目成功举办国家级城超足球联赛、中冠足球联赛、四省青年篮球赛、山东省大众跆拳道精英邀请赛、单县全域旅游文化节开幕式等活动110余场，累计接待体育健身人数约50万人次。

单县嘉善新都综合开发PPP项目的建设有利于提升单县城市综合品位，融合生态、低碳、人文理念，丰富教育文化生活，将公共功能与产业功能相结合，成为单县地标性建筑群。项目已成为所在区域及周边区域重要的体育健身、科普教育、研学旅游场所，满足人民群众日益增长的文化生活和精神文明的需要，对全面建成小康社会具有十分重大的意义。

"三商合一" 做最可信赖的城市建设合伙人

深耕菏泽56载，菏泽城建集团用丰硕的业绩建设了一个花城、水邑新菏泽。集团现有资产总额达206亿元，正式员工1748人，拥有市政公用工程、房屋建筑工程施工总承包壹级资质，建筑工程勘察设计甲级资质等一系列专业资质，业务涵盖市政基础设施建设、建筑工程、房地产开发、智能制造、新型建材、文化教育、医药及能源科技共七大板块。

集团秉持创新、务实、高效的发展理念，累计创收百余亿元，承建了一大批市政重点及民生工程，多次荣获"全国市政金杯示范工程""泰山杯""国家人居最佳范例奖""山东省优秀施工企业""山东省诚信示范企业""山东省文明单位"等荣誉。

集团紧紧把握时代脉搏，立足国内，放眼全球，重点打造基础设施建设平台、投资运营管理平台、产业创新发展平台及资源共享开放平台，形成了现代化、综合性产业集团；先后获得国家高新技术企业、首批国家装配式建筑产业基地、中国住宅产业联盟新型房屋（菏泽）基地等一批行业核心技术研发中心。

回顾历史，展望未来。集团致力于为政府及合作伙伴提供优质产品和服务，促进城市建设和

高科技产业落地，加速投资、建造、运营"三商合一"，做最可信赖的城市建设合伙人。

君子务本，本立而道生；敬事而信，直道而事人。新时期的菏泽城建集团将继续发扬"知难而进、励志改革、艰苦创业、奋勇争先"的城建精神，不断追求一流品质和服务，构筑出一处处城市经典，让"菏泽城建集团"这个品牌成为提升城市品位最重要的符号和标记。

菏泽城建工程发展集团有限公司大事记

1965年	菏泽县城建局市政股成立，集团完成历史的起源。
1969年	市政股改组为市政工程队，集团完成施工业务的起源。
1982年	市政工程队改组为市政公司，集团经营雏形出现。
1987年	市政公司改组为市政工程管理处，集团开始规模化发展。
1994年	市政工程管理处取得市政公用工程施工总承包贰级资质，集团实现市场化运营。
1995年	第一座沥青拌合站投产，集团机械化作业方式出现。
1996年	第一台摊铺机、压路机投入使用，集团机械化作业开始展开。
2004年	晋卫兵任市政工程管理处主任，集团迎来发展新篇章。
2004年	集团承建菏泽环城公园完成竣工，新菏泽开始展现新面貌。
2009年	菏泽城建集团成立，集团真正出现在历史的舞台。
2009年	集团承建菏泽市牡丹广场工程，荣获新中国成立60周年60项山东省精品建设工程。
2010年	集团获全国市政金杯示范工程，首个全国市政工程质量最高奖落户菏泽。
2010年	集团取得市政公用工程施工总承包壹级资质，成为菏泽首家市政公用工程施工总承包壹级企业并成为山东地区具备影响力的施工企业。
2011年	集团获山东省建筑质量"泰山杯"。
2011年	集团获山东省优秀市政工程施工企业。
2011年	集团承建松花江路桥完成竣工，菏泽市首座地标性城市桥梁完成建设。
2011年	集团承建赵王河综合治理工程完成竣工，完成菏泽新名片、新地标的建设。
2012年	集团协办全省壹级企业发展论坛，全省影响力凸显。
2013年	集团承建长城路完成竣工，菏泽城东主干道建设完成。
2014年	集团再获全国市政金杯示范工程。
2015年	集团承建西安路完成竣工，菏泽城西主干道建设完成。
2016年	集团承建中华路过街天桥建设完成，菏泽市首座钢结构过街天桥通行。
2017年	集团承建闽江路地下综合管廊项目，菏泽市首个地下综合管廊项目开始实施。
2017年	集团与上海盈创集团正式签约，山东省首个建筑3D打印项目落户菏泽。
2017年	集团子公司北汇绿建集团被住房和城乡建设部认定为第一批国家装配式建筑产业基地。

2018年　集团哈萨克斯坦国际业务签约，集团开始实施国际业务。

2018年　集团协同王复明院士成立坝道工程医院市政分院，鲁西南区域市政技术平台成立。

2019年　集团中标沭阳县南湖路东段改造工程，集团完成首个省外市政工程拓展。

2019年　集团董事长、总经理晋卫兵同志当选为山东省城市建设管理协会第二届监事会监事长。

2020年　集团荣获2020年度全国市政工程建设QC小组活动优秀企业。

2020年　集团协办山东省市政壹级施工企业发展论坛第十届会议。

2020年　集团成立北汇绿建（海南）有限公司，集团省外建筑产业化基地开始投建。

讲述人：菏泽城建工程发展集团有限公司
党委书记、董事长　晋卫兵

讲述人简介

晋卫兵，山东省菏泽市人，1968年出生，中共党员，高级工程师，中国市政工程协会理事，山东省市政行业协会监事长；先后被评为全国建设系统先进工作者、山东省建设系统先进工作者、山东省建设系统先进个人、山东省建设系统劳动模范、山东省建设系统优秀思想政治工作者、山东省城建行业文明服务标兵、山东省住建系统"推行协商民主，强化社会责任"先进个人、山东省优秀共产党员、菏泽市五一劳动模范、菏泽市拔尖人才等；是集团改革发展的领导者、菏泽城市建设的参与者。

"日照速度"的背后是"日照质量"
——"百城百企"记日照市政工程集团

37年前成立伊始,日照县市政工程公司一无办公场所,二无机械设备,仅靠12名干部职工艰苦创业、团结拼搏努力,逐渐组建、壮大施工队伍。1985年,公司成立第二年,公司一举完成了以日照市岚山区虎山镇韩家营子运砂专线为主的三项工程,完成施工产值295万元,创出的经济效益,不仅为公司盖起办公室和40间宿舍、添置了机械设备,也为日后一个又一个"日照奇迹"奠定了基础。

扫码看视频

从1984年成立时的正股级单位,到2001年新领导班子全面推行内部管理体制改革,再到2006年完成从国有事业单位到民营企业脱胎换骨式的转变,日照市政工程集团(以下简称"日照市政")不仅逐步走出了一条高质量发展的企业经营之路,而且以精品工程创造出了一个又一个闻名全市的工程奇迹。

从日照市区北京路、临沂路、济南路等全部市政主干道的修建任务,到完成万平口大桥、深圳路付疃河桥、两城河大桥等日照市重要基础设施修建任务,日照市政不仅为日照经济社会发展作出了积极贡献,也创造了"西环速度""日照速度""山东速度",速度奇迹的背后,是"日照质量"的跨越式发展。

时光滤镜　每一年都是鸿篇巨制

回首20世纪90年代,那些记录城市建设的照片,在现代化气息浓厚的今天像加了一层"旧时光"滤镜。然而在今天大家都习以为常的道路、桥梁等,却折射出30年间每个日照人身边翻天覆地的生活变化,定义着那个属于奋斗者的黄金时代。

1994年,日照市政成立的第10年,作为"市长工程"的栈子大桥工程在路、水、电十分困难的条件下,由日照市政第一个开工也第一个竣工。同一年,日照市政承担了当时最大的城建工程——西环路的建设。在没有先进机械设备、施工场地狭窄、雨水偏多的情况下,日照市政组织施工人员昼夜奋战,仅用了两个多月的时间,高标准完成了国家定额10个月才能完成的工程任务,创造了"西环速度",日照市政因此获称"市政铁军"。

1995年8月8日,山东路建成通车,结束了日照市区东西一条路的历史,打通了日照新老市区的交通大动脉。山东路东起青岛路,西至丹阳路,全长9km,规划红线60m,主车道24m,被列为"1995年十大市长工程",市政工人再次发挥铁军精神,比计划提前两个多月竣工。

在"日照速度"不断刷新的那几年,日照市政施工产值三年连迈三大步。1992年,日照市政施工产值还不足300万元,1993年日照市政施工产值一跃完成1700万元,1994年完成2554万元,1995年完成2382万元,工程质量也迅速提高。

图1 日照市政承建的北海路工程

此后1996年烟台路、市府广场工程,1997年泰安路、海曲东路工程,1998年碧海路、北京路工程,2001年临沂路工程,2002年万平口广场,2005年银河公园、火车站广场,2007年水运基地工程,2010年北海路工程,2013年泰安路西段拓宽……日照市政的强化质量、追求精品的行动轨迹,让这座城市的现代交通网络日渐丰满。

精工品质 源自每一个细节的坚持

从诞生之日起,精工质量已植入基因。日照市政在每项工程开建之初,首先确定创优目标,制定实施质量提升到具体指标的创优计划及实施方案,加强过程监控,重点工序主动加大试验检测频率。

烟台路原为土路面,1994年春,日照市政开始进行道路硬化,当时道路施工采用人工路拌配合机械进行,即使施工条件艰苦,施工人员依然坚决执行"不经验收签证不隐蔽,上道工序不验收不进行下一道工序,达不到标准返工重来"的质量保障流程,严把施工程序关、材料配比关、质量验收关,形成了"人人抓质量 时时讲质量 决心创优良"的工作氛围。在质量护航下,烟台路道路基层一次成优,27年来从未进行过返修。

对于一个城市来说,火车站既是门面,也是良心。2005年,日照市政承建了日照火车站广场改造工程。市政铁军依然精心施工,匠心建造,特别是广场大理石、草坪砖、路沿石的大面积铺装,缝口均匀直顺,平整美观,在验收时得到专家的高度评价,至今仍然是全省一级建造师培训的典型案例。

图2 日照市政承建的万平口大桥

日照市政转企改制后不久,2006年5月,万平口大桥建设启动。这是一座五跨连续上承式拱桥,单跨跨度最大65m,总跨度280m,当时万平口大桥的规模及技术难度在国内实属罕见。面对海滨复杂地质条件下18m深基坑支护开挖、2m大直径桩基施工、大体积混凝土浇筑、大跨度连续悬链线无铰拱分段浇筑及整体落架等大量技术难题与挑战,日照市政以科学施工、技术创新作为提升整个工程建设进度和质量的强力支撑,每个环节进行反复论证,优化方案。最终,仅用了一年时间,让一个载入日照城市建设史册的工程惊艳亮相。

37年风雨征程,日照市政已经从单一的道桥施工,发展成为集市政道桥、工民建、园林绿化、路灯安装、材料生产、房地产、检验试验、市政设计等业务于一体的综合服务商。放眼日照市区,北京路、临沂路、济南路等全部市政主干道的修建任务,万平口大桥、深圳路付疃河桥等几十座桥梁工程,以及日照市区城市道路亮化工程,日照市城市垃圾处理厂、污水厂,日照水上运动基地等重要基础设施修建任务，均由日照市政承建。

从枕海而眠的海滨小城，到阳光时尚的水运之都，伴随着这座城市的沧海巨变，国家工程质量三大最高奖纷纷花落日照，接连实现零的突破。日照水上运动基地工程获中国建设工程鲁班奖；日照世帆赛场地工程获国家优质工程银奖；北京路、北海路、临沂路硬化排水工程被评为全国市政金杯示范工程，足以印证日照市政精工质量。

将视角拓展至全国，日照市政先后完成了青岛市辽阳西路道路改造、临清市垃圾处理厂、重庆市南区污水管网工程、北川新县城道路、新疆麦盖提县道路等工程，为全国带去"日照速度"与"日照质量"。

与此同时，日照市政在集团化、多元化方向上也迈出了稳健的步伐。在市区及区县，日照市政投资建成了包括沥青拌合站、灰土拌合站、商品混凝土拌合站、桥板预制、管道生产、装配式城市设施等多处建筑材料生产基地，既满足工程建设，亦面向社会需求。房地产业、宾馆酒店、特长培训等关联产业也风生水起，成为崭新的效益增长点，为日照市政插上了腾飞的翅膀。

图3　日照水运基地太阳广场

风雨同行　社会责任融入企业发展经营

路平、灯明、水畅，为人民造福；

人和、事兴、业精，为社会尽责。

一副对联，是日照市政企业责任的生动诠释。

在日照主城区，日照市政以市政工程建设为主业，承建了一大批市政主次干道、广场及桥梁工程；在汶川地震灾区，日照市政选派队伍参与了北川新县城援建工作，所援建的两条道路进度快、质量优；在新疆喀什麦盖提，日照市政所承建的道路第一家开工，第一家竣工；在日照市慈善总会，日照市政新设立100万元专项基金，用于资助日照市范围内的贫困学生；在扶贫攻坚中，日照市政挺身在前，积极出谋划策，筹集资金，帮助包联村及社区解决实际问题，累计帮扶资金近百万元；在抗击新冠疫情时刻，日照市政第一时间捐款60万元助力疫情防控，并发动党员群众捐款6万余元；除冰除雪、防洪抢险……无不看到市政人冲在前面的身影。

数不清的援助案例，讲不完的暖心故事，将社会责任融入企业发展战略的日照市政，沿承精品路线，投身公益事业，积极履行一个建筑企业应尽的社会责任。在推进各类工程建设时，日照市政也积极为施工沿线单位、群众硬化门口、路口，为市区部分学校修建道路、操场，为市民提供出行便利，为孩子提供良好环境。

海纳百川，朝阳升腾。乘着"十四五"的东风，日照市政斗志昂扬，奋进新时代，勇做新时代的改革者、拓荒者、奋斗者。坚持健康发展、持续进步；坚持自我革新、勇于超越；坚持发展依靠员工、员工共享发展成果；坚持打铁必须自身硬；坚持品牌立企，人才兴企，创新强企，文化铸企。日照市政正以变革为突破，和着时代的脉搏和奋进的节拍，顺势而上，阔步向前。

未来还有哪些"日照速度"与"日照质量"，你我都是见证者。

日照市政工程集团大事记

1984年10月　　在市政工程施工队的基础上成立了日照县市政工程公司。
1985年3月　　日照撤县建市，公司更名为日照市市政工程公司。
1996年4月　　公司升格为副处级单位，日照市市政管理处归属公司管理。
2006年3月　　公司转企改制，名称变更为"日照市政工程有限公司"。
2010年4月　　企业集团"日照市政工程集团"注册登记。

用技术创新建精品工程
——"百城百企"记潍坊市市政工程股份有限公司

扫码看视频

潍坊市市政工程股份有限公司成立于1958年，前身为潍坊市市政工程总公司。1958年，潍坊市政府组建了市政工程养护队，这就是潍坊市市政工程总公司的前身。在机械设备几乎为零的新中国成立初期，这支40余人的施工队，从只能承担单一的道路维修工作，逐渐发展成为能承担桥梁、道路、给水排水等各种施工项目的综合市政企业。数十年如一日，潍坊市政人在潍坊的城市建设中落地生根，逐渐成长为建设大军的脊梁。

党的十一届三中全会以来，公司先后完成了潍坊火车站广场新建、和平路、胜利大街、北宫街等潍坊市重点工程项目，1991年荣获全省市政行业优质服务奖，为潍坊的城市建设作出了卓越贡献。

2005年1月1日，潍坊市委市政府决定，由潍坊昌大集团控股，潍坊市市政工程总公司员工自愿持股，将公司由全民事业单位一步改制成股份制企业，公司由总公司改制为潍坊市市政工程有限公司。2010年，公司整体变更为潍坊市市政工程股份有限公司（以下简称"潍坊市政"）。站在新的高度上，潍坊市政人开始了更加辉煌的"二次创业"。对内坚持严格管理，深化机制改革，初步建立了现代企业制度，全面导入了三大管理体系，规划信息化管理蓝图，提升了综合管理水平。

"二次创业"硕果累累

改制后的潍坊市政进入了发展"快车道"，在企业经营、技术创新、精品工程、人才培养等多个方向上不断突破，硕果累累。

一是在企业经营和规模上跨越式发展。改制后，公司产值连年翻番，从改制前年产值两千多万元，2018年和2019年连年实现产值过10亿元，利税过亿元。招揽任务量、产值和利润的持续积累，为公司的持续健康稳定发展奠定了基础。

二是建设出一批高品质工程。公司以品牌建设为引领，先后承建了潍县中路、北海路、玄武街、福寿街、健康街、北宫街、胜利街、和平南路、新华路等市区重点项目100多项，援建、承建了北川县西羌北街、西羌北桥和北川县人民医院道路管网等四川灾后援建项目7项。

其中北海路、玄武街、福寿街三项工程荣获"全国市政金杯示范工程"；玄武街荣获"全国市政金杯奖精品观摩工程"；北川县西羌北街、西羌北桥荣获"灾后援建项目天府杯、泰山杯金奖"；月河路、崇文街、兴峡路工程荣获山东省建筑质量"泰山杯"；山东省市政金杯示范工程23项；"山东省市政基础设施工程施工安全文明标准化工地"24项；"市优工程"33项。

三是注重技术创新。公司获发明专利1项，实用新型专利20项，全国市政工程建设优秀QC成果12项，省级工法10项，省级市政工程建设优秀QC成果18项、先进奖1项，山东省技术创新项目2项，市级工法2项，质量管理水平和创新能力有明显提升。

四是推进"走出去"战略。开拓了滨海、昌乐、坊子、安丘等县域市场，拓展了日照、青岛、临沂、济宁等外地市场，成立了昌乐、滨海、坊子、济宁4家分公司，外埠市场开拓已见成效。

五是后方厂处发展成绩显著。公司下辖潍坊正源路桥工程有限公司、潍坊正源筑路材料有限公司、潍坊鸢通混凝土制品有限公司、潍坊正源置业有限公司4家全资子公司；潍坊正源城建项目管理有限公司等4家SPV公司；下设5个工程公司以及机械、运输、园林3个后方单位；建设了潍坊市产能最高的沥青、水稳拌合站；拥有潍坊市现有规模最大的一支"绿色车队"；拥有各类路面施工机械50余台；独立的第三方试化验检测公司，具有较强的工程总承包能力。

六是人才贮备力量持续增强。公司现有员工383人，拥有工程技术应用研究员（正高级工程师）2人、高级工程师25人、高级会计师2人、高级经济师1人、注册一级建造师26人、二级建造师75人、造价工程师3人，为公司进一步的经营管理提升奠定了人才基础。

如今，潍坊市政是中国市政工程协会理事单位，山东省市政行业协会副会长单位，山东省优秀施工企业，集项目投资、工程建设、工程配套、运营管理于一体，拥有国家市政公用工程施工总承包壹级资质，公路工程施工总承包贰级资质，水利水电工程施工总承包贰级资质，测绘丙级资质，环保工程专业承包叁级资质，城市及道路照明工程专业承包叁级资质，设有丙级资质专业测量队伍和国家二级档案室，已通过ISO 9001：2015质量管理体系、ISO 14001：2015环境管理体系和OHSAS 18001：2007职业健康安全管理体系国际标准认证，积累了丰富的EPC、PPP等项目建设经验，是潍坊地区城市建设领域的综合性大型企业。

第一条采用BT模式建设的城市道路

北海路（胶济铁路—荣乌高速）工程全长20.3km，为潍坊市第一条采用BT模式建设的城市道路。工程建设理念先进，特色鲜明，"大气、雄浑"的景观效果，使道路成为连接滨海新区与潍坊市区的迎宾大道和景观大道,实现了潍坊城建史上的多项突破。

北海路工程原地貌地质条件差、回填土方量大、路线长,且工程南段处在闹市区,人、车流动量极大。为此公司采取多种措施,克服施工难点,改进施工工艺,应用了多项新技术、新材料:一是对沥青搅拌设备所用燃料进行管道煤气优化,降低了沥青生产成本,起到了节能减排的效果;二是人行道采用一次性挤压成型的透水砖铺设,减少了对资源的过度开采,并为现阶段海绵城市的建设提供了技术依据。

北海路工程被评为全国市政金杯示范工程、山东省市政金杯示范工程、潍坊市市政金杯示范工程、潍坊十佳工程、潍坊市市政施工安全文明标准化示范工地。《提高道路检查井井盖安装质量》获"山东省优秀QC成果二等奖",《管道煤气在沥青混凝土搅拌设备燃烧系统应用的研究》获得"山东省优秀QC成果二等奖"和"全国市政工程建设优秀QC成果三等奖"。

图1　潍坊市北海路(胶济铁路—荣乌高速)工程

全国市政金杯奖精品观摩工程

玄武街(长松路—北海路)工程全长10km,工程造价2.32亿元。道路的建成有力提升了潍坊城市建设档次,构筑起一道亮丽的城市风景线。

玄武街工程规模大、建设标准高、工期紧,并且存在地下管线复杂、迁移难等一系列制约因素。为保证建设目标,公司采取了多项保障措施:一是倒排工期,确定平行施工、依次施工、分段流水等施工方案,编制工程施工进度计划网络图,在总进度计划的基础上编制里程碑式进度计划;二是严格质量管理,将质量责任目标层层分解,将分解后的质量责任目标落实到每个岗位、每道工序，严格把关，不留死角；三是引进、使用了全新的施工设备，积极应用SBS改性沥青等新技术、新材料，强化细部处理，重过程，重细节，避免质量通病。

玄武街工程获评全国市政金杯示范工程、全国市政金杯奖精品观摩工程、山东省市政金杯示范工程、潍坊市"十佳市政工程"。

图2　潍坊市玄武街（长松路—北海路）工程

未来，公司将努力建设"以设计和科研为核心，资源和产品经营为辅助"，以标准化、精细化管理提升企业管理能力，建设营业规模超过20亿元的大型现代化企业，为潍坊乃至全省、全国的城市建设作出更大的贡献！

潍坊市市政工程股份有限公司大事记

1958年	潍坊市政府组建了市政工程养护队，这是潍坊市市政工程总公司的前身。
2005年1月	潍坊市委市政府决定，由潍坊昌大集团控股，潍坊市市政工程总公司员工自愿持股，将公司由全民事业单位一步改制成股份制企业，公司由潍坊市市政工程总公司改制为潍坊市市政工程有限公司。
2005年10月	公司铺设潍坊市首条彩色沥青路面——健康东街，引起社会关注。
2008年	公司晋升为国家市政公用工程施工总承包壹级资质，为做好、做大、做强打下坚实基础。
2009年4月	公司中标玄武街工程。玄武街工程被评为全国市政金杯示范工程，被住房和城乡建设

	部和中国市政工程协会定为年度全国市政金杯奖精品观摩工程。
2009年5月	公司中标北川新县城西羌北街工程。公司援建、承建7项工程，其中北川县西羌北街、西羌北桥工程两工程双获"天府杯金奖"，公司参与建设的温泉片区住宅楼及室外配套工程荣获"天府杯银奖"。
2009年12月	福寿街工程（长松路—北海路）被中国市政工程协会评为全国市政金杯示范工程。
2010年11月	由公司等三家企业合资的立正源置业有限公司首个房地产项目"卡纳圣菲"，在昌乐举行了隆重的奠基仪式。
2010年11月	公司由"潍坊市市政工程有限公司"整体变更为"潍坊市市政工程股份有限公司"。
2011年	开始北海路改造工程的施工建设，工程被评为全国市政金杯示范工程。
2013年	当年工程中标额达11.76亿元，创历史新高。
2014年	规划了信息化蓝图，推动信息化建设新局面。
2016年	承揽了潍坊市首个PPP项目——坊子区基础设施提升工程的施工建设。
2016年11月	公司承建的胥山街道路工程透水非机动车道和人行道正式建成，这是潍坊市第一个采用"海绵城市"理念建设试点设计的工程。
2019年	公司搬入新办公大楼，真正的安家立业。
2020年	完成了公司首个EPC项目——殷大路工程，为公司再次参与该类项目积累了宝贵经验。
2020年	完成潍坊市重点民生项目——和平广场改造及沿河景观提升工程。
2021年	公司新一届领导班子带领全体员工奋进新征程，走向新时代。

讲述人：潍坊市市政工程股份有限公司
党委书记、法人代表、总经理　胡曰顺

讲述人简介

胡曰顺同志以共产党员的高度责任感、使命感，紧抓企业改革契机，内强管理打造企业发展基石，外拓市场加速企业多元发展，努力稳固企业来之不易的良好经济效益和社会效益，致力于推动企业走上健康发展之路，为潍坊的城市建设发挥更加积极作用，赢得社会各界赞誉。

创造精品　服务社会
——"百城百企"记枣庄市政建设集团股份公司

1962年，枣庄市正式成为省辖市第二年，枣庄市政建设队成立，承担城市基础设施建设施工任务。枣庄市政的名字，从她诞生的那一天起，就始终同枣庄市政设发展的历程紧紧连在一起。一部枣庄市政的成长史，就是枣庄市城市基础设施建设的发展史。枣庄市政的成长，见证了整个城市的发展历程。

扫码看视频

铸就枣庄市政城建铁军

在历届领导班子的坚强带领下，枣庄市政从一个市政施工队发展到鲁南地区知名市政施工企业。历任带头人薪火相传，铸就了枣庄市政城建铁军的铮铮美名。从十几支铁锹洋镐到百余台（套）现代化大型机械设备。逐渐丰满的"钢筋铁骨"，是推动企业实现跨越式发展的助推器。半个多世纪以来，枣庄市政三迁厂址，两次分离整合，从手挑肩扛，到拥有现代化机械设备200余台（套）；从几件茅草屋，到坐拥6000余 m^2 现代化办公大厦；从一年只修半条路，到年施工能力10亿元。几代市政人用勤劳和汗水，铸就了枣庄市政城建铁军的金字招牌。一张张图片，见证了她的发展壮大；一串串数据，记录了她的自我超越；一行行文字，展示了她的沧桑巨变。

2015年7月根据上级关于国有企业股份制改制有关规定要求，完成了股份制改制。如今的枣庄市政建设集团股份公司（以下简称"枣庄市政"）已发展形成工程施工（市政工程、公路工程、园林工程、水利水电工程、建筑工程）、规划设计（市政设计、园林景观设计、建筑设计）、地产开发、路面材料、机械设备、新型材料（透水砖、综合管廊等）、商贸经营七大产业板块的大型综合性建设企业集团。从前期投资规划至后期服务经营，拥有上下游联动的完整产业链。

公司现拥有市政公用工程施工总承包壹级资质、城市及道路照明工程专业承包贰级资质以及公路工程、水利水电工程、房屋建筑工程、GB2特种作业、测绘资质等多项总承包或专业资质。注册资金12000万元，企业年产值数十亿元。连续多年被评为省级"守合同重信用"企业，通过了质量、环境、职业健康安全管理体系认证；具有"AAA"资信等级并多次被评为省优秀施工企业。是鲁南地区规模较大、实力较为雄厚的市政施工企业之一。

在工程建设方面，枣庄市政始终坚持"质量第一""安全第一"的双"第一原则"认真做好每一个建设项目。近年来，枣庄市政承建100多项省市重点工程，获"全国市政金杯示范工程"8项，获山东省建筑工程"泰山杯"、"山东省市政金杯示范工程"、山东省"安全文明标准化示范工地"、合肥市市政工程安全文明标准化工地、合肥市市政工程"庐山杯"等国家、省、市奖项百余项。

获得首个全国市政金杯示范工程

枣庄市光明广场工程位于枣庄市光明中路南侧，属市中区核心地标区域。项目总造价3100万元，施工总面积89184m²。光明广场是枣庄市政府20世纪90年代市重点工程，是展现枣庄市城市现代化水平的重要标志。

枣庄市政在认真、负责地完成每一项工程施工。光明广场建设对水泥混凝土基础要求高，枣庄市政在借鉴外地先进经验的基础上，从细部入手，高标准、严要求，为确保厚度，一米一挂线，局部基础超厚及时清除；为确保平整度，加强了对支模和成型过程的旁站监控，一杆一杆地找，使基层平整度保持在95%以上；为保证平面位置，高程准确度和排水需要，枣庄市政布置了多级控制网，高程采用5m方格网控制，花岗石贴铺采用了当时比较先进的干铺法施工工艺，有效地避免了空鼓现象，从而有效地保证了贴铺质量。

图1　枣庄市光明广场工程

光明广场从1998年7月1日开工到1999年9月15日竣工,建成后光明广场成为百姓心中的最美广场,并荣获"2000年度全国市政金杯示范工程",这也是枣庄市政首获此奖。

路灯精品工程的样板

枣庄市枣薛复线东起西昌路西至武夷山路,全长19.4km,四块板路面宽60m,是连接新城区与老城区的主要干道,在枣庄的政治、经济、文化中占据重要地位。枣薛复线路灯工程于2004年4月26日开工,8月25日竣工,枣庄市政采用了规范的施工程序,共安装路灯872基,全线共铺设电缆56km,安装路灯专用变压器15台,安装RTU微机控制柜15套,工程总造价1117万元,最终通过验收达到优良工程。

枣薛复线亮化工程顺利调试成功,全面地向社会各界展示了枣庄市政非凡的企业实力与企业信誉,受到了业主、监理及社会各界的一致好评,他们认为枣薛复线路灯规划布局合理,电气设计安全可靠,施工建设优质快速,运行管理先进科学。这是枣庄市政在实施路灯精品工程中又一个样板工程。此项工程荣获"2006年度全国市政金杯示范工程"。

图2 枣薛复线路灯工程

和谐人居理念引入新城新坐标

枣庄市新城区市政广场工程占地0.5km²,含房建、道路硬化、广场铺装、绿化亮化及各种管线工程,是枣庄市人民政府新址的重要组成部分。枣庄市政主要承建市政广场工程的道路、广场、排水管线、路缘石、人行道和绿化,于2003年5月31日开工,2004年9月20日全部完工,工程总造价7710万元。

在市委市政府的支持下,经过建设单位监理单位、质量监督单位和施工单位的共同努力,各项技术指标均达到优良标准。绿色、和谐、人居的理念引入项目的各个方面，其中喷泉工程建造喷泉池3个，可变换几十种水柱造型，还可放映水幕电影。内容新颖，变幻莫测，飘逸的意境令人神往，成为新城广场的亮点之一。此项工程荣获"2005年度山东省泰山杯奖"。

图3　新城区市政广场工程

打造市中新区人文环境美丽新地标

文化西路道路桥梁工程横跨枣庄市东湖公园，将文化西路南北两侧景观连为一体。游人可穿过桥洞去观赏文化西路南侧的小湖景观。桥水相映，美不胜收，以水文化凸显城市个性，彰显城市魅力，提升城市品位，打造了一座市中心区人文环境美丽新地标。

文化西路作为枣庄东湖公园内的交通干道，兼具了交通和景观双重功能，西起衡山路，东至西昌路，全长1068m。文化西路道路桥梁工程位于湖区，地质条件复杂，多池塘且路床土质多为淤泥，路基填方量大。本公司结合工程特点和当地的资源情况，编制了详细的施工方案，充分利

图4　文化西路道路桥梁工程

用工地周围丰富的建筑垃圾资源，提出了用建筑垃圾换填，上做20cm灰土找平层的施工方案，在通过设计和勘察部门的同意后，做了200m试验段，总结出了一整套建筑垃圾回填路基的施工和检测方法，推广全段后，取得了良好效果，为建设单位节省了资金，缩短了路基的施工时间，加快了工期。拱桥支架施工，枣庄市政编制了详细的计算书，开创性地采用钢管弯成圆弧代替传统木质拱架，牢固、可靠，节省了大量木材。此项工程荣获"2011年度山东省市政金杯示范工程"。

全省第二座拥有BRT专线的城市

枣庄市BRT联通换乘枢纽站位于枣庄市光明大道城郊段，用于BRT快速公交与普通公交接驳换乘，是调整BRT线路、优化公交线网的关键性工程。工程包括地下通道、BRT站台、普通公交站台及人行道。

由于施工范围内存在多种管线，施工干扰大、安全隐患多。该工程横断光明大道。光明大道是枣庄市交通的主干道，城市交通压力大，通道北侧有煤气主干道、国防光缆、强电主管道、雨水主道等，南侧有自来水主管道，雨水主管道等，工程施工对周围建筑物和地下管线影响大，给现场施工管理带来很大的难度和不便。同时，该工程所占场地较大，土建、钢结构、装饰装修施工较为复杂，构筑物及辅助用房有十多个，工作面广，给场地布置、材料运输、人员安排、机械设备等的合理设置增加了一定的难度。特别对混凝土的浇捣质量要求高，混凝土表面基本要达清水混凝土的质量要求，增加了施工难度。

枣庄市政在建设单位及监理单位的统一协调指挥下，集中优势力量，协调好各专业工种之间相互配合。2012年7月4日，由建设单位、设计单位、质量监督单位及相关专家组成的验收组，对该工程进行了综合验收，工程各项指标均符合规范要求，达到合格标准。最终此项工程荣获"2013年度山东省市政金杯示范工程"。

图5　BRT联通换乘枢纽站工程

助力城市转型的扛鼎之作

榴园旅游大道工程是连接新城区、薛城区、驿城区的快速通道。工程西起太行山南路,东至长白山路,车行道路面宽20m,全长3699m,总造价7812.95万元。项目是枣庄市政府2012年加速城市转型的重点工程项目之一。

由于整个工程专业分工多、交叉作业量大。枣庄市政严格按照设计图纸和技术规范组织施工,每天召开班组长会议,检查施工进度计划落实情况,协调交叉施工关系。由于工程地质条件复杂,高程落差大,道路圆曲线较多,枣庄市政采用GPS与全站仪配合,在圆曲线加密放样点,确保路缘石线形圆顺美观,道路线形优美。道路弯道多,枣庄市政就严控结构层高程和平整度、钢丝导线高程和垂度,加密钢丝导线控制桩密度,沥青面层平整度(σ值)低于1.2。整个工程开挖石方45.51万m³,回填22.1万m³;道路多高填方,枣庄市政采用台阶式分层回填,冲击式压路机、振动式压路机与三轮压路机联合碾压,加大路基压实度检验频率,通车两年内未出现沉降、裂缝现象。

最终,榴园旅游大道工程于2013年4月23日完工,一次性通过工程竣工验收,荣获"2014年度全国市政金杯示范工程"。

图6　新城区榴园旅游大道道路工程

获评全球第四名知名体育场

枣庄市文体中心是集体育健身、休闲游戏为一体的大型体育公园。其中的体育场曾荣获2018年度全球十佳体育场第四名。体育场室外总面积约24.8万m²,是枣庄市的重点工程、民生工程。

2018年8月，枣庄市政承建枣庄市体育中心体育场室外市政工程，在建设过程中遵循生态优先原则，引入海绵城市理念，将人工措施与自然途径相结合，一方面通过吸水、渗水、净水，消减雨水地面净流量，减轻市政雨水管网系统排水压力，确保城市排水防涝安全；另一方面，将部分雨水收集起来存入蓄水池，需要时将蓄存的水"释放"并加以利用，促进雨水资源的合理利用和城市的可持续发展。

枣庄市文体中心是枣庄建市以来投资最多、体量最大的民生项目，主体育场可容纳3万余人，体育馆容纳5000人，游泳馆容纳2000人，可满足承办省级赛事和国内单项赛事的需要，建成后成为枣庄规模最大的体育场馆。

图7　枣庄市体育中心室外市政工程

推动枣庄中心城区快速发展的引擎工程

世纪大道是枣庄市委市政府决策实施的市重大交通基础设施项目，是推动枣庄中心城区快速发展的引擎工程，是连接枣庄市薛城区、高新区、市中区的城市快速主干道，向西可达微山县，向东可通临沂市，承担着光明大道、枣曹线等城市主干道、省道交通互补功能。工程建设对枣庄"工业强市、产业兴市"战略将发挥有力的支撑和带动作用，对东西城区的相向融合和经济社会发展产生重大和深远的影响。

枣庄世纪大道西起薛城区太行山路，东至市中区西昌路，全长约22.6km，红线宽度60m，绿线宽度90～100m，快车道设计车速每小时100km，辅道设计车速每小时60km，工程总投资概算27亿元。其中，城区段从太行山路到长白山路，长度约3.3km，于2019年3月开工建设，2021年9月具备通车条件。省道段从长白山路至市中区西昌路，全长19.3km，全线共设置18处桥梁，其中有5处大型互通式立交，3处分离式立交和10处下穿式通道。

图8 枣庄市世纪大道道路工程

继续拼搏 跻身现代化企业之林

回首拼搏路，花香满径来。枣庄市政已走过59年的发展历程。半个多世纪的光景，在历史长河中只是沧海一粟，恍如白驹过隙。作为努力跻身于现代化企业之林的枣庄市政来说，无疑她还是年轻的。虽然枣庄市政缺少经验和阅历，但她富有激情和朝气；虽然枣庄市政正承受着创业的艰辛和磨砺，但她百折不挠、勇于承担。

如今的枣庄市政，正处于创业起步阶段。枣庄市政承接的工程中没有高原铁路、没有跨海大桥；枣庄市政的市场范围还没有走出国门，遍布全球。但枣庄市政建成的项目中，无一不用心、无一不精品、无一不被称赞。枣庄市政始终坚持以"创造精品、服务社会"为宗旨，坚持"质量第一、安全第一、诚信经营、员工友善、跟进迅速"的发展原则，向着"做优、做精、做大、做强"的发展目标不懈努力。

枣庄市政建设集团股份公司大事记

1962年　成立市政建设队，主要从事市政工程建设任务。

1963年　成立市政工程队，隶属枣庄市建设局。

1964年　修建市内第一条柏油马路——和平路。

1966年　市政工程队更名为枣庄市市政管理所。

1976年　枣庄市市政管理所更名成立为市政管理处，正式职工73人，固定资产达100万元，有办公平房30多间。

1980—1981年	逐渐健全组织架构，成立了市政综合厂（路面材料生产）、预制厂（预制件生产），成立了路灯管理所和道路维修队。
1992年	枣庄市市政工程总公司成立（现枣庄市政工程股份公司前身），隶属于枣庄市建设委员会。同年，成立市政工程设计检测中心，并获得丙级市政工程设计资质。
1996年	市政工程管理处被中国市政工程协会评为优秀管理单位。
1998年	枣庄市市政工程总公司被中国市政工程协会表彰为全国市政工程优秀企业。
2000年	枣庄市光明广场工程荣获2000年度全国市政金杯示范工程。该奖项为公司获得的首个国家市政金杯奖。
2004年	正式宣布该年前三季实现产值过亿元，这是枣庄市政历史上产值首次过亿元。
2009年	赵峰同志任枣庄市市政工程管理处主任、党委副书记，枣庄市市政工程总公司经理。
2010年	成功晋升市政公用工程施工总承包壹级资质。成为全省第十七个具有此壹级资质企业。
2012年	引进枣庄市政综合信息管理系统，内部管理软硬件建设走在全国先进水平行列。
2015年	枣庄市市政工程总公司转企改制为枣庄市政工程股份公司。选举产生股份公司第一届董事会，赵峰当选第一届董事会董事长。
2017年	枣庄市政工程股份公司更名为枣庄市政建设集团股份公司。
2021年	成功拓展地产新产业，"紫悦山·印象"住宅项目首开大卖，标志着枣庄市政产业结构实现跨越式战略升级。

讲述人：枣庄市政建设集团股份公司
董事长、总裁　赵峰

讲述人简介

赵峰任职期间带领企业不断加速发展，在他的指挥推动下，枣庄新老城区基础设施建设工作发生了巨大变化，城区面貌和基础设施水平得到了巨大改善和提升，赢得了社会各界的广泛赞誉。

打造城市名片　让城市更美好
——"百城百企"记临沂市政集团有限公司

扫码看视频

临沂市政集团有限公司是拥有60年发展历史的综合性施工企业。从几辆地排车、一台沥青炉起步，和临沂城同呼吸、共命运、共成长，伴随着临沂城市建设日新月异的发展步伐，历经几十年的艰苦拼搏、摔打锤炼，这个当年承接业务只有几千万元的小企业，而今已迅猛发展成为年承接业务80多亿元，生产能力达60亿元，跻身中国市政工程行业民营企业16强、省内三甲的施工劲旅，形成了"修路架桥找市政"的口碑。多年来，临沂市政始终把质量视为企业的生命线，讲诚信、顾大局，全力打造精品工程，先后承建了临沂市九曲沂河大桥、高铁片区道路及管廊项目、蒙山高架路北延工程、西安路祊河桥、临工大桥、山西太佳高速、湖南大岳高速、青海茶格公路、扬州文真立交、济宁太白湖新区老运河桥等一大批重点工程。

1961年3月，临沂市政集团有限公司（以下简称"临沂市政"）的前身临沂县建工局市政办公室市政工程队以"市政办公室"的名字诞生在山东省临沂市。一座沥青炉和几辆地板车是最初的全部家当。1978年党的十一届三中全会以来，临沂市政拥有了一定的自主权和经营权，并不断加强经营管理，壮大自身实力，积蓄了丰富的技术力量和管理经验，奠定了良好的发展基础。

20世纪90年代，社会主义市场经济改革路线确立以后，临沂市政如鱼得水，发展步入了快车道。1995年，临沂市政跻身国家壹级市政公用工程施工总承包企业，同年临沂撤地设市，临沂城的建设步伐加快，为企业提供了良好的发展机遇。面对广阔的发展天地，临沂市政在主抓城市道路、桥梁、排水等市政设施建设养护的同时，稳妥培育发展第三产业，业务范围迅速扩大，不断向市郊县区扩展，并稳步走向市外市政及公路市场。1995年承建的临西五路中段水泥混凝土路面工程获"鲁班奖"。1998年是临沂市政事业发展关键时期。根据"建管养分离"的精神,对市政处进行了体制改革,自此,企业化管理的科级事业单位一分为四。临沂市市政工程总公司以市场为导向开启了企业模式的探索和改革。

2001年,临沂市政内强素质,外塑形象,努力提高投标能力,积极参与市场竞争,承建了九曲沂河大桥、平安路、银雀山路、郯城市区道路等20余项工程,实现产值7000万元。承建的临沂市当时跨度最大的桥梁——九曲沂河大桥,成为临沂市政发展史上的里程碑,谱写了临沂市桥梁建设史的新篇章。

城水相依　临沂因九曲沂河大桥而变美

一河清水、两岸秀色、人水亲和、城水相依,沂河、祊河、涑河、柳青河等水系让临沂变身"大美水城","城在水中,水在城中",美不胜收。但是很长时间以来,河流却成为两岸居民交流、经济互通的障碍。桥梁的建设则解决了两岸之间沟通的问题,改革开放以来,临沂城的桥梁也从原来的漫水桥、石板桥到现在的大跨径斜拉桥、悬索桥。

1994年,当国家重大工程、世界最大的水电站三峡工程开工的消息传遍大江南北的时候,沂河老桥却即将退出历史舞台。老桥石条组成的桥面逐渐出现了裂纹,自行车轮被卡在石条缝里是常有的事。不少临沂人的记忆中,骑自行车去河东,经过老桥时大都下车推着走,生怕出意外。1994年,解放路沂河老桥两段高桥倒塌,自此就成了一座废桥。

进入21世纪,重建沂河老桥被列为政府民心工程,即在老沂河石桥原址上修建九曲沂河大桥。修建大桥的重担落到了临沂市政的肩膀上。"当时市政工程总公司还没接过这么大的单,压力很大。"市政工程总公司项目负责人曾对媒体直言:"但是担着两岸市民的盼望,我们就想着克服一切苦难,将桥梁新建工程干成精品工程,质量速度都要有,都要兼顾。"

图1　九曲沂河大桥

九曲沂河大桥是临沂市委市政府确定的民心工程，大桥东起河东区银桥街，西至兰山区解放路运输公司门口，全长1960m，其中主桥长1620m。自工程2001年3月6日正式开工建设后，施工人员一起吃住在工地，几个月都不回家。

2001年3月20日，临沂市政开始钻孔灌注桩工序的施工。为了确保汛期前完成河道内的桩基工程，临沂市政组织了39台钻机，分三个施工段，定时间，定任务，定质量目标，24小时不间断作业，确保了6月底全部完成了河道内的228棵桩基。

为了加快系梁、承台、接柱、盖梁的施工速度，工程全部采用定型钢模板，为了保证工程质量，临沂市政决定弃用原有的旧模板，全部重新加工。每个盖梁钢筋就达6t，钢筋加工量特别大，为了加快进度，钢筋加工分成3个组，昼夜不停，混凝土和模板作业各分成三个组，保证一天一个系梁承台、一排接柱、一个盖梁，为后续梁板吊装及时提供了作业面。

预应力空心板的预制安装是整个大桥的关键工序，于2001年5月10日正式开始。预制厂共占地30亩，分生产区和存放区，张拉台共设40套底模，每天平均生产8片梁。为了不间断生产，冬天采用了蒸汽养护，整个梁板于2002年1月26日预制完成。梁板吊装采用先进的自行式双导梁架桥机，不仅节省造价，而且运行安全，安装速度快，梁板安装于2002年3月16日全部完成。

整个大桥主体工程于2002年8月16日全部完成，九曲沂河大桥工程荣获"全国市政金杯示范工程""新中国成立60周年山东省精品建设工程""泰山杯""山东省市政金杯示范工程""改革开放40周年最具影响力事件"等荣誉。

让人感动的是，沂河两岸的百姓们经常来给施工人员送食品、被褥，出义务工。2002年春节期间，工地上还有工人在桥上值守，两岸的百姓们冒着寒风给工人们送来了热腾腾的暖心饺子。2002年10月1日，自解放路东段运输公司门口至河东区银桥街西段，全长1960m的九曲沂河大桥全面竣工通车，大桥通车那天，人声鼎沸，舞龙队、秧歌队，从桥西头连到了桥东头，气氛比过年还热闹。

图2　解放路沂河大桥

立足根本 坚持高质量发展

近10年来，临沂城市规模不断扩张，中心城区每年以约10万人、10km^{2}的速度稳步拓展。临沂市政抢抓临沂城市建设高速发展的历史机遇，以城建排头兵的姿态，弘扬沂蒙精神，打造市政铁军，讲政治顾大局，积极参与重大市政基础设施建设。

以每一个工程为名片，把豪迈誓言和忠诚奉献写在大地上的临沂市政，不仅承建了亚洲首座大跨度异形拱斜拉桥、"全国市政金杯示范工程"——蒙山大道祊河桥的建设项目，建设了全省首座梭形独塔斜拉桥、山东省建筑工程"泰山杯"——西安路祊河桥以及临工大桥、蒙山高架路北延等桥梁工程，还承建了临沂北城新区道路、北京东路改造、高铁片区道路管廊、市区黑臭水体整治、30万t供水主管道应急替代工程等重点民生工程。临沂市政上下发扬"临沂市政、敢打必胜"精神，始终以高度的社会责任感和不折不扣的执行力，高质量快速推进工程建设，赢得了社会各界一致好评。

瞄准行业发展的风向标，积极推进装配式市政产业发展。临沂市政研发的大跨径双节段装配式综合管廊，在用于滨河下穿通道建设中，将原先40天的工期压缩为40小时，"小工程、大民生"，该技术应用获得2020年临沂市科学技术进步奖一等奖，成为全市建筑业唯一获此殊荣的企业。2021年10月1日，临沂市政总规划占地500亩的省级装配式产业园投产运营，整体投入使用后，将着力打造国内领先的装配式市政产业平台。

积极拓展上下游产业。近年来，临沂市政集团在稳步发展市政施工业务的同时，积极在上下游关联产业布局新业务，在房地产、园林绿化、新型建材、商品混凝土、工程检测、项目管理等领域的投资布局，均取得了良好发展，实现了资源整合、优势互补，为临沂市政长远稳定发展打下基础。

以临沂为根，带着沂蒙山人特有的质朴厚道，临沂市政人将自己的经营足迹遍布全国各地。坚持"干一个工程、赢一方市场"，重视品牌塑造，确保干一个成一个。集团承建的山西太佳高速，湖南大岳高速、怀通高速，青海茶格公路，扬州市文真立交、润扬路立交，济宁太白湖新区老运河桥改造工程等相继建成竣工，为当地百姓生产生活带去极大便利。

技术创新 引擎驱动核心竞争力

近年来，临沂市政解放思想、更新观念，激活创新体制机制，大力提倡"微创新"，让每一位员工在创新中出彩，全面走向以技术创新引领企业高质量发展的新模式。通过绩效管理动态管控，做到人人肩上有创新指标，时时处处有创新思维。积极组织职工创新活动，组织全体员工投身创新创效，打造了以"企业为主体、职工为主力、岗位为阵地、微创新为方法"的职工技术创新平台。三年来，集团内部评审通过工作微创新500余项。成功申报40余项国家、省、市级工法，近20项成果通过全国、省市政行业QC成果评审,有力促进了行业规范化、标准化水平。

技术创新是工程质量的保障,也是企业发展的核心竞争力。临沂市政集团建立了自己的企业技术中心,2020年获评为省级企业技术中心。与山东建筑大学、河海大学等科研院校建立长期合作关系,与河海大学于新教授合作成立山东路易达交通科技有限公司,并展开长期合作,共同研发的泡沫沥青温拌技术,将沥青混凝土拌合温度降低20～30℃,节能减排效果显著,并依托此成果成功申报山东省泰山领军创业人才。同时,大力推广装配式建筑应用,目前已应用装配式管廊逾5000m,减少固体废弃物排放3200余t。

图3　2016年临沂市政集团总部乔迁辰坤国际

临沂市政深入贯彻落实习近平总书记提出的"城市是人民的城市,人民城市为人民"重要思想,为城市发展出力流汗,与城市发展相互成就,走内涵式、集约型、绿色化的高质量发展路子,紧抓特大桥梁、市政道路、风景园林、公用设施施工优势不放松,努力打造上下游全产业链的市政工程施工标杆企业。同时加强特种铺装、装配式建筑、海绵城市、智慧工地等方面的市政工程前沿技术研发,成为市政工程技术领军企业。积极打造预制建材、装配式建筑、海绵城市产品为一体的新型建材产业园,致力成为新型建材产业开拓者。

缔造着一个个带有"市政速度""市政温度""市政品牌"的新时代地标,挺起城市高质量发展的"脊梁",以实际行动践行着"让城市更美好"的使命担当,临沂市政,正在向年营业收入过百亿的大型全产业链百年市政企业全力奔跑!

临沂市政集团有限公司大事记

1961年	临沂县建工局市政办公室市政工程队成立。
1998年	根据"建管养分离"的精神,对市政处进行了体制改革,将处在市公用事业局内部分设为临沂市市政工程总公司、临沂市城市道路维护管理所、临沂市城市排水维护管理所、临沂市城市路灯建设维护管理所。
2000年	公司通过了ISO 9000质量管理体系认证。
2001年	临沂市政承建了临沂市当时跨度最大的桥梁——九曲沂河大桥。
2006年	根据临沂市编办《关于撤销市政工程处设立"一公司三所"的批复》,设立临沂市政工程总公司,正科级事业单位。
2011年	实行转企改制,采取协议转让方式转让了全部国有产权,临沂市政工程有限公司依法完成工商注册。
2013年	临沂市政导入绩效管理模式。
2016年	临沂市政集团有限公司成立。
2020年	公司年营业收入突破50亿元。

讲述人:临沂市政集团有限公司
党委书记、董事长、总经理　庞玉坤

讲述人简介

庞玉坤同志带领临沂市政,从一家小型企业,成长为综合实力稳居全省同行前茅的大型企业集团。

以人为本加强党的建设　让党建元素点亮市政建设
——"百城百企"记威海市市政工程有限公司

扫码看视频

威海市市政工程有限公司始建于1960年3月，拥有市政公用工程施工总承包壹级资质、桥梁专业承包资质以及劳务资质，通过了国家认证的质量管理、环境管理、职业健康安全管理三大体系，是威海市唯一一家市政公用工程施工总承包壹级资质企业。

威海市市政工程有限公司（以下简称"威海市市政"）荣获中国建设工程鲁班奖、国家优质工程奖、全国市政金杯示范工程、四川省"天府杯金奖"、山东省市政金杯示范工程、山东省优质工程奖等各类奖项40余项。荣获山东省优秀市政施工企业、全国模范职工之家、山东省守合同重信用企业、山东省文明单位、山东省青年文明号、山东省工人先锋号、山东省市政行业协会理事单位等数十项荣誉称号。

威海市海滨南路环境绿化美化工程
一条沿海经济和生态走廊越出地平线

威海市海滨南路环境绿化美化工程位于威海市区东南部，依山傍水，是威海市委市政府为建设生态化海滨城市而决定实施的综合性市政园林工程，整个工程是沿原海岸线向东填海造路而形成的，平均宽度188m，分为护岸、道路、公园、照明、综合管线五个单位工程，护岸采用斜坡、圆筒和台阶三种结构形式，设有两级挡岸墙，可抵御五十年一遇波浪的袭击。

照明系统通过专用变压器供电，利用微机管理系统和GSM手机远程监控装置，实施遥测遥控；灯杆采用热镀锌与喷塑进行防腐处理，灯具采取重复接地的漏电保护措施，借助多种节能光源及照明方式，形成交相辉映、

图1 威海市海滨南路环境绿化美化工程

五彩斑斓的海岸夜景。施工单位以争创鲁班奖为质量目标,制定了高于国家相关行业的铺装工程质量验收标准,全面制定了质量保证体系。经市质量监督部门检验评定各项工程质量均达到优良等级,成为威海市建设工程的一个样板。护岸经受住了2000年8、9月间"派比安"和"桑美"两次强台风的袭击,未出现任何影响结构安全的质量问题。

本工程先后获得威海市优质建设工程、山东省建筑工程"泰山杯"奖。在2001年度全国建筑工程质量评比中,获得"鲁班奖"及"全国市政金杯示范工程"。施工过程中广泛采用了新材料、新技术、新工艺,工程的实施收到了良好的生态和社会效益,工程得到广大市民的热心支持,被誉为"民心工程""百年工程",使周边土地增值上百亿元,全市人均公共绿地增加1.3m^2,景区旅游高峰一天接待上万人次,一条沿海经济和生态走廊越出地平线,一片投资热土开始形成,一道亮丽的海滨风景带以其迷人的风采,迎接远方的朋友。

市域一体、国内通达、联通海外 威海湾港区疏港公路路面工程

威海市交通局在2018年印发了《关于推进威海市交通运输新旧动能转换重大工程的实施意见》,提出要大力构建高品质交通基础设施网、高端化智慧交通网、高效率运输服务网"三高网"和市域一体、国内通达、联通海外"三大交通圈"。加快完善"两纵两横"高速公路网、"八纵六横一环"干线公路网、四通八达农村公路网。

威海市市政施工的威海港威海湾港区至南海港区疏港公路就是其中的重点工程之一。威海港威海湾港区至南海港区疏港公路作为东部滨海新城至南海新区快速通道,盘活了区域的交通,带动了区域的高速发展。该项目与其他一众项目完成之后,进一步完善了区域交通网络结构,有效提高了威海市甚至山东省的区域交通运输服务水平。

图2　威海湾港区疏港公路路面工程

"建设精品工程，服务社会，回报社会"是每一个威海市市政人的向往。近几年来，威海市市政所承建的工程先后获得了中国建设工程鲁班奖、全国市政金杯示范工程、山东省优质工程奖，十几条道路荣获山东省市政金杯示范工程。为四川灾后重建的北川羌族自治县安昌镇道路改造工程荣获四川省"天府杯"金奖。企业先后荣获全国模范职工小家、山东省文明单位、山东省优秀市政施工企业、山东省守合同重信用企业、威海市三星级和谐企业等荣誉称号。

修复海洋生态环境　威海九龙湾海岸综合整治工程在行动

2014年8月底，由威海市市政参与的威海市九龙湾海域修复整治工程全面竣工。该工程于2012年7月开工建设，历时26个月。工程共清理长峰河口淤泥10581m^3，新建引堤199m，修建

图3　威海九龙湾海岸综合整治工程

离岸潜堤560m，原护岸修复整形300m，修复沙滩30万m²，补沙10万m³。项目总投资5090.67万元，其中申请中央分成海域使用金扶持3000万元。

通过综合整治与修复，九龙湾区域滨海沙滩得以全面恢复，海水水质明显改善，形成了以海岸保护、景观和休闲为主要功能的生态示范区，为广大市民和游客打造了一处极具吸引力的亲海地带。九龙湾海域修复整治工程的实施，让公众在更加亲近海洋、享受海岸带整治修复成果的同时，进一步增强了海洋保护意识与危机意识，从而更加积极地参与到保护海洋行动中来，为国家级海洋生态文明示范区建设打下坚实的基础。

让党建元素点亮市政建设

多年来，威海市市政始终追求"建设精品工程，塑造市政形象"这一发展目标，坚持"立足威海、辐射山东、走向全国"的发展理念，秉持"用品质打造市政行业第一品牌"的使命，在历届党政班子的领导下，威海市市政全体员工发扬艰苦创业、吃苦耐劳的精神，团结实干、诚信担当、自强不息、开拓创新、与时俱进，充分发挥人才、技术、设备、管理优势，先后参与威海、淄博、济南、青岛等市城建重点工程建设，努力为社会提供优质工程和贴心服务。2008年威海市市政参与了山东省对口援建四川地震灾区北川县新县城灾后道路重建工程。

综合多年的创业实践，威海市市政提出了"继承发扬、巩固创新、诚信担当、调整突破"十六字方针，作为今后威海市市政创新发展所遵循的指导思想、基本理念和主要思路。威海市市政拥有道路桥梁等施工的各类专业设备，技术力量精湛雄厚，生产经营管理专业、科学、规范、高效。威海市市政经营范围涵盖了市政、桥梁、轨道交通、园林绿化、给水排水、公共交通、城

图4　威海市海滨路工程

市隧道、房建工程施工以及市政工程设计、机械设备租赁、建筑材料加工、试验检测等领域。

随着市场经济的飞速发展，施工企业要想在竞争中保持优势，就必须把党的领导融入威海市市政治理各个环节，以企业文化为依托，提高企业科学管理的层次，加大技术改造力度和新技术、新工艺、新材料、新设备的引进和推广，狠抓安全体系建设。近几年来，威海市市政结合威海市创建精致城市的总体要求，锐意进取、精益求精，加大技术创新和科研力度，多次获得山东省市政工程建设QC小组活动成果三等奖和先进奖，有关课题获得省级工法，技术创新授予专利权，为完成各项工程项目提供了安全、质量、技术保障。

在企业发展壮大过程中，威海市市政坚持以人为本，注重加强党组织和党员队伍建设，充分发挥党组织的战斗堡垒作用和党员的先锋模范作用，提升党员干部的综合素质和执行能力，培养员工在岗位形象上做到有责任心、有事业心、有爱心，让党建元素点亮市政建设。威海市市政结合城市市政建设做好党建宣传和氛围营造工作，扎实推进党建工作的创新，开展丰富多彩的和谐企业建设活动，弘扬健康向上的企业精神，为企业的改革和发展贡献力量。

威海市市政工程有限公司大事记

1960年3月　　威海市市政工程有限公司前身"威海市建筑公司修缮队"成立。
1988年4月　　更名为威海市市政工程公司。
2006年　　　　改制为威海市市政工程有限公司。

讲述人简介

以诚信经营作为企业发展的底线原则，得到了业界和同行的高度认可和好评。

讲述人：威海市市政工程有限公司
　　　　董事长　丛建波

传承工匠精神　输出精品工程
——"百城百企"记青岛第一市政工程有限公司

青岛第一市政工程有限公司是青岛市行业传统骨干企业，前身是成立于1949年的青岛市建设局道路股，70余年沧桑变幻，小小的施工队伍几经更迭，摇身成长成为注册资本过亿元，年产值20亿元以上的本地市政龙头企业。主要从事城市基础设施建设项目施工，隶属于青岛市政空间开发集团有限责任公司，是青岛市行业传统骨干企业，承担或参与建设了岛城多项大型城市重点基础设施建设项目。

扫码看视频

青岛第一市政工程有限公司（以下简称"青岛第一市政"）现有市政公用工程施工总承包壹级、桥梁工程专业承包壹级、营业性爆破作业壹级、建筑工程施工总承包贰级、公路工程施工总承包贰级、水利水电工程施工总承包贰级、建筑机电安装工程专业承包贰级、钢结构工程专业承包贰级等多项资质，经营范围涵盖市政、城市轨道、公路、水利水电等工程以及市政材料生产、机械租赁、建材试验等多种业务。

公司先后获得了全国优秀施工企业、全国市政工程质量优良企业、国家级"守合同、重信用"企业、国家AAA级信誉企业、山东省建设技术创新示范企业等多项荣誉称号。同时，坚持以打造精品工程为己任，先后获得60余项国家、省、市优质工程奖项，有4项工程荣获全国建设行业最高奖——"鲁班奖"，在全省同行业中首屈一指。

整治城市交通　完善城市道路工程

重庆路改造整治工程（K9+200以北段）一标段，工程造价150169928.67元，施工内容包括道路面层面积约33万 m^2，道路路基、路面基层及附属

图1 青岛重庆路综合改造工程获鲁班奖

600m,面积2.6万 m^2 ,排水工程,电力工程。重庆路改造整治工程(K9+200以南段)二标段,包含三部分:电力隧道工程、南北接地桥桥梁工程及全线道路路面沥青摊铺。

建成后的重庆路成为贯穿青岛市区南北的发展轴线,有效缓解了南北向道路的交通压力,加强了东岸、北岸城区之间的交通联系,成为与横向主干路及北端放射公路网相接的交通轴线。

工程竣工以来,通车平稳顺畅,道路功能完善,工程总质量达到国内领先水平,受到社会各界高度评价,本工程更是获得"鲁班奖"等荣誉。

攻克西海岸新区地标性景观 丰富文化旅游业态

青岛西海岸中央商务区名人岛连岛路一号桥位于青岛市西海岸灵山湾影视文化产业区,是连接滨海大道和星光岛的核心工程,大桥北接万达茂,南连大剧院,是出入东方影都星光岛的重要通道;连岛路一号桥是一座跨海钢结构景观桥,造型设计展现了青岛海洋文化特色,桥梁长度290m,桥面宽度为36m,双向六车道,桥梁下部结构为钢筋混凝土三维光滑曲面墩柱,桥上部为钢箱梁结构。

连岛路一号桥下部结构共有桩基60根,承台7座,墩柱5根,桥台2座。上部钢箱梁结构引桥长70m,主桥长220m,包括钢箱梁、钢结构拱和栏杆。全桥设计工程量混凝土约为1.1万 m^3 ,钢筋约为1100t,钢板约为8000t。

青岛西海岸新区地标性景观,珊瑚贝连岛一号桥建成后,将与周边文化旅游业态有机融合,塑造出灵山湾独特的海岸线,成为青岛蓝色海湾的新亮点。

图2　珊瑚贝桥（一）

图3　珊瑚贝桥（二）

图4　珊瑚贝桥（三）

攻克污水治理难题　推动社会经济可持续发展

青岛市团岛污水处理厂，坐落于山东青岛市，厂区具体位于青岛市团岛三路8号，设计处理能力为日处理污水10.00万 m^3。主要建设内容包括厂区土建施工，工艺设备、工艺管道安装，电气、自控系统安装，照明，防雷接地，采暖，通风，厂区道路施工及绿化等。

图5　团岛污水处理厂

青岛市团岛污水处理厂自2011年1月正式投入运行以来，污水处理设备运转良好，日平均处理污水量为7.37万 m^3。该项目采用先进的污水处理设备，厂区主体工艺采用改良A2/O处理工艺，经处理后的污水水质排放标准为《城镇污水处理厂污染物排放标准》GB 18918—2002一级A排放标准。

青岛市团岛污水处理厂建成后极大地改善了城市水环境，对治理污染，保护当地流域水质和生态平衡具有十分重要的作用，同时对改善青岛市的投资环境，实现青岛市经济社会可持续发展具有积极的推进作用。

铺设国际工程　巴基斯坦M4高速公路

巴基斯坦M4高速公路工程项目是在巴基斯坦旁遮普省修建一条长184km、双向四车道的高速公路。青岛第一市政负责第一工区全长26km施工任务，施工区域为K00+000～K26+000，负责此施工区域内的所有土方回填、结构层、面层沥青、结构物工程的建设施工任务，造价约5722万美元。

图6　巴基斯坦M4工程

图7　青岛地铁3号线

开通首条地铁线路　重塑岛城发展格局

青岛地铁（3号线）土建16标项目位于青岛太原路93号，由青岛市地下铁道公司投资建设，监理单位为上海建通工程建设有限公司与青岛华鹏工程咨询集团有限公司联合体。项目计划施工R1K0+300～R1K0+915段，围护桩982根，旋喷桩2533根，土方87000m³，主体混凝土13215.35m³，防水21291m²。

地铁3号线是青岛市第一条地铁线路，其重塑岛城发展格局，改变了市民出行生活方式，重塑人们出行习惯，改变传统生活方式，"地铁商圈"应运而生。

青岛第一市政工程有限公司大事记

1949年　青岛解放以后，人民政府设立建设局，负责城建工作。

1952年　建设局撤销道路股、沟渠股，设道路工程科和卫生工程科。

1956年　建设局改为城建局，局成立市政工程管理所，下设第一工程队，第二工程队。

1961年　成立城市局工程队，负责全市市政工程施工和养护，工程队下设五个工区。

1966年　城建局将工程队改称市政工程管理处。

1983年　市政府撤销市政工程管理队，成立市政总公司，组建了第一、第二市政工程公司，公司改为青岛第一市政工程公司。

1998年 青岛城建集团成立。

2001年 青岛第一市政工程公司从青岛城建集团剥离,设立为青岛第一市政工程有限公司至今。

讲述人简介

范学臣从事爆破工程设计施工30余年,他完成的高难度大型拆除控制爆破和特种爆破工程上百余项,完成的土石方爆破工程和其他综合工程二百余项,为公司创造了良好的经济效益和社会效益。

讲述人:青岛第一市政工程有限公司
　　　　副总经理　范学臣

携手共进　为国家的城市建设添砖加瓦
——"百城百企"记青岛登科市政工程有限公司

在青岛城市建设突飞猛进的时代，青岛登科市政工程有限公司更是兢兢业业、奋发进取，时刻把握时代发展脉搏，实现大跨越和大发展，参与施工建设了多项重大工程：青岛即墨墨水河综合整治样段南关街桥及景岱街东西桥工程、青岛蓝谷柴岛路环境综合整治工程、青岛实验高中周边道路建设工程——硕阳路二标、岙东路工程、白沙河大桥工程、秋阳路工程、高新区6号和12号桥梁工程、高新区葫芦巷河道工程、世园大道绿化工程、张村河工程、香港路绿化工程、太平山工程等，一条条道路、一座座桥梁拔地而起，一项项绿化工程为这城市涂抹绿色的风景。

扫码看视频

51

青岛登科市政工程有限公司成立于2004年2月，是青岛登科集团有限公司全资子公司；拥有市政公用工程施工总承包壹级资质，桥梁工程专业承包贰级，建筑工程施工总承包、公路工程施工总承包、水利水电工程施工总承包、城市及道路照明工程专业承包叁级，施工劳务资质，国家GB2压力管道安装维修许可；一级注册建造师12人；各类施工机械挖掘机、装载机、压路机、打桩机、起重机、平地机、大型铣刨机、搅拌站、沥青摊铺机、运输自卸车辆及其他设备200余部台，600余亩全海景自有生态园林苗圃生机盎然。

多年来，全体员工积极向上，公司在青岛市市政企业考核中始终位于前列，先后获得国家、省、市级"守合同重信用企业"，"山东省著名商标"，山东省、青岛市"市政优秀施工企业"，"安全文明先进企业"等殊荣；通过了国际质量管理体系认证、环境管理体系认证、职业健康安全管理体系认证。公司现为中国市政工程协会理事单位、山东省市政行业协会常务理事单位、青岛市市政工程协会副会长单位，董事长被选为山东省市政行业协会副秘书长、青岛市市政工程协会副会长,青岛市城阳区优秀企业家。

公司始终以质量安全领先、诚信至上为宗旨,抢抓市场机遇,强化企业管理,高标准完成承建的基础设施项目。其中二十多个项目荣获了山东省市政金杯示范工程、山东省市政基础设施工程施工安全文明标准化工地、青岛市建设工程质量青岛杯奖、青岛市标准化示范工地。

即墨古城的中心景观和交通要道

2019年建成的即墨区墨水河综合整治样板段南关街桥及景岱街东西桥工程,在2018年被评为"山东省市政基础设施工程施工安全文明标准化工地",2020年荣获"青岛杯"。

在项目全体施工人员的积极参与下,整个工程完成了"仿古木质结构缠绕防裂纱布以保证油漆的外观质量""提高干挂石材观感质量""古建亮化工程定制瓦楞灯替代投光灯施工创新""拱桥拱圈钢筋整理预制安装法在提高钢筋绑扎质量中应用"QC活动成果,创造并研究出了"拱桥拱圈钢筋整体预制安装及逆作法,施工墙身混凝土施工工法"及"现浇连续拱桥拱底模板施工工法"两个省级工法。

建成后的南关街桥成为进入即墨古城南门中轴上的一座景观桥梁,与即墨市文化路相连,成为即墨古城的中心景观和交通要道。其中南关街桥桥头的设计充满创新意义,既能彰显即墨丰富的古城文化内涵,桥身修建的古朴典雅又能与周围建筑及城墙相呼应。且新桥建成后,站在文化路上可将即墨古城的古寺塔影、水阁临风、锁龙泉石和堤按柳烟等淮涉名胜尽收眼底。

图1　南关街桥实景

图 2　南关街桥侧景

图 3　景岱街东桥实景

链接蓝谷走向深海的重要科研大道

2020年企业完成的青岛蓝谷柴岛路环境综合整治工程，更是《青岛蓝色硅谷发展规划》所列工程项目。该工程范围西起山大南路，东至深海基地，是对现状道路进行有限度的改造。主要包含局部优化线位、两侧帮宽增设绿道、完善附属设施、管线设施配套改造、照明设施改造及沿线景观环境提升等内容。

柴岛路全长5km，沿线高低起伏，整体地势为西高东低，北高南低，处在鳌山卫的鳌头位置，可谓与山海相依，独占鳌头，是链接城市与自然风景的重要景观大道。企业在整个工程施工过程中，结合整个地理环境，严格按照设计要求和施工规范进行施工，对影响工程质量的人、材料、设备、机械、方法工艺、环境等因素进行了全面控制：健全的质量管理保证体系，明确施工过程的事前、事中、事后三个阶段的检查项目和质量检查标准；工艺控制和建材控制都配各种专业技术人员，使整个工程质量控制有序、有力、有效。

柴岛路东段因连接国家深海基地，更成为链接蓝谷走向深海的重要科研大道。整个工程环境综合整治，根据对场地内外环境的分析，呈现独具个性的道路景观，营造出内容丰富、形式新颖并且适合整个区域氛围的道路绿化景观，让柴岛路作为蓝色硅谷核心区道路绿地，就像富有生机的纽带串联起三大片区及周围区域，以景观流动性带动区域活动的多样化和共通性，充实整个系统的生态价值和经济价值。

此外集团还参与施工建设了多项重大工程，青岛实验高中周边道路建设工程——硕阳路二标、岙东路工程、白沙河大桥工程、秋阳路工程、高新区6号和12号桥梁工程、高新区葫芦巷河道工程、世园大道绿化工程、张村河工程、香港路绿化工程、太平山工程等。在集团持续努力奋斗下，企业的施工能力和综合实力稳步提高，企业的品牌知名度、行业领域的话语权、影响力和美誉度更有了大幅提升。

回眸历程，让人欣慰；喜看今朝，催人奋进；展望明天，如鹰展翅。未来发展的征程中，公司将继续以质量安全领先、诚信至上为宗旨，抢抓市场机遇，强化企业管理，高标准完成承建的基础设施项目。登科人也将继续本着"诚信、务实、创新、超越"的企业精神，真诚地为用户提供最优质的服务，加强与社会各界同仁交流与合作，共同携手走向辉煌灿烂的明天，为国家的城市建设添砖加瓦，作出更突出的贡献。

图4　于家沟水库观景平台

图 5　滹沱观景平台

图 6　海豚雕塑球

青岛登科市政工程有限公司大事记

2004年　成立青岛登科市政工程有限公司。

2009年　青岛登科市政工程有限公司获市政公用工程施工总承包贰级资质。

2010年　青岛登科市政工程有限公司获得山东省市政金杯示范工程。

2011年　青岛登科市政工程有限公司获山东省优秀市政工程施工企业。

2012年　青岛登科市政工程有限公司获市政公用工程施工总承包壹级资质。
2013年　青岛登科市政工程有限公司获青岛市政工程协会副会长单位。
2013年　青岛登科市政工程有限公司获山东省著名商标。
2014年　青岛登科市政工程有限公司获国家级"守合同重信用"企业。

讲述人：青岛登科市政工程有限公司
　　　　董事长　武宗科

讲述人简介

　　武宗科同志具有多年企业管理工作经历和丰富的工作经验，以较高的个人能力和智慧，带领公司取得了住房和城乡建设部市政公用工程施工总承包壹级资质及多项专业施工资质。

"说了算、定了干、高质量、按期完"
——"百城百企"记青岛市政空间开发集团有限责任公司

青岛市政空间开发集团有限责任公司（以下简称"青岛市政集团"）作为青岛市和山东省市政建设行业的骨干企业，拥有市政公用工程、公路工程、建筑工程3项施工总承包壹级资质，桥梁、公路路面、公路路基、爆破与拆除、城市轨道交通5项专业承包壹级资质。主要从事市政、交通基础设施投资建设管理，智慧城市公共服务设施建设与运营，全域土地综合整治与环境生态修复。企业先后获得全国市政优秀施工企业、全国市政质量优良企业、全国建筑施工企业500强、全国"重合同守信用"企业、国家AAA级信誉企业、中国管廊建设管廊名企、山东省上合峰会服务保障先进集体，以及国家高新技术企业、山东省精神文明单位等若干个国家级、省级、市级荣誉称号。

扫码看视频

52

1991年4月底，太平路翻建拓宽工程如火如荼地进行着，太平路位于前海一线风景区，紧临栈桥，是青岛的门面，关系着青岛的形象。五一将至，眼看旅游旺季马上就要到了，可眼前道路施工尚未完工，道路两旁的旧电线杆因为种种原因还一根根竖那儿没有拔掉。

时任青岛市长的俞正声同志亲临现场，详细询问当时青岛市政总公司领导："工程能否在保证质量的前提下提前在明早7点前完工，恢复交通？"

当时，几乎都认为这是一件不可能完成的任务。在这个考验面前，青岛市政总公司领导和工程公司经理没有退缩，立下军令状："请俞市长放心，保证明天早7点上班高峰前完工，恢复交通！"

随即，总公司迅速调整优化方案，调动机械设备，组织精兵强将，穿插作业，轮班施工，通宵奋战……第二天一大早，当俞市长前来视察时，昨天还大煞风景的旧电线杆不见了，整条太平路焕然一新。俞市长露出了满意的笑容。他向满脸倦容、眼中布满血丝的市政施工人员表示感谢。由于出色地完成了任务,俞市长评价青岛市政人是一支"说了算、定了干、高质量、按期完"的队伍,是一支"能打硬仗"的队伍。

点亮魅力青岛　大展发展宏图

青岛是沿海重要中心城市、沿海开放城市、新一线城市、经济中心城市、国家历史文化名城,是国际性港口城市、滨海度假旅游城市、幸福宜居城市。青岛的市政建设也始终在推陈出新,在不断打造"魅力青岛"的时尚名片。在此进程中,青岛市政集团不断以"说了算、定了干、高质量、按期完"的精神,交付一个个出色的工程案例。

青岛市政集团承接的青岛浮山湾核心区亮化提升工程建设范围东起珠海支路,西至太平角六路,北到香港路,南到海岸线的合围区域,包括245栋建筑楼宇(处)、5个广场、4km海岸线、2处喷泉等主要建设内容。2018年6月,上合组织峰会在青岛成功举办。为了迎接峰会,青岛对浮山湾沿海景观带建筑进行照明改造,向全球来宾展示一场绚烂夺目的灯光秀,为世人带来精彩的视觉盛宴。成为青岛标志性夜景观和城市名片,取得了极其明显的社会效益。

青岛市政集团承接的青岛胶东国际机场,位于山东省青岛市胶州市胶东街道前店口村,西南距胶州市中心11km,东南距青岛市中心39km、距青岛流亭国际机场28km,为山东首座4F级国际机场、区域性枢纽机场、面向日韩的门户机场。

2015年6月26日,青岛胶东国际机场奠基开工;2018年11月21日,青岛新机场命名为"青岛胶东机场"。青岛胶东国际机场航站楼面积47.8万m^2,设97座登机廊桥;站坪共设178个机位,其中76个为近机位;跑道共两条,均为3600m长,宽度分别为45m和60m;可满足2025年旅客吞吐量3500万人次、货邮吞吐量50万t、飞机起降29.8万架次的使用需求。胶东国际机场的建设,被称为青岛的"百年工程"。"百年"指的不仅是机场的设计使用寿命,更在于这座新机场对青岛开放格局、城市拓展的巨大意义,足以担当起"百年"二字。

青岛市政集团承接的重庆路改造整治工程南起雁山立交、北至仙山路以北,全长约14.9km。

图1　青岛浮山湾核心区亮化提升工程

图2 青岛胶东机场

图3 重庆路改造整治工程

标准路段中央为4~6m绿化带，两侧为双向十车道，按规划敷设雨污水、给水、电力、燃气、热力、通信等地下管线，实施景观、照明及交通设施等附属工程。该工程荣获"鲁班奖"。

重庆路快速路作为青岛主城区"三纵四横"快速路网的重要一纵，是城市发展的"中轴线"，沿线规划服务人口约70万，服务范围约占青岛东部主城区的30%，道路建设对城市发展意义重大。

青岛市政集团不满足于当下，还在不断地积累和创新。科技创新方面累计荣获国家、省、市各类科技创新成果奖300余项，其中全国市政行业市政工程科学技术一等奖1项，中国爆破行业协会科学技术进步一等奖1项，中国市政工程协会技术开发类二等奖1项，山东省科技进步二等奖1项；国家级工法2项，省级工法133项；发明专利6项，实用新型专利33项；国家QC成果61项，省QC成果95项；参编国家级标准2项，省级标准6项。承建或参与承建的项目荣获中国建设工程鲁班奖6项，其中东海路绿化美化环境工程是山东省首个获得中国建设工程鲁班奖的市政工程；全国市政金杯示范工程11项，大禹奖1项，詹天佑奖1项，近五年省部级以上工程奖60余项。

青岛市政空间开发集团有限责任公司大事记

2001年　青岛市市政工程集团有限公司成立。

2003年　走出国门，重点开拓亚洲及南美洲国际市场。

2014年　参与2014青岛世园会园区配套项目。

2015年　更名为青岛市政空间开发集团有限责任公司。

2019年　被马来西亚中资企业协会评为"2019年服务之星"。

匠心建造　百年路桥

——"百城百企"记深圳市路桥建设集团有限公司

深圳路桥集团秉持"匠心建造、百年路桥"的企业使命，矢志打造深圳唯一、行业领先的集城市市政交通基础设施"养"（养护看管）、"修"（维修改造）、"保"（应急保障）、"建"（工程建设及管理）、"投"（BT/BOT、投资开发和新兴边缘产业）于一体的专业化、信息化、管理型企业，积极打造成为广受尊敬的现代城市交通基础设施综合服务商。

扫码看视频

深圳市路桥建设集团有限公司（以下简称"深圳路桥集团"）成立于1979年5月，前身为深圳市道路工程指挥部。刚组建公司时，政府不能提供资金、机械设备和技术支持，只有七八个管理人员，外加15名工人，资产、机械设备几乎为零，只有两三部破旧的工程车，办公地点就是两间草棚，工人也住在草棚里。

1987年1月23日，深圳市按照"建管分离"的思路，成立城管办，市道路工程公司为下属处级单位，承担深圳特区道桥、排水的维修和管理工作。接管道路面积348万m^2，排水管渠340km，桥梁32座。后相继设立罗湖工区、上步工区、沙头角工区，沙河工区。第一工程队、第二工程队、福田工区、桥梁维修队、机修厂、沥青厂、第三工程队、第四工程队。在上海、南宁、昆明、海南设立外地分公司。至1993年，产值突破1.2亿元，成为深圳市实力最强的市政施工单位。

深圳路桥集团不断壮大自己的规模与实力，1990年，将道桥和排水一分为二，下水道管养业务并入市排水管理处。1995年，"管养分离"，市道路工程公司作为事业单位，实行企业化管理，主要负责深圳特区大中修和日常维修养护。1998年，更名为市道桥维修中心并保留道路工程公司，两块牌子一套班子。

2007年11月28日,"事转企",深圳市路桥建设集团公司成立,三年过渡期先后由深圳市城管局托管和市交通运输委托管。2010年1月,正式划归市国资委,并委托深投控管理。2017年12月划转至特区建发集团。2020年4月划转至特区建工集团。

现在,深圳路桥集团已经成为一家以"城市服务业务为基础、以市政工程和公路工程施工建设为支撑、以物业管理和地产开发为补充"的国有独资的多元化集团公司,是一家业绩经验丰富、品牌实力较强的综合性市政企业,是深圳市综合实力较强的市属国有建筑施工企业之一。

打造超国际一流景观示范道路

2020年8月17日,深圳路桥集团承建的红荔路交通与空间环境综合提升工程顺利竣工。

该工程西起农林路,东至红岭中路,施工范围全线长约8km,采用样板路段先行,分段施工的方式,于2018年8月5日正式动工。按市政府统一部署,红荔路提升工程被打造定位为"超国际一流景观示范道路",是市内首个融合人文景观环境统筹建设的市政道路改造项目。工程改造内容主要为交通组织改善、现状机动车道及人行道改造、建设智慧设施、自行车专用道系统和风雨连廊等。

经过743个日夜,深圳路桥集团攻坚克难,提质提速,对标世界一流标准,将红荔路打造成为深圳市首条高端品质、美丽绿色、活力智慧、安全舒适的慢行系统示范道路,献礼深圳经济特区建立40周年。

该工程工期紧任务重,深圳路桥集团克服交通疏解难度大、疫情防控压力大、施工验收标准

图1 红荔路交通与空间环境综合提升工程

高、超重石材制品施工不便、防污治污和景观效果要求高、设计方案更新频繁等困难,并结合在深南路等大型市政项目经验,精心安排施工步骤,主动协调,为施工创造有利条件。

深圳路桥集团一直坚持以人为本,在施工期间积极吸纳沿线居民意见,最大限度减少施工对沿线交通和市民的影响。

施工方面,自主研发应用重型材料高精度拼装辅助车,提升30%施工速度;采用3D打印装饰造型模板技术,大幅降低时间成本、资金投入。

技术方面,积极应用新型沥青改性剂KZD技术,显著提高沥青路面耐高温抗车辙、耐低温抗裂、耐水损坏及抗老化能力,解决了SBS改性沥青加工工艺的高能耗、高污染方面难题,同时应用透水混凝土技术,调节城市空间的温度和湿度,助力海绵城市建设,高标准、高质量、高效率完成红荔路提升工程。

图2　红荔路交通与空间环境综合提升工程

改造后的红荔路优化道路通行体验,增强过街安全性,精细化施工,营造艺术感,凸显人性化,道路无缝接驳更美观顺畅,慢行系统实现"三网融合",提升市民通行体验,展示深圳先行示范区国际化、现代化创新型城市的风采,成为深圳市首条高端品质、美丽绿色、活力智慧、安全舒适的慢行系统示范道路。

打造现代城市交通基础设施综合服务商

深圳路桥集团属于国家高新技术企业,设有技术中心和深圳市博士后创新基地,下属16家二级机构,拥有市政公用工程施工总承包壹级、公路工程施工总承包壹级、公路路基工程专业承包壹级、公路路面工程专业承包壹级、城市及道路照明工程专业承包壹级、建筑工程施工总承包贰级、桥梁工程专业承包贰级、地基基础工程专业承包叁级等资质，先后通过ISO 9001质量管理体系、OHSAS 18001职业健康安全管理体系、ISO 14001环境管理体系认证。下属公司同时具备公路工程综合乙级试验检测资质、CMA资质认定计量证书。

多年来，深圳路桥集团积极参与市内外各项工程建设，业务遍及10多个省份，先后完成市政道路、公路及其他城市基础设施等中大型建设项目500多项，多个项目获得了国家、省、市样板工程称号，特别是成功实施如深圳深南大道、北环大道、滨河大道、前海市政Ⅱ标、深圳首条智慧道路侨香路、深圳首条慢行示范道路红荔路、南山区大型污水处理厂、地铁一期罗湖站、广深高速鹤州立交、沿江高速二期Ⅰ标、莲花山公园水景等标志性工程，形成了独特的核心竞争能力和发展优势。

图3　滨河大道路面修缮及交通改善工程

图4　莲花山公园水景恢复工程

未来,深圳路桥集团将继续秉持"匠心建造、百年路桥"的企业使命,为打造成为广受尊敬的现代城市交通基础设施综合服务商,做更多努力。

深圳市路桥建设集团有限公司大事记

1979年　成立深圳市道路工程指挥部,深圳市路桥建设集团有限公司前身诞生。

1980年　深圳市道路工程指挥部正式更名成立深圳市道路公司,正式组建,属科级单位,隶属市城市建设局领导。

1986年　重新组建"市道路工程公司",按事业单位,实行企业化管理。

1995年　分别设立市道桥管理处和市道桥维修中心,深圳市改革道桥管理体制,将道桥"管养合一",改为"管养分离",明确了主营业务和公司发展方向。

2007年　市道桥维修中心及其下属单位的国有资产组建为深圳市路桥建设集团公司,事业单位转企业。

2013年　"深圳市路桥建设集团公司"更名为"深圳市路桥建设集团有限公司",真正完全市场化。

2017年　划转至特区建发集团。

2020年　划转至特区建工集团。

讲述人:深圳市道路工程公司(深圳路桥集团前身)
　　　　第一任经理　邓仕琪

讲述人简介

邓仕琪是深圳市道路工程公司第一任经理、深圳路桥集团发展的奠基人,为建设深圳道桥,主动申请从原城建局调任,历经艰苦奋斗成功组建深圳市道路工程公司。

优质高效打造"金杯奖"工程
——"百城百企"记湛江市市政建设工程总公司

扫码看视频

　　湛江,位于雷州半岛,三面环海,是一座风光旖旎的亚热带海滨花园城市。始建于1950年的湛江市政,70多年来,始终坚持"以质量求生存,以信誉求发展"的经营理念,坚持高标准、严要求,打造了一大批省优国优的样板工程;始终坚持以信誉求发展,以品牌拓市场的发展战略,坚持立足湛江市,不断开拓省内外市场,积极为城市市政建设服务,为拓展城市规模,完善城市功能,改善城市环境,提升城市形象和品质发挥了重要作用。

　　70多年来,作为城市建设者,湛江市市政建设工程总公司(以下简称"湛江市政")伴随着湛江市的城市建设不断发展壮大,从开始时几十人的施工队,发展到国有市政公用工程施工总承包壹级资质企业,70多年来为建设湛江市为美丽的海滨城市、亚热带花园城市作出了杰出贡献;70多年来,湛江市政已拥有一支专业的市政建设工程队伍,有专业的沥青搅拌厂、水泥制品厂等配套厂场,经营市政、园林绿化、隧道、桥梁、机场码头、给水排水、土石方、房屋建筑、防洪堤坝工程施工。

　　为了方便市民出行,湛江市政加大了城区路网的建设力度。1979年以来,湛江市政先后承建的湛江市乐山路、社坛路等工程先后获湛江市优良样板工程;在圆满完成市区任务的同时,还承建了交通部重点工程广西南北公路、广深珠高速公路、广汕公路;2009年承建的湛江市人民大道工程获全国市政金杯示范工程,是粤西地区首次获得此奖项;2010年承建的广州大观路与车陂路系统改造工程再次获得全国市政金杯示范工程。

人民大道改造　加速港城"蝶变"

湛江市人民大道，始建于1950年。国家"一五"计划兴建湛江港，需要开建直通港口的新路，1951年12月由湛江港正门开通至绿塘路口，全长5km，是简单的四车道普通沥青路。最初叫人民路，这是湛江市政（时称湛江市人民政府市政局工程队）首次施工建设人民路。从此，湛江市政与人民大道结下不解之缘，随着城市的不断发展，人民路不断扩大延伸，并改称人民大道。

1984年，湛江被列为全国第一批14个沿海开放城市，湛江市委市政府决定在霞赤之间龙潮一带开建湛江经济技术开发区。为改变"湛江一大怪，一个城市分两块"落后局面，时任湛江市长滕义发，克服重重阻力，力主开辟兴建第三条霞山至赤坎的新路，即湛江人民大道，规划全长10.7km，宽60m，将霞山区、经开区、赤坎区联结起来，该路开通后承担了赤坎、霞山与开发区之间主要的交通联系，这是一个标志性工程，也是个重大的政治任务。在资金不足的困难条件下，这个艰巨的任务交给了湛江市政（时称湛江市政建设工程公司），这是湛江市政人第二次承建人民大道。经过一年多的施工，一条笔直宽阔高等级的水泥混凝土路于1986年7月全线通车，大大缩短了霞赤两地距离，开发区的交通环境、营商环境也大为改善，外商外资企业和高新技术企业纷至沓来，湛江作为沿海开放城市的形象大为提升。人民大道成为湛江的城市中轴线，湛江的城市格局焕然一新！这条路的开通，体现了湛江走上了改革开放的新征途！

2009年，湛江创建国家园林城市，作为城市中轴线的人民大道改造升级再次提上市委市政府议程。工程采用招标投标，最后湛江市政（此时已称湛江市市政建设工程总公司）经过激烈的市场竞标，一举夺得总造价1.5亿元人民大道改造工程合同。这是湛江市政人第三次施工承建湛江市人民大道。公司上下群情激奋，士气高涨，决心优质高效，争创国家市政工程最高的"金杯奖"工程。改造后的湛江市人民大道是湛江市中心城区赤坎至霞山片区主要的纵向通道，是纵跨三个城区的城市中轴线。人民大道起点位于赤坎区中心的海北路口，终点为霞山区友谊路，全长10.52km，设计标准为城市主干道，设计行车速度60km/h，局部路段限速40km/h，设计荷载BZZ-100，全程铺设10cm厚的改性沥青，降尘降噪，中间铺砌隔花带，机动车非机动车分道，行人道铺砌透水砖，增设盲道，路灯采用节能灯，路口实施智能交通。工程道路合同造价1.15亿元。人民大道工程从2009年6月26日开工至2009年12月30日竣工，仅188天。

施工期间正逢高温、暴雨、台风季节，施工单位面临工期紧迫、交通流量大、交通疏导难、技术要求高等困难，对施工较为不利。从6月6日到国庆节，连续三个大台风及连日的暴雨给施工造成了较大的困难，耽误了工期。虽然困难重重，但湛江市政从工程开工前就明确要争创"全国市政金杯示范工程"。针对工程的特点和难点，湛江市政制定了各项管理指标，认真部署采用新技术、新工艺、新材料、新设备，确保工程质量目标的实现。

为确保工程质量，湛江市政从路面破板、重新铺砌、刨花、灌浆、修补、铺装侧石、平石、沥青洒油、铺砌沥青、碾压共有十多个工序，每个工序都要一丝不苟，严格按设计要求和工艺施工。人民大道改造工程在施工中大量应用了新材料、新工艺。如沥青路面面层采用SBS改性沥青，面层沥青混凝土中加入了0.3%的聚酯纤维，有效防止沥青开裂，大大提高了沥青路面耐高温抗低温、延长了沥青路面使用寿命、降低路面噪声及反光；检查井盖及雨水篦均采用了再生树脂复合材料，坚固、美观，避免了"城市陷阱"的出现；在道路纵、横缝中铺设玻璃纤维土工格栅，防止反射裂缝的产生。人行道采用无障碍设计，设置盲人触感块，充分体现以人为本的思想。沥青摊铺采用能自动调平、整形并具备初步压实的福格勒2100-2型沥青摊铺机，有效保证沥青摊铺的质量。

在施工过程控制中，对旧水泥混凝土刚性路面的缩缝、幼缝、胀缝进行清洗，重新灌注橡胶沥青；对板块断裂、破碎等病害进行凿除，重新浇筑C35混凝土；在新、旧混凝土板中间进行安装传力杆和拉杆。对板块脱空部位进行高压灌注高强砂浆，并经弯沉试验复核符合要求：对沥青混凝土摊铺采用摊铺机作业，纵缝采用热接缝。使用双均衡拖梁进行自动调平，使用双钢轮震动压路机和胶轮压路机光面压实，使沥青施工质量始终处于受控状态。

在铺砌人行道路砖施工紧张的阶段，湛江市政采用了全路段多点开花的办法，让三个施工队开展劳动竞赛，优质高效完成进度的给予奖励，大大调动了工人的积极性，保证了人民大道非机动车道和人行道在元旦前完工。特别是为按时完成三帆乐华路段的面层沥青铺设和国贸A到友谊广场的路面沥青铺设。很多沥青工脚踩一百多度滚烫的沥青、头顶烈日长时间在四五十度的高温下连续作战，夜以继日，按市领导的要求保质保量完成了施工进度，为全省粤西工作会议在湛江的顺利召开作出了奉献！

市政工人们的这种吃大苦、耐大劳、敢打硬仗、能打硬仗的精神深深感动了市领导，市民和市领导都非常满意。时任市委常委、常务副市长潘那生对人民大道工程给予高度评价，认为是湛江市十多年来工程质量最好、进度最快、政府最满意、市民最满意、最具代表性的市政形象工

图1　改造后的人民大道

程。湛江市政工程总公司为企业争了气！为政府争了光！

2010年5月，花城广州，红棉花开得热烈而奔放！国家住房和城乡建设部、中国市政工程协会在广州隆重举行年度"全国市政金杯示范工程"颁奖大会。湛江市人民大道改造工程，荣获了2010年度"全国市政金杯示范工程"。该奖是国家市政工程行业最高奖项，这是湛江市政人秉承"以质量求生存，以信誉求发展"的心血结晶，这是湛江市政建司以来首次获得的最高荣誉，也是粤西地区首获此殊荣，这不但是湛江市政的荣耀，也是湛江市和粤西地区的荣耀！

迈向"十四五"，开启新征程，湛江市政迎来了高质量发展的重大历史性机遇，湛江市政决心抓住机遇，振奋精神，攻坚克难，加快打造现代化沿海经济带，为建设美丽湛江谱写新篇章！

湛江市市政建设工程总公司大事记

1951年　湛江市人民政府建设局工程队成立，公司正式纳入国家建设施工单位，是当时湛江市政府最早的施工企业。

1953年　更名为湛江市人民政府市政局工程队。

1957年　更名为湛江市道路下水道工程队。

1967年　更名为湛江市政府建设工程队。

1974年　更名为湛江市政工程公司。

1996年　更名为湛江市市政建设工程总公司。

讲述人简介

陈朝辉同志自任职湛江市市政建设工程总公司总经理后，坚持以质量求生存，以信誉求发展的优良传统；坚持与时俱进，开拓创新，立志打造百年国企，再创新的辉煌！

讲述人：湛江市市政建设工程总公司
　　　　法人代表、党总支书记、总经理　陈朝辉

同心砥砺　开拓进取
——"百城百企"记郑州市市政工程总公司

扫码看视频

郑州市市政工程总公司成立于1951年4月，是一家具有70年发展历史的国有大型企业，注册资本3亿元。公司拥有市政公用工程施工总承包特级资质、市政行业和建筑行业工程设计甲级资质，还拥有公路、园林绿化、房建、水利、机电安装、轨道交通、照明、工程监理等全产业链资质，通过了国际质量管理体系、环境管理体系、职业健康安全管理体系和工程建设施工企业质量管理规范"四合一"体系认证。

郑州市市政工程总公司成立于1951年，最初只是河南省地方国营郑州建筑公司的下属施工队。1953年，原负责市政建设的第一工程队全部和一部分科室人员划归郑州市建设局直接领导，组成郑州市建设局工程队。1961年，郑州市建设局工程队与养护工程队合并，成立郑州市建设局养护工程队。1968年，郑州市建设局养护工程队改称为郑州市市政建设公司。1972年，郑州市市政建设公司改称为郑州市市政工程公司。1995年，郑州市市政工程公司改名为郑州市市政工程总公司。

历经几代市政人70载的艰苦创业、开疆拓土、创新变革，郑州市市政工程总公司已成为河南省最大的市政施工企业。

公司在做强城市路桥建设主业的同时，还先后向公路交通、水利工程、污水处理、垃圾处理、轨道交通等领域拓展业务，在广东、福建、山西、湖北、四川等省广泛参与市场开发，共承揽工程200余项。

经过多年的发展，公司由单一的主项资质市政公用工程特级总承包发展成为具备隧道、城市照明、公路、水泥制品、预拌混凝土、桥梁、管道、土石方、机电安装等多项施工资质，年施工能力在百亿元，综合实力位居全国市政工程企业前列的河南省市政国有骨干企业。公司在助力中原出彩、郑州国家中心城市现代化建设和领跑河南、鼎立中原的跨越式发展中,建设了数百项品质优良的市政工程。其中诸如郑州市大石桥立交桥、绿云小区、郑州市京广快速路等3项工程被评为"中国建设工程鲁班奖(国家优质工程)"。郑东新区CBD内外环道路、科学大道西三环互通式立交一期工程、郑州市嵩山路—黄郭路—南三环立交等20余项工程被评为"全国市政金杯示范工程"。

缓解地面交通压力带动区域繁荣发展

郑州市民公共文化服务区南区地下交通系统及地下空间项目位于郑州市中原区"四个中心"区域内。设计红线宽度为120m,为地下三层结构,主要包含地下公共步行空间、地下交通环廊、地下公共停车库、地下综合管廊、海绵城市、景观工程等六大分项。建设内容包括:地下一层公共步行空间内的公共人行通道、配套(商业)用房、设备管理用房、下沉广场等;地下二层交通环廊及车库联络通道、海绵城市蓄水池等;地下一层、地下二层公共停车库;地下三层综合管廊土建;地面层景观绿化,及其相关配套电气、弱电、暖通、给水排水、消防、电梯等专业工程。

一、地下公共步行空间。地下公共步行空间位于地下一层,设计理念依据人行动线的流动方式,分为"动""静"两种区块,总建筑面积约111621.4m²,结合地面建筑主体特点,分段设置主题下沉广场,利用扶梯和楼梯串联地面绿轴和地下公共步行空间的人行动线,做到真正的地面、地下一体化的立体中央景观休闲带。将丘陵、水体、光线等自然元素引入空间设计,多样性的自然光线利用。考虑到地下配套用房长度较长,为打造地下空间多样化,丰富空间景观环境,以及适应不同层次的配套用房业态的空间需求,根据不同的位置、环境及类型,可以大致分为六

图1　常西湖地下空间项目断面图

种形式：全功能地下配套用房空间、结合文化建筑布置空间、地下外摆配套用房空间、与地铁站厅结合的空间、连廊式配套用房空间、结合城市广场布置的全功能配套用房空间。为打造地下空间舒适度，营造舒适、人性化的地下空间，提高地下空间的品质，综合考虑了地下空间的尺度、节奏、主题、自然光环境等因素。

二、地下交通环廊。地下交通环廊位于地下二层，全长13114m，通过建设地下交通环廊、车库联络道的方式，有效为地面道路分流，提高区域交通出行品质。同时合理布置与外围路网的衔接方案，优化区域内、外交通组织，提高区域交通对外的疏解效率，有效缓解地面道路交通压力，提升地区整体交通、环境品质，整合并共享区域地下公共停车设施资源，提高土地利用效率。

三、地下公共停车库。停车库设置在地下一层、地下二层，总建筑面积约102112.41m^2，共设置约1484个机动车停车位、108个大巴停车位及非机动车停车位1800个，同时兼顾人防功能，抗力级别为核6、常6，共计16个防护单元，可掩蔽6500人。主体结构采用钢筋混凝土框架结构，混凝土采用强度C35P6抗渗混凝土，地下二层（局部地下三层），结构安全等级为二级，设计使用年限为50年。地下室防水等级为一级，地面建筑屋面防水等级二级。抗震设防烈度为7度，地面层设置20个机动车停车位，并配备相关设备、管理用房等。

四、地下综合管廊。位于地下三层，呈"π"形布局，总长约6.3km，采用"明挖"和"暗挖"两种施工方式。入廊管线有：电力、通信、给水、再生水、直饮水及热力管线。

五、"海绵城市"调蓄水池。利用地下二层的结构空腔设置3个独立的"海绵城市"调蓄水池，存储传媒南路、传媒北路中央绿轴及南侧地块共74hm^2区域的地面雨水，用于地面绿化灌溉、道路洒水等。每个调蓄池配备雨水处理回用系统。"海绵城市"调蓄水池最大总蓄水量约39000m^3。同时配备沉砂池3座，净化系统3套、风机房3间、药剂库及加药间3间、逃生楼梯6部。

图2　常西湖绿轴景观效果图

六、地面景观工程。包括传媒南路和传媒北路之间，西起站前大道，东至广电中心范围内的中央绿轴，以及市民公共文化广场。总面积约134853m²。其中：中央绿轴景观面积约66517m²，包含绿化种植约36938m²、水体约1224m²，道路、广场铺装约28355m²；市民公共文化广场景观面积约68336m²，包含绿化种植约23068m²、水体约6386m²，道路广场铺装约38882m²，以及雕塑、阙楼、廊架、小品、给水排水、电气、配套设施等。

郑州市民公共文化服务区南区地下交通系统及地下空间项目是四个中心区域内主要交通干道，建成通车后可减少地面交通压力，方便周边市民出行。对带动郑州西部繁荣发展、提升中原文化特质内涵、完善城市服务功能、丰富市民文化生活具有深远意义。

科技创新是企业发展永恒的生命力。公司始终把技术创新作为企业发展的重要支撑，建立省级技术研发中心，不断总结技术创新工作经验，努力推动公司科技创新并大力推动科技成果向生产力的转换，提高科技含量增强公司核心竞争力。

公司党委坚持以习近平新时代中国特色社会主义思想为指导，深入学习贯彻党的十九大和十九届四中、五中全会精神，深入开展"学党史、增党性、当先锋、促发展"主题实践活动，不断增强企业的凝聚力，打造了一支"特别能吃苦、特别能战斗、特别能奉献"的市政铁军队伍。以推动郑州市市政工程总公司改革发展为中心，以充分发挥党组织的政治核心作用为重点，以建设高素质干部队伍为关键，以加强基层组织和党员队伍建设为基础，不畏困难，直面挑战，同心砥砺，开拓进取，以更加广阔的视野和胸襟，全面推进党的思想、组织、作风和制度建设，有力地推动了公司跨越式发展。

郑州市市政工程总公司大事记

1951年　公司成立。

1953年　改组为郑州市建设局市政工程队。

1961年　工程队与养护工程队合并，成立郑州市建设局养护工程队。

1965年　成立郑州市建设局市政工程队，郑州市建设局养护工程队一工区改为郑州市建设局养护工程队。

1966年　市政工程队与养护工程队再次合并，全称为郑州市建设局养护工程队。

1968年　改称为郑州市市政建设公司。

1972年　改称为郑州市市政工程公司。

1995年　改名为郑州市市政工程总公司。

2017年　公司被国家住房和城乡建设部核准授予市政公用工程施工总承包特级资质。

55 同心砥砺 开拓进取
——"百城百企"记郑州市市政工程总公司

讲述人：郑州市市政工程总公司
　　　　副总经理　王明远

讲述人简介

王明远，现任郑州市市政工程总公司副总经理。该同志任项目经理、项目总工期间主持完成多项省重点工程，主持总公司全面工作。

跨越天堑　志扬远方
——"百城百企"记洛阳市政建设集团有限公司

60多年的沧桑巨变，60多年的光辉历程，一代代市政人的跨越天堑、开拓进取、艰苦奋斗，谱写了洛阳市政建设集团的"新篇章"。洛阳市政建设集团有限公司作为股份制民营企业，拥有市政公用工程施工总承包壹级资质，奉行"创造价值，造福社会"的企业使命。

2008年，对河南省广大市政建设者来说，是刻骨铭心的一年，这一年河南市政建设运行机制炸响了"开山炮"。11月28日，原洛阳市市政工程管理处华丽转身，成为河南省第一家全面完成改革改制的市政企业，用"洛阳市政建设集团有限公司"的名字，向社会各界展现她悠久而青春的魅力，释放朝气磅礴、勇往直前的市政活力。

扫码看视频

改制以来，洛阳市政建设集团有限公司（以下简称"洛阳市政"）在不断

图1　洛阳市政集团办公大楼

探索创新发展路径,确立了"以工程施工为主业、养护维修为基业"的经营格局,秉持"基业做稳、主业做强"的战略思想,在模式创新、业务拓展、企业管理、技术升级等方面均实现了重大突破,取得了令行业瞩目的发展。

创新是石,擦出星星之火;创新是火,点燃希望之灯。公司在创新的道路上从未停歇,提出以强化人才队伍、推动科技创新来助力企业发展的理念,奔赴各大高校网罗专业人才,一时间从改制初期的大学生、建造师、工程师屈指可数,一跃成为拥有大学生、研究生、一级建造师、二级建造师,中级职称、高级职称、教授级高级工程师共千余名的高层次"人才天团"。

桥——"起点"上的脱胎换骨

地处洛阳龙门山南的伊川,是华夏文明的起点。远古时代,大禹在这里治水,仰韶文化时代,伊川缸反射出智慧的光芒,这里有皇帝御厨的新城稻米,孔鲋把孔子的思想在这里深藏,范仲淹与二程在这里交会。伊川书院,传播忧国忧民的离殇,伊水悠悠,五千年流淌,多少往事,多少沧桑。2011年,改制后的洛阳市政在这个文明"起点"上开启了新的篇章。

改制初期,仅仅只有10个笔画的"桥"字,像一道难以逾越的天堑,横亘在市政人"茁壮成长"的道路上。改制后的市政人,心中憋着劲、手上攥着拳,立志要亲手为洛阳建一座桥,一座属于洛阳市政"脱胎换骨"的大桥。2011年12月27日,公司倾尽全力,动用了当时能够提供的所有装备与技术力量,决战伊川县滨河新区志远路跨伊河大桥(简称志远桥)。

志远桥全长1350m,宽29m,结构设计为五孔钢筋混凝土上承式肋拱桥。为了证明自己,市政人克服了各种"先天不足",战天斗地实现了桥梁建造的第一次。志远桥于2014年10月圆满完工,荣获2016年度"河南省市政优良工程"荣誉称号。

图2　伊川志远桥

伊河上的一座志远桥，迎来了洛阳市政桥梁建设史上的"一大跨"。2013年动工修建的南环路与洛嵩高速公路引线互通立交，包含1座主线桥和4座匝道桥，犹如"巨蝶"一般展翼栖息南环。

图3　洛嵩互通立交

2015年，洛阳市政先后承建了新街跨洛河大桥和东环路跨洛河大桥两项桥梁工程。其中新街跨洛河大桥桥梁及引线工程是洛阳市委市政府确定实施的重点工程，于2017年10月1日主桥通车，桥体采用九跨连拱结构，外观融合隋唐建筑风格，是集景观性与功能性于一身的跨河大桥，总长1685m。

图4　新街跨洛河大桥（一）

同年12月开工建设的东环路跨洛河大桥桥梁及引线工程是洛阳市重点打造的景观工程之一，全长1444m，主桥主跨采用160m下承式钢桁架系杆拱结构，钢结构总用钢量约6900t，于2017年4月竣工通车。

图 5　新街跨洛河大桥（二）

图 6　东环路跨洛河大桥

图 7　古城快速路西苑桥互通立交

2016年12月至今先后开工建设的古城快速路西苑桥南互通立交工程、五龙沟互通立交工程、王城大道快速路纱厂路段互通立交工程相继建成通车。短短十年时间，洛阳市政以桥为突破口，开拓创新、迅猛发展，致力打造精品工程，助力洛阳城市发展。

路——守正出新 以"路"建"城"

牡丹造型的路灯样式逼真、生动传神，唐风的公交站亭重檐斗栱、古朴典雅，雕刻回纹的路缘石厚重大气，驱车行驶快速路上，古韵今风交相辉映的都市风景、巧妙融入文化元素的城市家具，为城市增添了颜值、提升了气质。

作为千年古都，洛阳有着独特而深厚的文化底蕴。在快速路建设中，按照以文"化"城的理念，将洛阳文化元素有机融入，从照明设施、公交站亭、隔离护栏，到管理房、路缘石、垃圾箱，古城快速路沿线布局的每一件城市家具，无论是颜色、造型及功能，每一处细节都经过精心设计、精雕细琢、反复比选，实现了实用性和文化性相得益彰。

自2015年来，洛阳市开始发展PPP项目，公司抢抓机遇，完成了洛阳市首个PPP项目"一桥两路"的投资与建设，该项目被选为财政部示范案例在全国推广。"一桥两路"的成功建设，使得洛阳市政实现了由单一施工企业向投融资、项目管理、施工建设为一体的企业转型。

而"古城快速路""王城大道快速路""东南环""洛北基础设施"就是此后接连中标的一系列重要PPP项目。

2018年8月12日，一个值得洛阳人铭记的日子。在经过近两年的艰苦攻坚后，洛阳首个快速路工程——古城快速路全线通车。古城快速路是洛阳市快速路系统中重要的一条东西向干道，承担着中心城区尤其是洛南中长距离出行的交通需要，并沟通沿线组团，通过主线出入口及互通

图8　洛阳市古城快速路

立交的设置,将极大带动沿线组团的经济发展。

洛阳市政人坚持守正出新,将"建道路"的过程上升为"建城市"的实践,在统筹抓好快速路建设的同时,助力城市进一步塑造古韵新风的特色风貌,为打造居者心怡、来者心悦的幸福宜居之城,建设绿色生态畅达的城市交通,增强城市基础承载力,为洛阳加快建设副中心、打造全省增长极提供有力支撑。

养——"城市大管家"

新街跨洛河大桥、东环路跨洛河大桥、古城快速路……这些洛城的形象工程建设中,都凝聚了洛阳市政建设者的汗水。行走在洛阳,你脚下的196条市管道路、203座桥涵的完好,排水泵站12座都凝聚了洛阳市政养护者的辛劳。

在洛阳,"市政人"有一个名字叫"城市大管家"。哪里道路破损了,找市政;哪里管道淤堵

图9 城市道路养护

图10 桥梁精细化养护

了，找市政；哪里井盖丢失了，找市政；下雨积水了，找市政；下雪结冰了，找市政。

城市发展到哪里，我们的服务就延伸到哪里。

2009年2月18日，为了确保洛阳市政设施养护工作的扎实、稳定开展，由原市住房城乡建设委代表洛阳市政府与洛阳市政签订了10年《洛阳市市政设施养护维修特许经营协议》，此后的10年间，洛阳市政踏踏实实地履行"城市大管家"职责，管辖设施出现任何问题，市政人都会及时出现排忧解难。

2013年5月，洛阳市政响应洛阳市委市政府"智慧洛阳"建设部署，组建"市政网络平台"，受理市数字化监督中心数字城管系统涉及公司负责的所有城市管理问题；2018年4月，为适应行业政策不断对企业管理提出的更高要求，以及更好完成城市市政设施管养工作，洛阳市政正式组建"市政信息中心"，充分发挥现代信息技术在市政管理中的引领作用，加快推进市政养护管理要素、过程和决策的全方位数字化与智慧化，持续提升洛阳市政精细化管理水平，推动市政设施管养水平再上新台阶。

图11　市政信息中心

2019年9月6日，洛阳市公共资源交易中心对"洛阳市市政设施养护维修特许经营"项目，面向全国进行了公开招标。9月27日上午，该项目在洛阳市公共资源交易中心开标，经评标委员会评审，最终确定洛阳市政中标，合同期为10个财政年度。再度取得洛阳市市政设施养护维修特许经营项目，标志着洛阳市政养护基业的日益稳固，同时也证明了洛阳市政在第一个10年特许经营期内的管养水平和质量得到了充分认可。

洛阳市政在养护上，积极完成各项养护作业任务，管养水平和质量得到充分认可，市政基础设施养护工作连续6届、共10项养护工程荣获全国最高奖"城镇市政养护示范设施——扁鹊杯"奖。获奖项目涵盖道路、排水、桥梁、泵站等多个领域，这些奖项的获得也标志着市政人守护洛阳市民的初心不变，造福洛阳的使命不变。

责——回馈社会 初心不忘

改制初期，洛阳市政定下了"筑路架桥、造福社会"这一企业使命，一路走来不断总结经验、开拓创新，在2018年公司成立十周年之际，站在新时代的起点上，将"筑路架桥、造福社会"的企业使命升华到"创造价值、造福社会"，简简单单四个字的改变，体现的是公司整体实力的稳步提升和社会责任的勇于承担。

2008年，襁褓中的洛阳市政便奠定了服务洛阳城市发展、勇于承担社会责任的理念，积极投身防汛、除冰雪、抢险救灾等应急抢险工作，长此以往的"以战代练"，市政人总结出了一套自己的快速反应机制。

图12　养护设备展示

2009年11月11日，洛阳天降百年一遇特大暴雪，市区部分区域积雪严重，搅乱了古都百姓的生活和工作。风雪无情人有情，公司紧急调动抢险应急人员300余人、机械设备40余台，按照预案，第一时间清除路面及桥面积雪，经过24小时不间断人工作业，共撒布融雪剂100余t，清除75座桥涵总面积40余万 m^2 的积雪。

2021年汛期，河南省极端气候事件偏多，防汛形势严峻。7月19日晚，洛阳城市区突降暴雨，公司各养护分公司闻"汛"出击，迅速按照应急预案进入防汛状态，紧盯重点部位，加强对易积水路段的巡查，防汛人员冒雨赶赴各自值守地点，认真巡查值守、分工协作，及时清理疏通收水口、坚守泵站运行监控平台，多措并举加快积水排除，做到"雨不停，人不走"。

图 13　除冰雪

图 14　城市防汛

7月20日，与洛阳相距100多km的郑州市突发降雨、造成城市内涝，一方有难、八方支援，公司积极响应支援郑州的号召，先后成立两批援郑应急抢险专业队伍，分别于7月27日、29日从洛阳出发赶往郑州市中牟县南熙福邸小区和郑州阜外华中心血管病医院执行灾后恢复任务，与众多"逆行者"一同，为郑州助力。

图 15　洛阳市政应急抢险队驰援郑州（一）

图 16　洛阳市政应急抢险队驰援郑州（二）

这样的特殊灾害不是常态，但洛阳市政应急抢险、服务民生的责任感却是常态。2012年，洛阳市政成立了"花城义工志愿者服务队"，与市"110热线"和"12319城建热线"联动，在最短时间内为社区、学校、公益组织等提供道路病害处理和窨井维修、排水管道疏浚、一般设施维修等的志愿服务，2012年3月至今，志愿者服务队共接到社会求助信息140余次，先后出动人员700余人次，动用设备130余台次，疏通下水管道4300余m，清挖窨井370余座。

图17　花城义工志愿服务队

在勇担社会责任的同时，洛阳市政把握行业动向，积极担负行业责任。2019年9月27日，由洛阳市政牵头筹建的洛阳市市政工程协会正式成立，标志着洛阳市市政行业迈上了一个新的台阶，切实为洛阳市市政行业所属企业提供了一个沟通交流的平台，进一步提高市政施工企业的综合素质，增强企业争先创优的积极性。

洛阳市政建设集团有限公司大事记

1954年	洛阳市市政工程管理处成立，系洛阳市财政全供事业单位，主要担负着全市市政设施的建设、养护、管理工作。
1993年	市政工程管理处组建了市政工程管理所。对洛阳的市政设施进行全面管理。
1998—2001年	洛阳市掀起了新中国成立以来第二次市政建设高潮，使市政工程管理处的发展上了一个新台阶。
2001年	为适应国家建设部事企分离的精神，洛阳市市政工程管理处注册成立了"洛阳市市政工程建设中心"，拥有建设部市政公用工程施工总承包壹级资质。
2004年	洛阳市12319城建服务热线在"市政110"的基础上顺利开通，成为河南省首家设立的城市网络管理信息平台。
2005年	洛阳市市政工程管理处被列入洛阳市203家改制企业之列，洛阳市市政工程管理处改革改制工作从2005年4月开始启动。
2005年4月—2008年11月	顺利地完成了产权交易，设立改制后的新公司，即洛阳市政建设集团有限公司。

2008年	洛阳市政建设集团有限公司正式成立，成功改制。
2009年	原洛阳市住房和城乡建设委与公司签订了10年《洛阳市市政设施养护维修特许经营协议》，为集团蓬勃发展奠定基础。
2011年	承建第一座桥——伊川县滨河新区志远路跨伊河大桥（志远桥）。是改制以来自主承建的首座大型桥梁。
2012年	承建第一个BT项目西环路（涧西区段）（中州西路—郑州路）建设工程。BT项目奠定了公司主业稳步发展的基础。
2014年	公司荣获"市长质量奖"，河南省著名商标。
2015年	承建新街跨洛河大桥。新街跨洛河大桥是河南省市政道桥行业中第一个采取PPP模式实施的项目，被财政部评为示范案例在全国推广。
2015年	成立企业技术中心，全面提升公司自主研发与技术创新能力。
2017年	企业技术中心被确定为省级企业技术中心。由河南省发展和改革委员会主持，旨在加快培育壮大创新引领型平台，提升河南省企业内部自主创新能力。
2019年	牵头成立"洛阳市市政工程协会"并当选为会长单位。
2019年	公司获得第二个10年养护特许经营权。标志着公司养护基业的日益稳固，同时也证明了公司在第一个10年特许经营期内的管养水平和质量得到了充分认可。

讲述人：洛阳市政建设集团有限公司
　　　　董事长　房立文

讲述人简介

房立文，作为洛阳市政建设集团有限公司新一届领导班子的"接棒人"，坚持"工程施工为主业、养护维修为基业"的发展战略，强化根基、盯紧机遇，带领企业迎着新时代的东风破浪前行。

承载城市梦想 铸造精品工程
——"百城百企"记申飞建设工程有限公司

申飞建设工程有限公司成立于1963年,前身为信阳市市政工程公司,2021年正式更名。多年来秉承着"以质量求生存,以信誉求发展"的理念,积极开拓市政、建筑施工市场,在河南、湖北等地区承接了不少重点施工项目,成为信阳地区规模最大的市政施工企业。申飞建设始终把诚实守信视为经营管理过程中的重点工作之一,坚持建一项工程,筑一座丰碑,交一方朋友,用汗水浇灌出一座座理想大厦。

扫码看视频

作为豫南地区规模最大的市政施工企业,城市建设的主力军,申飞建设工程有限公司(以下简称"申飞建设")专业人才荟萃,技术装备雄厚,承担着多个城市的市政工程设施管理,城市道路、桥梁和隧道施工、维护,城市给水、排水设施施工及维护工作。面对日益激烈的市场竞争,申飞建设积极拓展业务范围,以市场为导向,强化质量、技术、安全管理,施工产值连年创新高。

数十年来,申飞建设恪守企业的社会责任,积极响应政府的号召,坚持"以人为本",多种经营协调发展,充分发挥精神文明和企业文化建设在团队中的作用,凝心聚力,不断构建和谐企业,形成了"承载城市梦想 铸造精品工程"的企业使命、"创百年企业 筑申飞梦想"的企业愿景和"忠诚 守信 敬业 创新"的企业核心价值观。发展中的申飞,不仅以够硬专业和工程品质响应业主和群众信赖,同时也积极履行着企业的社会责任,以高度的社会责任感和感恩的心态回馈社会。

坚持质量第一 浉河北路(西关桥—二号桥)工程迎难而上

在信阳浉河上,坐落着十余座各有特色的桥,每一座桥都是一道亮丽的风景线，西关桥亦是如此。西关桥位于信阳市西关，建于1980年，南接浉河中学本部，北邻城区主干道东方红大道，交通繁忙。浉河北路综合改造工程位于西关桥路段，由于工程涉及道路工程、雨水工程、给水工程、电力工程等，交叉点及衔接点非常多，将严重影响道路的成型，应该本着"先地下，后地上"的原则，尽量错峰施工。工程位于城市主城区，路线经过区域存在大量绿化苗木、电线杆及信号塔需进行征迁和改移，协调任务较重。再加上浉河北路是重要通行道路，长期施工将对本地居民造成极大不便，所以工期任务十分紧张。同时工程紧邻浉河河域，施工时恰逢浉河的丰水期，所以施工期间要保护环境、避免污染水源及控制扬尘污染，保证施工安全，避免对周围群众的正常生活、工作干扰影响。

图1　浉河北路（一）

在施工过程中，申飞建设本着"质量第一"的原则进行质量管理，以"强化科学管理，优化整体质量，持续改进提高"为质量方针，严格按工程规范、强制性标准及相关程序进行控制。同时也组织相关人员进行QC研究，提升了项目部的施工能力、管理水平；增强项目部施工人员、管理人员的质量意识和责任意识；促使项目部在路基施工技术、施工工艺方面有大幅度提升。

浉河北路综合改造项目于2019年6月10日开工建设至2020年1月5日顺利通车，并于2020年1月16日在建设、设计、监理、施工等各部门配合下完成了竣工验收工作。在各单位的共同参与努力下，项目获得了2019年度信阳市市政工程"安全文明工地"，2019年度信阳市市政"优良工程"，2020年度河南省市政公用建设质量管理小组二等奖等奖项。工程彰显了申飞建设的水平，促使项目部在路基施工技术、施工工艺方面有大幅度的提升，增强了申飞建设的团队意识与协作水平，为后续工程施工顺利实施奠定了坚实的基础。

目前申飞建设具有市政公用工程施工总承包壹级、公路工程施工总承包叁级、建筑工程施工总承包叁级、机电工程施工总承包叁级、水利水电工程施工总承包叁级等24项资质，连续多年

图2　浉河北路（二）

图3　浉河北路（三）

荣获"河南省市政工程质量优秀企业""河南省市政工程质量信得过企业"等荣誉称号，赢得了广大市民和社会各界的高度认可。

敬地之厚重，当凝聚力量，厚积薄发；仰天之高远，应秉守原则，怀揣梦想！经过近60年的风雨历练，一代代的申飞人用勤劳与智慧，铸就了企业的坚实脊梁，风云变幻中不断做强、做大，展示着申飞人的雄心壮志。面对未来的机遇和挑战，申飞建设将本着用户至上，诚实信用的原则,在科学、严谨、求实、创新的方针指引下,同心前行,建设美丽家乡。在缔造让员工自豪,让社会公众认可的一流施工企业的路上,申飞建设永不止步!

申飞建设工程有限公司大事记

2006年　原信阳市市政工程公司改制,成立信阳市申飞市政工程有限公司。

2007年　公司集沥青、混凝土、预制品等多功能的马鞍综合加工厂建成投产。

2012年　公司在信阳高新区,建成环保、节能的商品混凝土综合加工厂投产。

2019年　公司承建的浉河北路综合改造项目竣工通车,该道路为保障当地市民畅通出行,提升信阳城市品牌形象,作出了积极的贡献。

2021年　公司更名为"申飞建设工程有限公司"。

讲述人:申飞建设工程有限公司
　　　　董事长、总经理　王洪中

讲述人简介

王洪中作为企业负责人,在工作中大胆探索、敢于创新,充分发挥领导的模范带头作用,多年来不分昼夜,奋斗在施工第一线,为企业稳定持续发展作出了重大贡献。

六十载奋进筑匠心　一甲子风雨积厚蕴
——"百城百企"记开封市政工程有限公司

开封市政工程有限公司是河南省最早成立的市政工程施工队伍之一，前身可以追溯到1958年成立的开封市市政工程队，60多年来历经三次企业经营体制变革，现已发展为年施工能力达到5亿元的建筑施工企业，专业配备齐全，技术力量雄厚，仪器设备先进，实践经验丰富，为改善开封市城市基础设施、带动社会经济发展作出重要贡献。

扫码看视频

开封市政工程有限公司（以下简称"开封市政"）是以市政基础设施建设为主营业务的建筑施工企业，其前身可以追溯到1958年成立的开封市市政工程队，是河南省最早成立的市政工程施工队伍之一。

历经60多年的风雨洗礼探索前进，开封市政从20世纪50年代设备简陋的施工队，发展到如今拥有大型施工机械的规模企业，经历了从计划经济到市场经济转变中的三次历史变革：由完成指令性计划的市财政全供事业单位，到自己"找米下锅"的自收自支事业单位，再到国有资本全部退出的股份制改制企业。

随着经营体制的不断变化，开封市政人同舟共济、奋发图强、团结拼搏、开拓进取，公司年产值从成立时的109万元到1978年改革开放前的1000多万元，再到如今年产值5亿元；施工设备从手工作坊式的"地锅"作业到现在拥有大型搅拌机、大型摊铺机等现代化施工机械设备；经营方式由当初成立时的单一道路养护到现在能承担城市道路、公路、桥梁、排水管网、泵站、机场道路等工程施工任务。改革开放给开封市政插上了飞翔的翅膀，60多年间发生了翻天覆地的变化。

六十载奋进筑匠心，一甲子风雨积厚蕴。开封市政先后完成了中小型泵站18座、道路工程项目373项、道路铺设里程1000多km、给水排水管道

194条、桥涵工程747项、河道护坡14项、广场和停车场6项、铁路立交引道7项，为改善开封市城市基础设施、美化城市面貌、提高城市品位、带动社会经济发展作出了重要贡献。

承建开封水系二期工程　彰显宋都古城独特魅力

2007年建设的开封市水系二期工程是开封市促进旅游发展、提升城市形象、彰显宋都古城独特魅力的重要工程。它南起包公湖，经西司广场、陆福街，穿过西门大街、法院街北至龙亭湖，全长1900m，景观带东西平均宽约100m，其中河道宽18～50m，平均宽度30m，深度2.5～3.0m，从北至南按河道流动空间分为集锦园、春花园、夏荫园、秋韵园、冬凝园等5个景观段。

开封市政承建了该工程的全部河道、驳岸、亲水平台、石栈道、码头、5座市政桥梁、4座人行桥梁及部分景观小桥、景区其他古建的基础工程。公司高度重视这项重点工程，周密计划，精心组织，科学安排施工，于2009年圆满完成建设任务。

图1　开封市水系二期工程（天波桥）

图2　开封市水系二期工程（母子桥）

图3　开封市水系二期工程（陆福桥）

图4　开封市水系二期工程（春花园石拱桥）

水系二期工程建成后，曲蜒流畅的河道，绚丽多彩的两岸景观，不同特色的植物配置，结合富有宋代特色的古式建筑，配以各具特色的桥梁，在开封市区中心形成了一道流动的亮丽风景线。水系二期工程对加快开封城市建设和经济发展有重要意义，对促进汴西新区建设和推动宋都古城保护与重现工程建设有重要意义，是彰显宋都古城独特魅力的重要工程、突破口工程和纽带工程，是体现"夜游开封"的关键工程。

建设西环路北延道路　完善开封道路交通网络

2014年建设的开封市西环路北延工程位于开封市城区北部，南起东京大道，北至复兴大道，全程1035.466m，道路红线宽度40m，是开封城区向北部拓展的重要基础设施工程。该工程将新建雨污水管渠、供水、燃气和弱电等地下管网，新建"三块板"式路面，并配套完善路灯、绿化、交通灯基础设施。

开封市政负责该道路的污水、雨水、道路工程、照明、交通信号、电力管沟工程,施工工序多、工艺复杂。公司组织技术骨干人员成立了项目指挥部,建立健全安全组织机构,建立完整的安全及质量管理体系,在施工过程中,安排专人负责安全和质量管理的实时监督,对一切安全隐患、质量漏洞问题采取零容忍的态度进行整改落实,从源头抓起,逐层交底一落到底。通过项目部全体人员的共同努力奋战,工程荣获"河南省市政优良工程""河南省市政工程省级安全文明工地"。

开封市西环路北延工程的建成,贯通了东京大道与复兴大道,完善了开封市的道路交通网络,促进了城市的经济建设发展。

图5　开封市西环路北延工程

抢修平顶山长安大道　取得施工工艺新突破

2020年建设的长安大道(新城区高速路口—翠竹路口)抢修工程起点位于平顶山市建设路新城区高速路口,向西下穿宁洛高速,与未来路、和谐路、清风路等城市道路交叉,终点止于长安大道与翠竹路交叉口处,路线全长5.880km。该工程属于改建道路工程,定位为城市主干路,可以极大缓解新城区高速路口的交通压力。

与以往工程的施工工艺相比,该工程施工中积极采用新材料、新工艺,有了突破性的变化。其中,工程路面为橡胶改性沥青混凝土面层,在平顶山城市道路施工中首次采用。橡胶改性沥青高温稳定性强,能有效改善夏季行车的路面车辙、推挤现象。沥青混凝土中石料表面粘附的橡胶沥青膜厚度增加,可提高沥青路面抗水侵害能力,延长使用寿命。车辆行驶中车胎噪声相对较小,提升了行车舒适度。另外,为减少道路施工纵向接缝,沥青混凝土摊铺时采用18.5m宽幅摊铺机进行摊铺,也是首次使用的摊铺工艺,减少路面中间接缝和人为操作,改善了道路横向坡度,有效提高了道路观感。

长安大道抢修工程荣获2020年"河南省市政优良工程",这是项目全体人员不畏辛苦、加班加点、群策群力的回报。

图6 长安大道（新城区高速路口—翠竹路口）抢修工程（一）

图7 长安大道（新城区高速路口—翠竹路口）抢修工程（二）

匠心打造精品工程 谱写企业发展新篇章

经过60多年的发展，开封市政专业配备齐全、技术力量雄厚、仪器设备先进、实践经验丰富，年施工生产能力达到5亿元，商品混凝土年生产能力达到150万m^3，水稳碎石年生产30万t，沥青混凝土年生产能力20万t。现具有国家市政公用工程施工总承包贰级资质和公路工程施工总承包叁级资质；主要经营城市道路、公路、桥梁、排水管道、渠道、雨污水泵站、污水处理厂及沥青混凝土拌合、水泥混凝土预制构件等；拥有环保型日工"NIKK0"全自动间歇式沥青混凝土拌合设备等与施工能力相匹配的各类大型机械设备100余台（套）；设有经计量认证的混凝土专项实验室，有直径300mm至直径1500mm规格混凝土管产品生产线，可生产跨度20m预应力桥面板及各类屋架，钢筋混凝土管和各类混凝土预制构件。开封市政连续多年获得河南省市政工程质量信得过企业称号和省优秀施工企业称号，企业信用等级为AAA。

站在建党百年的新起点上，开封市政将不忘初心，坚强实干，果敢奋进，不断提升施工能力，匠心打造精品工程，谱写企业发展新篇章，为优化城市基础设施、促进社会经济发展作出新的贡献。

开封市政工程有限公司大事记

1958年　公司的前身"开封市市政工程队"成立。

1971年　成立开封市市政工程处。

1980年　更名为开封市市政工程公司，隶属开封市城建局，成为集设计、施工、道路管养为一体的综合性公司。

1987年　经开封市编委批准为自收自支事业单位。

1988年　经开封市编委批准为副县级单位。

2002年　更名为开封市市政工程总公司。

2005年　开始进行股份制企业改制，国有资产退出。

2017年　更名为开封市政工程有限公司。

讲述人简介

带领企业走出至暗时刻，做向光而行的领头人。

讲述人：开封市政工程有限公司
　　　　总经理　文桂玲

六十五载　筚路蓝缕向辉煌
——"百城百企"记南阳市市政工程总公司

六十五年筚路蓝缕，六十五年春华秋实。在几代人薪火相传、艰苦卓绝的努力下，南阳市市政工程总公司如今已发展成为南阳市政公用工程施工界的领跑者。"这些年我们主要干一样事，城市发展到哪里，我们就把路修到哪里！"南阳市市政工程总公司退休老职工曾骄傲地如是说，从煤渣路、三合土路到礓石路、沥青路；从人推石磙碾轧到大型机械筑路，他们老一茬儿的职工全都经历过！

扫码看视频

南阳市市政工程总公司（以下简称"南阳市政"）借鉴现代管理模式，以质量效益为重点，树立全员质量意识，发挥机械设备、人才、管理、技术优势，打造精品工程和南阳市政品牌。近几年，南阳市政相继承建完成了数十项南阳市中心城区及周边县市道路、桥梁、河道、水利、公路、绿化等建设任务，各项工程合格率、工期符合率均为100%，优良率超过70%。其中南阳市滨河路下延、白河大道下延、两相东路、信臣路道路改建工程（一标段）等十余项工程荣获河南省市政工程金杯奖，树立了良好的企业形象。

昔日问题护城河"脱胎换骨"

南阳市护城河起于人民公园，从梅溪河引水，在百鸟园东侧开始分叉，分为东西两线环绕古宛城，最后汇流排入温凉河，其中东线长1.97km，西线长2.57km，河道全长4.5km。过去河道曲折狭窄，淤积较深，排水不畅，极易造成洪涝灾害；沿河的生活污水、生产废水无序排放，垃圾随意倾倒，环境脏乱，护城河综合治理刻不容缓。

护城河两岸情况复杂，尤其是地处中心城区，人流量车流量大，各种管网交错，河道淤泥堆积，附近楼房多，沿线有大型商业，施工难度极大。为使工程如期交工，施工过程中，南阳市政日夜鏖战、只争朝夕、奋发有为，强化施工组织，坚持工程进度和质量两手抓两不误，相互衔接、平衡推进；南阳市政多方协调，不断优化方案，邀请专家现场指导；施工倒排工期，挂图作战，轮班作业，不舍昼夜，不计代价，不讲条件，充分展现了国企担当，在急难险重任务中豁得出来、顶得上去、干得出彩。

图1 综合治理后的南阳护城河（一）

心心在一艺，其艺必工；心心在一职，其职必举。从2019年12月14日入场建设到竣工，500多个日夜，这条城区繁华地段的内河脱胎换骨，华美出镜；呈现出"泉眼无声惜细流，树阴照水爱晴柔"的画面。2021年4月30日，护城河（人民公园—民权街段）综合治理工程，在南阳市委市政府的强力支持推动下，在各职能部门的鼎力配合下，经过施工单位的日夜苦战，惊艳迎

图2 综合治理后的南阳护城河（二）

宾，"高颜值""高标准""高品质"献礼党的百年华诞。

为全局计，为子孙谋。在时间的轴线上审视这段城市内河，不能不看到，这一张漂亮答卷的背后，是贯彻落实生态文明思想的实际行动，是坚定实施河南省委省政府百城建设提质工程的责任所系，是加快建设绿色南阳美好家园的迫切要求，是推动实现城市高质量发展的必然选择，更是南阳市政对"水清、岸绿、景美、人和"的不懈追求和执着坚守。高端谋划，逐步擦亮水韵名片，水清岸绿，月季飘香，鱼翔浅底……从治水到亲水，美不胜收的滨水步道，不仅承载着护城河综合治理工程的群众期盼，更展示着护城河的生态蝶变。

精准管控　工程质量和进度可以兼得

征地、拆迁工作滞后是影响工程进度的最主要因素，针对这一情况，南阳市政不等不靠，统一部署，分头行动。从南阳市政府、各区政府到办事处乃至各村组，南阳市政都安排有人催促、沟通和协调。通过努力，南阳市政使征地拆迁工作所涉及的各级政府、各个部门与公司紧密结合，加强协作，有效地加快了征地拆迁工作的进度，保证了工期目标的最终实现。此外，强弱电及各类管线的拆迁移位也是影响工程进度的重要因素。近年来，南阳市政狠下工夫，派专人协调，在资金上给予优先支持，靠钉子精神，紧抓不放松，这些难点问题都得到了较好的解决，把对工程的影响降到了最低。

在施工现场，南阳市政要求生活办公区、机械停放区及材料堆放场地布局合理，既方便施工，利于管理，又减少浪费；加强材料、机械的计划性，根据工程进度顺次进入，减少现场材料和机械的闲置，有效降低了施工成本；重视工序开始前的准备工作，减少或杜绝返工现象。在具体施工中，南阳市政统筹兼顾，督促施工分公司每天晚上坚持召开施工例会，做到有条不紊，快速推进。对出现问题的地方，认真研究，细致策划，第一时间把问题和矛盾消灭。在施工中，南阳市政制定了详细的施工计划，不断改进施工流程，有效缩短了施工周期，提高了施工能力。

滨河路下延工程是南阳市白河湿地公园的重要景观大道，工期紧、任务重、标准高，南阳市政为确保进度和质量，在沥青混凝土摊铺时，组织多台摊铺机，按照快慢车道路幅宽度，合理组织摊铺机数量，多级联铺共同推进，在确保施工进度的同时，保证路面平整度高标准地达到景观大道的要求。

质量是南阳市政的生命。路床以下的处理是道路工程内在质量的重点，也是南阳市政工程常出现的质量通病。如今，南阳市政能从意识上认识到该工序的重要性，施工中严格把关，针对路床以下软基的不同情况，拿出不同的处理办法，最终使压实度和弯沉值100%达到设计要求标准，从而使道路工程质量有了根本性的保证。

在产品选择上，一方面，南阳市政从原材料、级配、含油量到拌合温度等严格按规范要求控制，保持了沥青混凝土在本区域的领先水平和市政拌合站品牌信誉。另一方面，努力提高稳定碎石产品质量，南阳市政通过优化配置碾压机械，控制原材料及级配，改进摊铺方案等手段，使稳定碎石的施工质量上了一个台阶。

在施工的质量提升方面，南阳市政更加注重基层和面层的施工，从测量定线、局部找平、碾压、检测等各个环节都能够认真对待，一丝一毫也不马虎；同时在弯道道牙、平石的切割安装、检查井接井的施工工艺改进等方面的施工技术都取得了新突破，特别针对一些细节部位，如雨污水窨井和雨水口周围，因为填方高且不便于压实，开放交通后极易造成路面沉降、开裂。针对这一市政行业的普遍问题，南阳市政组织技术攻关小组，多次尝试，最后采用后浇筑混凝土这一施工工艺，圆满地克服了这一质量控制难题，在河南省市政公用工程质量检查小组来检查时，得到了省检组成员的一致认可，并在全省推广。

图3　综合治理后的南阳护城河

两千多年前，老子在《道德经》中用一句非常精辟的话阐明了有和无的关系：天下万物生于有，有生于无。南阳市政成立之初，老一代市政人用石碾辗路，就推出了团结干事，无私奉献的精气神。随着公司的发展，机械的大量投用，这种精神得以不断传承，发扬光大。近几年来，伴随着南阳建成区的不断扩展，市政建设任务越来越繁重，尤其是经受2012年全国第七届农运会市政基础设施建设的洗礼，市政精神得到提升。

在每一次重大市政工程施工中，公司班子成员深入一线，与职工们同吃苦，共患难，起到了很好的模范带头作用。在服务农运会的市政建设中，南阳市政副总经理臧振全同广大干部职工一道，吃住在工地，为工程的建设付出了大量的心血；总经理助理刘惠广主要负责施工生产，他来回奔波在工地上，身体熬不住生病了也坚守在阵地最前沿，有效保证了各项工程的顺利施工；拌合厂副厂长关红负责收料，有时一忙就是大半夜，连家中的老人和孩子都顾不上……榜样的力量是无穷的，有这样带头苦干的好班子，职工们谁也不愿意落后。

一分耕耘，一分收获。"市政精神"作为一种无形资产，一种核心竞争力，正以不竭的力量推动南阳市政奋勇向前，生生不息。

南阳市市政工程总公司大事记

1956年3月　　成立南阳市建设局市政队，标志着市政建设专业施工队伍雏形成立。
1972年12月　　宣布成立"南阳市市政工程公司"。
2002年6月　　更名为"南阳市市政工程总公司"。
2004年12月　　取得市政公用工程施工总承包壹级资质。

讲述人简介

陈琦同志在工作中一贯坚持执行党的路线、方针、政策，开拓进取，与时俱进；自参加工作以来，一直坚持战斗在市政建设第一线。随着市政基础设施迅猛发展，陈琦同志制定了一套完善的管理体系，积极推广新技术、新工艺，应用新材料、新设备，不仅实现了企业的高效管理，还取得了良好的经济效益和社会效益。

讲述人：南阳市市政工程总公司
　　　　党委书记、总经理　陈琦

把握时代脉搏　坚持质量创新发展
——"百城百企"记河南旭泰市政建设有限公司

扫码看视频

河南旭泰市政建设有限公司成立于2009年2月27日，市政公用工程施工总承包壹级资质。公司位于河南省安阳市人民大道东段。公司注册资本金5200万元，集城市交通道路、桥梁、给水排水工程、污水处理、垃圾处理、管道安装、防腐保温和道路绿化等市政工程于一体的现代化施工企业。

近年来，河南旭泰市政建设有限公司（以下简称"河南旭泰"）适应新形势，积极参加招标投标，融入市场，加大了市场经营工作的力度。坚持经营与施工并重，以经营为龙头，以施工管理为核心的指导思想，面向市场改革内部机制，调整运作方式，培养经营理念，牢牢把握市场的脉搏，提高施工水平。本着"以质为本，诚信为先"的质量方针和"质量第一，用户至上"的经营宗旨，坚持"以市政施工为基础，以城市道路开发为主导，多业并举，跨越式发展"的经营思路，立足安阳，辐射周边。

河南旭泰创新管理模式，致力打造"市政铁军"，近十年打造了十多项市政金杯示范工程和中州杯工程，更多的省优工程。河南旭泰首先通过了"健康、环保、质量"三位一体国际管理体系认证的大型综合施工企业。专业技术雄厚，管理人才众多，拥有齐备的施工机械和沥青混凝土供应设备，深受上级部门和广大业主、客户好评。

建造地下综合管廊系统　完善城市基础设施建设

永明路地下停车场及综合管廊工程是安阳市地下停车场及综合管廊工程的重要组成部分，本次修建南起明福街，北至德隆街，长324m，宽38.2m，建设面积12376.8m²，入廊管线有给水、热力、电力、通信等管线。设计停车位400个。工程的建成在保障城市安全、完善城市基础设施功能、美化城市景观、集约节约土地、有效利用地下空间，促进城市高效和转型发展上有着十分积极的意义。

图1　永明路地下停车场及综合管廊工程

工程项目进场后，遇到各种各样的困难，施工项目经理部领导不怕困难，对施工中遇到的各种问题想办法去解决，工程经历春季和夏季，进入夏季后，雨水较多，对工程质量进度造成很大的影响，于是，项目部制定了轮流值班制度，夜间轮流值班检测水位情况，白天，顶着烈日炎炎抢工期。在工程的关键阶段，遇安阳市特大暴雨，导致安阳河水位上涨，施工现场管廊内积水太多、淤泥太多，抽排不及。如果不尽快处理，不但无法继续施工，而且对已完工程将造成极大的安全隐患。正常的施工组织计划已无法进行。项目部因地制宜，连夜展开技术讨论，根据眼前严峻的形势，制定修改了抢险计划及施工组织。施工项目经理部领导与工人一起抽排水，清理淤泥，看到工程得以继续顺利进行，大家还是欣慰地笑了。质量是企业的生命线，建筑产品更是如此，河南旭泰这种传统的严谨精神一直在每个旭泰人心头。

地下综合管廊系统的建成不仅解决城市交通拥堵问题，还极大方便了电力、通信、燃气、供排水等市政设施的维护和检修，此外，该系统还具有一定的防震减灾作用。地下综合管廊对满足民生基本需求和提高城市综合承载力发挥着重要作用。地下综合管廊的建设避免由于敷设和维修地下管线频繁挖掘道路而对交通和居民出行造成影响和干扰，保持道路的完整和美观。降低了路面多次翻修的费用和工程管线的维修费用。保持了路面的完整性和各类管线的耐久性；便于各种管线的敷设、增减、维修和日常管理。由于管廊内管线布置紧凑合理，有效利用了道路下的空间，节约了城市用地。由于减少了道路的杆柱及各种管线的检查井等，优美了城市的景观，减少架空线与绿化的矛盾。

河南旭泰市政建设有限公司大事记

2009年　河南旭泰市政有限公司成立，获得市政公用工程施工总承包贰级资质，带动公司步入正轨。

2010年　获发《建筑行业企业诚信手册》，为企业在发展上提供强有力的保证。

2013年　通过"环境、安全、质量"三大管理体系认证，为企业发展提供保证。

2017年　成立安阳东升渣土运输有限公司，为完善渣土运输提供保障。

2018年　河南旭泰市政建设有限公司升级为市政公用工程施工总承包壹级资质，让企业的发展又进入一个新的台阶。

2018年　安阳旭泰搅拌站成立，为公司在实体建设中提供强有力的支撑。

讲述人：河南旭泰市政建设有限公司
　　　　副总经理　步晨兵

讲述人简介

步晨兵在工作期间组织编制、贯彻企业的年度技术措施，总结企业年度的技术工作，领导开展技术革新，技术推广应用，审定重大技术方案和合理化建议并组织新技术的实施。在防控疫情的工作中，全体党员干部不畏艰险，冲锋在前，勇挑重担，用无私品格、坚强意志和奉献精神，传递了抗疫力量，保障了群众健康，再次彰显了党员的本色。

团结一心 克难奋进 奉献社会的历史责任
——"百城百企"记武汉市市政建设集团有限公司

武汉市市政建设集团有限公司（以下简称"武汉市政集团"）是武汉生态环境投资发展集团有限公司全资子公司，是一家具有近70年发展历史的国有大型综合性建筑施工企业。拥有市政公用工程施工总承包特级，工程设计市政行业甲级，城市轨道交通工程、机场场道及建筑、公路、桥梁、环保等10余项专业承包壹级资质，技术与施工力量雄厚，年施工产值逾300亿元。

扫码看视频

武汉市政集团主要涉及市政道排、高速公路、大型桥梁、地铁及地下空间、房屋建筑、生态环境、工程设计等七大核心业务板块，业务涉及国内20余个省市。武汉市政集团坚持科技创新，走质量效益型道路，承建的40余项工程荣获国家优质工程奖、全国市政金杯示范工程、中国建设工程鲁班奖、中国土木工程詹天佑奖、中国人居环境奖。

奉献社会历史责任 投资、施工和运营并举

武汉市政集团拥有雄厚的资金实力。近年来，武汉市政集团加强银企合作，已与21家银行与非银行金融机构建立了良好的战略伙伴合作关系，签订了总授信额度为450亿元的综合授信合同，财务弹性充足。同时，作为政府投融资平台的武汉生态环境投资发展集团有限公司，也是其坚实的资金后盾。

拥有雄厚资金实力的武汉市政集团，先后投资建设了武汉天河机场二通道、雄楚大道快速化改造、三环线西段综合改造、武汉至阳新高速公路（武汉至鄂州段）、化工新区市政配套等20余个BT、BOT和PPP项目，累计投资近500亿元。2015年以来，先后承接湖北香溪长江大桥、武汉东湖开发区有轨电车、利川第一中学整体搬迁、荆州大道（太湖港～江汉运河）改造、

广水印台山文化生态园建设、和平大道南延（中山路—张之洞路）、咸安区乡镇污水处理厂及配套管网、襄阳市中心城区庞二等五个防汛排涝泵站等多个PPP项目，实现了从单一承包商到设计、投资、施工与运营并举的转型。

贯彻公交优先战略　东湖有轨电车项目屡获大奖

东湖国家自主创新示范区有轨电车T1、T2试验线工程位于国务院首批双创示范基地——东湖高新区，即"中国光谷"。其中T1线起点光谷创业街站—终点流芳车辆基地站，线路全长13.826km，设地面车站16座，高架特色站1座；T2线线路西起汤逊湖城铁站，终点在九峰一路停车场，线路全长19.6km，设车站20座，高架特色站2座。

本项目于2014年6月3日通过高新区管委会立项批复，2015年8月26日开工建设，2017年12月28日通过质量验收，经过为期3个月的专家通车条件评审和整改筹备，于2018年4月1日正式开通试运营。

本项目线路全长约30km，总投资为31.4亿元，以地面敷设轨道通行为主，涵盖了排水、道路、桥梁、轨道交通等市政工程项目，施工工艺范围广，技术特点复杂，过程中克服穿越光谷关山大道核心商圈，施工作业面狭小，以及地下管线、地上构筑物、绿化、交通等多种权属单位外部协调因素影响，采取不中断交通，多点多段面同步施工等措施，严控过程质量管理，推行"首件制""三检、三按、三验"制度，在合同约定36个月工期内建设完工，工程一次性通过竣工验收，质量总体评价为合格，满足设计、规范要求和使用功能。

在施工过程中，积极推广应用基层AB料、平交道口摊铺、钢箱梁桥面板粗合成纤维混凝土、小半径曲线钢箱梁拖拉、嵌入式轨道、小半径曲线弯轨、50～60R2异形轨等一系列新技术，取得社会与经济效益双丰收，项目建成目前共取得发明、实用新型专利9项，省级工法6

图1　东湖有轨电车项目

项，全国QC成果5项，开展了《现代有轨电车轨道几何状态快速精密测量技术开发与验证》《跨武黄高速钢—混结合梁桥结构性能与施工技术专题研究》课题研究，发布了《武汉现代有轨电车土建工程质量验收规程》，获得"安全黄鹤杯""2018年度武汉市市政工程金奖""2019年度湖北省市政示范工程金奖""第十八届中国土木工程詹天佑奖"等诸多荣誉。

武汉东湖国家自主创新示范区有轨电车试验线工程建设对光谷地区城市格局、多模式多层次的公共交通系统以及产业发展起到关键推动作用，具有重要的战略作用和示范意义。线路开通运营后有效支撑光谷地区整体升级，增强高新区发展，同时也是贯彻公交优先战略，实现"公交都市"的重要实践。

有轨电车系统是介于地铁和公共汽车间的中运量快捷交通运输系统，具有节能环保、安全高效、运量大、低噪声、建设投资较小等诸多优势，是光谷新型绿色公共交通工具，引领光谷提前进入有轨电车时代，其中车辆及车站造型设计时尚、美观、大方，充分体现了光谷创新创业文化元素，成为光谷城市亮丽的交通线、景观线、风景线。

有轨电车名为"光谷量子号"，自开通运营后，成为地铁2号南延线和11号线的有力补充，初步构成区域内大中低立体公共交通网，截止成稿时，日均客流量2.47万人次，线路最高日均客流量5万人次，在全国已开通运营16个城市中，各项技术指标及日均客流全国排名第三。

全国首创设计亮点大三通——实现T1、T2两条线变6交路运营的关键节点，位于T1、T2线交汇的关山立交处，上跨三环线高架，实现了关山大道、大学园路、三环线三个方向的互连互通。

致力脱贫攻坚　香溪长江大桥工程彰显国企责任担当

湖北香溪长江公路大桥工程是湖北省公路工程的第一个PPP（政府和社会资本合作）项目，由武汉市政集团和湖北省秭归县共同投资建设。

图2　香溪长江公路大桥

该项目是湖北"六纵五横一环"骨架公路网六纵二支中跨越长江的节点工程，被纳入国务院《三峡后续工作规划》，项目的建成解决了秭归县12个乡镇被长江天堑隔断，64km长江水域无一座跨江通道的局面，实现了秭归人民的百年梦想，对于改善库区交通条件，加快群众脱贫致富具有重大的意义。

工程包含五桥一隧等内容，主要标志性单位工程为跨越长江和香溪河的两座特大桥：采用中承式钢箱桁架拱桥形式，主跨519m的秭归长江大桥；采用双塔双索面钢混结合梁斜拉桥形式，主跨470m的香溪河大桥。工程于2015年12月开工，2019年9月建成通车。

香溪长江公路大桥技术难度极大、施工条件极差，主要体现在地理条件险要，水文、地质、气象、交通（航运）条件复杂，参建各方克难攻坚，采用了多项创新高精技术，创下了多项国内外之"最"。

跨度之"最"：主跨采用519m的钢箱桁架推力拱结构，是目前世界上最大跨度全推力拱桥。

技术之"首"：拱脚连接采用"厚承压板格构+预应力"的新型构造形式，具有结构简单、受力清晰的特点，在国内大跨径钢桁架拱桥中首次采用。

规模之"最"：拱肋主桁安装采用整体节段吊装悬拼方式，可以有效加快桁拱安装进度，减少结构大悬臂施工风险，其缆索吊机规模为同类型桥梁规模之最。

世界领先：施工采用"扣缆塔合一"的大悬臂扣挂法施工，施工扣塔主跨达601.2m，位居同类型桥梁的世界前列。

湖北香溪长江公路大桥工程先后荣获了湖北省公路水运重点工程"平安工地"建设示范工地；湖北省建筑工程安全文明施工现场；湖北省建筑结构优质工程奖；国际桥梁大会（IBC）"古斯塔夫·林德萨尔"奖；湖北省公路学会科学技术奖一等奖；中国钢结构金奖。

凸显江城魅力　汉口江滩工程绘画滨江长廊

武汉市汉口江滩防洪及环境综合整治工程，是武汉市积极探索城市防洪及环境创新相结合的一项重点工程，工程上起武汉客运港，下至长江二桥，全长3500m，总面积超过72万m^2，整治宽度平均160m，吹填高程28.80m（吴淞高程，以下同），工程一次规划分二期建设。

汉口江滩工程借鉴了国内外优秀景观的功能和特色，并充分考虑汉口旧城的改造需求和长江江滩的环境特点，不但体现了长江之滨的恢弘气势，而且集城市防洪、旅游、休闲、体育健身为一体，以绿色、环保、休闲为基调，以亲水为主题，与长江浑然一体，形成江城独有的3.5km长的"滨江绿化长廊"。一幅人与自然高度和谐，城市与江河相融合，独具魅力的"江城"景观的风景长卷展现在人们的眼前。

如今的汉口江滩已成为武汉市中心城区的标志性景观中心，开放性文化展示中心，群众性亲水休闲中心，改写了武汉市没有千亩广场的历史，也使之成为全国江滩之最。

汉口江滩防洪及环境综合整治工程是武汉市城市防洪及环境创新相结合的一项重点工程，具

图3　汉口江滩防洪及环境综合整治工程

有河道整治、防洪功能提升、旧城区改造及环境整治的综合特点。该工程将抗洪抢险与亲水休闲相结合、江滩景观与沿江环境相结合，为城市防洪工程建设注入了新的理念。现在的汉口江滩，不仅是具有防洪和景观功能的市政、园林工程，更承载了丰富多彩、健康向上的人文内涵，对武汉市城市功能的提升、软环境的改善发挥了重要作用。工程先后荣获武汉市科技进步二等奖、武汉市建筑工程黄鹤奖（优良样板工程）、湖北省建筑工程楚天杯（优质工程）奖，中国人居环境范例奖，中国建设工程鲁班奖等殊荣。

经过70年的岁月洗礼，武汉市政集团已发展成为拥有职工2300余人，资产500余亿元，注册资本金20.5亿元，下属全资子分公司31家、控股公司11家、参股公司6家，是中国市政工程协会理事单位，湖北省市政工程协会会长单位，位列全国市政施工企业前三强，获国家高新技术企业。

企业连续多年被评为全国优秀市政施工企业、湖北省守合同重信用企业、湖北省建筑业企业综合实力二十强等荣誉称号，多次被国家、省、市行业主管部门评选为"建筑业先进单位""安全生产红旗单位""质量管理先进企业"。

武汉市政集团先后建立了省级企业技术中心、博士后科研工作站及院士专家工作站，并先后荣获"2016年度全国示范院士工作站""2018年度武汉市模范院士专家工作站"等荣誉。累计获国家、省、市科技进步奖40余项，其中国家科技进步二等奖4项，国家授权专利200余项，主编和参编国家、省、市标准规范40余项，编写国家、省部级工法百余篇，获市级以上BIM奖项十余项。

近年来，武汉市政集团加快转型升级，积极开展资本运营，成功运作投资总额超过500亿元的BT、BOT和PPP项目，实现了从单一承包商到设计、投资、施工与运营并举的转型，形成了集投融资、工程建设、资产运营、房地产开发、工程设计与研发等为一体的大型综合性企业。

团结一心，克难奋进！站在新的历史起点，历时近70年的"武汉市政集团"始终弘扬"抱团负重、拓荒致远"的企业精神，全体市政人统一思想，团结一心，不畏艰辛，克难奋进，用巨大的凝聚力和团队力量，承担起发展企业、奉献社会的历史责任。

武汉市市政建设集团有限公司大事记

1953年　前身武汉市城市建设管理局正式成立。
1983年　成立武汉市市政工程总公司。
2002年　成立武汉市市政建设集团有限公司。
2015年　成为武汉航空港发展集团有限公司全资子公司。
2020年　成为武汉生态环境投资发展集团有限公司全资子公司。

讲述人：武汉市市政建设集团有限公司
　　　　党委副书记、总经理、副董事长　汪小南

讲述人简介

武汉市政集团汪小南同志荣获2012年武汉市"五四青年"荣誉称号，2017年被聘任为湖北省政府和社会资本合作PPP专家。在新冠肺炎疫情阻击战中，充分发挥市政"铁军"精神，承担起奉献社会的历史责任，带领公司出色完成"火神山"医院、甘海方舱医院抢建等多项战疫抢建任务。该同志具有较强的前瞻意识、创新思维和开拓进取精神，狠抓企业经营管理，以天保周、以周保月、以月保季、以季保年，2021年集团年度产值突破200亿元大关，再创历史新高。

厚德善建　实干兴邦

——"百城百企"记武汉市汉阳市政建设集团有限公司

武汉市汉阳市政建设集团有限公司（以下简称"汉阳市政"）是湖北省市政行业的排头兵，是全国为数不多的"双特双甲"（市政公用工程、建筑工程施工总承包特级，工程设计市政行业、建筑行业甲级）地方企业。综合实力位列湖北省企业百强，湖北省建筑业企业二十强，中国建筑业成长型企业百强。成立60余年来，汉阳市政秉承"厚德善建，实干兴邦"的企业使命，匠造了一批省内外重点工程，荣获国家优质工程金奖1项、鲁班奖2项，国家优质工程奖10项，以及各类省市级工程类奖400余项。

扫码看视频

62

追溯汉阳市政在过去60余年间的足迹和历程可以发现，时代的每一声号角，都有汉阳市政人激昂的回应。

1953年，穿过武汉的万里长江，湍流澎湃。这一年，由武汉市建设局选调的15名技术工人，组成了汉阳区城市建设科市政维修班。

1979年，汉阳区建设局拨款15万元用于升级沥青拌合设备，总工程师艾政宽牵头钻研，经过反复试验，煤气发生炉终于一次性试烧成功，凭借沥青这一优势，汉阳市政吸引了不少省内外同行前来参观学习。

1991年，根据市场需要，汉阳区建设局成立"汉阳区市政建设工程公司"。开始积极探索，迈出了走出武汉的步伐，先后承接了宜黄公路云梦段、枝江段等工程，在高速公路市场上大放异彩。

1998年，汉阳市政全员出动，坚守两个多月，完成1998年抗洪"五大战役"重任，汉阳市政"铁军"名号由此叫响。

2002年，汉阳市政完成政企分开，更名为"汉阳区市政建设工程总公司"。

2007年，经营领域不断扩大，更名为"武汉市汉阳市政建设集团公司"。

2019年，完成全民所有制企业改制，更名为"武汉市汉阳市政建设集团

图1 煤气发生炉

有限公司"。

作为一家历史底蕴深厚的建筑业企业，汉阳市政已发展为一家以市政、房建工程施工、设计为主的大型综合性国有建筑业企业。下设21家分公司、26家全资子公司，业务涵盖工程施工、设计、投资、房地产开发、建材生产、工程检测、商业运营、物业管理、园林绿化等领域，具有从投资、开发、建设到运营管理的全产业链管控能力。

六十余载与国同梦，从市政工程起步到具有投资、开发、建设和运营管理的全产业链管控能力，汉阳市政投身于伟大时代变革之中，用一件件匠心之作献礼城市发展，参与和推动城市史诗般的复兴进程。

连接我国南北大动脉 长江大桥45周年大修重塑长江第一桥风貌

1957年建成的武汉长江大桥位于武汉三镇内环线上的咽喉地带，全天平均交通流量近10万辆。大桥通车以来，桥面一直未进行过大修，路面沥青老化破损严重，桥面人行道也一直未进行过整修，桥面下方部分结构渗水使桥体钢梁产生锈蚀。

2002年8月，武汉市政府发布《通告》，将用40天的时间对长江大桥桥面道路进行全面翻修改造。通车45年来，武汉长江大桥迎来首次大修。汉阳市政临危受命，与兄弟单位一起，承担了这一历史重任，担起大桥汉阳段的沥青摊铺重任。

工程伊始，汉阳市政组织各基层公司员工进行路面开凿。由于人工作业进展较慢，公司从上海市政租赁了一台专业铣刨设备。设备的到来，大幅提高了作业效率，只用了短短几天时间，就完成了现场铣刨，大大推进了维修进程。同时，汉阳市政于2001年新添置LB1000沥青拌合设备和沥青摊铺机，在武汉长江大桥沥青摊铺这一重要工程得以全面运用，极大地提高了工程效率和

图 2　2002 年长江大桥 45 周年大修

图 3　2002 年长江大桥路面维修改造工程竣工

质量。路面"黑色化",防渗防锈,路灯改造……一个多月后,武汉长江大桥如期完成翻修,汉阳市政也被武汉市人民政府授予立功单位。

作为长江上的第一座大桥,武汉长江大桥是我国第一座复线铁路、公路两用桥,建成之后,成为连接我国南北的交通大动脉,对促进南北经济的发展起到了重要作用。于汉阳市政来说,参与武汉长江大桥的桥面改造工程,不仅是一种荣誉和责任,也是对汉阳市政在技术和管理方面的认可,为汉阳市政在行业积攒了口碑。此外,在这项工程中,汉阳市政开启了SMA-13沥青玛琦脂在武汉市应用的先河,这一系列成就和经验让汉阳市政抓住了"黑色化"发展的机遇,发展真正进入了快车道。

擦亮武汉城市名片　辛亥革命百年庆典工程提升城市品质

2011年是辛亥革命100周年，武汉作为辛亥革命的爆发地，是百年庆典的主会场。为确保辛亥革命百年庆典活动顺利举行，作为首义主会场的主要通道之一，京汉大道、鹦鹉大道、友谊大道整治工程被列入武汉市"辛亥百年"庆典道路系统改善项目。

友谊大道（中山路—三环线）跨越武昌区、洪山区、青山区，起点为中山路，终点与三环线友谊大道立交相接，道路破板维修长度11.41km，路面刷黑改造长度8.27km，道路红线宽50～60m。鹦鹉大道黑色化改造工程是武汉国际博览中心的配套工程，为保证国际博览中心的顺利开馆，其主干道鹦鹉大道设计在原状混凝土路板上进行刷黑施工。工程全长3255m，红线宽40m。京汉大道位于武汉市汉口的中心地带，北起于卢沟桥路，南止于沿河大道，全长约8km。该道路原来是由清朝湖广总督张之洞主持修建的京汉铁路，后来由于铁路改线而作废，就拆除了铁路修建了京汉大道。

图4　鹦鹉大道

在承建辛亥革命三条油路时，短短72天工期中，为实现对业主和社会的承诺，汉阳市政周密组织，抽调精兵强将，24小时轮班，完成沥青摊铺总面积48.7万m²，共使用沥青混凝土16.2万t，项目建设的速度跑到了时间的前面，提前完工，打了一场漂亮的攻坚战，切实保障了辛亥革命百年庆典活动顺利举行，再现了武汉文化底蕴和历史底蕴，擦亮武汉城市名片。

世界最大三塔四跨悬索桥　鹦鹉洲长江大桥连接汉口汉阳武昌

武汉鹦鹉洲长江大桥正桥工程全长3.42km，其中主桥2.1km，为世界上跨度最大的三塔四跨悬索桥，亚洲最大的桥墩异形结构，国内首次采用"人"字形钢塔叠合塔，桥梁主跨850m。引桥第五联、第六联采用V形桥墩，引桥桥面均为现浇预应力混凝土箱梁。大桥具有结构新颖、技术含量高、工程地质复杂、施工难度高、安全风险大等显著特点。

图5 武汉鹦鹉洲长江大桥

鹦鹉洲长江大桥位于中国中部重镇武汉中心区域,连接汉阳区的马鹦路和武昌区的复兴路,是武汉二环线重要的组成部分,该桥建成后,与武汉长江二桥形成新的城市内环线,把汉口、汉阳和武昌三镇的核心区都涵盖进来,实现三镇的均衡发展。

2014年12月28日,鹦鹉洲长江大桥正式通车。刚刚通车,鹦鹉洲长江大桥就成为经典,尤其是大桥的一抹"中国红",使其成为武汉新的旅游打卡地。

在经过武汉市二环线、米粮山立交等大型城市高架桥梁的历练后,鹦鹉洲长江大桥的建成实现了汉阳市政在桥梁领域的重大突破,圆了全体汉阳市政人在长江上建桥的夙愿。2016年2月,鹦鹉洲长江大桥荣获"全国市政金杯示范工程",2017年11月,荣获"中国建设工程鲁班奖"。

世界级环湖绿道　武汉东湖绿道二期造福武汉市民

在2017年1月22日开幕的武汉市第十三次党代会上,武汉市委书记陈一新提出"规划优化武汉长江主轴,打造世界级城市中轴文明景观带,规划建设东湖城市生态绿心,传承楚风汉韵,打造世界级城中湖典范"。党代会上特别提出,要建成百里东湖绿道,努力构建串联主城和新城的绿道网络。

工程环绕汤菱湖、后湖,串联马鞍山森林公园、落雁景区、白马景区,连接华中科技大学、武汉科技大学城市学院,包含湖泽道、湖町道、湖林道和森林道4条主题绿道,总长约58km。工程主要建设内容包括道路、景观、桥梁、驿站、停车场、智慧绿道系统及附属配套工程等。东湖绿道按照国际马拉松、环湖自行车公路赛赛道的标准建设,目标是建成最具书香气质、最具大美神韵、最具人文生态的世界级滨湖绿道。

图6　东湖绿道

其中由汉阳市政承建的湖町道将精细化施工的理念贯穿到整个工程建设中。道路沿线有村民居住，为了避免破坏原有的灌溉系统，汉阳市政设计了"横穿灌溉"，通过水压差让水流自然灌溉到农田里，融入"海绵城市"理念，在道路两侧设计了植草沟，将流入东湖的雨水悬浮颗粒物减少了一半以上。为了保护原生态景观，施工人员编制多项方案保护原有水杉，使东湖绿道与水杉林完美结合。

东湖绿道二期工程位于武汉市东湖旅游风景区内，是国内首条城区5A级旅游景区绿道。项目完成后，为武汉市民提供了又一休闲娱乐的地方，完善了东湖景观，擦亮了城市名片，美化了城市环境，提高了武汉的知名度和影响力。

匠心书写东山精品画卷　黄梅菩提小镇彰显东方禅韵

黄冈市黄梅禅文化旅游区五祖寺景区菩提小镇项目位于黄梅县东山脚下，五祖寺景区内，以最具黄梅特质的"文旅"元素，集朝拜、祈福、修禅、休闲、度假、生态有机产业等功能于一体，特质鲜明却又高度开放包容的文化旅游小镇，建筑中融入了无我、无相、无限、出世、寂静、超然六大禅意要素，将东方禅意的含蓄包容、宁静淡泊体现其中，使整个建筑彰显崇尚自然、亲近寂定、肃穆严整、空灵悠远的禅意空间精神。

除59栋单体建筑外，园林景观部分作为项目文化底蕴成果，充分营造一步一景效果，一栋栋形状各异的小楼，虽然没有高耸入云的巍峨，却有着小巧而复古的别致。项目于2019年9月顺利竣工，总面积约52000m^2，包含59个结构各异的单项工程。

项目团队远赴湖南、安徽、广州等地苗圃，对植物进行多方比选，确定最优树形；深入本

图7 黄梅禅文化旅游区五祖寺景区菩提小镇项目

地矿山多方寻找石材，只为贴近自然，与周边古建筑颜色风格完美融合；聘请专业园林景观顾问对布景及施工进行指导，选择江浙一带专业绿化班组配合施工组，让一树一石交相辉映。在2020年湖北省城市园林绿化优质工程评选过程中，被评为"2020年湖北省城市园林绿化优质工程金奖"。

贯通汉口汉阳　武汉轨道交通6号线打造国优金奖

武汉地铁6号线一期工程（金银湖公园站至东风公司站），是武汉市第5条建成运营的地铁线路，于2016年12月28日开通。该工程线路全长36.1km，全部为地下车站。其中汉阳市政承建体育中心南站—车城东路站，车城东路站—江城大道站。"一站两区间"采用了明挖法施工和盾

图8　武汉市轨道交通6号线一期工程二标车城东路站

构法施工。

地铁是现代都市的标志，也是公司实力的象征。汉阳市政地铁建设从2008年的洪山广场站出发，几乎参建了武汉市每一条地铁工程，见证了武汉地铁的飞速发展，也成就了地铁建设的"汉阳市政"招牌。从盖挖逆作法到明挖法、盾构法再到矿山爆破法，每一项施工技术的革新无不见证了汉阳市政人对工程品质的孜孜追求。

2020年12月1日，武汉地铁6号线一期工程获评"2020—2021年度第一批国家优质工程奖金奖"。

匠心缔造完美　品质成就典范

60多年来，汉阳市政始终坚持创造社会价值和履行社会责任并重的发展之路，以家国情怀践行企业社会责任。

1998年武汉抗洪，千名汉阳市政人奋战到抗洪最前线，圆满完成了党中央国务院"严防死守，确保长江大堤的安全，确保武汉等沿江城市的安全，确保人民生命财产的安全"的命令，成就了名副其实的"铁军"称号。2008年汶川地震，汉阳市政主动请缨，前往汉源援建，进行安置板房的搭建，历时48天完成6个安置地、近30处点位、1133套活动板房的建设任务，受到湖北省委省政府的高度评价，并荣获"全国抗震救灾先进集体"称号。2020年武汉抗疫，作为疫情中心的武汉建筑企业，汉阳市政人又义无反顾地投身到抗击新冠肺炎的战斗中，用60余天奋勇，铁肩扛起火神山医院、雷神山医院、19家武汉市定点医院三区两通道和隔离点、13所方舱医院建设，社区临时围挡封闭等系列"战疫"工程的重任，在抗击疫情的无声战场，打响了一场"不忘初心、牢记使命"的总体战、阻击战。

图9　汶川援建团队合照

图10 全国抗击新冠肺炎疫情先进集体

2020年，从火神山、雷神山等抗疫战场上走来，在庄严神圣的人民大会堂手捧"全国抗击新冠肺炎疫情先进集体"奖杯的汉阳市政，马不停蹄地奔向了它的"诗和远方"。在全面建成小康社会即将实现、进军第二个"百年奋斗目标"时，汉阳市政的"十四五"战略规划在2020年修订完成，汉阳市政再次踏着时代的鼓点，自信且坚定地走向未来。

匠心缔造完美，品质成就典范。回首过往，所有关于城市的精彩，汉阳市政都未曾缺席。汉阳市政以工匠精神引领时代追求，用建筑助力城市兴盛繁荣，矢志成为最值得信赖最专业的建筑工程企业，以优质服务和专业实力，回馈每一位客户，以科技创新为驱动，以信息化为手段一直走在行业变革的前沿，向创新型、高新技术型、综合服务型企业不断蜕变。

武汉市汉阳市政建设集团有限公司大事记

1953年	15人组成汉阳区城市建设科市政维修班，是汉阳市政的"初创班底"。
1978—1979年	总工程师艾政宽牵头试制成功了一座1.54m²的简易煤气炉，在沥青行业内引起轰动，引领武汉沥青拌合"柴油改煤气"大潮，也为汉阳市政的高速发展奠定基础。
1992年	中标宜黄高速公路汉川段，锻炼了队伍，积累了高等级公路施工经验，汉阳市政人冲出武汉，打开了一片新天地。同年，成立"汉阳区市政建设工程公司"，汉阳市政作为企业正式出现。
1998年	在武汉抗洪抢险中表现突出，被时任武汉市副市长涂勇誉为敢打硬仗的"铁军"，汉阳市政"铁军"称号由此叫响。
2002年	"汉阳区市政建设工程公司"更名为"汉阳区市政建设工程总公司"，实现政企分开，凤凰涅槃，在抢抓机遇中阔步前进；承接武汉长江大桥45周年桥面改造工程等一大批具有重大影响的沥青路面工程，施工产值首次突破亿元大关。
2004年	汉阳市政获得市政公用工程施工总承包壹级资质，明确提出"立足武汉、辐射全省、走向全国"的经营战略目标，顺利完成了质量、安全、健康"三位一体"的贯标认证，在"三位一体"贯标工作走在全市同行业前列。同时承接宜昌第一条黑色化道路，跃出武汉，布局宜昌，成功实现走出武汉的战略目标。
2006年	成立四家子公司，两级公司管理体系逐步形成；提出尽快形成"以武汉为圆心，以周边城

市为半径,以广东、江浙为远程重点辐射区"的市场经营格局,管理体系更加完善。

2008年　成功中标轨道交通2号线(洪山广场站—中南路站)区间隧道工程,实现地铁项目零的突破。

2016年　汉阳市政成功取得市政公用工程施工总承包特级、工程设计市政行业甲级资质,公司迈入特级企业行列,站上新的发展台阶。

2017年　汉阳市政成功取得建筑工程总承包特级资质,成为全国为数不多的"双特双甲"地方建筑企业;《汉阳市政集团"十三五&十四五"战略规划报告(2018—2025)》正式发布,汉阳市政战略管理与实际经营实现了紧密对接。

2020年　1000余名干部职工奋勇逆行在抗疫一线,并荣获"全国抗击新冠肺炎疫情先进集体"殊荣;汉阳市政"十四五"战略规划发布,汉阳市政围绕"一体两翼一助推四引擎"这一新格局再启征程。

讲述人简介

严悌文带领赋有"铁军"称号的队伍艰苦创业,奋发图强,稳扎武汉,走遍全省,辐射全国,迈向海外,最终实现一个单项资质的区属维修队到现在以大型市政、房建工程施工和设计为主的大型综合性国有建筑业企业。

讲述人:武汉市汉阳市政建设集团有限公司
党委书记、董事长　严悌文

六十年栉风沐雨　六十年砥砺前行
——"百城百企"记湖北益通建设股份有限公司

湖北益通建设股份有限公司成立至今有60多年的历史，从承接胜利一路第一条混凝土道路到东山大道BRT，再到江城大道快速路；从承接滨江公园绿化工程到夷桥路绿化工程，再到长江岸线修复，公司长期承担宜昌市基础设施建设，为城市发展作出了突出贡献。公司先后有9项工程荣获国家级奖项，其中8项获全国市政金杯示范工程，1项获国家优质工程金奖，获奖数量名列全国地级市市政企业前茅。

扫码看视频

湖北益通建设股份有限公司（以下简称"益通建设"）成立于1959年5月，前身是宜昌市市政工程公司，于2006年改制为民营企业。主要从事市政工程、园林绿化工程施工，同时具备房屋建筑、环保工程等专业施工能力。于2014年在新三板挂牌（证券代码：831343）。

历经60余年的发展，已拥有市政公用工程施工总承包壹级资质、建筑工程施工总承包壹级资质，同时具有建筑装饰装修、城市及道路照明工程、地基基础工程、防水防腐保温工程、环保工程专业承包壹级资质等。公司员工近500人，其中，国家一级注册建造师49人、高级工程师28人、享受国务院特殊津贴专家1人、省管专家2人。现有4个分公司，7个控股子公司。公司深耕武汉、宜昌两个市场，业务覆盖湖北、广东、福建、云南、山西、新疆等省份。同时按照"主业突出、多元发展"的方针，从事建筑材料、绿化苗木等经营产业。

多年来，益通建设在稳步发展的同时，更是注重回馈社会。由益通建设投资兴建三峡美术馆，免费对社会开放。2020年，三峡美术馆主办的"转码"宜昌社区抗疫展在中央电视台播放，受到社会各界高度评价。另外，公司长期参与扶贫、捐赠事业，2020年各类捐赠达到100多万元。

益通建设将会本着"益于社会、通达天下"的宗旨，继续改革创新、转型升级，为社会作出更大的贡献！

修建楚天公交第一路　湖北宜昌市东山大道BRT

东山大道建设施工与公司有着不解之缘。20世纪60年代，当时公司还属于宜昌市市政工程队就投入市政府组织的东山大道大会战中，完成了部分路基施工任务。

1971年东山大道项目再次上马。万寿桥以上路段（含桥）由长江葛洲坝工程局承建，以下路段由宜昌市市政建设工程队施工，实现了全线贯通。路面为水泥混凝土，其路基大多是手摆块石（或卵石）并加砂垫层。

图1　湖北宜昌市东山大道BRT工程

2000年宜昌市政府组织对东山大道全面扩建，公司再次承担宜昌商场至万寿桥标段施工，包括胜利三路与东山大道立交转盘和下穿通道、道路排水。道路为水泥混凝土路面。

2013年，市政府决定将东山大道改造为快速公交道路（BRT），公司承接万寿桥至桔城路标段沥青路面、排水、公交站台及万寿桥扩建施工项目。在公司的精心组织下，以晚于其他标段开工、提前竣工、质量优良的施工业绩，得到政府和业主好评。2016年1月13日上午，在美国华盛顿举行的2016年度"世界可持续交通奖"颁奖典礼上，公司承建的宜昌市BRT项目夺得"2016年世界可持续交通奖"。

宜昌BRT是位于湖北省宜昌市的快速公交系统。于2014年2月中旬开工建设，一期于2015年7月15日试运行。该项目北起夷陵区夷陵客运站，沿夷兴大道、峡州路、三峡路、港虹路、夜明珠路、东山大道、桔城路运营，南至伍家岗区宜昌东站，全长约为23.5km，贯穿宜昌市夷陵区、西陵区和伍家岗区三大主城区，是宜昌市现阶段客流量最为集中的干线客运走廊之一。宜昌BRT是楚天公交第一路。2015年7月15日宜昌BRT一期通车，现已全线通车。美国华盛顿举行的2016年度"世界可持续交通奖"颁奖典礼上，宜昌市在BRT项目中的先进经验和突出成就获得世界肯定，夺得"2016年世界可持续交通奖"。在此之前获奖的城市包括纽约、巴黎、伦敦和广州等，宜昌是中国第二个获此奖项的城市。

见证宜昌城市发展　建设湖北宜昌市沿江大道

公司进行沿江大道建设施工始于1960年，由当时市政工程队施工，拆除了原大公河坡一带木屋将大公路取直，在一马路至胜利四路路段浇筑了水泥混凝土路面（长382m的路面，宽9m、厚20cm）。

20世纪70—80年代，结合沿江护岸工程，由宜昌市市政建设公司设计、施工，将西陵一路至胜利一路改造为基本上双向四车道，外加绿化道、慢车道的城市水泥混凝土道路。

图2　湖北宜昌市沿江大道

沿江大道与滨江公园、护岸工程相连，浑然一体。路面平直流畅，两侧风景优美，堪称20世纪宜昌市建设的一项伟大工程。

2008年，宜昌市政府对沿江大道进行沥青路面改造，公司承接了沿江大道上段石子岭路面施工。该项目获得"全国市政金杯示范工程"。

沿江大道位于长江左岸，整条大道沿长江而建，上至葛洲坝、下至西陵一路。是宜昌这个滨江城市的重要基础设施。该道路从1960年初期建设开始，伴随着宜昌的发展，历经多次建设施工修缮、改造，是宜昌城市发展的见证。

栉风沐雨六十载　初心不忘砥砺前行

在益通建设六十余载的发展历程中，一代又一代的益通人传承着不畏艰难、顽强拼搏的创业精神，南征北战，披荆斩棘，不断开拓，公司规模不断壮大、综合实力不断增强、品牌形象不断提升，益通建设现已发展成为省内市政行业知名企业，成为市政施工企业中鲜有的国家高新技术企业和新三板上市企业。公司从几十号名不见经传的施工队发展成为宜昌市建筑骨干企业和国内、省内市政行业知名企业得益于公司一直秉承着"改制不改色"的传统，一直牢记使命、不忘初心，践行着"益于社会、通达天下"的企业宗旨奋斗拼搏。

图3　三峡美术馆

图4　夷桥路绿化

1959年5月，市政设施的新建和维修管理由宜昌市人民政府建设科（建设局）统管。在建设科下设养路组，专门负责城区道路、下水道的维修。1959年5月，成立了宜昌市市政建设工程队，负责全市市政设施的新建与维修养护。工程队成立初期，主要施工工具是铁锤、铁锹、钢钎，板车成了唯一的运输工具，道路碾压依靠石碾子，路面是三合土（黏土、石灰、煤渣）路面和渣油路面。1960年开始使用搅拌机取代人工拌合水泥混凝土。

1972年10月，在宜昌市市政建设工程队的基础上成立了宜昌市市政建设公司，隶属于宜昌市城建局。宜昌市市政建设公司成立后，既负责道路的勘察、设计，同时又负责施工，先后完成了西陵二路、东山大道、沿江大道、大公桥改造、滨江泵站、四方堰泵站等工程。1999年，"宜昌市三峡市政工程公司"复名为"宜昌市市政工程公司"，2000年1月"宜昌市市政工程公司"与"宜昌市市政公用工程建设开发总公司"合并，组建了新的"宜昌市市政工程公司"，职工总数达500余人。

2006年公司改制成为民营企业并更名为湖北益通工程建设有限责任公司，2014年公司实行股份制改革，更名为湖北益通建设股份有限公司。

图5 辉煌业绩新三板上市

多年来，公司重视企业科技创新水平，是国家级高新技术企业、省博士后创新实践基地，拥有省级工程技术研究中心。公司以科技创新为核心，率先在行业内提出以"精细化施工"为核心竞争力的思想，大力推广和应用先进的新知识、新技术、新材料，为企业的发展提供不竭的动力。

新时代、新征程、新使命，益通建设将坚持"做高质量、负责任企业"的经营理念，持续创造人们美好生活所期待的建筑产品，持续创造员工信赖遵从的企业文化，持续打造恒久发展的益通产业。

湖北益通建设股份有限公司大事记

1959年　宜昌市市政工程队成立，后改名为"宜昌市市政建设公司"。

1985年　以市政建设公司为基础，分为市政工程公司、市政设施维修管理处、市政科研所三个单位。

1995年　市政工程公司与宜昌市第二市政公司合并，更名为"宜昌市三峡市政工程公司"。

2000年　与宜昌市市政公用工程建设开发总公司合并，更名为"宜昌市市政工程公司"。

2002年　武汉分公司成立。

2006年　经宜昌市政府批准，实行整体改制，由国有改为民营，改制后公司名称为：湖北益通建设工程有限责任公司。

2012年　湖北益通建设工程有限责任公司作为占比额高、发起人之一，设立了宜昌益通鹏程新型墙体材料有限公司。

2014年　股份制改造，由"湖北益通建设工程有限责任公司"股改为"湖北益通建设股份有限公司"。

2014年　湖北益通建设股份有限公司在全国中小企业股份转让系统成功挂牌，证券代码：831343，证券简称：益通建设。

2017年　湖北益通建设股份有限公司与宜昌建投物资贸易有限公司合资，成立新公司"宜昌益智建材有限责任公司"。

讲述人：湖北益通建设股份有限公司
　　　　党委书记、董事长　陶加林

讲述人简介

怀抱挚爱之心，恪尽职守、锐意进取，带领益通建设多维度升级。

披荆斩棘　勇立潮头敢为先
——"百城百企"记天恩建设集团有限公司

披荆斩棘，勇敢前行，创建于2004年的天恩建设集团有限公司秉承"诚信、务实、创新、领先"的经营理念，立足于"诚信天恩""品牌天恩"的信念，铸就诚信品牌，在激烈的建筑市场中勇立潮头，成为城市建设的典范。

扫码看视频

天恩建设集团有限公司（以下简称"天恩建设"）位于曹禺故里、龙虾之乡、石油新城——潜江，自成立以来一直奉行"勇于开拓、真抓实干、锐意进取、创造精品"的企业宗旨，始终坚持以市场为导向，以质量为根本，以用户满意为标准，取得了良好的经济效益和社会效益；始终坚持多元化发展思路，不断优化产业结构，旗下现有10余家子公司，涵盖设计、施工、设备租赁、建材、商贸、产业工人培训等多个行业。

回望天恩建设的发展，充满坎坷和艰辛。2004年江汉油田天恩建设工程潜江有限公司创建，2017年组建集团公司，在成立之初天恩建设还是一家单纯的劳务型施工企业，面临如何转型升级快步发展的考题。对此天恩建设提出了"企业只有转型升级才能行稳致远"的理念。企业高管团队确立了"专业化做精、产业链做大、企业管理做活、理才战略做久、科技应用做强"的五轮驱动转型发展模式，使出"三板斧"，开启了资产重组转型升级之路，此后天恩建设的经营效益不断刷新，企业实力不断增强。

"第一板斧"：多元化经营，提升企业硬实力，努力扩大资质范围，夯实经营基础，同时积极开拓市场。"第二板斧"：高质量发展实体经济，打造新型生产基地。"第三板斧"：跳出单一发展模式，适度扩大经济投资。转型升级筑未来，天恩建设虽迈出了转型发展的第一步，但前行的路依然很长，需要不懈探索和坚持。

BIM模拟助力光纤广场突破施工难题

革命先烈在江汉平原上撒播下红色的种子，在潜江这座城市中蕴含着丰富的红色历史故事，风雨如磐，岁月如流，红色精神不变。今天的潜江展现出不一样的活力。潜江市光纤广场位于王场镇及兴隆河东北一侧，是潜江推进"三大亮点"片区建设、全力打造"光纤小镇"的重点工程之一，于2018年7月10日开工，2018年10月8日如期竣工。

图1　光纤广场（一）

天恩建设在项目建设过程中遇到了不少的难题，首先，工程体量大、面积广，加上独特的广场艺术设计增加了实际施工难度，整体工程走势跌宕起伏、形状各异，铺装满足设计效果的难度很大。另外，工程庞杂，涉及多个施工单位，组织协调困难，且任务重、工期紧迫。

针对重难点，天恩建设充分发挥集团专业优势，采用BIM技术模拟施工，确保铺装衔接准确无偏差，实现了施工效果与设计要求的完美统一，有效控制了成本，确保了工程的顺利完成。还根据工程现场和工期要求重新深化设计及施工方案，按工程内容编排工期，科学地细化施工组织设计，做好各施工环节对接，搞好工序之间的组织协调，在确保工程有序开展的基础上安全文明施工，施工期间未发生任何安全及环境污染事故。

图2　光纤广场（二）

光纤广场的建成优化了当地环境，确保2018年第九届环中国国际公路自行车赛道潜江长飞赛、湖北首届自行车联赛总决赛的顺利进行，为光纤产业发展提供了配套服务，给光纤企业员工及当地居民提供了一个规模颇大、优雅、美丽的户外聚集地，推进了当地广场文化的发展，获得当地居民和业主的一致好评，成为成功入围湖北省"擦亮小城镇"试点镇的一个重要组成部分。

截至2020年底，天恩建设已拥有6项施工总承包、17项专业承包资质。业务范围由单一的建筑施工扩大到设计、设备租赁、建材、商贸、产业工人培训等多个行业，具有市政公用工程、建筑工程、石油化工三个施工总承包壹级资质，水利水电施工总承包贰级资质以及消防、幕墙、照明等多项专业壹级资质。先后荣获湖北省"五一劳动奖状""先进建筑业企业""守合同重信用企业""诚信文明企业""市政行业五星级诚信企业""乡村振兴及脱贫攻坚突出贡献会员单位""高新技术企业"等荣誉。

未来天恩建设将紧跟时代步伐，在改革发展的道路上砥砺前行，用心血和汗水浓墨重彩描绘城市建设新画卷，为潜江奋力打造"江汉平原振兴发展高质量示范区"作出新贡献！

天恩建设集团有限公司大事记

2004年　创建江汉油田天恩建设工程潜江有限公司。
2013年　更名为天恩工程建设有限公司。
2017年　更名为天恩建设集团有限公司。
2018年　当选湖北省市政工程协会第六届副会长单位。
2019年　被湖北省住房和城乡建设厅确定为"2019年度建筑业重点培育企业"，推动企业进一步发展。
2020年　被认定为"高新技术企业"。

讲述人简介

唐美蓉勇于开拓，推动企业转型发展，始终坚持做技术创新带头人，积极响应国家发展绿色建筑、推广装配式建筑等多项战略决策，建成了集设计、研发、生产、安装及培训于一体的绿色装配式建筑产业园。

讲述人：天恩建设集团有限公司
　　　　董事长　唐美蓉

团结拼搏　争创一流
——"百城百企"记汉江城建集团有限公司

扫码看视频

汉江城建集团有限公司（以下简称"汉江城建集团"）坚持以市场为导向，突破传统、顺势而为，深入推动业务结构、管理结构转型升级，积极践行高质量、可持续发展，把"做城市综合服务商，为城市发展提供襄阳市政建设方案"作为企业战略定位，大力实施"一体多元化"经营战略，加快完备"产业一体化""区域多元化""经营多元化"，逐步实现了从单一承包商向投资与施工并举转型，形成了集投融资、设计研发、工程施工、运营养护等为一体的综合性企业。

汉江城建集团始建于1958年，前身是市政工程队隶属于城建局，系公益性差额拨款事业单位。1974年更名为"襄樊市市政工程公司"，1991年市城建体制改革，成为自收自支的企业化管理事业单位，1994年更名为"襄樊市市政工程总公司"，2010年底更名为"襄阳市市政工程总公司"，2013年5月"襄阳市市政工程集团"挂牌成立，2017年由襄阳市城建委划转至汉江国投，2018年12月，襄阳市市政工程总公司按现代企业制度组建了襄阳市政建设集团有限公司，2020年12月更名为"汉江城建集团有限公司"。

汉江城建集团拥有雄厚的经营和资金实力。与中铁四局、中铁十一局、上海宝冶、中国电建等10余家央企、大型企业建立了良好的战略合作伙伴关系。与8家银行签订了总授信额度超20亿元的综合授信合同，财务弹性充足。同时，作为政府投融资平台的汉江国投，为汉江城建集团提供坚实的资金和项目支持后盾。

近年来，汉江城建集团先后承建了襄阳市胜利街景观大道工程、襄南大道、乡镇污水处理工程、旱改水工程、广水市四馆"三中心"PPP公共服务提升工程、湖北省鄂西北（襄阳）重大疫情救治基地项目、襄阳市儿童医院建设EPC总承包项目、湖北文理学院迁建项目、华中农业大学襄阳校区（现代农业研究院）建设项目、山东省梁山县古运河开河古镇送水工程等60余项重点工程项目，经营区域遍及全国10多个省市，经营理念和品牌形象赢得了社会各界的广泛认可。先后荣获"全国市政金杯示范工程""湖北省市政示范工程金奖""湖北省建筑工程安全文明施工现场"等国家、省、市优质工程奖、样板工程奖等各类工程奖项50余项。汉江城建集团被授予"全国优秀市政施工企业""湖北省先进市政企业""湖北省市政行业五星诚信企业""襄阳市优秀建筑业企业""AAA信誉企业""重合同守信用单位"等近百项荣誉称号。

联通城乡纽带　修建襄阳市人民西路

由汉江城建集团承建的襄阳市人民西路（襄荆高速—云兴路）工程，西起襄荆高速，向东与八号路、中航大道、廖家庄路等规划主次干路、支路平面相交，止于云兴路，全长3184.517m，规划红线宽50m。道路全线新建机动车道、非机动车道、人行道及道路附属设施，新建雨、污水管道。

襄荆高速—中航大道段改造为单幅路断面形式，具体布置为：中间30m宽车行道，两侧2～10.47m宽人行道。中航大道—云兴路段改造为三幅路断面形式，具体布置为：中间22m宽车行道，两侧2m宽分隔带，6m宽非机动车道，6m宽人行道。道路横坡为：机动车道、非机动车道、分隔带坡度为1.5%，坡向外侧。人行道横坡为2%，坡向路中。

人民西路地处襄阳市樊西城乡接合部，是一条重要的交通道路，位于316国道上，沿线居民多，为保障车辆正常通行，只能采用半幅施工的方案。项目全长3184.517m，规划红线宽50m。

该项目的建成，极大方便来往车辆和行人，缓解了交通拥挤，发挥了城乡经济的纽带作用，成为城乡之间的一个通行亮点。

图1　襄阳市人民西路（襄荆高速—云兴路）工程

历经半个多世纪的建设和发展，几代"市政人"在历届党政班子的领导下，发扬"团结、奋斗、振兴、拼搏"的企业精神，艰苦创业，锐意进取，顽强拼搏，奋发图强，励精图治，如今的汉江城建集团已经发展成为以管理为主的现代市政和房建企业。公司现有职工千余人，其中各类专业技术人员800余人。集团下属全资子、分公司14家、参股公司6家，控股公司4家，外设北京、济南、杭州、武汉4个办事处。汉江城建集团拥有市政公用工程施工总承包壹级、建筑工程施工总承包壹级"双壹级"资质，还拥有装饰装修、机电安装、园林绿化、混凝土预制构件、预拌混凝土、对外承包工程资格等资质。经营范围涵盖了投融资、工程施工、地产开发、园林绿化、工程检测、装配式建筑、现代农业、新材料、商品混凝土、交安、养护等领域，还拥有襄阳市建筑垃圾清运与处置特许经营权，年施工能力50亿元以上，企业综合实力居襄阳市政行业龙头地位。

汉江城建集团有限公司大事记

1958年　公司成立。

1974年　更名为"襄樊市市政工程公司"。

1991年　公司体制改革。

1994年　更名为"襄樊市市政工程总公司"。

2010年　更名为"襄阳市市政工程总公司"。

2013年　"襄阳市市政工程集团"挂牌成立。

2017年　由襄阳市城建委划转至汉江国投。

2018年　更名为"襄阳市政建设集团有限公司"。

2020年　更名为"汉江城建集团有限公司"。

讲述人：汉江城建集团有限公司
　　　　党委书记、董事长　卢国宏

讲述人简介

卢国宏，湖北省市政工程协会经济专委会主任，先后荣获"襄阳市优秀建筑业企业经理""襄阳市优秀企业家"等称号。

携七十年积淀　擎筑城市辉煌
——"百城百企"记秦皇岛市政建设集团有限公司

因帝号而得名，举国也就只有秦皇岛市。弹指一挥间，始皇帝的求仙船早已杳无踪迹，秦皇岛市已成为国家历史文化名城、环渤海地区重要港口城市、国际滨海休闲度假之都、国际健康城。70年前的1951年，秦皇岛市政以筚路蓝缕之精神创业，70年后的今天，秦皇岛市政致力成为城市开发整体解决方案的缔造者，推动着秦皇岛的发展壮大，令秦皇岛市容更美好，秦皇岛市民生活更幸福。

扫码看视频

七十载披荆斩棘，燕山之麓结实累累；七十载劈波斩浪，渤海之滨风劲帆扬。秉承"创造城市价值，成就生活梦想"的发展使命，秦皇岛市政建设集团有限公司（以下简称"秦皇岛市政"）致力于成为城市开发整体解决方案的提供商与服务商。通过深度参与城市的开发和建设，走出了一条"专业深耕、投资带动、跨区域发展、产业链集成、一体化运作、服务化转型"的特色发展之路，奠定了其在秦皇岛行业内一枝独秀的地位，并逐步开拓环渤海，走向全中国。

七十年沐风栉雨、砥砺前行，秦皇岛市政先后完成了多座大中型铁路立交桥、公路立交桥的施工建设，其中特大型桥梁5座；承担了市区主要道路的新建、改建、扩建任务；承建大中型自来水厂和污水处理厂多座；还参与了污水管网、热力管网、煤气管网的施工等。秦皇岛市政所承建的市政工程多次荣获"市政金杯示范工程"、"省优工程"称号，其中秦皇岛市大汤河带状公园——"绿荫里的红飘带"被美国园艺师协会评为"世界新七大奇观"之一，房建工程多次荣获"省优安济杯"奖。

海滨路东西延伸工程带来革命性技术创新

秦皇岛市道南片区曾是秦皇岛市最繁华的地段，该片区的老港务局、老耀华玻璃厂也曾经是市民的骄傲。但随着城市的发展变迁，秦皇岛市主城区逐渐向北、向西发展，道南片区却因铁路成了秦皇岛市的"围城"，居民出行只能途经狭窄的文化路、红旗路、友谊路铁路地道桥，或向东绕行东山立交桥，交通极为不便。为了道南片区不再出行难，延伸道南主要道路——海滨路，使其可以连接东港路、西港路势在必行。

图1 东西延伸后的海滨路

海滨路东西延伸工程总投资约19.28亿元，是秦皇岛市迄今为止投资规模最大、技术含量最高的市政道桥工程。其中，跨大小汤河段主桥为钢箱梁结构，该段全长562m，需要分段制作、运输、架设和焊接钢箱梁192个节段，用钢9600余t，桥面焊接剪力钉19万根。为了打造百年品牌工程，避免以往人为操作误差，钢箱梁厂内制造阶段全部采用机器人焊接，实现精准操作，不仅提高了焊接速度，而且焊缝质量相当稳定。

海滨路东西延伸工程在设计和施工过程中，秦皇岛市政运用科技手段，引进新技术、新工艺，在桥梁中实现了多项零的突破——首次在市政桥梁中使用了等截面钢箱梁、变截面钢箱梁；首次在跨铁桥梁上采用挂篮悬浇工艺；首次使用BIM技术，对工程设计、施工全过程进行智能化、集成化、精细化管理；首次使用混凝土试块植埋芯片电子监控技术，实现了混凝土全过程质量监管；首次实现了建筑垃圾的重复利用，工程约6万m²路面砖全部采用固废利用型路面砖，将大量建筑垃圾变废为宝。

海滨路东西延伸工程于2019年初开始建设，至2021年7月1日全线通车，共历时2年6个月建设完成，向建党百年华诞献礼；该工程是秦皇岛市政实施"双控"管理机制促进质量提升的成

图 2　海滨路

果之一，也是多年来坚持创新发展的结晶。这条连接北戴河区、山海关区的东西向干线通道已成为新的城市大动脉，将解决道南片区出行难题，为西港片区转型升级发展提供重要的交通支撑。

创造城市价值、成就生活梦想。秦皇岛市政始终坚持"诚信守法、合作共赢，以质量求生存、以效益求发展"的经营方针，以抓好各项工程的安全、质量作为工作重点，追求卓越品质，创新管理模式，建设全面战略型管理体系，打造"秦皇岛市政"品牌，持续增强质量发展后劲，努力践行企业社会担当。站在新征程的道路上，将继续砥砺前行、披荆斩棘，建一流工程、创一流质量、树一流品牌，力争打造国优精品工程，为秦皇岛推进沿海强市、美丽港城和国际化城市建设作出重要贡献。

秦皇岛市政建设集团有限公司大事记

1951年10月	正式组建"秦皇岛市建设局工程队"，是秦皇岛市政集团建制的伊始。
1952年10月	承建了滨海公路，同年兴建的狼牙山桥、赤土山桥，迈出了建桥史上的第一步。
1954年7月	改称"秦皇岛市建设局市政工程处"。
1959年10月	在海港区新建了汤河水厂，这是秦皇岛市区"自来水"工程的起始。
1964年5月	在海港区海阳路基地院内建两栋砖木结构的瓦房，自此有了自己的固定办公场所。
1984年9月	改称为"秦皇岛市市政工程公司"。
1987年7月	第十一届亚运会秦皇岛海上运动场及其附属设施工程由公司承建。
1992年12月	被河北省工商行政管理局评为"省级重合同守信用"单位，并保持至今。

1993年1月	更名为"秦皇岛市市政工程总公司"。
1998年12月	秦皇岛市市政工程总公司取得了ISO 9002质量管理体系认证证书。
1999年4月	承建的海港区新世纪环岛公园被列为河北省形象工程督导建设项目。
2000年5月	公司转为企业,结束了近50年的事业单位身份。
2002年4月	秦皇岛市市政工程有限公司取得法人营业执照,标志着公司改制工作圆满完成。
2008年4月	更名为"秦皇岛市政建设集团有限公司"。
2008年6月	公司已全部完成质量、环境、职业健康安全管理三大体系认证工作。
2017年10月	公司与秦皇岛三信集团及市政建材集团联合成立秦皇岛和信基业建筑科技有限公司。
2019年	住房和城乡建设部授予"国家装配式建筑产业基地"称号。
2021年4月	荣获"秦皇岛市政府质量奖";也是秦皇岛市工程行业中唯一一家获此殊荣的企业。
2021年5月	斩获"碧桂园·北京区域2020年度金凤凰奖"。

讲述人：秦皇岛市政建设集团有限公司
　　　　总经理　赵佳康

讲述人简介

赵佳康同志,自2015年担任秦皇岛市政建设集团有限公司党总支书记、总经理至今,励精图治、奋发图强,创精品工程,创新发展,带领秦皇岛市政不断迈上新台阶,为城市建设和经济发展作出了卓越的贡献。

艰苦创业、勇于拼搏、献身市政、造福于民
——"百城百企"记唐山市市政建设总公司

历经半个多世纪的建设和发展，唐山市市政建设总公司多次受到国家和省、市政府给予的褒奖，被中华总工会授予"工人先锋号""模范职工之家"称号；先后荣获全国及河北省、唐山市"安康杯"竞赛优胜企业，数十项工程被授予河北省、唐山市安全文明工地；多年被授予唐山市一级诚信企业等荣誉称号；评为河北省QC活动优秀企业、河北省优秀市政施工企业。

扫码看视频

唐山市市政建设总公司始建于1953年，伴随着唐山市改革开放前进的步伐，走过了60多年的光荣历程，为震后新唐山城市基础设施建设作出了巨大贡献。

1953—1976年，艰苦创业，造福于民。公司成立之初是市政工程队，隶属唐山市建设局领导，第一个建设项目钢厂桥工程，即是唐山市钢厂门前跨陡河的现浇钢筋混凝土桥，桥长50m，宽15m，水上净高6m。在克服人力、物力尤其是设备不足的情况下，市政工人凭借铁锹、铁镐、抬扁、大筐等简陋设备，拼着双手和肩膀，苦战6个月，大桥竣工，被评为"内坚外美"的桥梁工程。

1976—1987年，发展壮大，重建家园。1976年唐山大地震，短短几秒，百年城市被夷为平地，道桥、给水排水等市政设施损坏严重。震后，唐山全面恢复建设，整个城市的道路交通和给水排水修建重任压在市政职工肩上。在机械设备短缺、技术人员缺乏和家庭负担沉重的情况下，市政职工响应党中央和各级政府的号召，迅速投入唐山震后恢复建设中。抢建了胜利桥等十几座桥梁工程；修建了长宁道三水一路；承建了唐山市北郊水厂等给水排水工程。在唐山市震后恢复建设中，公司争取了主动，起到先行的作用。

1987年至今，深化改革，走向市场。唐山市市政建设总公司由生产型

向生产经营型转变，全面提升企业素质，提高职工整体素质，提高市场竞争力，提高工程质量水平，努力拼搏，再创辉煌。先后承建了世行、亚行贷款项目污水处理厂、供水输水管线工程。承建唐津高速等高速公路工程。曾先后获得"重合同守信用单位"荣誉；中华人民共和国铁路、公路、隧道、桥梁、建筑业100家最大经营规模企业称号；河北省建筑业施工企业综合实力百强企业称号；获得国家优质工程银奖、部优样板工程和全国市政金杯示范工程、省优工程。

带动东西部一体化发展——唐山启新立交桥工程

唐山启新立交桥、启新环岛是唐山市东部出入市区的重要交通节点。启新立交桥修建之前，车辆行驶高峰时段，通过该路口车辆80%为直行交通，通行能力较差，交通拥堵现象频繁发生。为缓解交通，唐山市市政建设总公司承担了启新立交桥施工改造。

启新立交桥工程采用三层环岛式互通方案设计，其中新华东道以高架桥梁形式跨越环岛和铁路。龙泽南路为下穿式地道，地面环岛供新华东道和龙泽南路转向交通及非机动车道和行人使用。

工程包括道路工程、桥梁工程、地下通道工程、排水工程。

桥梁工程全长434.1m，双幅桥面宽25.5m，共分5联13跨，主桥采用40m+52m+40m变截面连续钢—混叠合箱梁结构形式，跨越"复兴路—龙泽南路"路口；引桥采用预应力混凝土箱梁结构形式。利用1号~4号墩下部结构的桩基础重新施做上部结构及承台、墩柱，使新建桥梁与现状的启新立交桥衔接。下部结构墩柱采用花瓶式墩桩，基础采用钻孔灌注桩基础。

龙泽南路地道箱体及U形槽全为现浇钢筋混凝土结构，其中地道箱体101m，U形槽全长464m。地道箱体包含箱体、基坑支护、附属构筑物。

图1　启新立交桥施工改造

图 2　唐山市启新立交桥工程（部分）

图 3　唐山市启新立交桥工程通车

给水管线 3115m，管径 $DN200\sim DN600$；污水管线 1960m，管径 $DN300\sim DN600$；雨水管线 4031m，管径 $DN300\sim DN1800$。

道路工程分为两部分：第一部分：新华东道道路工程（建国路坡顶至新华闸桥）全长 1261.195m。第二部分：龙泽南路（复兴路）道路工程（五家庄道口至复兴路铁道桥南侧坡顶）全长 1078.205m。

该项目的建成，三层环岛式互通结构如同一个有效的"分流器"，东西方向直行的走高架桥，南北方向直行的下穿地道，而转向行驶的则走地面环岛。这种各行其道的局面实现了车辆方便快捷地调头、左转、右转。建成后，唐山市实现立体交通，对于带动唐山市东西部一体化发展具有划时代的重要意义，也是唐山东部崛起、东西贯通的见证。启新立交桥选用LED发光灯具、LED灯带、金卤泛光灯，三种照明景观交相辉映，在既有大气之美的同时，又兼顾了细腻之美的人性化设计理念，为唐山增添了一道亮丽的风景线。项目完成后，也相继荣获省优工程、省文明工地。

以精品工程，建宜居城市　人民公园一期工程

项目位于唐山市中心城区西北部，地块呈西北向东南排布，西近青龙河，北邻橡树湾小区，东至友谊北路，南至长虹西道，被光明北路、裕华西道、朝阳西道分割为4个地块。项目总投资概算2.43亿元，总占地面积约40.36hm^2。其中，一期工程投资1.23亿元，建设裕华西道以南3个地块，面积约33.09hm^2；二期建设裕华西道以北1个地块，面积约7.27hm^2。人民公园设计主题为"编织城市文化、触媒幸福生活"。人民公园项目一期工程建成后，将进一步均衡唐山市绿地布局，填补唐山市西北片区城市公园空白，满足周边居民生活健身的需求，进一步完善城市服务功能。

图4　人民公园

通过各种文化表达来展示城市精神风貌，在优美的环境中展现绿水青山的生态价值、诗意栖居的美学价值、以文化人的人文价值、简约健康的生活价值。同时，人民公园青龙湖组团将与南湖组团、凤凰山大城山组团共同构成唐山市绿地空间"铁三角"。

海绵城市建设　迁安市西沙河综合治理工程设计施工总承包EPC项目

海绵城市的建设中，也有唐山市市政建设总公司贡献的力量，迁安市作为全国唯一一个海绵

城市县级建设试点和河北省唯一一个全国海绵城市试点城市，迁安市将海绵城市建设与绿色生态城市发展理念、创新城市发展体制机制和百姓实际需求相结合，坚持"面子""里子"一起抓，在21.5km²范围内，以"渗、滞、蓄、净、用、排"六字方针为指导，实施了城市低影响开发、内涝防治、水质改善、供水保障与能力建设五大类共189项工程。如今，"小雨不积水、大雨不内涝"的海绵城市建设愿景得以完美实现，这是唐山市政人交给百姓最好的答卷。

图5　迁安市西沙河

图6　迁安市西沙河综合治理工程设计施工总承包EPC项目

造福百姓，治理污水　唐山市西郊污水处理厂迁建工程

唐山市西郊污水处理厂迁建工程进厂管道自唐山市路南区的现状西郊污水处理厂起，途经路南区、站西区到达位于路北区韩城镇的新建污水处理厂厂区位置，将现状污水处理厂内的污水引至新建污水处理厂内，并将新建污水处理厂的再生水引至西郊热电厂。全程共需敷设配套污水

主管道8825.341m，配套再生水管道5382.951m。该项目总投资约12.42亿元，以PPP模式实施。此项目建成后将是同等规模下河北省首座开工的类四类标准设计的大型污水处理厂，总服务范围为78.88 km²，届时唐山市西半部水体环境将得到明显改观，城市景观、城市面貌进一步提升，具有显著的社会效益和环境效益。

图7　唐山市西郊污水处理厂迁建工程

强质量　抓管理　创品牌

致力于市政公用工程专业领域内的发展，唐山市市政建设总公司全面提升公司的综合实力，形成了完善的工程施工管理流程和项目管理标准，保证了高位的工作效率，先后承建了宣大高速10A合同段、唐山市东郊污水处理厂、唐山市启新立交桥、建设路综合改造、2016唐山世界园艺博览会城市（国内）园建设项目（BOT）、海绵城市新增道路及停车场工程设计施工总承包EPC项目、唐山高新区市政基础设施PPP项目、唐山市西郊污水处理厂迁建工程、唐山市人民公园项目（一期）等多个项目。一大批具有代表性的工程获得全国市政金杯示范工程、省优质工程、市优质工程、省文明工地、市文明工地。

面对科技发展的日新月异，竞争异常激烈的建设市场，唐山市市政建设总公司将不断完善先进科学的现代化管理体系，注重科技进步，强化工程质量、抓管理、创品牌，遵循"科学管理、精心施工、质量一流、营造精品"的质量方针，弘扬"艰苦创业、勇于拼搏、献身市政、造福于民"的市政精神，真诚为顾客提供优质、高效的服务。

唐山市市政建设总公司大事记

1953年　唐山市市政工程队成立。
1959年　改组为"唐山市建设局市政工程处"。
1961年　改称为"唐山市市政处"。
1978年　改组为"唐山市市政工程公司"。
1980年　经营方式改变,"事业单位企业化管理"自负盈亏。
1994年　更名为"唐山市市政建设总公司"。
2020年　转企改制方案获批。

讲述人：唐山市市政建设总公司
　　　　总经理　于庆

讲述人简介

于庆同志于1989年进入唐山市市政建设总公司，多年的企业经营和项目施工管理中，带领企业从以传统施工总承包业务为主，向以设计、施工一体化的工程总承包转变。

不忘初心　牢记使命　助力小康织路网
——"百城百企"记北旺集团有限公司

扫码看视频

北旺集团自成立以来，承担过多项重要的工程项目，除了天安门沿线排水工程、北京市二环路、三环路、四环路、五环路、奥运村、首都机场、八达岭高速、京承高速、京开高速、京包高速、电力埋管过王府井大街段、大观园热力站及管道工程、怀柔郑重庄污水改造、宏福苑小区市政等重点工程；还包括昌平区老旧供热管网设施改造项目（蓝天园小区二次线、楼底盘管改造工程）、昌平区七北路道路两侧环境整治工程项目（六标段）、丰宁满族自治县大滩镇旅发大会基础设施工程EPC（勘察、设计、施工）总承包、青海省玉树州结古镇援建工程、承张高速丰宁连接线、省道京建线公路PPP项目、天津市蓟县新城示范校城镇（一期）及于桥水库环境治理建设项目基础设施工程等项目。为老旧小区改造、乡村振兴等作出了自己的贡献。

北旺集团有限公司（以下简称"北旺集团"）始建于2006年，注册资本35000万元。集团公司具有工程设计资质：建筑工程甲级、人防工程甲级、风景园林专项乙级；建筑工程施工资质：建筑工程施工总承包特级、桥梁工程专业承包壹级、隧道工程专业承包壹级、建筑装修装饰工程专业承包壹级、市政公用工程施工总承包贰级、公路交通工程专业承包（公路安全设施分项）贰级、钢结构工程专业承包叁级、水利水电工程施工总承包叁级、城市及道路照明工程专业承包叁级、地基基础工程专业承包叁级、环保工程专业承包叁级、古建筑工程专业承包叁级、石油化工工程施工总承包叁级资质；模板脚手架专业承包不分等级、不分专业施工劳务不分等级；公路养护工程施工贰类甲级和贰类乙级资质；压力管道安装资质，级别范围：燃气管道GB1、GB1（PE专项）、热力管道GB2（2）；锅炉安装（含修理、改造）资质；工程监理资质：工程监理综合资质。

编织便捷交通网
延伸百姓对小康生活的美好愿望

我国经济发展至今,由于农村经济体制不断改革全面展开,从中央到地方政府全部认识到了农村道路建设在推动农业和农村经济发展中的重要作用,在改善了交通条件后,快速地实现了小康的梦想,在构建和谐社会的推动下,国家做出建设社会主义新农村的重要战略决策,新农村道路建设二十字方针:生产发展,生活富裕,乡风文明,村容整洁,管理民主。要真正实现新农村建设,必须加强农村道路建设。北旺集团承接的省道半虎线丰宁县城段、胡麻营段、黑山嘴段、天桥段改线工程就是为百姓编织的一张便捷的交通网。

对于老百姓来说,衣食住行,样样重要,吃得安全,住得舒心,关键还要出行方便。省道半虎线丰宁县城段、胡麻营段、黑山嘴段、天桥段改线工程,积极完善了城市路网组织,加快交通设施基础建设,着力为老百姓编织一张便携出行的大路网,对丰宁县对内对外交通都具有重要作用,更延伸着百姓走向小康生活的美好希望。北旺集团想百姓所想,直面工程困难,高效地完成了省道半虎线丰宁县城段、胡麻营段、黑山嘴段、天桥段改线工程。工程的全线贯通投入使用,解决了百姓出行难问题,路况好了,出行方便了,有利于百姓与外界沟通交流,吸引回乡创业,提高其生活水平及质量。

北旺集团一直以来"不忘初心,牢记使命",为社会建设做努力,为了使企业发展,先后与多家企业建立合作关系,主要有:中铁集团、中建集团、中交集团、中冶集团、北京首创集团、北京市热力集团、北京市燃气集团、北京市排水集团、北京市自来水集团、北京首发集团、北

图1　省道半虎线丰宁县城段、胡麻营段、黑山嘴段、天桥段改线工程

京首开集团、北京城建集团、北京市政路桥控股集团、北京建工集团、北京住总集团、北京市教委、北京市市政管理委员会、北京市公路局、故宫博物院、北京同仁堂、北京市怀柔国有资产经营公司、北京市昌平区地震局、河北交通投资集团、承德公路局、承德市开发区管理委员会、重庆交通投资集团、中国中铁航空港建设集团有限公司、天津蓟州新城建设投资有限公司、洋河开发区管理委员会、郑州城建集团投资有限公司、称多县发展改革和商务局等。还将在更多建设的舞台上，作出自己的贡献。

北旺集团有限公司大事记

2016年　被评为2015年度"河北省进京建筑业企业优秀企业"。
2017年　河北省建设工程招标投标诚实守信5A级施工企业。
2018年　获得"最具社会责任奖"。
2018年　被评为河北省建设工程招标投标工作先进单位。
2019年　荣获河北省结构优质工程奖。
2019年　被评为河北省劳动保障守法诚信优秀等级企业。
2020年　荣获2020年度河北省优秀市政施工企业。
2021年　荣获2020年度河北省建设工程安济杯奖（省优质工程）。

讲述人简介

王晟华担任北旺集团有限公司董事长期间，任承德市工商联第十四届执委会执委，2020年12月荣获2020年度河北省优秀市政行业企业家，2021年6月被评为2020年度承德市工程建设优秀企业管理者。

讲述人：北旺集团有限公司
　　　　董事长　王晟华

谱百年耕耘　奋发图强新篇章
——"百城百企"记大连市政工程有限公司

百年风雨砥砺中的大连市政人，用神奇的双手将时光揉进城市的记忆，用智慧开启了城市一个又一个崭新的时代。无论是大连各主次干道、桥梁隧道、给水排水，还是土壤治理、污水处理、河道景观工程，无论是大连市区、东北各地，还是海南、河南、广东、安徽等地，无不留下了大连市政人坚韧而豪迈的足迹。一路走来、一路奋斗，不断自我更新、不断发展壮大，历练出了这支"特别能吃苦、特别能战斗"，有着钢铁般毅力的百年市政施工企业。

扫码看视频

大连，位于中国辽东半岛最南端，西北濒临渤海，东南面向黄海。全市总面积12574km²，其中老市区面积2415km²。

在日本殖民统治期间，殖民统治当局为了掠夺我国的丰富资源，妄图长期霸占大连这座天然不冻港口，开始了大规模城市基础设施建设。1906年9月关东都督府土木课在大连设立，下设大连、旅顺、金州民政支署。当时参与城市建设的大批劳工、苦力，形成了最早的大连市政建设者队伍，塑造出了最初诞生的大连市政人雏形，从此开启了大连城市建设和大连市政人历经百年漫长而辉煌的城市建设史。

1945年8月15日，日本国政府宣布无条件投降，同年8月22日，苏军进驻旅大。随着中国抗日战争的最后胜利，结束了长达40余年日本殖民统治，饱受苦难的大连人民和这片土地终于获得胜利。

1945年11月，大连市政府宣告成立，并成立建设局，下设五一街市政工程办事处，负责大连市市政工程建设、养护和管理工作，从此大连市政人真正拥有了自己的名号。

2014年4月，作为大型市政工程建设骨干企业完成国企改制，更名为大

图1　市政职工施工场景

连市政工程有限公司（以下简称"大连市政"）。

公司成立以来，特别是改革开放40多年来，在承建的大、中型工程项目中，获得国家二级企业光荣称号；国家建设部"质量优良企业"，"企业管理铜马奖"等荣誉；多年被评为"辽宁省先进市政施工企业"称号。公司具有市政公用工程施工总承包壹级资质和公路路面专业承包壹级资质，同时具有公路工程施工总承包贰级资质以及预拌商品混凝土贰级、混凝土预制构件贰级资质，隧道工程专业承包贰级、环保专业承包叁级等多项工程施工资质。

目前，公司在体制创新、管理创新、技术创新等方面进行了一系列规划，走多元化发展道路，进一步完善企业的生存和发展空间，全心全意为社会各界服务，为市政建设事业作出更大的贡献。

百年耕耘　铸辉煌

在市政事业起航的地方，在百废待兴的艰难岁月里，大连市政的开创者们，不畏艰难，不怕困苦、甘于奉献，他们为城市的发展繁荣，为改善广大市民的生活环境，在道路、桥梁、隧道、给排水等无数经典和开创性的市政工程中，铸就了辉煌的市政工程建设事业，谱写了大连市政人百年耕耘、奋发图强的崭新篇章。

1975年，大连市政参加辽化建设大会战，顺利完成辽化水源输水管道穿越太子河工程施工任务。

当时的辽化可谓20世纪70年代初我国引进国外技术及成套设备建设的四大化纤基地之一，由国家自主投资30多亿元兴建的东北第一个大型的化工企业，是毛主席亲自圈定的一个大项目。大连市政作为东北市政行业的骨干企业，接受了建设辽化水源输水管线穿越太子河工程施工的光荣任务，截流引水，铺设大口径管，底沟大爆破技术一次成功，比围堰法降低工程造价32.4%，提前工期1个月，提高劳动效率2.4倍，顺利完成管线穿越太子河的艰巨工程，打通了辽化施工建设和工业生产的命脉。

而当时辽化项目建设最为关键点和难点就是解决水源问题，对此大连市政克服重重困难，成为最先进场、最早开工，打头炮的先锋突击队，对辽化项目的全面建设起到了示范引领作用。当时有一句话在建设工地广为流传："毛主席圈定我施工，建设辽化多光荣"，就是出自大连市政管道队队长王世才之口。

图2　王世才管道队队长

建设辽化作为当时毛主席亲自圈定的重点工程，对奠定和完善东北地区工业和化工产业布局，促进全国化工工业发展，具有十分重大的战略意义。

2018年10月24日大连河口湾大桥正式通车，大连南部滨海大道西延线工程（河口湾大桥）钢桥沥青面层铺装工程，是大连市桥梁建设史上异形结构最多、施工难度最复杂的桥梁之一。工程经历了前期组建项目部、场地选址、建临时拌合站，再到技术攻关、钢桥面环氧施工等各个环节，大连市政人充分发挥了"特别能吃苦、特别能战斗"的市政精神，排除万难，众志成城，为南部滨海大道西延伸线河口湾大桥顺利竣工通车谱写了新的篇章。

大连河口湾大桥为双塔单索面曲线斜拉桥，大部分为钢结构桥梁，由于桥体呈S形曲线，对钢结构桥面铺装精度要求极高，是公司应用环氧铺装技术施工的第三座大桥，从7月15日中标到10月4日摊铺完成仅仅用了两个多月的时间。

河口湾大桥设计为变曲线斜拉桥，桥面宽度不一。大桥由单幅最窄11.5m渐变为最宽19.8m，是两头宽、中间窄结构。项目部经多次研究，制定了采用死板和活板式组合，并根据现场实测数据合理组装摊铺机熨平板，由计划最多两台摊铺机施工，调整为使用五台摊铺机同时施工，给施工增加了很大难度。经过先后11次摊铺，大家头顶着炎炎烈日，身处35℃高温，脚踏着175℃环氧拌合料高温，面对各种困难和挑战，终于完成了环氧沥青混凝土摊铺施工任务。大

图3　河口湾大桥主桥

图4　河口湾大桥异形桥面

图5　河口湾大桥匝道桥

图6　河口湾大桥竣工通车

连市政现在已经成为东北首家全国第五家掌握日本热拌环氧施工核心技术的施工单位。

2019年1月2日，大连市春柳河污水处理厂一期升级扩建工程，经过市政职工的精心努力，团结拼搏，保质保量按期完成了工程任务，此工程荣获2019年"辽宁省市政金杯示范工程（省优质工程）"光荣称号。

工程为新建每日12万 m^3 规模的污水处理系统、配套污泥处理系统和附属设施。施工主要分为：基坑支护及基础工程、钢筋工程、模板工程、混凝土工程、设备及管道安装工程等。基坑支护采用旋挖钻孔贯注桩支护体系，地基基础采用预制混凝土沉入式实心方桩。各构筑物的底板、墙板钢筋采用气压焊方式进行焊接，构筑物柱主筋的连接采用钢筋接驳器连接。支架采用扣件式脚手架，模板采用竹胶板、木模板，对拉螺栓部位采用双排钢管固定，池壁模板采用穿墙对拉螺栓固定。由于污水处理厂大部分构筑物长期浸泡在含有大量有机污染物、无机污染物、汞、镉、铬等重金属的污水中，施工全部采用高标准的商品混凝土进行浇筑，其混凝土试配、搅拌、运输、浇筑、养护严格按规范标准操作，达到了抗渗、抗冻、抗裂、抗腐蚀及严格控制碱集料反应的要求，保证了混凝土施工质量。设备及管道安装依据设计、规范要求，保证了构筑物与设施安装位置准确，机电设备运行稳定可靠的预期效果，满足了日处理12万 m^3 规模的污水处理，为该工程的顺利竣工运营起到了积极的保障作用。

大连作为一座三面环海的海滨旅游城市，解决城市污水处理问题一直是市委市政府关心的民

图7 春柳河污水处理厂PPP项目

图8 污水处理厂车间（一）

图9 污水处理厂车间（二）

生大事，特别是春柳河污水处理厂一期升级扩建工程的启动，受到了社会各界的普遍关注。该工程的顺利竣工，标志着大连市的污水处理能力和水平又有了进一步提升，对提高水的利用效率，恢复城市乃至流域的良好水环境，降低由污染物排放对环境的危害起到了积极的促进作用。

奋发图强 崭新篇

大连市政作为一个伴随着城市一起成长发展起来的百年企业，在道路、桥梁、隧道、给水排水工程中获得各种奖项100余项。先后承建了大连白云隧道工程，曾参与承建的被誉为"神州第一路"——沈大高速公路工程、中山路改扩建工程、森林动物园工程荣获中国建设工程鲁班奖；香炉礁高架立交桥工程荣获国家优质工程金奖；沈阳市"大二环"道桥工程荣获全国市政金杯示范工程；大连市友谊街立交桥工程、西南路立交桥工程、东联路高架桥、香炉礁立交桥扩建和大修工程、202轨道延伸工程、中华路跨华北路朱棋路立交桥、红凌路交通综合改造工程、星海湾跨海大桥和河口湾大桥桥面铺装工程等，均荣获辽宁省市政金杯示范工程。大连市政现在已经成为东北首家掌握日本热拌环氧施工核心技术的施工企业。

公司还大力拓展外埠市场，先后在辽宁的沈阳、丹东、盘锦、抚顺，广东的广州、揭阳、揭东、汕尾、佛山、东莞、中山，安徽的合肥，江西的赣州等地开展广泛的经营合作，都取得了可喜业绩。

此外，公司积极开拓环保领域，参与建设了老虎滩污水处理厂、凌水污水处理厂、春柳河污水处理厂、金石滩松树山净水厂工程和水源办河口泵站土建工程施工，还有寺儿沟污水处理厂截流管线及外围配套工程、傅家庄污水泵站改造及外围配套工程、营城子污水处理厂污水主干线工程、自由河景观河道工程等环保工程。2010年公司成功中标两个标段大连地铁工程，正式跨入地铁施工领域，为企业可持续健康发展开拓了新的空间。

图10　大连香炉礁立交桥

图11　大连地铁

图 12 大连东北快速路

图 13 大连中华路立交桥

未来的大连市政人,仍将不忘初心、奋发图强,继续打造城市建设一流企业,铸造市政行业驰名品牌,用勤劳和智慧继续塑造新时代大连市政精神,在城市化发展的新征程上乘风破浪,勇往直前!

大连市政工程有限公司大事记

1905年10月　　日关东总督府成立,内设关东州民政署。

1906年9月　　关东都督府土木课在大连设立,下设大连、旅顺、金州民政支署。

1919年4月　　日本政府废止了关东都督府官制,实行关东厅官制,将都督府民政部改为关东厅,同

	年关东厅内务部设土木课（主管城市建设事务），下设工营所（原市政公司院内）和土木红叶町需品出张所（原市一建公司大院）。
1945年8月	日本国政府宣布无条件投降，同年8月22日，苏军进驻旅大，大连光复，回到祖国的怀抱。
1945年11月	大连市政府建设局设五一街市政工程办事处，负责市政工程建设、养护和管理工作。
1950年12月	旅大行政公署交通厅工程队与大连市政府建设局五一街市政工程办事处合并，成立旅大市人民政府建设局城市建设工程大队，负责市政工程和国防公路工程建设。
1952年春	将市政府建设局市政工程大队改组成立土木工程公司筹委会。
1952年7月	市政府建设局土木工程公司筹委会撤销，成立旅大市建设局土木工程处，下设计划、工程、秘书、人事、工资、财务、器材、公路8个科和3个市政工程队、3个公路工程队。
1953年2月	旅大市建设局土木工程处改称为旅大市城市建设工程队。
1954年3月	成立旅大市城市建设工程处。
1955年8月	旅大市委工业部决定将旅大市城市建设工程处改为旅大市政工程公司。
1957年1月	旅大市政工程公司改为旅大市政工程处，定为事业编制，处下设3个施工大队。一大队负责道路维修养护；二大队负责桥涵、土石方工程；三大队负责管道、市政排水和承包上水工程。同时，将市政设施的小修、小补和下水道的掏挖疏通，以及发动义务劳动，疏沟疏河，由市政工程处下方给各区。
1970年1月	更名为旅大市政工程处革委会。
1973年1月	公司更名为旅大市政工程公司革委会。
1975年	旅大市政工程公司成立"七·二一"工人大学，设道桥和机械专业，学制2年。
1979年8月	旅大市政工程公司一分为二，分别成立了大连市政工程公司和大连市政设施管修处，均隶属于大连市城建局。
1988年1月	大连市政工程公司由事业编制改为企业。
1989年11月	经国家建设部批准，大连市政工程公司为市政公用工程施工总承包壹级企业。经辽宁省政府批准，大连市政工程公司为省大型二类企业。
1990年	大连市政工程公司获全国市政工程质量管理奖，建设部发布通报表扬，并颁发了证书和奖杯。
1992年4月	根据市城建局党组会议精神决定成立市政材料供应公司。8月28日由大连市政工程公司材料加工厂和大连市政设施管修处沥青厂合并，组成大连市政工程材料供应公司。
1993年3月	大连市城建局（大城发〔1993〕78号）文件，将大连市政工程公司更名为大连市政工程总公司。
1999年5月	大连市政工程材料供应公司更名为大连市政材料总公司。

2004年6月	按照大连市城建局（大城发〔2004〕22号）文件精神，大连市政材料总公司并入大连市政工程总公司。
2014年4月	依据《大连市人民政府关于同意大连市政工程总公司改建为有限责任公司的批复》（大政〔2014〕46号）文件，改制为国有参股有限责任公司。公司名称变更为：大连市政工程有限公司。

讲述人简介

在体制改革的大变革中，使企业得以不断巩固和发展，使"大连市政"的品牌得以继续发扬光大，在市政行业和广大用户中赢得较高的信誉。

讲述人：大连市政工程有限公司
董事、法人代表、总经理　张阿房

追寻城市发展步伐　贡献市政建设力量
——"百城百企"记辽宁东方建设工程有限公司

扫码看视频

沈阳，在我国东北广袤富饶的大地上，被誉为"共和国装备部"的城市，这座承载着老工业的基地、率先全面振兴的城市，充满激情和活力。沈阳，这座有着7200年文明史和2300年的建城史的历史文化名城，穿越历史时空，人们已然能够感受沈阳的鼎盛与辉煌。叩响沈阳的盛世强音，这座充满自信与希望的城市，必将传承历史荣耀，铸就新的辉煌。成立于2004年"正青春"的辽宁东方建设工程有限公司，先后圆满地完成了辽沈地区的数百项道路桥梁建设工程、土石方工程、给水排水工程、污水处理厂工程及大型广场地面铺装等工程施工，刷新了沈阳这座城市面貌。

辽宁东方建设工程有限公司（以下简称"东方建设"）成立于2004年3月，现有固定资产过亿元。是一家以工程施工为主，以多种经营为辅的综合性施工企业。公司在辽宁省内拥有多处办公地址和生产基地，公司办公总部坐落于沈阳市铁西区北一西路金谷科技园的核心位置。

公司目前拥有市政公用工程施工总承包壹级资质、公路工程施工总承包叁级资质、水利水电工程施工总承包叁级资质、建筑工程施工总承包叁级资质、电力工程施工总承包叁级资质、城市及道路照明工程专业承包贰级、环保工程专业承包叁级、地质灾害防治施工丙级等多项施工资质。

公司拥有一批技术精湛、业务精通、高标准、高素质的技术管理团队，占职工总数70%以上；拥有一个施工经验丰富、机械设备配套齐全、能打硬仗、善打硬仗、作业精细的施工队伍。目前公司年综合施工能力达数亿元，通过了ISO 9001：2000国际标准质量管理体系认证、ISO 14001：1996环境管理体系认证、GB/T 28001—2001职业健康安全管理体系认证。公司连年被评为信用等级"AAA"级企业。并连年被辽宁省工商行政管理局评为

"守合同重信用"企业，以守合同、重信用、高效率的企业形象成功赢得了客户的一致好评。

公司自成立以来，秉承"质量第一、安全为重、业主至上、诚实守信"的发展方针，结合"以客户为中心"的经营理念、现代化管理手段和"协同作战，合作共赢"的企业价值观，实行专业一体化管理，不断进行技术创新，充分发挥人才和技术优势，依靠先进的机械设备，先后圆满地完成了辽沈地区的数百项道路桥梁建设工程、土石方工程、给水排水工程、污水处理厂工程及大型广场地面铺装等工程施工，并获得了多项辽宁省市政金杯示范工程等优质工程奖项，逐渐成为辽沈地区同行业的领军队伍。

沈阳抗美援朝烈士陵园修缮一新

沈阳抗美援朝烈士陵园位于沈阳市皇姑区，地处北陵公园东侧，园内苍松翠柏，气氛庄严肃穆。沈阳抗美援朝烈士陵园环境维护工程主体场地铺装由南向北包括前广场、序列空间、横轴空间、主广场四部分，铺装面积18928m^2，其中前广场铺装面积3252m^2、序列空间铺装面积1846m^2、横轴空间铺装面积5194m^2、主广场铺装面积5014m^2、道路面积3622m^2。填土方量约4658m^3。主要建设内容包括沥青路面、各类花岗石地面、入口台阶部分升级改造、纪念碑平台及白色汉白玉装饰、灯光照明、拆除迁移等内容。

沈阳抗美援朝烈士陵园环境维护工程包括地面铺装、停车场的改扩建以及陵园的绿化亮化。遵循多层级发展的思路进行建设，实现能够承担国家级及国际级重大活动的目标。工程工期紧，任务重，东方建设从政治高度出发，将该工程列为公司一号工程，充分发挥自身的实力及优势，倾力将本工程打造成优质工程、精品工程。东方建设于2020年6月27日接到中标通知后，连夜

图1 沈阳抗美援朝烈士陵园环境维护工程

组织人员和施工设备进场，全体参建人员顶着每天30多摄氏度的酷暑烈日，克服重重困难，为了赶在八一建军节前完成主体工程，默默地辛勤付出，昼夜不间断施工，顺利完成建设任务，为沈阳人民交上了一份满意的答卷。

沈阳抗美援朝烈士陵园是国家级烈士陵园和全国爱国主义教育示范基地，承担"10·25纪念抗美援朝70周年大会"等重大活动，始终发挥着传承爱国主义传统、崇尚革命英雄的重要作用。抗美援朝烈士陵园始建于1951年，安葬着123位志愿军烈士，包括特级战斗英雄黄继光、杨根思；一级战斗英雄邱少云、孙占元、杨连弟。烈士们的丰功伟绩与山河共存，与日月同辉。他们的爱国主义和革命英雄主义精神永远激励着广大人民群众。

2020年东方建设参与的抗美援朝烈士陵园环境维护工程，主要目的是完成陵园提质改造，打造全国重点文物保护单位，实现能够承担国家级及国际级重大活动的目标。以崭新的面貌，迎接中国人民志愿军抗美援朝出国作战70周年。

崇山路道路整修工程打造城市"微温暖"
高标准北一环绚丽亮相

2019年8月底，沈阳市的北一环崇山路开始进行改造施工，此次崇山路道路整修工程西起塔湾街，东至陵园街，道路全长约6.1km。其中30%的工程量是道路翻建，其余70%工程量为路面铣刨盖被。因为崇山路作为城市主干道，交通流量特别大，考虑到便于市民出行，此次施工采用不封闭施工，白天只进行非机动车道和人行道路施工，机动车道的翻建主要集中在夜间（22时到次日5时）进行，恢复交通方式采用了路面盖钢板的方式。

图2　沈阳市崇山路道路整修工程摊铺施工

此次改造是对崇山路地面道路的全断面范围内进行整修，包括机动车道、非机动车道、人行道以及红线至建筑散水之间的部分。同时，对破损和缺失的排水设施进行修复，工程完工后对机动车道的交通标线进行恢复。路面改造主要分为两种形式：一部分路段是采用路面挖除重建的方式；另一部分路段是以"铣五盖九"的方式来改造。东方建设项目部精心组织，细心协调，全体参建员工各司其职，各负其责，齐心协力，克服不封闭交通和各工序交叉施工的干扰等不利施工条件，工地现场一直不分昼夜紧张施工，历时40天圆满地完成了此次工程建设任务，保证了沈城人民"十一假期"的顺利出行。

沈阳市的崇山路是一条颇有文化气息的一环路，沿线有文化夜市，有辽歌大院，还有辽宁大学和辽宁中医药大学等知名高校等。按照沈阳市的规划，这条路未来将融合文化创意、艺术创作、休闲健身、时尚展演、教育培训、非遗设计等，成为沈阳第一条文旅创意大道。

此次路面改造，除了全路面的整修，崇山路的改造还打造了城市"微温暖"。崇山路标准路段双向十车道，高架桥段地面道路双向六～八车道。此前有市民反映，崇山路马路较宽，一次过马路非常困难。此次崇山路改造，从塔湾街至怒江街各路口均设施了行人二次过街安全岛，提高了市民通过马路的安全性。由于崇山路既有条件较好，整修完成后，非机动车道和人行道都将达到4m宽，通过抬高路缘石、增设阻车石，使崇山路彻底实现人车分离，保证行人安全，同时此次崇山路改造还新增11个港湾式停靠车站，方便车辆停靠和乘客上下车。

此次崇山路改造，还对斑马线进行处理，不仅变成了彩色，而且还相当防滑。此前斑马线的材料都不防滑，导致遇雨、雪等恶劣天气，经过斑马线的行人和非机动车容易滑倒摔伤。此次改造，在沿线主要路口均设置了彩色防滑斑马线。所谓彩色防滑斑马线，第一特点就是红橙相间，特别醒目；第二是特别防滑，它的防滑系数能达到0.7以上，特别是雨天雪天的防滑指数特别高，行人走在上面不容易摔倒。崇山路通过这次高标准全面整修，使这条城市主干道实现了全面升级。

汇心聚力众志成城　污水泵站按期完工

沈阳市富民桥东侧银河丽湾、东方威尼斯、远洋大河宸章、保利康桥等住宅小区以及富民桥西侧国电东北电力有限公司的生活污水长期以来一直是未经处理直接排放到沈阳的母亲河——浑河，作为国家环保部重点督查项目，沈阳市政府为了彻底解决此处污水直排浑河的问题，在富民桥东侧规划建设一处污水泵站及配套管线工程，并制定了2018年5月30日完成彻底治理的目标。

新建富民污水泵站位于浑河岸边富民桥东侧，进水管道起点为国电东北有限公司污水管道，南至一体化泵站，出水管道沿富民街向北至终点文萃路，污水线路全长1210m。

东方建设公司在4月底中标后，马上组织人员和设备在5月1日进场开始组织施工，由于泵站距离浑河岸边不足百米的距离，进场后面临泵站点位地下水位高，管网沿线地质情况复杂，管线位于沈阳主要出口路——富民街机动车道上，管网开挖只能在夜间进行，白天用钢板覆盖，泵站及污水管线临近沈阳主要水源地，施工环保要求高等诸多不利局面。工期紧，任务重。但是东方建设项目部全体人员上下一心，统一思想，攻坚克难，加班加点，日夜兼工，克服重重困难，仅用了30天，在5月30日准时完成了泵站及配套管网等全部工程并于当天投入使用，按时完成了市政府提出的5月30日完工的目标，为家乡沈阳的环保事业献出了一份力。

图3　沈阳市富民桥污水泵站工程施工

经过18年的健康发展，东方建设已拥有一个施工经验丰富、机械设备配套齐全、善打硬仗、能打硬仗、作业精细的施工队伍。凭借市政公用工程施工总承包壹级资质等多项施工资质，可承担各类工程的施工，以及机械设备租赁、筑路材料生产和销售、普通货物道路运输和筑路材料检测服务等业务。

为了开展多种经营模式，东方建设于2017年3月建立了一处占地约150亩的生产基地，主要经营沥青混凝土、水泥稳定碎石生产销售。现有南方路基沥青混凝土拌合站LB3000C两套和水稳拌合设备1套，沥青混合料日产量5000t，水泥稳定碎石日产量4000t。目前，东方建设拌合站处于稳步上升阶段，已与众多单位建立了紧密的合作关系，市场占有率逐年提升。

为了满足施工生产和设备租赁业务的需要，2018年开始，东方建设陆续新购置了宝马格铣刨机、宝马格摊铺机、宝马格双钢轮压路机、福格勒摊铺机、悍马双钢轮压路机、山猫清扫车、沥青全自动洒布车，重汽20t洒水车，山工推土机，天工平地机，柳工振动压路机，柳工铲车，多种型号沃尔沃和卡特挖掘机、强制式混凝土拌合机、豪沃拖板车等路基路面施工设备上百台套。

东方建设货物运输业务以筑路材料运输为主线，同时还发展了设备搬场运输、普通货物运输等业务。公司的运输车辆种类齐全，备有拖板车、厢式车、自卸运输车、槽罐车等近50多辆不同类型的运输汽车。凭借多年的丰富经验，东方建设以技术和实力优势，不断开拓设备租赁和普通货物运输市场，提高服务质量。近年来，东方建设施工设备和车辆已在辽沈地区各大中工程项目中广泛应用。

秉承"团结、拼搏、高效、创新"的企业精神,东方建设将继续坚持艰苦创业的优良传统,服务于客户,为社会发展作出贡献。

辽宁东方建设工程有限公司大事记

2004年　辽宁东方建设工程有限公司成立。

2015年　晋升为市政公用工程施工总承包壹级资质。

2017年　公司生产基地建成使用,可以生产各种型号的沥青混凝土和水稳材料等筑路材料。

2019年　公司总部搬入新址。

2019年　试验检测中心建成使用,具备试验检测能力。

讲述人:辽宁东方建设工程有限公司
　　　　董事长、总经理　王春霖

讲述人简介

王春霖同志带领公司,以"质量第一、安全为重、业主至上、诚实守信"的经营理念,实行专业一体化管理,不断进行技术创新,充分发挥人才和技术优势,引进先进的机械设备,先后圆满地完成了多项大型工程。

同心向上　勇于担当
——"百城百企"记辽宁奥鹏交通科技集团股份有限公司

扫码看视频

辽宁奥鹏交通科技集团股份有限公司是集道路新材料研发与生产、工程施工、养护与运营管理、筑路材料生产于一体的综合型集团企业，多年来创造了本溪市政行业的诸多第一：第一个实施EPC工程、第一个实行建养一体化工程、第一个采用国家PPP模式的道路桥梁工程项目、第一个提出道路质量保证期由原来的一年提高至五年的企业……秉承"坚持标准、依托科技、严格管理、信守承诺、奉献精品工程"的发展理念，公司将立足本溪，辐射辽宁，走向全国，打造中国市政建设品牌集团。

辽宁奥鹏交通科技集团股份有限公司，前身可追溯到1950年成立的本溪市市政工程公司，2003年9月，转制更名为辽宁奥鹏市政集团有限公司，2019年底，在辽宁股权交易中心挂牌成立，正式更名为辽宁奥鹏市政集团股份有限公司，下设5个分公司、3个子公司，总资产2亿元，年施工能力超过3亿元，成为集道路新材料研发与生产、工程施工、养护与运营管理、筑路材料生产于一体的综合型集团企业。2021年10月，公司更名为"辽宁奥鹏交通科技集团股份有限公司"（以下简称"辽宁奥鹏集团"）。

辽宁奥鹏集团具有市政公用工程施工总承包壹级资质，公路、建筑工程施工总承包叁级资质，多次荣获国家级重合同守信用企业和全国优秀施工企业，并通过ISO 9001质量管理体系认证。作为高新技术企业，辽宁奥鹏集团取得4项国家发明专利、7项新型实用专利，拥有国际一流的生产和施工专用设备，其中瑞士安迈UG320型沥青混凝土拌合站、WB600型水稳拌合站、德国福格勒2100-3L摊铺机、悍马HD128振荡压路机、瑞典戴纳派克CC522振动式压路机等世界先进设备在省内同行业中位居一流。

"打造精品工程，提供品质服务"是辽宁奥鹏集团始终如一的追求，多年来，先后承建了育龙路、环山路、地工路、东明路、北光路、解放路、溪湖路、文化路等工程，并多次获得省优质工程世纪杯奖和市政金杯示范工程。2013年承建的东明路道路改造工程是本溪市十大重点项目之一，辽宁奥鹏集团仅用20天即实现全线通车，被评为市政工程唯一一处"十大文明工地"。2014年地工路改造项目中，见缝插针式的施工方式与"三线下地"工程同时推进，大大缩短了工期，提高了质量，而且辽宁奥鹏集团主动提出将1年质保期义务延长至5年。凭借卓越的工程质量、雄厚的技术力量，辽宁奥鹏集团连续多年被评委"省优秀市政公用施工企业""省优秀建筑施工企业"，并于2015年荣获"全国优秀施工企业"称号。

投资建设第一个市政PPP项目　促进宜居城市建设发展

2016年，辽宁奥鹏集团作为社会资本方与政府方共同投资建设了本溪市第一个城市道路桥梁工程PPP项目。项目包含六条道路：千金路、福金路、解放北路、溪湖路、滨河北路姚溪段和姚家段，计划总投资2.8亿元，其中政府方投资1.34亿元（为中央预算内资金），辽宁奥鹏集团投资1.47亿元。

该项目采用"设计—建设—运营—移交"的方式进行运作。由本溪市政府授权建委新区办与辽宁奥鹏集团共同组建项目管理公司，负责项目的投资、设计、建设、运营维护工作。项目全生命周期为十年，前两年为建设期，后八年为运营维护期。

辽宁奥鹏集团完成了解放路、溪湖路、姚溪路在内的多条城市主干路的维修改造工作。其中解放路被打造为本溪第一路，得到市委、市人大、市政府、市政协的高度认可。建得好，更要管得好。辽宁奥鹏集团的优秀团队打造出了本溪市城市基础建设运营的标杆，并荣获本溪市"工人先锋号"称号。

图1　本溪市2016城市道路桥梁工程项目（PPP模式）（一）

图2　本溪市2016城市道路桥梁工程项目（PPP模式）（二）

建设宜居城市，加快城市基础设施建设是社会现阶段的必然需求。本溪市城市道路桥梁工程项目的建成，充分体现了现代城市以人为本的发展理念，改善了城市居民出行条件，解决了城市拥堵问题。同时，PPP模式激发的活力加快了城市基础设施建设速度，对促进城市发展具有非常重要的意义。

改革创新跨越发展　打造中国市政建设品牌集团

多年来，辽宁奥鹏集团不断深化改革，始终坚持把自主创新置于优先发展的战略地位，始终坚持科技引领行业发展，大力推进技术创新。在胜利路改造工程施工中，为满足低温下施工，首次应

图3　在胜利路冬季夜间施工中应用了沥青温拌剂

用自主研发的高科技沥青混凝土材料，净味无烟，低碳环保，提高了沥青混凝土在低温下的质量，延长了道路的使用寿命。该专利产品的应用，标志着辽宁奥鹏集团在科技材料创新的核心领域又有了新的突破。与此同时，为满足高质量发展要求，辽宁奥鹏集团实施了人才优先发展战略，加强人才队伍建设，依托科研平台，与众多高校及科研机构在道路材料研发方面建立了深度合作关系。

近年来，辽宁奥鹏集团始终推进社会公益事业的发展，先后为慈善总会、健康光明行、汶川地震、冯大中基金会、本溪市教育基金会、抗击新冠肺炎疫情等社会公益事业捐资300余万元。

辽宁奥鹏集团在发展中始终坚持做好党建工作，坚持以习近平新时代中国特色社会主义思想武装头脑、指导实践、推动工作，充分发挥党组织的引领作用和党员的先锋模范作用，坚持和加强党对企业发展的全面领导，切实把党的建设优势转化为企业的发展优势。

展望未来，辽宁奥鹏集团将秉承"坚持标准、依托科技、严格管理、信守承诺、奉献精品工程"的发展理念，不断拓展和优化产业空间，完善企业机制，强化管理，进一步向"一业为主，多元经营"的现代企业道路迈进，奋力实现"立足本溪，辐射辽宁，走向全国，打造中国市政建设品牌集团"的发展愿景。

辽宁奥鹏交通科技集团股份有限公司大事记

1950年　公司成立。

1999年　分立重组为"本溪市城建集团有限公司"。

2003年　更名为"辽宁奥鹏市政集团有限公司"。

2019年　更名为"辽宁奥鹏市政集团股份有限公司"，辽股交所挂牌。

2021年　更名为"辽宁奥鹏交通科技集团股份有限公司"。

讲述人简介

刘善喜同志始终坚持科技引领行业发展，长期致力于为市政行业提供符合新时代产业需求的高标准施工工艺及方案，带领集团先后创本溪市市政行业多项第一。

讲述人：辽宁奥鹏交通科技集团股份有限公司
　　　　党总支书记、董事长　刘善喜

以人为本　凝聚优势　打通城市"主动脉"
——"百城百企"记锦州市市政工程有限公司

扫码看视频

72

　　锦州市市政工程有限公司，隶属于锦州城建（集团）有限公司。前身为锦州市市政管理处，创建于1948年10月，1993年10月成立锦州市市政工程总公司，2019年10月变更为锦州市市政工程有限公司。具有悠久历史和丰富的行业经验积累。面对未来10年我国公路及城市道路建设处在迅猛发展期，锦州市市政工程有限公司领导班子充满信心，坚持以人为本，牢固树立科学发展观，做到内强素质，外树形象，倾情奉献优质服务，致力于为建设滨海新锦州，整体开发锦州湾作出新的贡献。

　　锦州市市政工程有限公司是一家具有市政公用工程施工总承包壹级、桥梁工程专业承包贰级、城市及道路照明工程专业承包贰级、公路工程施工总承包叁级、公路路面工程专业承包叁级、公路路基工程专业承包叁级资质的国有企业。公司下设机关科室4个及分公司7个，注册资金7000万元。公司施工技术先进，机械设备优良，拥有市政工程生产、加工、运输一整套现代化机械设备及配套设施。多年来，我们不断深化内部配套改革，转换经营机制，在总结和吸取前人宝贵的管理经验基础上，使企业步入科学化、规范化的管理轨道，为锦州市的城市建设作出了卓越贡献。近年来先后承建了锦州市小街小巷建设工程、安居小区道路工程、重强抓三城联创翻建工程、徐州街打通工程、小凌河滨河路一二三四期新建工程等锦州市主要市政工程建设，所承建的工程多次获得省优良工程、省金杯奖。公司连续多年通过质量、安全、环境三体系认证，多次荣获辽宁省优秀市政公用施工企业。

造就绿色生态走廊 打通锦州市交通"主动脉"

锦州市被小凌河自西向东切割成两块，到2017年为止，在小凌河右岸已经建成了滨河路一期、二期、三期工程。为打通全部滨河路，锦州市市政工程有限公司（以下简称"锦州市政"）于2018年10月21日开始建设第四期工程。该工程道路工程全长3760m，机动车道宽15m，两侧人行道各宽3.5m。滨河路四期工程是滨河路城区段的节点工程，是连接锦州主城区与锦州凌海市区的重点建设工程，是向大海连接滨河路五期的基础工程。滨河路不仅承载着缓解交通压力的重任，同时也为锦城市民提供了一条休闲观光的绿色生态走廊。滨河路四期工程集主线道路工程、桥涵工程（过河匝道、圆管涵、跨大坝桥）、排水工程、照明工程、绿化工程于一体，隶属综合性较强的大型城市道路工程项目。工程竣工通车，有效缓解城区东部进出交通压力，提升城市道路运输能力、标志着小凌河城区段的交通沿线已全线贯通，城区内部的交通"主动脉"正式打通。

其实，整个滨河路工程的建设，都有锦州市政的参与和贡献。为了配合小凌河防洪工程及沿河景观带建设，实现小凌河景观带交通通道全线贯通，2000年，锦州市政府结合城市总体规划和城市交通体系规划，提出建设滨河路的思路。锦州市政于2013年完成了滨河路一期工程的建设，较好地分担了小凌河西大桥、士英街的交通流量。为了发挥滨河路的整体功能，改善城市景观，优化城市道路网结构，市政府为锦州的整体发展决定修建滨河二期。锦州市政于2014年底完成了滨河路二期工程建设。2015年市政府为了理顺滨河路的连接问题，以及着力从长远解决城市的交通问题，由锦州市政建设滨河路三期工程。最终，在2019年，在锦州市住房和城乡建设局的大力支持和指导下，锦州市政圆满地完成了滨河路四期工程，为锦州市的整体发展，注入了新的活力。

图1 滨河路四期工程

以人为本的管理理念、人才济济的专业团队、凝聚优势的先进设备，使得锦州市政不断贡献出优秀可靠的工程案例。所承建的工程多次获得省、市优良工程、省金杯奖、古塔杯奖、优秀市政工程施工企业等奖项。

锦州市市政工程有限公司大事记

1937年	锦州市人民政府市政工程队成立。
1953年	改名为锦州市建设局工程队。
1971年7月	锦州市市政管理处成立。
1993年10月	锦州市市政工程总公司成立。
2019年10月	锦州市市政工程有限公司成立。
2021年6月	锦州市市政工程有限公司参加国资系统千人情景快闪献礼建党百年。

讲述人：锦州市市政工程有限公司
　　　　总经理　张广平（右2）

讲述人简介

从一线技术员到公司的技术骨干，再到项目经理，如今走上公司管理岗位，张广平依然保持着施工一线时雷厉风行的作风，用成绩诠释着自己生命的价值。

以绿色理念构筑文明芜湖

——"百城百企"记芜湖城市建设集团有限公司

芜湖城市建设集团有限公司成立于2015年元月,是由原芜湖市市政工程管理处管养分离体制改革新组建的国有独资集团,现隶属芜湖市国资委、基层党委建制。专注于城市道路、水利、公路、污水处理等业务,成为芜湖城市建设的主力军。

扫码看视频

芜湖城市建设集团有限公司(以下简称"芜湖城建")一直秉持质量、效率、精品、诚信的企业精神,为城市建设贡献着自己的力量。经过多年发展,芜湖城建目前在职员工370人,拥有市政公用工程施工总承包壹级、建筑工程施工总承包壹级、建筑装修装饰工程专业承包壹级等资质,曾获市级优质工程"鸠兹杯"奖项,"市级守合同重信用企业""安徽省住房城乡建设系统学雷锋活动示范点"等荣誉称号。

"十三五"以来,在芜湖市委市政府以及市国资委党委和董事长朱志福的正确领导下,集团逐步发展成为业务涵盖市政养护施工及设计、PPP项目、环保工程、城市景观绿化、房屋建设、地产开发等多个领域的中型国有企业,发展迅速、态势良好。

巧用湿地环境净水　还江城芜湖"一抹绿"

芜湖长江与青弋江的交汇处航道水域宽、水位深,又紧邻市中心,自20世纪七八十年代以来,这里就逐渐成了船只停泊、修造、货物装卸的区域,岸边物料、垃圾随处堆放,成了环境整治的"顽症"。2017年5月,根据习近平总书记关于推动长江经济带发展的重要战略思想,深入实施长江经济带发展战略,以"共抓大保护、不搞大开发"为战略基调和省委"打造水清岸绿产业优的最美皖江经济带"的部署要求，市委市政府制定了安徽省芜湖市水网中片防洪排涝综合治理项目滨江区域治理工程（十里江湾公园）的规划思路，坚持保护优先、修复为主的方针，以"生态优先、绿色发展"为根本遵循，不断强化生态环保硬约束，加快建设生态文明芜湖样板。

芜湖市启动了专项整治工作，昔日杂乱的区域全部被拆除、清理，并将长江岸线1km范围定为重点生态建设区，对沿江绿化空白区域进行植绿补绿。全园包括江堤生态活动区、滨江滩涂风貌区、林间湿地风貌区等三大生态分区。江堤生态活动区中樱花堤、紫荆堤、野花堤、过渡植物生态区，通过栽植特色植物营造不同的生态视线；滨江滩涂风貌区保留现状上层乔木，补栽部分柳树，下层为芦苇荡及籽播草花，对拆除码头区域进行生态修复；林间湿地风貌区通过保留现状乔木，增加植物量，植物搭配依据自然生态群式搭配，形成自然演替，利用湿地高差，让

图1 施工图

图2 施工后图片

水自由流动,在流动过程中通过芦苇等水生植物将水进行净化,同时,沿路埂逐步延伸至江滩形成自然生态的江滩森林湿地。

十里江湾公园于2018年9月进场施工,在质量管理上严格按照施工质量规范的要求,整个施工过程标准化、规范化、有章可循、责任分明。根据质量总体策划大纲,制定阶段质量实施目标,并组织和督促责任部门进行质量工作的实施,对阶段目标的实施情况定期监督、检查和总结。在业主、监理、设计、勘察单位的大力支持下精心调度,按时按质完成了施工任务,在建设中要求全体施工人员牢固树立"质量第一"的意识,贯彻"质量第一求效益,用户至上为信誉"的企业宗旨,以"精心施工、严格要求、事前控制、杜绝返工"的指导思想,认真对待每个施工环节。

图3 十里江湾公园

项目采用新技术,将桂花桥泵站自排水引入湿地,运用湿地高差及湿地的环境将劣质水进行净化,以达到提高水质的目标。一方面水生植物自身能吸收一部分营养物质,同时它的根区为微生物的生存和降解营养物质提供了必要的场所和好氧条件。湿地植物根系常形成一个网络样的结构,在这个网络中,根系不仅可以直接吸收和沉降污水中的氮磷等营养物质,而且还为微生物的吸附和代谢提供了良好的生化条件。植物的水下部分和残枝败叶起着非常重要的作用,它们为水中微生物生长提供了寄栖场所;另外,水面上的水生植物枝干和叶片形成了阴影,限制了阳光的透射,从而可阻止藻类等生长,同时吸收水中有害物作为养料,释放出氧气,过滤杂质,达到净水效果,以水生植物为主体的水体生态绿化工程具有基建投资较小,运行管理简单,耗能少,运行费用低等优点,具有很好的科研及教育意义,还具有一定的环境、社会效益。

十里江湾公园通过生态修复,建设一个自然生长的绿地、一个恢复自然生态江滩风貌的示范林地、一个展现芜湖长江文化的生态长廊。工程按期完成预想目标,各项质量指标达成设计要

求,通过了竣工验收,落实了"为国护江、为民治江、为城建江"的治理要求,实现了"还江于民、还岸于民、还景于民"的治理思想,如今,沿江岸线草木葱茏,清新宜人,与江堤内林立的高楼构成一幅"十里江湾"美景图,现在已然是一个市民观光休闲的网红打卡圣地,工程建设取得了圆满成功。

芜湖城市建设集团有限公司大事记

2014年12月	芜湖市市政工程管理处管养分离为新芜湖市市政工程管理处和芜湖城市建设集团有限公司。
2015年1月	芜湖城市建设集团有限公司正式挂牌成立。
2015年9月	中标芜湖市第一个PPP项目"新芜大道PPP项目"。
2016年10月	取得市政公用工程施工总承包壹级资质。
2017年4月	中标镜湖区道路、黑臭水体、立面改造、邻里中心等基础设施PPP项目。
2017年4月	获得芜湖市"守合同重信用企业"荣誉称号。
2017年8月	取得ISO 9000质量管理体系、ISO 14000环境管理体系、ISO 45001职业健康安全管理体系认证。
2018年5月	中标芜湖精铝新材料产业园基础设施建设PPP项目。
2018年5月	新芜大道项目荣获"鸠兹杯"。
2018年6月	成功竞拍芜湖1807号宗地,正式进军房地产开发领域。
2018年8月	获得中国市政工程协会颁发的"市政设施养护管理行业诚信单位"荣誉称号。花津南路排水管道、永安桥泵站、长江南路养护设施项目荣获"扁鹊杯"。
2018年8月	与中民筑友签订合作协议,发展装配式建筑科技园项目。
2018年8月	成功竞拍芜湖1815号宗地。
2018年12月	获2015—2016年度"全国市政设施养护管理行业诚信单位"。
2019年4月	获得"黄山杯"(2017—2018安徽省优质工程)。
2019年5月	获得2018年度安徽省优秀市政施工企业。
2019年6月	获工程设计市政行业(给水工程、排水工程、道路工程、桥梁工程)乙级资质。
2020年9月	获2017—2018年度"全国市政设施养护管理行业诚信单位"、2017—2018年度"城镇市政养护示范设施扁鹊杯"。
2020年10月	获工程设计建筑行业乙级资质。
2020年12月	成功竞拍芜湖2018号宗地。
2021年3月	亳芜园区标准化厂房设计施工一体化项目。获钢结构工程专业承包贰级。

2021年6月　　电子信息产业园续建新建设计施工一体化工程项目。

2021年7月　　获得建筑工程施工总承包壹级、建筑装饰装修工程专业承包壹级资质。

讲述人简介

朱志福同志一直秉承"服务城市建设、缔造成功企业、成就优秀员工"的宗旨，带领芜湖城市建设集团有限公司走向辉煌。

讲述人：芜湖城市建设集团有限公司
党委书记、董事长、总经理　朱志福

精益求精　永不言弃
——"百城百企"记合肥市市政工程集团有限公司

扫码看视频

合肥市市政工程集团有限公司始建于20世纪50年代初期，2005年11月由国有企业合肥市市政工程总公司改制组建成有限责任公司。公司持有市政公用工程施工总承包壹级资质，建筑、公路工程施工总承包贰级资质，公路路基、公路路面、城市及道路照明工程专业承包贰级资质，预拌混凝土专业承包不分等级资质。

合肥市市政工程集团有限公司（以下简称"合肥市政集团"）的前身是合肥市市政工程总公司，系市属国有施工企业，该公司成立于20世纪50年代。在计划经济时代，承担了城市道路、排水以及长江路桥、阜阳路桥等城市基础设施建设任务。1984年市政建养分离，成立了合肥市政建设工程公司，作为企业单位从此走向市场，参与工程招标投标。

改革开放后，合肥市政人充分发扬吃苦耐劳，顽强拼搏的优良传统，参与了无数合肥重点工程的施工。20世纪80年代的旧城改造蒙城路、寿春路建设，两路改造的长江路、金寨路拓宽；90年代的"开放开发，再造新合肥"经开区繁华大道、锦绣大道建设，"五里飞虹"的立交桥，"翡翠项链"环城公园，无不留下合肥市政人的足迹与汗水。2006年合肥开启大建设，刚刚改制为民营企业的合肥市政集团积极投身于这场轰轰烈烈的城市建设热潮，并取得了良好业绩。

精益求精，打造精品是合肥市政人的宗旨与追求，在历年来的重点工程施工中有相当一批工程获得优良。合肥市政集团承建的徽州大道项目荣获鲁班奖，芜湖路改造等工程获安徽省黄山杯奖，还有一大批工程项目获得合肥市庐州杯奖。多年以来，合肥市政集团多次被评为安徽省重合同守信用企业，安徽省及合肥市优秀施工企业，从而树立了良好的社会形象和业界口碑。

承建徽州大道 打通城市"主动脉"

合肥市徽州大道是合肥市城市道路网的重要城市主干道，是连接主城区与滨湖新区的交通主动脉。该路为南北走向，起点为东流路，终点环巢湖大道。徽州大道综合建设工程全长12.4km，共分A、B、C、D四个标段，合肥市政集团承接该综合建设工程A、D标段工程，全长约5.1km，其中A标段2.1km、D标段3.0km，工程总造价约1.2亿元，于2006年7月开工，2007年7月竣工。

图1 合肥市徽州大道项目（一）

徽州大道综合建设工程规划路幅宽80m，红线外每侧各50m绿化带。路幅分配：10mBRT专用车道，主车道双向八车道，辅道双向四车道，2×5.5m慢行一体化；全线双向十四车道，首次在道路中央设置BRT公交快速专用通道，为合肥市城市道路机动车道最宽的城市主干道。

本工程为新建道路，包括路基处理、排水管线、过路管廊、路基路面、照明工程、交通工程及绿化工程等，工程量大、施工工期紧、施工工序复杂且施工工艺要求高，施工难度大；本工程施工质量一流，工程一次整体成就，路面平整密实；排水口整齐、管道直顺，检查井安装平稳，与路面衔接平顺；道路总体美观坚实。

合肥市徽州大道的建成有效地沟通了主城区与滨湖新区的交通通行，道路设计双向十四车道，中间设计了先进的BRT快速公交系统，无障碍运行，配以人行天桥进行人流分流，整个道路实现了人流、车流、物流有效分流效果，提高了道路的运行效率，设计先进合理。道路沿线两侧高规格进行绿化，形成闹市中的"绿洲"，实现了合肥市中心城区"还绿于民"的环保理念。它的建成，已成为省城合肥一道亮丽的风景线。

本工程先后荣获安徽省黄山杯奖、中国建设工程鲁班奖。本工程为安徽省市政工程首次获中国建设工程鲁班奖。

图 2　合肥市徽州大道项目（二）

图 3　合肥市徽州大道项目（三）

数十年来，几代合肥市政人用辛勤的汗水与踏实坚定的步伐与广大市民共同见证了省城合肥由过去破旧的小城逐步发展成为现代化大城市的历史变迁。展望未来，合肥市政集团将以不屈不挠，永不言弃的奋斗精神，继续努力为城市建设作出更大的贡献。

合肥市市政工程集团有限公司大事记

1953年　企业前身"合肥市政工程公司"成立，隶属于合肥市城建局。

1984年　合肥市政建养分离，成立"合肥市市政建设工程公司"，隶属于合肥市城乡建设委员会。

1993年　企业更名为"合肥市市政工程总公司"。

2005年　公司改制为民营企业，更名为"合肥市市政工程集团有限公司"。

攻坚克难 锐意进取

——"百城百企"记马鞍山市市政建设有限责任公司

1958年8月,伴随着马鞍山城市的诞生,公司前身马鞍山市政建设总公司成立了,作为原马鞍山市城市建设局的下属单位,为这座新生城市的市政建设开始书写新的篇章,60多年来,随着城市的不断发展壮大,公司也在不断地发展和前行。

扫码看视频

1958年,马鞍山市市政建设有限责任公司成立之初,隶属于原马鞍山市城市建设局,作为其下属单位,马鞍山市政工程公司与市政工程管理处"一套人马,两块牌子",开展市政工程建设管理工作,是具有政府职能的事业性质单位,开始了与马鞍山市共同发展之路。

1992年,根据市政府"建管分离"管理要求,实行政企分开,公司与市政工程管理处分离而成为全民所有制企业马鞍山市市政建设总公司,隶属于马鞍山市城乡建设委员会。

2004年4月,根据市政府"国有企业实施股份制改革"的要求,公司完成企业股份制改革,成为现在的马鞍山市市政建设有限责任公司。

60多年打造马鞍山市政建设名片

经过60多年的发展,马鞍山市市政建设有限责任公司发展成为国家壹级市政公用工程施工总承包企业,具有承包国际工程经营资格。公司主要从事市政道路、桥梁、排水、污水处理等各类市政工程施工及公路工程、园林绿化工程、建筑工程、钢结构工程、建筑装饰装修工程、城市道路及照明工程等各类工程的新建和维修施工。

随着公司成功申报市政公用工程施工总承包壹级资质,为公司进一步拓展外部市场，走专业化建设道路，实现可持续发展奠定坚实的基础。2010年3月，公司成功取得《中华人民共和国对外承包工程经营资格证书》。同年，公司在市商务局的牵线搭桥下，与新疆建设兵团合作，承接了巴基斯坦穆沙法拉巴格市基础设施工程灾后援建工程项目，成功走出国门。

在企业不断壮大发展中，马鞍山市市政建设有限责任公司以习近平新时代中国特色社会主义思想为指导，主动适应新形势，积极适应新常态，坚持稳中求进的总基调，坚持"1＋X"发展思路，继续深化企业内部改革。着力创新企业发展模式，提高经济增长质量和效益，着力降低经营风险，提升服务品质，提高企业的市场竞争力，顺应市场发展，扩展业务范围。全面提升工程项目管理水平，强化精品意识。完善企业文化建设，加强党的建设，强化党建对企业发展的引领作用，促进企业和谐发展。把公司建设成为主业突出，多元并举，经营节约化，管理科学化，人力资源雄厚，技术优势明显，管理水平较高，核心竞争力强的民营建筑业企业。履行"满足客户需求，做有尊严的建设者"的企业使命；实现"打造安徽省市政建设领军者、客户首选者，力争成为中国知名市政工程承包商"的企业愿景；树立"厚德包容、团结拼搏、勇拓市场、共创未来"的企业价值观；坚持"质量第一、用户至上、信守合同、服务周到"的经营方针。

目前，马鞍山市市政建设有限责任公司（以下简称"马鞍山市政"）注册资本10600万元人民币，现有职工363人，2006年全面通过ISO 9001国际质量管理体系认证，是马鞍山市市政建设龙头企业、马鞍山市"A级"建筑信用企业、马鞍山市外向型骨干型企业、全国优秀市政施工企业、安徽省AAA级信用企业、安徽省重合同守信用企业等。皋城中路、江东大道一标段、九德路、天井山公园、宣城鸿越大道、隐贤路、今麦郎大道、火龙岗路、清凉峰路、丰收路等数十项工程获得市优、省优工程以及市文明工地、省文明工地。

标准化施工创建精品工程

自2016年开始，马鞍山市政就以六安市九德路道路工程和城东路工程为重点，着手实施质量标准化和安全标准化建设工作。坚持科学管理、精心组织，以相关标准、规范为依据，大力推进工程施工标准化建设。

随着企业走向全国的步伐，在国内多地频频打造精品工程。其中九德路道路工程和城东路工程两项工程均获得"六安市建设工程施工质量标准化市级示范工程"和"六安市建筑施工安全生产标准化示范工地"双标化工地称号。随后，皋城中路改造工程一标段荣获"六安市建筑施工安全生产标准化示范工地"称号，芜湖县火龙岗路工程入选"芜湖市2018年度第二批建设工程施工质量标准化示范工程项目（市政）"名单。

2016年，在六安市九德路道路工程的施工中，杨红林同志担任九德路道路工程的技术负责人，该工程工期短，地质条件复杂，施工空间受限。排水管道如果按常规办法采用明挖法施工一是施工空间不够；二是沟槽深而宽，土方无法堆放且回填量巨大。为此在充分调研及测算比较的基础上，杨红林同志提出采用分段顶管及拉管相结合的方案，使所有的难题都迎刃而解。不仅缩短了工期，而且大大为业主节约了投资，受到业主的高度评价。该工程被评为当地的市优质工程。

图1　六安市九德路道路工程

宣城创业路工程是马鞍山市政迄今为止承建的体量最大的项目，项目包括3600m道路排水工程，另包含跨沪渝高速626m预应力箱梁桥一座及1700m城市综合管廊等，中标价3.17亿元。2018年，受公司指派，杨红林同志担任宣城创业路的项目总工及项目副经理。该项目的特点是体量大、战线长、项目内容多，既有路又有桥还有管廊，施工难度大，特别是桥梁跨沪渝高速，综合管廊是新鲜事物，无经验可循。针对以上特点如何精准施策，科学管理，让项目在有限的工期内有序推进是一个很大的挑战。为此杨红林同志和同事们一起统筹安排，科学调度，奋战了700多个日夜，终于使这样一个看似不可能完成的任务，在合同工期内保质、保量、安全、按期完工，向业主及公司交上了一份合格的答卷。

图2　宣城创业路工程

2019年，安徽省芜湖县火龙岗路（K0+000～K4+750段）工程启动，该项目位于芜湖县湾沚镇镇区南部，火龙岗路路线起点距离主城中心区大约1.5km，距离规划民用机场大约8.5km。路线纵贯芜湖县行政文化中心。项目设计路线全长4.75km。火龙岗路为城市主干路，设计速度为60km/h。火龙岗路设置3孔8m×4m箱涵1座、D1.5m圆管涵7座、改沟1处。该项目的设计内容包括：道路、排水、桥涵等主体工程（含管线综合），道路绿化景观、交通安全设施、道路监控、照明等所有道路相关工程。

火龙岗路与世纪大道、荆山河路、南湖路、水阳江路、滨湖大道、永平路、丰禾路、新丰路、新竹路、立新路、前进路、站前路等12条道路平交，与在建皖赣高铁新线（经皖赣新线火龙岗路中桥）分离式交叉。火龙岗路的设计以绿色、生态为理念，创造富有特质且与现代生活与时俱进的景观道路。火龙岗路是芜湖县高铁站前商务休闲区城市道路网的重要组成部分，它的建设将进一步完善芜湖县城市主干路网，随着皖赣高铁建设的推进，该项目建成后成为芜湖县城区至湾沚南站的主要通道，进一步促进区域经济快速发展。该项目获得了2020年度芜湖市优质工程"鸠兹杯"。

在新的历史时期，站在新的起点上，马鞍山市政将继续秉承"厚德包容、团结拼搏、勇拓市场、共创未来"的企业精神，攻坚克难，锐意进取，广交宾朋，不断实现新的跨越，再创新的辉煌。

图3　安徽省芜湖县火龙岗路工程

马鞍山市市政建设有限责任公司大事记

1958年8月	马鞍山市政工程公司成立，伴随着马鞍山城市的诞生而组建，60多年来，随着城市的不断发展壮大，公司也在不断地发展和前行。公司成立之初，隶属于原马鞍山市城市建设局，作为其下属单位，马鞍山市政工程公司与市政工程管理处"一套人马，两块牌子"，开展市政工程建设管理工作，是具有政府职能的事业性质单位。
1992年	根据市政府"建管分离"管理要求，实行政企分开，公司与市政工程管理处分离而成

	为全民所有制企业马鞍山市市政建设总公司，隶属于马鞍山市城乡建设委员会。
2004年4月	根据马鞍山市政府"国有企业实施股份制改革"的要求，公司完成企业股份制改革，成为现在的马鞍山市市政建设有限责任公司。
2007年6月	公司成功申报市政公用工程施工总承包壹级资质，为公司进一步拓展外部市场，走专业化建设道路，实现可持续发展奠定坚实的基础。
2010年3月	公司成功取得《中华人民共和国对外承包工程经营资格证书》。同年，公司在马鞍山市商务局的牵线搭桥下，与新疆建设兵团合作，承接了巴基斯坦克什米尔城市发展项目，成功走出国门。
2016年2月	公司搬迁至马鞍山市经济技术开发区，解决了原公司所在地交通不便、地方狭小、不便发展的状况，办公环境得到了进一步地提升。
2016年	公司启动工程施工标准化建设工作，六安市九德路、城东路两个项目于2018年、2019年先后获得质量、安全双标化工地称号，随后在2019年的芜湖县火龙岗路项目也获得芜湖市"质量标准化示范工程"称号。
2019年3月	公司根据发展需要，重新调整公司组织架构，成立了工程部、企管部、合管部、造价部、经营部、财务部、综合部等七个部门共同形成公司的基本管理部门。同时，细化了各部门管理职能，明确了部门管理职责。
2019年	六安市九德路荣获安徽省市政工程优质奖。
2021年	为了转变观念，突破发展中的瓶颈，公司组织领导成员及公司中层、骨干人员参加了由深圳中旭企业管理股份有限公司举办的"总裁执行模式""价值考核"等企业管理培训学习，极大地激发了公司全体员工的积极性和主动性，增强了员工的主人翁意识、责任意识、效率意识和开拓创新意识，为公司下一步发展指明了方向。芜湖县火龙岗路获得安徽省优质工程"黄山杯"奖。

讲述人：马鞍山市市政建设有限责任公司
　　　　总经理兼党委书记　杨红林

讲述人简介

杨红林在公司27年来，伴随着马鞍山市的飞速发展及公司的不断壮大，为马鞍山市的市政建设，为公司的快速发展作出了应有的贡献。

善建者诚　思远者和
——"百城百企"记太原市第一建筑工程集团有限公司

扫码看视频

太原市第一建筑工程集团有限公司是新中国最早成立的国有建筑企业之一，70余年来与祖国同呼吸、共命运，经历一代又一代艰苦卓绝的奋斗，造就了一支敢打硬仗、能打胜仗、开拓进取、朝气蓬勃的"城建劲旅　并州铁军"，足迹踏遍三晋大地，汗水洒遍大江南北，筑造了一座座城市地标。站在建党百年的历史节点上，太原市第一建筑工程集团有限公司将继续坚持党的引领，以转型升级和高质量发展为主线，向着"百年一建"的目标阔步前行。

伴随着中华人民共和国诞生的脚步，太原市第一建筑工程集团有限公司（以下简称"太原一建集团"）前身于1950年5月经太原市人民政府批准，在土木公司和地产公司的基础上，由太原市建设局组建成立。

时代召唤使命，使命承载梦想。迎着新中国奋发崛起的曙光，老一辈太原一建人在党的领导下，以"逢山开路、遇水架桥"的劲头，拆城墙、盖平房、修道路，成为建设城市基础设施的市政排头兵。从为建设社会主义而奋斗到为建设小康社会而奋斗，在各个不同的历史发展时期，一代又一代太原一建人用行动诠释着自己的使命和梦想。太原市20世纪下半叶大部分具有代表性的项目，政府公建、市政公用、交通枢纽、商业办公、食品医药、轻工轻纺等各个领域的建设，都留下了太原一建人的足迹。

跨入21世纪，太原一建集团响应政策完成了企业改制，组成了员工利益与企业发展的命运共同体，极大地提升了员工的积极性。改制后的公司既保留了国有企业的规范和严谨，又融合了民营企业的朝气和活力。太原一建集团确立了以施工为主业、房地产开发、服务租赁三大板块经营的企业发展思路，拓展装配式建筑、设计、劳务、检测、物业、物资、教育等行业领域。在巩固本土市场的同时，太原一建集团积极实施"走出去"发展战略，逐步开拓了河北、江苏、山东、安徽、新疆、广东、四川、河南、西藏等区域市场。

70余年来，太原一建集团历经市场考验，内夯管理，外塑形象，形成了善建者诚、思远者和的"诚·和"核心价值观体系，建立了经营向低成本、高效益转变，管理向精细化、集约型转变的经营体制，造就了一支敢打硬仗、能打胜仗、开拓进取、朝气蓬勃的优秀团队，创建了一大批国家、省、市精品工程和优质工程，被社会誉为"城建劲旅　并州铁军"。如今，太原一建集团已跨入全国建筑施工企业第一阵营和山西省10强建筑施工骨干企业行列，正在为实现百年强企梦胜利前进。

承建山西行政学院综合教学楼　精心打造鲁班奖工程

山西行政学院（中共山西省委党校）综合教学楼位于校园东北角，北靠学府街，东临党校路，规划占地约16亩。主楼19层，文体综合楼3层，地上建筑面积为34301m^2，地下2层，地下建筑面积为15699m^2，总建筑面积50000m^2。该工程为现浇混凝土框架剪力墙结构，主楼高79.9m，文体综合楼高24.1m。

项目伊始，太原一建集团确定山西行政学院（中共山西省委党校）综合教学楼工程为创建鲁班奖项目，制定了精细的质量管理目标，确保工期、绿色施工、环境管理及其他管理目标。集团公司组织精悍的项目管理班子，挑选经验丰富、设备精良、技术力量雄厚的施工队伍，要求施工负责人坐镇现场，项目参与人员悉数到场，专业负责人全程参加，旨在查找问题，发现亮点，改正缺点，借鉴经验，做到精心准备，精心组织，精心施工。各参建单位加强项目管理，强化组织领导，群策群力，狠抓工程质量，建立健全工程质量保证体系。项目部在每一道工序施工前，优化施工方案，

图1　山西行政学院（中共山西省委党校）综合教学楼

对作业人员进行有针对性的技术交底,熟悉操作规程,了解检验标准,做到规范化施工。

为保质保量加快推进工程建设,确保打造一流工程,各参建单位建立了完善的安全生产组织管理体系,确保安全生产管理全覆盖,无死角;以"全人员、全过程、全方位、全天候"为安全管理原则,健全和落实以安全生产责任制为中心的各项安全管理制度,进一步完善安全生产的目标责任制管理;实行"谁的岗位,谁负责"的管理原则,层层落实,有章可循,为该工程创优目标实现提供了安全保障。

该工程荣获2017年度太原市建筑施工安全生产标准化工地,第四批山西省建筑业绿色施工示范工程;2018年3月30日被山西省建筑业工会联合会授予"互联网+幸福工地",现阶段申请专利7项,已取得专利证书6项,1项正在审核中;获得省级QC成果二等奖两项,其中一项推荐中国建筑业协会交流,市级QC成果三项;获2018第七届"龙图杯"全国BIM大赛二等奖,2018年9月4日太原市结构"迎泽杯"工程,2018年10月11日山西省优质结构工程,2019年5月"十三五"国家重点研发计划课题"基于BIM的信息化绿色施工技术研究与示范"的绿色示范工程;2021年12月荣获中国建设工程鲁班奖。

承建山西省脱贫攻坚重点工程 助力推进乡村振兴

太原一建集团承建的临县城庄镇整村易地搬迁扶贫项目是集美丽宜居、现代农业(产业)、生态休闲为一体的整村移民搬迁扶贫示范工程。

该工程占地133亩,建筑总面积20770m^2,北依山南临湫水,背风向阳的黄土高原传统窑洞式新型居民建筑,共建有40个院落,430孔窑洞,面积分为100m^2、75m^2、50m^{2}和25m^{2}四种户型。居住区配备建有学校、幼儿园、便民商店、医疗卫生所、居民活动场所、环境绿化美化等公共设施工程建设和完备的集中供水、供电、供暖、供气及网络通信配套设施工程建设。该工程建成后,将城庄镇所属5个自然村223户、595人易地搬迁至新建居民区内,让贫困百姓告别贫困,走向致富发展之路,享受安居乐业新生活。

太原一建集团接到该项工程任务后,公司领导班子强调:扶贫脱贫是以习近平同志为核心的党中央的英明决策,集团公司承建临县城庄镇整村易地搬迁移民工程不仅仅是一项工程建设任务,还是一项工期紧、任务重、意义大的政治性任务。因此,我们必须站在讲政治的高度,提高认识,高度重视,全力以赴抓好这项工程建设,必须确保工程质量,确保安全生产,确保施工进度,确保提前完成任务,让农民群众早日搬入新居,过上安居乐业的幸福生活。

该工程自进场施工至竣工,达到入住标准,有效工期只有100天。为确保工程按期竣工,集团公司高度重视,加强领导,抽调精兵强将,立即组建了30余人的项目施工班子,组织调集了760余人的敢打硬仗、善打硬仗的施工队伍进场施工。在省委省政府有关领导的直接带领下,项目部合理安排劳力、倒排工期、分段施工、交叉作业、昼夜施工,保持人歇机不歇,抓进度抢工期,奋力拼搏。经过短短35天的奋战,施工队伍完成了土方工程20余万m^3、主体砌砖工程2万

图2　临县城庄镇居民喜迁新居

余m^3、混凝土工程7000余m^3、屋内抹灰工程5000余m^2，建设了23个院落230余孔窑洞，总计完成总工程量的50%以上，并于7月初按时全部交付，受到省市各级领导和指挥部的高度称赞。

临县城庄镇整村易地搬迁扶贫项目是国家在推动"十三五"易地扶贫搬迁工作动员部署中的巨大举措，是新时期的山西省脱贫攻坚的重点工程和标志性工程，同时也是"十四五"时期国家发展改革委、国家乡村振兴局联合有关部门和地方，结合推进乡村振兴和新型城镇化战略，坚持分区分类精准施策，进一步完善后续扶持政策体系，为实现搬迁群众稳得住、有就业、逐步能致富的目标的具体体现，具有重要的政治意义和现实意义。

风雨兼程七十载　齐心共筑百年梦

70余年来，太原一建集团从无到有、从小到大，经历了一代又一代艰苦卓绝的奋斗，成长为国家住房和城乡建设部审定的建筑工程施工总承包特级、工程设计建筑行业甲级企业，年施工面积300万m^2，年竣工面积150万m^2，年完成施工产值超过100亿元以上，实力雄厚，技术先进，承建的工程项目荣获"中国建设工程鲁班奖""国家优质工程奖""汾水杯奖""市政杯奖"等奖项百余次，连续多年获评"全国AAA级安全文明标准化工地""山西省文明单位""山西省市五一劳动奖章""省级先进党组织"。

在奋进征程中，太原一建集团恪守"诚·和"的核心价值观和企业"家"文化理念，秉承"至诚奉献建筑精品、精心塑雕时代丰碑"的质量方针，以精品开拓市场，以人品成就事业，践行"建一项工程、树一座丰碑、交一方朋友、留一建美名"的经营理念，将为用户服务、对用户负责、让用户满意、诚信合作、互利双赢作为集团发展目标，品牌美誉度不断提升，多年来荣获中国500家最大经营规模建筑企业、全国首批建筑业"诚信企业"、全国优秀企业、全国优秀施工企业、全国用户满意施工企业、全国建筑业成长性百强企业、山西省模范企业、山西省百强企

业、山西省百家信用示范企业、山西省10强建筑施工优秀骨干企业、山西省功勋企业、山西省优秀建筑企业等荣誉称号。

建成广厦千万间，凝心聚力谋新篇。展望未来，太原一建集团上下斗志昂扬，将继续坚持党的引领，以转型升级和高质量发展为主线，务实创新稳中求进，自强制胜和衷共济，全力打造具有竞争优势的"百年强企"，书写"百年一建"新篇章！

太原市第一建筑工程集团有限公司大事记

1950年	公司成立，开启创业发展之路。
1977年	举旗抓纲学大庆，公司扭转亏损，开始盈利。
1984年	实行厂长（经理）负责制，更名太原市建筑工程总公司，试行租赁承包经营。
1992年	成立深化改革领导组，试行项目经理负责制，盘活企业内生动力。
2000年	提出"三个一切"的办企方针，公司跨入新的历史发展时期。
2008年	成立赴川援建过渡房领导组赶赴灾区救灾，一方有难，八方支援，充分体现太原一建集团深深的家国情怀。
2010年	成功改制并举行揭牌仪式，迈向新征程，开启发展新纪元。
2017年	股权结构改革并成功晋升建筑工程施工总承包特级、工程设计建筑行业甲级资质，跻身全国建筑施工领域第一方阵，提升公司知名度。
2018—2019年	先后获得两项国家优质工程奖，两项中国之星奖、一项中国装饰大奖，创奖项历史性突破。
2020年	大力实施"走出去"发展战略，成功拓展山东、安徽、广东、江西、四川、新疆、西藏等省外市场，进一步提升了公司在全国建筑市场知名度。

讲述人简介

王贵聪带领太原一建集团坚持党的引领，以转型升级和高质量发展为主线，恪守"诚·和"核心价值观和企业"家"文化理念开拓市场，成就事业，积极响应国有企业改革，全面实施企业改制，发展为集投资建设、设计、施工、运营维保为一体的综合性现代建筑承包商，山西省10强骨干建筑业企业。

讲述人：太原市第一建筑工程集团有限公司
　　　　党委书记、董事长　王贵聪

书写新时代篇章　激发红色引擎活力

——"百城百企"记山西喜跃发道路建设养护集团有限公司

扫码看视频

从一家弱不禁风的个体小企业到如今被交通部认定为"全国公路科普教育基地"和国家发展改革委认定的"国家循环经济标准化企业",37年来,山西喜跃发道路建设养护集团有限公司(以下简称"喜跃发集团")始终专注于道路行业。作为从农村走出来的企业,喜跃发集团积极响应国家战略号召,紧跟国家政策和市场的导向,将振兴经济的责任扛在肩头,用一个个项目建设书写山西新篇章。

喜跃发集团创建于1984年,30多年来专注于道路行业,是一家以道路新材料研发及生产、道路新建、养护、再生全产业链为核心业务的高新技术企业。喜跃发集团现有员工900余人,18位国内外专家,下设24个子分公司,5大业务板块,7大生产试验基地,1个省级技术创新中心,3个中心实验室,构建了"产、学、研、用"技术创新应用体系,拥有32项国家专利,主导和参与制订了28项国家、行业标准。

喜跃发集团下属喜跃发国际环保新材料股份有限公司(证券代码:872538)于2018年1月24日在新三板挂牌,于2020年5月进入新三板创新层,正在筹备北交所上市。公司是中国公路学会理事单位、养管分会副理事长单位,是"山西省废旧路面再生循环利用产业技术创新战略联盟"牵头单位,"特种道面铺装技术创新发展联盟"理事单位,被国家发展改革委认定为"国家循环经济标准化企业"。公司在公益扶贫、慈善捐助中捐款累计达3800多万元,曾荣获"山西省守合同重信用企业""山西省优秀特色社会主义建设者"等荣誉称号。2020年,公司被国家工信部认定为国家级专精特新"小巨人"企业。

为加强国际交流合作,提升企业核心竞争力,喜跃发集团从引进荷兰技术、德美两国设备，到参加阿尔及利亚高速公路建设，到与柬埔寨、尼泊尔、哈萨克斯坦、乌干达等国交流合作，积极响应国家"一带一路"倡议，广泛开展国际产学研交流合作，不断提高企业的核心竞争力，培养行业领军人才，把党群建设和人才培养深度融合，推进企业党员与企业人才的相互转化，以党建提振员工的士气、挖掘员工的潜力、激发员工的干劲，让"红色引擎"源源不断地为企业发展攻坚战提供强劲驱动力。

遵循四好农村路指示精神　阳曲县PPP项目树立标杆

有着五千年文明的阳曲县，不仅是一个历史人文大县，也是中国解放史上重要的抗日民主县。多年来阳曲县县委县政府一直认真贯彻党的指导方针，遵循习近平总书记关于"四好农村路"建设的指示精神，按照省市有关决策部署，牢牢把握"建设人民满意交通"的目标向导。阳曲县交通运输局组织实施第一批四好农村路县乡村道工程PPP项目，采用政府和社会资本合作（PPP）模式，总投资4.5亿元，涉及阳曲县10个乡镇的65条县乡村道公路。其中棘三线片区示范路按照公路科普教育基地规划和打造，按照功能分为：行车道、人行道、自行车道、景观道、河道水景、湿地等，采用21项新技术、新工艺，同时运用了再生骨料与生态水泥复合制品、透水砖、土凝岩、管涵等12类再生绿色环保新产品，涉及喜跃发集团的6项专利产品和技术，基本涵盖了目前道路建设和养护所有使用的材料和技术。

图1　四好农村路县乡村道工程PPP项目

项目达到了优质耐久、设施齐全、安全舒适、经济环保的绿色建筑节能标准，对阳曲县"四好农村路"建设起到了积极的示范引领作用，为创建全国"四好农村路"示范县创立了标杆，得到了交通运输部、省交通运输厅的高度评价，且被评为太原市安全质量标准化管理先进项目，阳曲县因此获得2019年度全国四好公路示范县殊荣。

喜跃发集团作为中国公路学会"全国公路科普教育基地"之一，以"诚信做人、认真做事"为原则，先后荣获太原市绿色百强示范企业、太原市民营经济纳税百强企业、山西省守合同重信用企业、山西省著名商标等众多荣誉称号。党的十九大以来，喜跃发集团积极响应党的号召，开始二次创业，与山西大地控股土地开发有限公司进行混合所有制改革，共同成立山西省大地跃发建设工程有限公司，为实现双方优势互补和高质量发展奠定基础。同时，喜跃发集团积极参加"一带一路"项目建设。未来，喜跃发集团将持续为广大民众服务，争取在综合实力上达到同行业全省民营企业第一名、全国民营企业前十名的奋斗目标！喜跃发集团愿与社会各界朋友合作共赢，共创辉煌！

图2　山西喜跃发绿色道路科技馆（获"2021年度山西省科普基地"）

山西喜跃发道路建设养护集团有限公司大事记

1992年　刘跃当选太原市阳曲县棘针沟村村委会书记、村长。

1997年　成立太原喜跃发产业有限公司，成立喜跃发种猪场、饲料厂，走"公司+农户"模式，带动了100多户农户致富。

2001年　建成了第一条大型石料生产线，大量生产防滑石料，实现石料生产的提档升级。

2004年	承揽上海F1赛车道项目，结束了我国不能生产高级赛车道材料的历史。
2006年	与荷兰莱特克斯公司合作彩色乳化沥青项目，首次开展国际合作。
2007年	参与阿尔及利亚M3/M4标段项目，正式走出国门，参与国际项目。
2011年	投资1亿多元购进国际化先进设备。
2013年	集团所属子公司国际环保新材料股份有限公司奠基，建设办公楼、制管车间。
2015年	再次出国修建阿尔及利亚贝佳亚高速公路，同时引进荷兰技术及设备，建设新型高分子彩色路用材料车间，生产新产品彩色胶结料和彩色乳化沥青。
2018年	喜跃发国际环保新材料股份有限公司在新三板挂牌。
2019年	承建了太原西山旅游公路施工项目，被网友称为"云端上的彩虹公路"。
2020年	公司建设的"绿色道路科技馆"正式投入使用；成为山西省首家道路科技馆。
2021年	公司养护再生事业部在雄安新区高速公路彩色路面开始施工。

讲述人简介

刘跃多年来以高度的责任感和强烈的事业心，在党务工作上兢兢业业、恪尽职守、辛勤工作，不断为村里的基础设施建设投资，用党建工作引领企业发展。

讲述人：山西喜跃发道路建设养护集团有限公司
　　　　董事长、党委书记　刘跃

经营结构转型　起航城市运营新征程
——"百城百企"记山西五建集团有限公司

从1961年成立之初,革命老区晋中儿女融入血液的"艰苦奋斗"精神始终是支撑山西五建集团有限公司(以下简称"山西五建")奋勇拼搏砥砺前行的强大动力。在山西五建一甲子的发展历程中,也从来都不缺自我革新的精神和勇气,不缺"创新创业"的信心和信念。正是凭借着这种拉得动、过得硬、打得胜的不屈精神,在波云诡谲的市场变化中,山西五建这支善于自我革新的铁军队伍果断决策,及时调整产业结构,发展新工艺、新技术,从无到有探新路,逐步发展形成工业筑炉、预应力及空间网架三大专业优势,在激烈的建筑行业竞争中站稳了脚跟。

扫码看视频

78

1981年承建山西省体育场,成为山西省内首家进行网架施工的企业。

1989年承建山西省体育场看台悬挑网架工程,这是当时国内最大的悬挑球节点焊接网架。

1991年承建被誉为中国"悉尼剧院"的长春电影城网架工程,施工中使用的"倒装逐级提升法"为国内首次应用,建成后被誉为"国内空间结构之冠"。

1995年承建太旧高速公路武宿、峪头收费站,施工中应用的预应力铸钢索技术为国内首创。

2003年在抗震隔震专项领域首次开发了国家级工法——夹层橡胶垫隔震层施工工法。

2016年寿阳人民医院PPP项目成功落地,随后多个PPP、EPC项目相继中标,迈出投资建设管理运营新步伐。当年,承揽任务突破70亿元。

…………

60年的风霜洗礼、60年的艰苦奋斗,山西五建早已成长为以建筑施工、基础设施投资建设运营、房地产开发、建筑产业化为主业,集设计、工程咨询、建筑劳务、绿色建材、检测服务、设备租赁等为一体的综合性建筑产业集团，拥有施工总承包特级资质2项（建筑工程施工总承包、市政公用工程施工总承包），工程设计甲级资质2项。注册资本10亿元，年新签合同额超300亿元，年实现经营总额超160亿元，经营区域遍布全国，辐射国外。

作为国家高新技术企业，拥有国家级企业技术中心钢结构分中心、山西省企业技术中心、建筑设计院、BIM设计中心及科研检测中心；拥有国家发明专利9项，国家级工法4项，省级科技成果9项；获"鲁班奖"6项、"国家优质工程奖"3项、"汾水杯"34项及省市优质工程600余项；为"全国文明单位"，多次获评中国建筑业成长性"双百强"企业、全国优秀施工企业、全国建筑业先进企业等国家级和省级荣誉。

打造太旧高速路的"咽喉"工程

太旧高速公路武宿收费站项目包含收费站、综合楼、生产管理楼等群体工程，结构复杂、造型独特。其中，收费站由两侧仿古式塔楼及天桥组成，仿古式塔楼为钢筋混凝土结构、满堂基础，钢筋混凝土墙壁向内收缩9°，基础埋深9.3m，总高21.9m；天桥跨度60.4m，宽度15m，采用新型的钢拉索工艺，预应力悬索网架顶棚；悬索网架总高度61.4m，网架高度0.8m，网架顶标高6.46m，主悬索顶标高16.65m，是当时全国规模最大、投资最高的收费站。

从1995年5月进场开始，由于工程时间紧任务重，五建人一天当两天，两班、三班倒着干。所有人只有一个目的就是必须确保太旧路主线按时通车。但施工中应用的预应力铸钢索技术为国内首创，难度非常大。公司成立QC小组专门攻关，建设者们迎难而上，找准重点，强攻硬拼，全力推进，经过四个月的攻坚克难，最终实现了提前交工。由于武宿收费站的优质竣工，在太旧路整体验收中，该工程获评"鲁班奖"，在公司建筑历史上写下了浓墨重彩的一笔。

图1　太旧高速公路旧关主线收费站

图 2　太旧高速公路武宿服务区

城市运营转型之作

晋中市城区东、南外环道路快速化改造工程，这不仅是一项要求当年开工、当年竣工并投入使用的民生工程，也是山西五建历年来协同作战体量最大的项目，这对经营模式以房建为主的集团公司是很大的挑战和考验。

该项目标段长度2.67km，其中包括大学街跨线桥、文华街跨线桥、汇阜街跨线桥和部分路面施工，工程同时面临多专业交叉施工、场地狭窄、施工正值雨季等多重压力，施工难度可见一斑。山西五建市政队伍面对挑战，迎难而上、合力攻坚，积极探索有效对策，集团公司全力配合，多家单位通力推进，誓要打赢这场"市政战役"。

为了更快推进工程进度，项目部倒排工期，全面考虑施工过程中可能遇到的各种困难，做好项目前期材料计划、制定应急预案，成立青年突击队，采取"巧干雨天、抢干阴天、大干晴天"的有力措施，团结带领300余名工程管理及施工人员并肩奋战在工程一线，做到了组织不松、管理不乱、设备不停、施工不断，只用了一个月左右的时间就完成了箱梁工程的施工，实现了质量、工期、安全、效益四大目标。同时锻炼培养了一支具有开拓精神、适应市场变换、具备团队协作意识及PPP模式下施工管理经验的施工管理团队。该工程也以绝对实力斩获了我省市政行业工程质量最高荣誉"山西省市政金杯示范工程"。

千磨万击还坚劲，任尔东西南北风。在晋中市城区东、南外环道路快速化改造这一"新、紧、难、重"的系列市政工程中，五建人用专业团队、精湛技术、精益管理、高效协作，充分展示了山西五建市政板块建设实力。

锐意创新　永续拼搏

近年来，山西五建凭借勇立潮头的卓识与大胆进取的锐气，主动尝试、创新思路，转型布局释放强劲发展潜力，逐步拓展出PPP、房地产、美丽乡村、装配式建筑、省级开发区、公租房六大转型通道，形成了与山西美丽乡村建设有限公司、山西建投晋西北建筑产业有限公司"一体两翼"的协同发展格局，释放出市场联动、资源整合、产业延伸、1+2>3的协同发展效应，形成了覆盖规划、投资、设计、建设、运营的全产业链优势。

未来，山西五建将紧扣"广开源、善节流、重人才、强党建"四大工作主题，全面实现高效率投资、高品质建设、高精尖技术、高水平管理，与协同运营单位合力打造"专业实力突出、品牌优势明显"的全产业链现代建筑综合服务商，走好高质量跨越发展的"十四五"新征程，朝着省内领先、竞争力强的现代综合大型建筑产业集团稳步迈进。

回望来路，五建人艰苦奋斗；问道历史，五建人创新创业；直面未来，五建人将永续拼搏！

山西五建集团有限公司大事记

1961年	由原山西省第二建筑工程公司三工区、山西省第四建筑工程公司二工区合并，组成山西省建筑工程总公司第五工程处，标志着山西五建正式诞生，开启基业。
1961—1965年	开展了一系列国防工程建设，承揽了一批民用工程，完成了公司基地的建设，为公司的创业史写下了光辉的一页。
1973年	承建山西焦化厂工程，为山西重化基地能源转化工程作出贡献，成为山西首家掌握筑炉技术的施工单位。
1979年	更名为山西省第五工程公司，沿用至2014年。
1981年	承建山西省体育场，成为国内较早、省内首家进行网架施工的企业。
1983年	总部由忻州迁至太原现址，实现了走出去的第一步。
1985年	改变固守一地的经营方式，确立"立足太原、走出山西、面向全国"的战略方针，承建山西涤纶厂工程。此工程获得国家优质工程银奖，实现我省建筑业国家级奖项零的突破。
1987年	承建山西国际大厦，山西国际大厦建筑总高度105.86m，成为当时山西最高的超高层建筑。
1989年	承建山西省体育场看台悬挑网架工程，为当时国内最大的悬挑球节点焊接网架。该工程获"鲁班奖"。
1990年	参建北京国际网球中心、北京先农坛体育田径练习馆、北京垒球馆和北京光彩体育馆四个亚运工程，其中北京国际网球中心和北京光彩体育馆获亚运工程"特别鲁班奖"。
1991年	承建被誉为中国"悉尼剧院"的长春电影城网架工程，施工中使用的"倒装逐级提升法"为

	国内首次应用，建成后被誉为"国内空间结构之冠"。
1993年	承建上海沪办大厦，成为山西省首家入沪主承包的建筑企业。施工中自行设计、运用爬模体系，施工进度六天一层，创造了当时上海高层建筑最快施工速度。时任山西省人大常务副主任的纪馨芳为公司题词"黄浦江畔，晋军崛起"。
1995年	承建太旧高速公路武宿、峪头收费站，施工中应用的预应力铸钢索技术为国内首创。武宿收费站是当时全国规模最大、投资最高的收费站，该工程获"鲁班奖"。
2000年	承建山西煤炭大厦工程，该工程获"鲁班奖"及国家优质工程奖。
2005年	被中国企业联合会录入中国优秀企业数据库，入选山西省百强企业、山西省建筑企业20强。
2012年	承揽喀麦隆雅温得体育馆工程，获山西省第一个境外"鲁班奖"。
2014年	"山西五建集团有限公司"挂牌成立，公司进入集团化运营时代，在法人结构、组织模式和经营模式方面实现新突破。
2016年	寿阳人民医院PPP项目成功落地，成功晋升建筑工程施工总承包特级资质、工程设计建筑行业甲级资质。迈出投资建设管理运营步伐。
2017年	注册资本金增至10亿元，光社双创基地正式投入使用，实现"一总部，两基地"的太原办公区域布局，培育公司创业沃土，打造职工创新乐土。
2017年	晋西北产业园区顺利推进，为公司抢占装配式建筑和木结构建筑市场奠定基础。成为全省首批九家"装配式建筑产业基地"企业之一。
2018年	再获市政公用工程施工总承包特级资质、工程设计市政行业甲级资质，集团公司正式进入"双特双甲"新时代。
2020年	集团公司地产项目五辰·梧桐里项目备案成功，五辰梧桐里项目成功备案，使集团公司房地产业务板块的发展再攀高峰。
2021年	潇河新城国际会展中心北侧组团项目主体钢结构施工顺利完成，标志着工程正式进入屋面设计以及装饰装修施工阶段，整体工程进度迈上了一个新的台阶。

讲述人：山西五建集团有限公司
党委书记、董事长　邬海升

讲述人简介

邬海升同志带领山西五建抢抓国家加快补齐基础设施短板的政策机遇，以市政资质申特成功为契机，依托EPC、PPP转型业态新模式，大力拓展城乡基础设施建设、区域交通便利化等潜在市场，推动集团公司市政专业化板块走上品质提升快车道，形成了房建、市政两轮驱动的核心业态新格局。

奋力前行　书写城市建设传奇篇章

——"百城百企"记山西临汾市政工程集团股份有限公司

扫码看视频

60多年前，临汾工程修建队凭一叶孤舟，在新中国的曙光中扬帆出海，60多年后，临汾市政集团如一艘巨轮，在新时代的号角中劈波斩浪。岁月鎏金，年代更迭，这些亲历者和见证者，用勤奋铭刻下成长的痕迹；大浪淘沙，城市变迁，这些建设者和开拓者，用智慧支撑起集团的腾飞。临汾市政集团不忘初心，牢记使命，以引领行业发展的责任感，书写着城市建设的传奇篇章。

山西临汾市政工程集团股份有限公司（以下简称"临汾市政集团"）前身为临汾工程修建队，成立于1957年。

2008年，随着国有企业改革不断深化，市政公用行业国企改制势在必行。为全面贯彻落实国家有关国有企业改革的精神和要求，临汾市政集团领导学习先进改制经验，学习一流企业发展经验，赴西安，上青岛，下广州，经过多番努力，于2008年4月成功改制，当年成为山西省第一家改制的国有市政企业。

改制后的企业经营与市场深度接轨，新的体制更加灵活，改制第二年企业产值就由前一年的800万元跃升至2000万元，比前一年增长了近2倍。经过13年发展，到2020年底产值已达到38亿元，员工人数达2160人，孵化了26家子公司，连年荣获省、市级优秀企业称号，2018年、2019年、2020年、2021年连续四年荣获"山西省建筑业骨干企业"称号。改制后一系列现代化管理手段的运用，催生了企业更大活力和生命力，取得了前所未有的成就。

工程业绩，依创造于实践

临汾古称平阳，素有"中国戏曲之乡"美誉。锣鼓大桥和脸谱大桥是临汾市政集团工程建设和戏曲文化相结合的创新之举。

2009年10月，临汾锣鼓大桥被上海大世界吉尼斯总部列入"雕有石鼓最多的桥梁"吉尼斯世界纪录。据了解，锣鼓大桥由大桥主桥、锣鼓广场和威风锣鼓雕塑三个部分组成。大桥设计时将锣鼓元素融入大桥设计和建造，在桥墩、护栏到桥面中心隔离带，雕刻镶嵌1418面石鼓。大桥东西桥头建有4座锣鼓广场，广场中央竖立4座13m的威风锣鼓艺术群雕，成为全省第一座和全国第一座锣鼓文化艺术桥梁，是临汾市标志性文化艺术建筑之一。

时隔五年之后，临汾脸谱大桥，以雕刻镶嵌3581个脸谱的纪录，被上海大世界吉尼斯总部评为"雕有脸谱最多的桥"。脸谱大桥以戏曲文化为主题，大桥为下穿分离式立交桥，桥下道路长647m，宽60m。大桥东西两端建有四座高7.2m，长、宽各3.3m的巨型脸谱雕塑，每尊雕塑14个脸谱，共56个；两桥护墙共设有24个巨型脸谱浮雕；桥洞侧墙共雕刻64个脸谱浮雕；五道护栏共雕刻3437个脸谱。脸谱大桥于2010年3月16日开工，2014年10月建成，通车后，成为打通城东城西又一主要通道，对促进城东地区的城市建设和经济发展，发挥了重要作用。

除了锣鼓大桥、脸谱大桥等城市基础设施，秉承"敢打硬仗、能打胜仗"的铁军精神，临汾市政集团先后承建了临汾城区供热、供水、供气、污水处理及公厕工程，临汾市鼓楼南北街、解放路、南外环、广宣街、平阳北街、汾河生态公园、向阳路、西关桥西延、五一路、滨河东路北延，以及尧都区政府室外工程、蒲县锦绣大道、侯马市北环、洪洞县滨河东路、洪洞县虹通北路、洪洞县第六中学室外工程、浮山县天坛路、永和县正大路、襄汾高速连接线城区段改造工程、河南洛宁县洛河综治、忻州保德县新城区基础设施建设项目、新疆阜康市产业园扬水工程等400余项道路、公路、桥梁、建筑、钢结构、水利等工程。

图1　临汾市锣鼓大桥

图 2　临汾市鼓楼南北街

图 3　临汾市五一路

转型跨越，树新帜于平阳

20世纪80年代初期，临汾市政集团迎来了新的发展契机，"公司化运营 企业化管理"，全新的临汾市政集团将自身的发展融进临汾的城市发展，开启了企业转型发展的新征程。

推行管理现代化，临汾市政集团致力于打造"大数据网络体系"，建立大数据中心，将集团现有应用系统的所有数据收集、整合，URP项目管理系统、OA智能协同办公系统、机械指挥官、员工劳务实名制系统、过磅系统等企业办公和管理智能化，支撑着公司管理决策、流程审批、数据传输与分析等日常运营活动，进而实现集团的现代化管理，向纵深推进。同时临汾市政集团通过"双精"管理，加强方案设计、流程把控、识别和改善流程环节资源配置，少投入资源、多产出成果，实现了管理模式的"精"、管理效果的"益"，提升了流程运转效率。

图4 临汾市尧都区政府室外工程

图5 临汾市鼓楼北公厕

通过产业多元化布局、产业链上下游延伸，临汾市政集团持续扩大企业规模、提高公司应对风险能力和综合竞争力。发展多年来，临汾市政集团的市政公用工程施工总承包资质，由原来的单一"叁级"迅速提升为四个"壹级"；主营业务也从单一的市政公用工程施工企业，迅速发展成为市政、建筑、公路、水利、钢结构、检测、照明、绿化、涵洞、桥梁等工程施工及咨询、设计、测绘等工作；产业覆盖投融资、石料开采、混凝土管预制、商品混凝土预拌、设计咨询、检测试验、垃圾处理、环保墙材、新材料研发、农林科技、园林绿化、城市及道路亮化、房地产开发、物业管理、机械租赁、建材贸易、酒店餐饮、会展培训等多个领域业务于一身的多元化市政工程建设集团企业。

坚持科技引领、创新驱动发展，临汾市政集团进一步加大科研投入力度，重点推动科研成果转化的力度，同时组建科技创新部门"技术中心"，配备专业的科技创新团队，制定科技创新奖励办法，多项创新工作有序展开。在科技创新与实际工作相辅相成的良性循环下，临汾市政集团荣获1项省级技术中心认定，2项市级技术中心认定，取得国家发明专利6项，国家实用新型专利100余项，省级工法15项，省级关键技术工法40余项，全国市政优秀QC小组称号30余项，省优秀QC小组称号120余项，集团公司及三个下属子公司先后获得高新技术企业认定，多项专利和研发成果如雨后春笋般涌现。

仗义行仁，扛责任于肩头

社会责任是经济社会发展到一定阶段对企业提出的期望与要求，临汾市政集团在不断向前发展的同时，积极履行社会责任，探索"产业发展+社会责任＞2"的新模式。

2019年3月15日下午6点10分，临汾市乡宁县枣岭乡卫生院北侧发生山体滑坡，造成卫生院一栋家属楼、信用社一栋家属楼和一座小型洗浴中心垮塌，情况危急。董事长曹召成一声令下，集团迅速组织100余万元抢险物资，第一时间调去多台大型救援机械——最大承重260t吊车、臂长62m泵车，以及其他各类机械设备，同时临时成立30余人的救援队，全力以赴展开全天候救援行动，最终圆满完成了救援任务。被山西省减灾委员会、省人社厅、省应急管理厅联合授予临汾市政集团"3·15乡宁山体滑坡抢险救援先进集体"荣誉称号。

2020年1月30日，公司通过红十字会捐款100万元，助力武汉新冠肺炎疫情防控工作。2月10日上午，子公司中润路科公司经理李健一行为尧都区刘村镇土佳坡村坚守疫情防控第一线的土佳坡村民送去了疫情防控保障物资。2月11日下午，子公司鑫伦公司经理康艳伟等一行为尧都区土门镇坚守疫情防控第一线的工作人员送去了疫情防控物资。2月12日开始，子公司燎原照明公司施工团队在经理费满宏的带领下，担负起临汾市第三人民医院异地新建项目门诊医技综合楼B栋路灯照明设施安装的使命，助战临汾"小汤山"建设。3月2日下午，临汾市政集团党总支组织全体党员开展支持疫情防控捐款活动，活动现场共筹到捐款五千余元。土门镇政府赠送了"'抗击疫情 我们为社会作贡献'爱心捐赠"荣誉奖牌；由于在临汾市第三人民医院应急工程建设中的突出贡献，燎原照明公司被临汾市住房城乡建设局授予"突出贡献单位"称号。

2020年8月29日上午9点40分左右，临汾市襄汾县陶寺乡陈庄村聚仙饭店发生坍塌事故，导致多名群众被困，情况危急，董事长曹召成从子公司中润路科公司紧急抽调出一支由各工种骨干组成的20多人的救援队、两台大型吊车、一台长臂挖掘机，迅速赶到襄汾县陶寺乡陈庄村聚仙饭店坍塌现场，按照指令，加入救援，最终圆满完成救援任务。

2021年7月22日傍晚，襄汾县突遭强降雨，部分街道水位暴涨，淤泥横流，线路中断，人民群众生命财产安全受到威胁，防汛形势十分严峻。接到抢险指令后，临汾市政集团抢险救援队迅即部署，第一时间派出百余人救援队，机械组携带多台大型救援装备连夜紧急驰援，赶赴险情段抢险。经过近6个多小时不间断地持续奋战，东大街道路基本畅通，各种车辆恢复正常通行，得到了襄汾县各级领导的高度评价和沿线群众的称好点赞。

一项项善举，一次次救援，一批批捐赠物资，真正诠释了临汾市政集团的社会责任感，彰显了公司践行服务为社会的责任和担当。

志存高远，拓梦想于当下

天行健，君子以自强不息。在做大、做强本土市场的基础上，临汾市政集团不断将工程业务向外省市拓展，将临汾市政集团"走出去"梦想付诸实践。

回望来路，临汾市政集团披荆斩棘，风雨兼程，已在时光的河床上留下深深足印；瞻望前路，临汾市政集团背上行囊，凯歌前行，要在历史的坐标中刻下清晰的痕迹。

"潮平两岸阔，风正一帆悬"，新起点，新征程，临汾市政集团将以坚如磐石的信心、使命必达的决心、久久为功的匠心、矢志不渝的恒心，沿着可持续、高质量转型发展的新征途，携手并肩，奋力前行，以引领行业发展的责任感，书写城市建设的传奇篇章。

山西临汾市政工程集团股份有限公司大事记

1957年	成立临汾市政工程公司。
2008年	完成改制，成立临汾市市政工程有限责任公司。
2009年10月	所承建的临汾市锣鼓大桥创大世界基尼斯之最。
2010年11月	荣获山西省建筑业工会联合会"工人先锋号"。
2011年3月	临汾市向阳路道排工程荣获2010年山西省市政金杯示范工程。
2011年3月	荣获临汾市住房城乡建设局系统工会"优秀基层工会"。
2012年	完成股份制改造，更名为山西临汾市政工程集团股份有限公司。
2013年	荣获山西省建筑业"模范职工之家"。
2013年12月	荣获国家贯彻实施建筑施工安全标准示范单位。
2014年1月	荣获2012—2013年度"市直文明单位"称号。
2014年3月	荣获山西省2013年度优秀建筑企业。
2014年11月	所承建的临汾市脸谱大桥创吉尼斯世界纪录。
2014年12月	荣获国家贯彻实施建筑施工安全标准示范单位。
2015年10月	集团公司被认定为"临汾市企业技术中心"。
2016年1月	荣获2015—2016年度"市直文明单位"称号。
2016年6月	被选为山西省市政公用事业协会常务理事单位。
2016年12月	集团公司被认定为"山西省企业技术中心"。

2016年12月	荣获山西省2016年度优秀建筑企业。
2017年11月	山西鑫联智慧科技股份有限公司被批准为中国市政工程协会综合管廊建设及地下空间利用专业委员会理事单位。
2017年12月	中国建筑业协会建设工程质量检测AAA级信用机构。
2017年12月	荣获2016—2017年度"市直文明单位"称号。
2018年1月	当选为中国建筑业协会会员单位。
2018年4月	当选为中国安全生产协会会员单位。
2018年6月	被选为山西省建筑业第四届常务理事单位。
2018年以来	连续四年被山西省住房城乡建设厅认定为"山西省建筑业骨干企业"称号。
2019年3月	当选为临汾市市政公用事业协会副会长单位。
2019年3月	参与"3·15乡宁山体滑坡抢险救援"并获授"3·15乡宁山体滑坡抢险救援先进集体"称号。
2020年2月	参与"控疫情、保健康"活动,并向武汉捐款100万元。
2020年2月	集团鑫明公司、鑫伦公司被认定为绿色建材评价标识二星级企业。
2020年3月	荣获2018—2019年度"市直文明单位"称号。
2020年8月	参与襄汾重大坍塌事故救援行动,被授予全省抢险救援先进集体。
2020年10月	集团鑫联智慧公司、首科公司被认定为省级"专精特新"中小企业。
2020年12月	集团公司及下属中润路科公司、首科公司被认定为国家"高新技术企业"。
2021年3月	当选为中国市政工程协会会员单位。
2021年4月	当选为中国建筑业协会中小企业分会理事单位。

讲述人简介

曹召成是临汾建设领域的佼佼者,企业体制改革的先行者,带领员工致富的引路者。他缔造的山西临汾市政工程集团在全市乃至全省创下了许多辉煌的业绩,稳步走在了全省同行业的前列。

讲述人:山西临汾市政工程集团股份有限公司
　　　　监事长、战略投资委员会主任、
　　　　党总支书记　曹召成

安全就是效益　质量就是生命
——"百城百企"记运城市泰通市政工程有限公司

运城市泰通市政工程有限公司（以下简称"运城泰通"）成立于2007年，是一家以市政工程为主，兼顾公路工程、建筑工程等多元化发展的综合性企业。注册资金1.5亿元，现有人员600余人，具有市政公用工程施工总承包壹级资质、公路工程施工总承包贰级、建筑工程施工总承包和公路路面工程专业承包、水利水电工程专业承包等多项资质。是山西省市政行业优秀企业和运城市骨干建筑业企业。具备承担市政工程、公路工程、建筑工程、地基处理、土方工程、道路桥梁、燃气隧道等多类工程建设的能力。

扫码看视频

运城泰通秉承"诚信立足、创新致远"的宗旨，坚持"以质量求生存"的方针，通过了质量管理体系、职业健康安全管理体系及环境管理体系认证，被评为"AAA级信用企业"。近年来，优质高效地完成了运城市铺安街道路建设工程、安中路道路工程、环湖路道路工程、华源街大桥引道工程、学苑路及迎宾街提升改造工程、河东街道路维修复铺工程、永济滨河公园提质改造工程等一系列标志性工程，获得了各方一致认可与好评。

运城泰通目前为中国市政工程协会理事单位、山西省市政公用事业协会常务理事单位和运城市建筑业协会会员单位。

铸造城市窗口工程　运城市学苑路及迎宾街提升改造

运城市学苑路和迎宾街提升改造工程北起运城北站，南至盐池湖畔的滨湖路，贯穿运城南北，途中跨越南同蒲铁路。改造道路总长约11.3km，学苑路道路红线宽50m，绿线宽80m，迎宾街道路红线宽50m，绿线宽90m。合同造价1.1亿元。

图1 运城市学苑路和迎宾街提升改造工程（一）

图2 运城市学苑路和迎宾街提升改造工程（二）

图3 运城市学苑路和迎宾街提升改造工程（三）

主要路段修建年代较早，部分路基路面形成了不同程度的车辙、沉陷、裂缝等病害现象，导致交通安全性降低及通行能力降低，无法满足安全、迅速、经济、舒适的行车要求。改造内容主要包括机、非路面翻修加铺，平、立缘石更换，人行道铺装、照明改造、公交车停靠站改造，交通标线划设及标志完善等内容。改造方案为将机动车道铣刨10～40mm（路中铣刨10m，路边铣刨40mm，平均铣刨厚度25mm）；非机动车道路面铣刨10mm后，对部分路段地下管线修复，翻浆路段进行处理后，铺设40mm厚（AC-16）的改性沥青混凝土面层；将立、平石更换为花岗石材质；将人行道（包含人行道与绿带现状铺装）采用白花岗石砖重新铺装。

学苑路是运城市主干路网"九横九纵"中九纵之一，是一条重要的城市南北向交通主干道，联系着主城区与高铁车站，沿线分布着高铁站、大型商场、学校、农贸市场、旅游景区及众多住宅小区。交通流量大，车辆众多。承担着繁忙的交通运输任务，是快速集散人流车流的交通干道。迎宾街位于城市北部高铁商务区内，紧临站前广场，是快速疏解人流车流的主要通道。因此，对两条道路进行有计划的改造和提升，提高其服务水平，延长其使用寿命，是城市发展的迫切需要。

该项目的建成，对于提升城市形象，加大道路通行能力、提高行车舒适度、满足群众出行需求都有重要意义，同时也是展示运城形象与城市面貌的重要窗口。

运城市铺安街道路工程

铺安街道路工程位于运城新区，属城市东西向次干道一级道路，西起禹西路，东至韩信路，道路设计全长1719.18m。采用沥青混凝土路面结构，它的建成实现了禹西路与韩信路的贯通，大大地缓解了河东东街的交通压力，极大地方便了当地居民的出行，受到了市民的一致好评，对于加快新区开发，促进运城经济发展，具有重要意义。

图4　运城市铺安街道路工程（一）

图5 运城市铺安街道路工程（二）

运城华源街大桥引道工程

运城华源街大桥引道工程位于运城经济开发区，全长1578.19m，道路红线宽50m，绿线宽90m，采用三块板形式，双向六车道，是运城市一条主要的东西走向干道。该工程的建成，实现了学苑路与库东路的贯通，很大程度上缓解了机场大道的交通压力，对于加快运城经济开发区发展、完善城市路网、方便居民生活具有重要意义。

图6 运城华源街大桥引道工程（一）

图7　运城华源街大桥引道工程（二）

抓安全　重质量　实施品牌战略

运城泰通始终把质量和安全管理工作放在首位，牢固树立"安全就是效益，质量就是生命"的理念，狠抓工程质量和安全文明施工。管理上横向到边，纵向到底，对于承揽的工程，高度重视，周密部署，根据工程范围、工程特点、工艺特性等要求，认真编制施工组织设计，有针对性做好各项准备工作，提高施工方案的可操作性。施工中，统筹部署、精心组织，根据实际情况及时收集第一手资料，强化动态管理，优化施工方案，确保施工质量。同时，加大安全生产管理力度，加强安全教育，强化安全检查，及时排查各类安全隐患，并制定相关处理办法和长效机制，杜绝同类现象再次发生，取得了良好效果。多年来，没有发生安全质量事故。努力做到建一项工程，树一个标杆，塑一座丰碑。

近年来，运城泰通通过内部业务传承及"走出去"与"请进来"等方式，加强员工理论知识学习和专业技能培训，在实践中培养了一批专业素质高、业务能力强、施工经验丰富的技术、管理团队，拥有沥青混凝土拌合站、稳定土拌合站、商混拌合站、摊铺机、压路机、平地机、挖掘机、装载机等多台机械设备。精细化的施工管理和严格的质量控制使我公司优质高效地完成了各项建设任务，获得各方一致认可，多个项目获得"山西省市政金杯示范工程"和"山西省优良工程"荣誉称号。运城泰通多次被评为"山西省市政行业优秀企业"、"运城市优秀建筑业企业"。

以人为本，关爱员工，确保队伍稳定

团结稳定的员工队伍是做好各项工作的前提。运城泰通坚持以人为本，关爱员工，按时支付公司员工和农民工工资，及时足额为员工缴纳社会保险，并为员工购买商业意外险，为员工提供免费食宿，并改善饮食质量，为大家基本生活提供了保障，解除员工后顾之忧。同时充分发扬集体主义精神，畅通沟通渠道，定期举办聚餐、趣味运动等各类团建活动，增进交流，互通信息，消除思想隔阂，进一步密切干群关系。

发展过程中，运城泰通牢固树立"人才是第一资源"的工作理念，努力营造"尊重劳动、尊重知识、尊重人才、尊重创造"的良好氛围，着力加强人才队伍建设，以建设创新型、实干型、知识型、专业型社会人才为目标，加快整合培训资源，构建干部和人才培训的"高速路"，使干部和人才培养工作走上了"快车道"，努力形成"发现一批、培养一批、评选一批、储备一批"的工作格局。

开拓创新，多元发展，向技术要效益

为进一步降低生产成本，运城泰通建设了年产50万t建筑新材料项目，采用国内领先、国际知名品牌——意大利玛连尼高比例再生一体式沥青搅拌站，以路面废料再生利用为主，既解决了建筑垃圾处理难题，又实现了建筑材料循环利用，且质量稳定，市场反响良好。

为进一步适应发展，开拓市场，运城泰通与西安长大公路养护技术有限公司进行合作，建设了道路智慧医院项目，该项目集"体检""门诊""治疗"于一体，采用路联网、云平台对老旧路况进行"诊断"，结合高新技术，在线完成病害调查，确定病害原因，采用针对性方案对症"治疗"，达到省时高效的目的。采用该技术，运城泰通分别对运城市两条道路进行了"诊断"和"治疗"，不仅有效克服了改造路面加铺层反射裂缝病害，延长了道路使用寿命，而且投资少，工期短，效果好。

团结奋进，文化引领，增强企业软实力

在企业不断发展、员工队伍不断壮大的同时，运城泰通认识到文化建设是企业的灵魂，也是形成核心竞争力的基础。运城泰通以党建引领文化建设，成立了公司党群服务中心，加强社会主义核心价值观教育和员工思想道德建设，弘扬主旋律，凝聚正能量，增强员工归属感，提高了公司的凝聚力和向心力。运城泰通还从高等院校聘请了3位专家教授，加强对企业进行文化和技术方面的指导和教育，加大文化宣传力度，通过网站、公众号等不同渠道，宣传企业正能量，使员工在潜移默化中，认识、理解、认同公司企业文化。经过不断努力，在企业发展壮大的同时，做到了员工队伍稳定，企业凝聚力增强，信誉和口碑得到了提升。

运城市泰通市政工程有限公司大事记

2007年　运城市泰通市政工程有限公司成立。

2012年　运城市泰通市政工程有限公司党支部成立，促进企业健康发展；新建玛连尼4000型沥青混凝土拌合站，公司实力显著增强。

2016年　相继成立山西鸿桥物业管理有限公司、山西鸿桥商务酒店有限公司、山西瑞和亚通人力资源有限公司，实现多元化发展。

2018年　成立中科路恒工程设计有限公司运城分公司，进一步延伸产业链。

2020年　成立山西途瑞通新材料有限公司，建设玛连尼5500型高比例再生一体式沥青搅拌站，走可循环发展之路。

2021年，与西安长大公路养护技术有限公司进行合作，建设道路智慧医院项目，走产学研一体化道路。

讲述人：运城市泰通市政工程有限公司
　　　　董事长　陈忠泽

讲述人简介

陈忠泽，运城市人大常委、民建运城市委副主委、盐湖区人大代表、运城市人民检察院人民监督员

他思想解放，善于创新，勇于开拓，与时俱进，工作雷厉风行，遵纪守法，狠抓工程质量，实施品牌战略，热心公益事业，带领公司不断发展壮大，迈上新台阶，在业内和社会上有很好的信誉。

创新驱动 "市政+互联网"战略化发展
——"百城百企"记大同市政建设集团有限公司

扫码看视频

81

大同市政建设集团有限公司坚持以"习近平新时代中国特色社会主义思想"为指导，坚持以市场发展需求为导向，以效益为中心，以安全质量为前提，以提高企业竞争能力为目的；坚持以建立和完善适合本企业发展的以企业为主体、产学研相结合的技术创新体系，加强科技开发和技术创新；以加速科技成果向现实生产力转化，提升传统产业技术水平，进一步提高企业施工能力和管理水平，将公司逐步打造为科技领先、结构合理、管理先进的山西省骨干建筑业企业。

大同市政建设集团有限公司（以下简称"大同市政"）成立于1979年，于2008年进行改制，具有市政公用工程施工总承包壹级，公路工程、建筑工程施工总承包贰级等多项资质。

现有职工400余人，各类专业技术人员达300余人，下属全资子、分公司近20家，业务范围涵盖工程试验检测、市政行业设计、测绘等，具有沥青混凝土搅拌站、商品混凝土搅拌站、水泥制品厂等多家建材生产企业；还在多地设立合资投资公司，参与当地市政基础设施建设。

近年来为响应山西省住房和城乡建设厅引导一批建筑企业"走出去"的号召，大同市政先后在河北、山东、内蒙古、甘肃、福建、浙江等十余省份设立分公司开展招投标及施工业务，外埠项目每年可完成产值约3亿元。

解决公交出行"最后一公里"难题

2016年12月，大同市政以最短的工期、最优的质量为社会提供最好的服务、最佳的工程——大同市公共自行车基础建设项目。

图1 大同市公共自行车基础建设项目

据了解，当时大同市随着城市化进程的加快和私家车数量的剧增，交通拥堵、环境污染和能源大量消耗，已成为城市发展过程中必须解决的问题。而除城市公交外，自行车租赁这一新兴的慢行公交系统为人们出行提供了方便，越来越成为解决城市"最后一公里"瓶颈问题的好方法。

大同市政通过调查，发现在大同市居民的出行交通方式结构中，自行车、电动自行车等非机动化出行方式所占比重为23.3%，仅次于步行所占比重，依然占据比较重要的地位。因此，随着机动车交通拥堵的加剧以及低碳、环保、健身理念不断深入人心，倡导群众绿色出行的公共自行车系统在大同市发展是适宜的，故积极主动承建公共自行车基础建设项目。

大同市公共自行车基础建设项目分为三期，一期范围是主城区、御东新区建设600个存车点，投放自行车2万辆；二期范围是在矿区、南郊区、恒安新区建设400个存车点，投放自行车1万辆；三期则根据运行情况补充完善全市存车点布局。

此次大同市公共自行车基础建设项目的建成，不仅为居民和旅游者提供便捷的绿色出行方式，提高了城市的绿色竞争力；为城市提供1~5km的短途出行解决方案，成为城市交通系统不可或缺的组成部分，提高道路资源的利用率，缓解道路交通拥堵，解决公交出行"最后一公里"难题；最大限度地促进各种交通资源的合理利用，满足居民多层次的出行以及不同出行目的的交通需求。

打造"大同市政"品牌　建设山西省骨干建筑业企业

此外，企业致力于推进科技进步，不断开发新技术、新工艺，在市政工程领域、公路工程等方面拥有多项发明或实用新型专利，努力打造"大同市政"品牌。

图 2　大同市文瀛湖生态公园 PPP 项目

公司通过并执行 QEO "三位一体" 管理体系认证标准，倡导 "绿色施工" 的经营理念，坚持走工程 "每建必优" 的兴业之路，大力实施品牌战略，连年创优夺杯。推广应用 QC 质量管理，各部门结合实际工作编辑 QC 成果，荣获省级荣誉，受到上级部门认可与表扬。

近年来，逐步建立完善企业经营运行机制，引进必要的仪器设备和信息化建设的投入达到区域内建设行业前列。团队建设方面，公司多渠道、多层次、多方式培养和引进人才，建立一支 "年龄梯度合理、知识结构优化、行业涵盖全面" 的建筑行业高层次人才队伍；研发合作方面，积极开拓与省内外相关的大专院校、科研团体以及同行业的国内先进公司进行产学研合作，充分利用公司外部的科技力量和资源，进行技术创新，提高企业的整体技术研发水平。

近几年来，企业不断扩大省外市场，力争海外市场，积极推动自身信息化建设，将现代信息技术应用于企业生产经营管理的各个环节，以制度流程的科学化、规范化和标准化提高企业决策、管理水平和效率。

未来公司会继续坚持以 "习近平新时代中国特色社会主义思想" 为指导，以市场发展需求为导向，加强科技开发和技术创新，推动科技成果向现实生产力转化，促进企业施工能力和管理水平的进一步提高，把公司真正建设成为科技领先、结构合理、管理先进的山西省骨干建筑业企业。

大同市政建设集团有限公司大事记

1979年　大同市市政工程公司成立。

2005年　大同市人民政府授予 "守合同重信用企业"。

2008年	企业改制，更名为大同市世正建设有限公司。
2008年	大同市大庆路道路建设改造工程，获首项省级奖项——山西市政工程协会"山西省市政金杯示范工程"。
2009年	大同市向阳东西街道路改造工程，获首项国家级奖项——中国市政工程协会"全国市政金杯示范工程"。
2011年	山西省总工会表彰，授予"工人先锋号"。
2012年	工程项目的全面质量管理成绩显著，首次获省级QC活动成果二等奖。
2013年	水稳层两层连铺施工工法成为企业首项省级工法。
2013年	更名为大同市政建设集团有限公司，成立集团公司。
2018年	大同市维护女职工权益先进单位。
2020年	QC小组活动，获全国市政工程建设优秀质量管理小组优秀奖。
2021年	山西省住房城乡建设系统优秀企业，为企业首项山西省住房城乡建设系统荣誉。

讲述人简介

苑晨星秉承"创造科技新价值、赋予传统新生命"的理念，着力发展"互联网＋市政"业务，促进企业"创新驱动的市政互联网战略化"发展，共建产业生态圈。

讲述人：大同市政建设集团有限公司
　　　　副总经理　苑晨星

主业固基　信誉至上
——"百城百企"记赤峰天拓市政建设工程有限公司

扫码看视频

　　赤峰天拓市政建设工程有限公司成立于2011年，在成立后10年的时间里，天拓市政人在党政班子的领导下，发扬"诚信、敬业、团队、创新"的企业精神，艰苦创业，锐意进取，顽强拼搏，奋发图强，励精图治，如今的赤峰天拓市政建设工程有限公司已经发展成为以管理为主的现代市政企业。

　　2011年6月4日，已经从业18年的王大伟成立了赤峰天拓市政建设工程有限公司，并担任董事长兼总经理。在随后的10年奋斗中，公司全体员工发扬艰苦创业、吃苦耐劳的精神，始终坚持"主业固基、信誉至上"的可持续发展战略。主业已发展为集市政、公路、桥梁、园林绿化、房屋建筑、公共广场、城市供水、雨污水处理等工程的综合型施工企业。

　　目前公司现已拥有市政公用工程施工总承包贰级资质、公路工程施工总承包叁级资质、建筑工程施工总承包叁级资质、环保工程专业承包叁级，从事市政公用工程、公路工程、园林绿化工程、建筑安装工程、土石方工程、建筑劳务分包、钢结构工程、环保工程、水利水电工程、体育场地设施工程施工；建筑机械维修；建筑材料生产销售；沥青混凝土生产；林木、苗木培育销售；机械设备租赁、房屋租赁；建筑工程设计；农村土地整理服务；技术信息咨询；土木建筑工程与交通运输工程研究服务。公司先后被评为内蒙古自治区安全生产优秀单位、内蒙古自治区优秀企业、内蒙古自治区优秀施工企业、赤峰市重合同守信用企业、全国QC活动优秀企业、赤峰市优秀施工企业、赤峰市安全生产优秀企业、赤峰市质量明星企业。目前为中国市政工程协会理事单位、内蒙古自治区市政工程协会副会长单位、赤峰市建筑业协会常务理事单位。

用工程质量求生存

随着技术改造力度的加大和新技术、新工艺、新材料、新设备的引进和推广，工程项目综合机械化水平全面提高，安全信息网络建设已成规模，各项科技成果、课题研究取得重要进展，特别是近年来，公司始终坚持中国特色社会主义道路，与时俱进，加大技术创新和科研力度，科技成果硕果累累，有多项QC活动成果获得全国一等奖、二等奖，多项课题获得省级工法，多项绿色施工成果被评为省级绿色施工工程，成功引用BIM技术在工程项目中，提高了现代工程领域的科技含量，为精准、高效、安全完成工程项目提供了技术保障。

公司致力于市政公用工程专业领域内的发展，全面提升公司的综合实力，有完善的工程施工管理流程和项目管理标准。翁旗道路工程、松山区市政道路、兴隆街建设项目、临潢大街、兴园路市政道路、红山区排水管网工程获得自治区市政金杯示范工程；已建道路污水管网工程、召苏河应急水源工程（机电安装、管道）获得自治区安装之星奖项；乌兰浩特市利境污水处理厂提标改造工程、宁澜路市政道路工程、棚户区支线管网道路工程、城区再生水环城管网工程获得自治区级绿色施工工程；松山区市政道路、红山区排水管网工程、天山路道路工程、乌兰浩特市利境污水处理厂提标改造工程、兴隆街建设项目获得自治区级安全标准化示范工程。如今公司已有数十项工程获得了市级、自治区级优质工程奖、安全标准化示范工程奖。

衔接历史与现实的烈士陵园

敖汉旗新惠烈士陵园迁建项目位于敖汉旗新惠镇西梁山公墓。入口广场3437.66m²；生态停车场231m²；瞻仰之路台阶1774.32m²；纪念广场2371.7m²；军魂广场681.55m²；烈士安葬墓区2000m²；园区甬路695m²；土石方工程；门卫、卫生间共计142.58m²；水、电等基础设施；烈士陵园绿化工程及其他景观工程设施等。

在纪念碑广场的建设中，赤峰天拓市政建设工程有限公司施工队伍对项目建设先进行土石方工程的施工，再进行垫层浇筑、场地铺装、台阶铺装。安装胜利主题不锈钢板雕塑，台阶两侧卧碑的建设，园区建设的纪念牌主体浇筑，纪念碑主体干挂大理石，烈士名录墙进行干挂烈士英名浮雕。

同时在纪念碑广场周围修建排水沟，广场以暖黄色石材收边，广场下修建台阶，采用暖花色石材，台阶两侧种植云杉，修建排水沟，每层台阶中间修建花池，采用红色石材。台阶下平台采用暖灰色花岗石铺装。台阶两侧进行绿化，修建生态游步道，以及采用温白玉修建的石亭。

在军魂广场周围种植新疆杨，广场中心有五角星浮雕，广场中心两侧有军旗、军歌主题展示墙。

广场的入口大门采用汉白玉铺装，入口处有入口标志影雕墙、陵区形象墙。停车场采用暖灰色植草砖铺装，周围绿化种植。园区内还安装各类灯饰，有景观灯、投光灯、草坪灯、地埋灯，另有音箱等。还安装有垃圾桶、垃圾回收站以及园区指示牌。

烈士陵园作为衔接历史与现实的场所，是开展英雄烈士事迹研究、宣传和教育的重要载体，是展示革命先烈精神的重要平台，是广大干部群众开展革命传统教育的基地。本工程园区内的烈士纪念碑、纪念塔、烈士公墓以及园区内的其他景观，本身都承载着历史沧桑感和厚重感，向参观者传达革命精神的同时，也要结合社会现实，让他们有所领悟，倍加珍惜和平生活，感恩革命烈士的无私奉献。

图1　敖汉旗新惠烈士陵园迁建项目

赤峰天拓市政建设工程有限公司自成立以来一直本着"工程质量求生存，市场需求为中心，持续改进促发展，客户满意为宗旨"的发展方针，坚持技术创新，创造精品，服务社会的经营理念，抓住机遇，开拓创新，务实工作。未来，公司将继续结合自身特点，充分发挥自己的优势，使生产经营不断拓展，工程质量不断提高，为家乡人民建造一个又一个精品工程。

赤峰天拓市政建设工程有限公司大事记

2011年　公司成立。

2012年　获得市政公用工程施工总承包叁级资质。

2015年　获得"安康杯"，颁发单位"中华全国总工会、国家安全生产监督管理总局"。

2015年　承建的"喀喇沁旗樱桃沟中桥工程""赤峰市中心城区配水管网改扩建工程（一标段）"获得市级安全标准化示范工地。

2016年　获得市政公用工程施工总承包贰级资质。

2016年　承建的"翁牛特旗纬五街、纬六街及乌七线道路"获得市级安全标准化示范工地。

2017年　获得自治区级"AAA信用企业"。

2017年　承建的"松山（安庆）工业园区市政道路及相关配套设施工程"获得自治区级安全标准化示

	范工地。
2018年	获得自治区级"优秀施工企业""安全生产优秀企业""质量管理优秀企业""工程建设QC小组活动优秀企业"。
2018年	获得"安康杯",颁发单位"中华全国总工会、国家安全生产监督管理总局"。
2018年	承建的"赤峰红山区城区排水管网建设工程(桥北片区)施工第二标段:保税物流雨水工程、粮食市场雨水工程""赤峰市新区经棚路、天山路、兴安街、支八街道路工程第二标段天山路(玉龙大街—临潢大街)施工工程"获得自治区级安全标准化示范工地。
2019年	获得建筑工程施工总承包叁级、公路工程施工总承包叁级、环保工程专业承包叁级。
2019年	公司承建的"松山(安庆)已建道路污水管网工程"获得自治区级安装之星奖。
2019年	公司承建的"翁牛特旗纬五街、纬六街及乌七线道路""松山(安庆)工业园区市政道路及相关配套设施工程"获得自治区市政金杯示范工程。
2019年	公司获得自治区级"优秀企业""安全生产优秀企业""质量管理优秀企业""工程建设QC小组活动优秀企业"等奖项。
2019年	获得自治区级"诚信典型企业"。
2020年	参加抗击新冠肺炎疫情工作。
2020年	公司承建的"召苏河应急水源工程(第二标段)"获得自治区安装之星奖项。
2020年	获得自治区级"AAA级信用企业"、国家级"AAA级信用企业""安全生产优秀企业""质量管理优秀企业""工程建设QC小组活动优秀企业"等奖项。
2020年	公司承建的"乌兰浩特市利境污水处理厂""内蒙古赤峰市敖汉旗金厂沟梁独立工矿区居民搬迁安置配套安置小区周边路网工程——兴隆街建设项目"获得自治区级安全标准化示范工程。

讲述人:赤峰天拓市政建设工程有限公司
　　　　董事长、总经理　王大伟

讲述人简介

王大伟,2011年成立赤峰天拓市政建设工程有限公司并担任董事长兼总经理。在企业的经营和施工管理中,探索出了一套行之有效的好经验,任职期间,不断在行业中创造业绩,运用先进的管理理念来管理企业,得到了业界和同行的好评。

砥砺前行和祖国共成长　不懈奋斗谱写榕圣新篇章
——"百城百企"记福建省榕圣市政工程股份有限公司

扫码看视频

福建省榕圣市政工程股份有限公司（以下简称"榕圣市政"）是集投融资、建设、施工、运营为一体的综合性国有建筑企业，前身系创立于1952年的福州市市政工程公司。1999年经批准整体改制为股份有限公司，现隶属于福州城市建设投资集团有限公司。

公司注册资本金10亿元，拥有建筑工程施工总承包壹级、市政公用工程施工总承包壹级、公路工程施工总承包壹级、石油化工工程施工总承包贰级、水利水电工程施工总承包叁级、隧道工程专业承包壹级、公路路基工程专业承包壹级、公路路面工程专业承包壹级、城市及道路照明工程专业承包壹级、环保工程专业承包壹级、风景园林工程设计专项乙级、房地产开发企业资质贰级等资质。

企业经营范围涵盖城市基础设施建设、片区综合开发、勘察设计与造价咨询、矿产资源开发、装配式建筑构件、BIM信息技术与应用软件开发、城市基础设施管养维护等领域。拥有福州市首家环保型厂房式沥青拌合站、大型预制构件厂等生产基地。先后承建了福州市五一路、五四路，无锡市香楠路，宁德市福宁路1号桥工程、屏南站站前路和站前广场，温州市瓯海大道等省内外路桥工程，金鸡山公园、牛岗山公园等福州市60余座公园，三坊七巷、上下杭、鼓山登山古道、于山等福州历史文化街区和风貌区，福州江阴污水处理厂、福州洋里污水处理厂等环保工程，多次摘得国家、省部级"金杯奖"、省"优质工程奖"和"中国风景园林学会科学技术奖园林工程奖"，先后荣获福建省建筑业先进企业、福建省建筑业AAA级信用企业、福建省百大施工企业、福建省守合同重信用单位、福建建筑企业竞争力100强，以及全国市政工程优秀企业等荣誉称号。

精益求精保品质　福州市五一路道路改造工程载誉落成

1961年开始修建的五一路，是福州市为改善交通，便于运输战备物资，以战时可做战机起降使用而修建的高等级城市道路。该工程路面为18cm厚300号水泥混凝土路面约105900m²，按当年的标准修建了地下过街污水压力管1道、污水接管4道，加固高桥桥台一座，投资达25万元。该项目受当时施工技术、设备所限，仅有简单的畚箕、锄头、板车等生产工具，依靠人工打桩、肩挑车拉，用了两年多的时间修建起了一条长3530m，宽30m，完全能满足战斗机起降使用的水泥混凝土道路。这条路一用就是40年。

图1　1961年修建前的路

图2　40年间一直使用的五一路　　　图3　2001年改造后的五一路

到20世纪90年代末，随着改革开放，原有的道路已不再适应福州经济高速发展的需要，2001年榕圣市政再次受命改扩建五一路。该工程在结构设计上，采用了当时最可靠的水泥稳定碎石半刚性基层与改性沥青SMA面层。为了保证稳定层、沥青面层的施工质量，榕圣市政专门采购了进口的搅拌机以及全套摊铺、碾压设备，在不封闭交通的情况下，精心组织施工，追求精益求精的品质，修建了一条高标准的城区主干道，并获得了"全国市政金杯示范工程"的奖项。

如今，该条道路依然承担着福州市区交通主干道的重任。2013年起，榕圣市政陆续多次对五一路进行升级改造，将道路的非机动车道及人行道升级为彩色路面，并对机动车道进行了超薄磨耗层的施工，提高了沥青面层的性能（耐久性及行车舒适性）。

砥砺前行和祖国共成长　不懈奋斗谱写榕圣新篇章

1952年百废待兴的中华人民共和国建立初期，榕圣市政前身"福州市劳动局工赈大队"成立，肩负着建设新中国的神圣使命。依靠人工用畚箕、锄头加板车施工，先后完成了三保路、大公路、上三路、工业路、八一七路等福州市区主要道路的修建，成为福州市第一批市政建设队伍的中坚力量。1958年改名"福州市建设局市政工程处"，并着手修建了五一路、五四路，改建东街、东大路，扩建国货路、南公园路……一条条城市主干道，是企业在福州城市发展历史画卷中"绘"就的精彩。

1978年，国家经济发展进入快车道，企业不断做大做强并改名"福州市政工程公司"。为"练肌肉"、强实力，公司购置了大批机械化施工设备、新建沥青拌制厂、引进水泥混凝土真空

图4　衢宁铁路屏南站站前路及站前广场工程

图5 福州市闽江北岸中央商务中心下穿通道工程

工艺、顶管工艺等多项先进技术,填补了福州市市政施工多项空白,并完成了梅峰路、亚峰路、茶园路、华林路、广达路、群众支路及同德桥等建设,顺利走上机械化施工的道路,成为福州市唯一一家市政施工的专业队伍。

1999年,公司积极响应市政府号召,在改革浪潮中成为福州市建设系统首家改制的国有企业,再次更名"福建省榕圣市政工程股份有限公司"。改的是名字,未变的是初心,秉持"建一项工程,树一座丰碑"理念,坚持"纾民困、解民忧",公司先后完成了五一路、国货路、福飞路改建,鼓山大桥路面施工……多次荣获市优、省优和全国市政金杯示范工程。

图6 福州市金鸡山公园栈道景观工程

迈步新征程，在赶考路上，榕圣市政以一项项民生工程、放心工程向人民交出满意"答卷"：三坊七巷基础设施建设、上下杭历史文化街区整治……公司用悉心和精心守护着福州的历史和文脉；晋安河清淤清障、牛岗山公园建设、金鸡山公园建设……公司坚持不懈加强城市水系治理、加快海绵城市建设，打造山水福州；地铁建设、房屋建设、公路建设……增强业务实力、培育新型板块，助力城市发展，榕圣力量更加充沛；提升市政基础设施品质和人居环境水平，推动建管合一和城市智慧运营，在创造高品质生活上，公司砥砺奋斗。

七十年风雨兼程、七十载砥砺前行，企业与祖国共成长。度过初创期的筚路蓝缕、低谷期的矢志不渝，进入发展期，公司正沿着"拓平台、延产业、强投资、增效益"的发展方针，奋力拼搏。固根基、扬优势、善改革、求突破，不惧一切考验的淬炼，榕圣市政愿用持之以恒的"奋斗"谱写属于市政人的崭新篇章。

福建省榕圣市政工程股份有限公司大事记

1952年　成立福州市劳动局工赈大队。

1958年　与福州市建设局建设大队合并成立为福州市建设局市政工程处。

1978年　福州市建设局市政工程处一分为二，分别成立福州市政工程公司和福州市第一建筑工程公司。

1999年　经福建省人民政府批准整体改制为股份有限公司。

讲述人简介

林恩，男，现任福建省榕圣市政工程股份有限公司党委书记、董事长，曾获评重点项目建设功臣、福州市五一劳动奖章。

讲述人：福建省榕圣市政工程股份有限公司
　　　　党委书记、董事长　林恩

咬定青山不放松　搏风击浪立潮头
——"百城百企"记厦门市政工程有限公司

厦门市政工程有限公司，这家诞生于厦门经济特区建设初年的国有企业，从未缺席厦门经济特区每一次跨越式发展的历程：厦禾路旧城改造、厦门轨道交通疏解工程、厦门会晤……随着"岛内大提升、岛外大发展"新一轮冲锋号角的吹响，这支施工劲旅再次以饱满的热情、昂扬的斗志，为厦门建设高素质高颜值现代化国际化城市作出应有的贡献。

扫码看视频

1980年10月，国务院批准在厦门湖里划出一块2.5km²的土地，设立经济特区。作为中国首批四大经济特区之一，厦门从一片荒地中崛起，从此拉开其在中国改革开放大潮中追风逐浪、勇立潮头的奋进大幕。

1981年1月1日，在这片欣欣向荣的创业热土上，厦门市政工程公司正式挂牌成立，2016年12月1日正式改制更名为厦门市政工程有限公司（以下简称"厦门市政公司"）。公司刚成立时，员工不到100人，"规模小、基础差、底子薄、人才和资源极度匮乏"是企业的标签。然而，作为特区建设的生力军和突击队，厦门市政人一次次攻坚克难，谱写城市变迁的恢弘乐章。

乘着厦门市政交通基础设施建设繁荣发展的东风，厦门市政公司以"咬定青山不放松"的毅力，立足省内市政交通业务，逐步向浙江、广东、江西等12省（直辖市）50市（区）拓展业务，在激烈的市场竞争中"搏风击浪"，成功地站稳了市场，并实现了滚动发展，完成了企业资质就位等各项资本的原始积累，具备一定的市场抗风险能力，企业不断发展壮大。

进入新阶段，面对市场环境的新变化，厦门市政公司作为一家传统的市政施工企业，瞄准"转型"这一关键词，努力向"非传统"领域拓展，2014年至今承建了厦门火车站南广场及配套服务设施工程、海促会大厦工程等房建项目，同时先后承接了筼筜湖的清淤整治工程、九天湖综合整治工程、河北乐亭经济开发区污水处理厂提标改造工程、河南新乡骆驼湾污水处理厂提标改造工程、厦门内田污水处理厂一期工程等环保领域项目，此外还将业务触角延伸到市政管养领域，紧盯当前热门的综合管廊、海绵城市建设等新兴领域，积极跟踪项目、争取项目落地。

多年来，厦门市政公司用过硬的施工质量锻造出优秀的品牌，用专业的技术水平垒起政府和市民良好的口碑。如今，随着"岛内大提升、岛外大发展"新一轮冲锋号角的吹响，这支施工劲旅再次以饱满的热情、昂扬的斗志，勇当先锋队、排头兵。

一年拓宽"十里长街" 创造城市道路建设的"厦禾路速度"

1993年7月1日上午8时47分，伴随着动人心魄的爆破声响，浓烟在厦禾路724～726号之间冲天而起，一座4层旧楼应声而倒，打响了厦禾路旧城改造工程第一炮。

厦禾路是一条贯通厦门老市区的"十里长街"，东起火车站，西至第一码头，全长4.5km。20世纪90年代初，车辆、行人剧增，厦禾路不堪重负，交通拥堵成为常态。宽度仅有8m左右的美仁宫路段，更是拥挤混乱，群众戏称为"英雄难过美仁宫"。厦禾路道路两侧，工厂和住宅混杂在一起，工厂发展受制；废气和噪声终日不绝，居民不得安生；住户居住条件亟待改善，65%的房屋为危房，70%的住户是住房困难户。

1992年，厦门市委市政府决定攻克瓶颈，改造厦禾路。1993年6月，厦门市政公司厉兵秣马，以良好的精神面貌投入厦禾路改造工程的奋战中。该路机动车道宽22.6m，两侧慢车道各宽4.5m，两侧花坛各宽1.5m，两侧人行道各宽1.7至4.5m不等。自工程开工以后，厦门市政工程公司就以"进场快、展开快、进度快"迅速掀起施工生产高潮，公司领导坚持现场办公制度，每

图1 厦禾路改造前后对比

周召开生产协调会,及时解决施工生产问题,调动起各施工队的潜能,发挥整体作战力。

厦门市政公司从国外购进的8部15t自卸汽车、1部25t吊车和2部0.9m³挖掘机投入到厦禾路拓宽工程使用,解决了车辆运输能力不足的问题,提高了自身的施工能力,推进了厦禾路工程施工速度,发挥较好的经济效益。这批机械设备的引进过程得到厦门市政府、厦门海关的大力支持,市交警大队等有关部门为确保重点工程顺利完成一路开绿灯。

经过不懈努力,1994年厦禾路东段实现9月8日通车,首战告捷,并获得时任市政协主席、厦禾路旧城改造指挥部常务副总指挥蔡望怀"厦禾进展最神速"的好评。

从第一锤砸石破土动工,到通车典礼仅用一年,厦禾路拓宽工程开创了旧城改造的"厦禾路速度"。改造后,厦禾路的宽度从平均13m拓宽到50m,总长度达110万m的17种市政管线全部铺设到位,拆迁安置了5000多户住家(含地块改造)。

厦禾路旧城改造,是厦门经济特区建设历史中浓墨重彩的一笔,通过改造,厦禾路被打造成承载厦门经济社会发展的大动脉之一,始终承担着岛内交通主渠道的重任,厦禾路两侧更被建设为集居住、商业、金融、文化娱乐等各种功能于一身的现代化城市综合体。它开创了厦门经济特区大规模旧城改造的先河,树立了在旧城改造中让城市脱胎换骨的典范,既为厦门创造了丰硕的物质成果,也给我们留下了宝贵的精神财富。2011年厦禾路旧城改造还被列为厦门改革开放以来的三十件大事之一。

筼筜书院改扩建　见证金砖会晤历史时刻

2017年9月,厦门市举办金砖国家领导人第九次会晤。筼筜书院作为活动场地,接待了中俄两国国家领导人的会谈,见证了这一历史时刻,更以其古韵风雅的建筑与装饰,赢得各方赞誉,名声大振。

精品铸造成功的背后,是自始至终全身心的投入,是近乎严苛的施工管理,是不舍昼夜的指挥协调和质量检查。作为项目施工单位,厦门市政公司将筼筜书院改扩建项目定位为"一号工程",提出"追求细节、缔造精品"的要求,抽调业务最精、政治最可靠的骨干组建管理团队,同时公司分管领导深入一线指挥、蹲点现场,确保打造出可以传世的精品工程。

筼筜书院是厦门第一座现代书院,书院主体建筑采用现代材料构筑,既循中国经典书院格局,又富有闽南建筑风格。到过筼筜书院的人都认为书院有这么"二绝":"一绝"为规划设计,虽地处城市中心,但闹中取静,回归草木莺飞,是块"天人合一的净土";"二绝"为建筑形态,将闽南建筑风格与现代建筑材料相结合,以最现代化的建材,极致地完成了21世纪新闽南建筑的美学思考。

因此,在筼筜书院改扩建工程中,厦门市政公司贯彻了上述理念和风格。例如,为更好展现闽南书院艺术风格,项目团队特意从惠安民间专门请来胭炙砖砌筑老工匠、老艺人,一块一块拼接成胭炙砖"万"字形景墙;为了让胭炙砖呈现最好的色泽,施工人员每天加班加点对每一块砖

图 2　改扩建后的筼筜书院实景

进行搓洗；为了实现建筑环保，项目团队对建筑材料精挑细选，并在材料进厂制作前，通过衰老实验等检测方式确定材料释放的气体是否无害等。

工程对细节的把关更是细之又细：为了一个临时新加的空调系统，项目负责人直接找上已经停产的工厂车间，蹲守在旁等着制作出来；临近工期结束前，一间装修完毕的房间突然散发异味，于是项目部七八个人不分白天黑夜地到处寻找异味源头，经过三四天的排查，最终确定是一条老排污管道窜出的气味。

2017年9月3日晚，国家主席习近平在筼筜书院会见了俄罗斯总统普京。经过扩建提升的筼筜书院辞旧迎新，处处呈现"清、静、素、雅"的书院艺术风格，更彰显浓郁的闽南风情，为两国领导人的会面提供了理想的空间。在工程环境复杂、专业要求高、改造时间紧张等诸多困难下，厦门市政公司攻坚克难、精益求精完成筼筜书院改扩建项目，按时、高质量打造出精品工程，诠释了"爱拼才会赢"的锐意进取精神，助力厦门重大国际性活动展现高光时刻。

在开拓中赢市场　在创新中求发展

自成立以来，厦门市政公司在开拓中赢市场，在创新中求发展，在得失中找经验，在磨砺中成长发展。如今公司业务领域和经营范围发生了翻天覆地的变化，从单一的传统市政施工企业逐渐发展成为以市政、公路、桥梁、隧道、房建、园林景观施工等为主要业务，涉及检测、沥青施工、绿化等多板块业务发展的综合施工企业，工程遍布全国各地。

回首四十年来，厦门市政公司在厦门市国资委、厦门市市政园林局、厦门市政集团有限公司的正确领导下，抓机遇、调结构、拓市场，全体员工不惧困难、勇于开拓、奋力拼搏，同时瞄准做强、做优、做大目标和打造管理效益型企业，取得了一张张漂亮的成绩单：1990年企业总产值首次突破1000万元；1995年企业总产值突破1亿元；2017年企业总产值突破20亿元；2020年新签合同额21.09亿元，完成企业总产值14.19亿元，实现营业收入8.9亿元，实现利润总额4300万元；30余项科研成果获得国家级和省级、市级奖项，多项工程被评为省、市优质工程奖，公司技术中心2020年被认定为省级企业技术中心，厦门市政沥青工程有限公司、厦门市政研究所有限公司先后被认定为国家高新技术企业；先后获得"全国优秀市政施工企业""全国首批科技创新型施工企业""全国质量信得过班组""全国市政工程建设优秀QC小组""福建守合同重信用企业""福建省先进建筑企业""福建省模范职工之家""福建省企业文化先进单位""市级文明单位""厦门市五一劳动奖"等。

厦门市政公司将持续发扬开拓精神，坚持市场导向，顺应市场变革，抢抓市场机遇。同时，进一步加大业务结构和市场布局的优化调整，持续转型升级，实现"多点开花"，为企业做强、做大迈出坚实的步伐。

厦门市政工程有限公司大事记

1981年	厦门市政工程公司成立。
1989年	湖滨北路筼筜北岸滨湖路污水管道工程，成为经国家检定的厦门市市政工程中的第一个优良工程。
1990年	公司总产值首次突破1000万元。
1993年	疏港路建设验收，成为公司成立以来承建的工程量最大、工期最短、竣工最快的典范工程。
1994年	厦门市政公司完成了厦禾路拓宽改造工程，通过改造，改变了厦禾路交通拥堵的常态，为厦门市经济社会发展打通了岛内交通大动脉。
1995年	公司总产值突破1亿元。
1996年	晋升为市政公用工程施工总承包壹级资质企业。
1999年	公司实施"走出去"战略，三个施工分公司分赴浙江省、广东省、江西省开拓市场。
2007年	厦门市政公司获"质量、环境、职业健康与安全"三大体系管理认证。
2014年	厦门市政集团挂牌成立，公司成为集团重要成员单位。
2015年	获得"地基与基础工程专业承包贰级""建筑装修装饰工程专业承包贰级""钢结构工程专业承包贰级""城市及道路照明工程专业承包壹级"专业承包资质。
2016年	公司改制更名为厦门市政工程有限公司。
2016年	获得"城市及道路照明工程专业承包壹级""城市园林绿化企业贰级企业"资质。
2016年	举全司之力抗击"莫兰蒂"台风，被厦门市委市政府授予对抗"莫兰蒂"台风及灾后恢复重建工作先进集体，被厦门市市政园林局授予抗击2016年第14号"莫兰蒂"台风"突出贡献

单位"的荣誉。

2017年　公司总产值突破20亿元。

2017年　公司高质量完成厦门会晤保障服务工作，在金砖国家领导人第九次会晤筹备和服务保障工作中表现优秀，荣获省先进集体。其中：筼筜书院改扩建项目受到中共中央办公厅和省、市各级领导的一致好评；机场T4航站楼贵宾通道市政及周边景观提升工程项目部荣获服务厦门会晤立功竞赛先进班组（科室）、福建省工人先锋号。

2018年　沥青板块与混凝土板块完成整合。

2019年　下属企业厦门市政沥青工程有限公司成为厦门市市级高新技术企业。

2019年　成建制接收厦门园林植物园工程部、厦门市绿化工程处工程部，并改制更名为厦门万石园林景观有限公司、厦门万佑市政环境工程有限公司。

2020年　厦门市政工程有限公司企业技术中心通过省级企业技术中心认定。

2020年　下属企业厦门市政研究所有限公司获评国家级高新技术企业。

2021年　制定出台"十四五"战略规划，为公司未来五年发展指明方向。

讲述人：厦门市政工程有限公司
党委书记、董事长、法定代表人　徐连财

讲述人简介

徐连财同志，男，中国共产党党员，1974年1月出生于福建龙海，本科学历，1997年毕业于苏州城市建设环境保护学院公路与城市道路专业，1997年7月开始参加工作，先后担任厦门市政公司工程管理部副经理，厦门市政公司建设工程分公司副经理、建设工程分公司经理及党支部书记，厦门市政公司党委委员、副总经理，厦门市政工程有限公司党委副书记、总经理等职务，现任厦门市政工程有限公司党委书记、董事长、法定代表人。近年来，他先后获得"厦门金砖会晤福建省先进个人""厦门市五一劳动奖章""厦门市国资委系统优秀共产党员"等荣誉称号。

做责任市政　建幸福企业
——"百城百企"记吉林市市政建设集团有限公司

吉林市市政建设集团有限公司始建于1948年，随着全国解放的胜利进行，走过筚路蓝缕的创业征程，投身气壮山河的改革浪潮，在吉林市近80%的市政工程里留下足迹、智慧与汗水：从吉林大街、北京路到解放大路、桃源路，从龙潭大桥、清源大桥到雾凇大桥、新城大桥，从致和门立交桥、雾凇立交桥到解放大路隧道、吉林大街中段隧道，从江城广场、人民广场到临江门广场，从龙潭山公园到玄天岭文化公园，从城市地下综合管廊、安全应急备用水源管线到房屋建筑工程……70余年来，吉林市政人始终磨砺匠心，坚守初心，践行"做责任市政，建幸福企业"的核心价值观，用精品工程诠释着奋斗的情怀。

扫码看视频

1948年3月，吉林市市政建设集团有限公司（以下简称"吉林市政集团"）的前身吉林市政府工程队成立，1953年1月，正式改为吉林市土木工程公司，到1958年4月，变更为吉林市建设局下属的市政工程处，再到1960年5月吉林市市政工程公司正式成立。改革开放前期，公司以政府施工队的身份参与了吉林市20世纪五六十年代的城市建设。那是个人拉肩扛的施工岁月，也正是从那个年代开始，吉林市政人敢打敢拼、艰苦奋斗的光荣传统流传至今。

随着时代的发展，1984年公司由事业单位转化为国有企业，到1994年4月，变更为吉林市市政建设总公司，购置了第一台摊铺机，拥有了专业技术团队，施工效率进一步提升。从这个年代开始一直到21世纪初期，公司始终是吉林市城市建设的主力军，先后承建了吉林市近80%的主要桥梁、道路、景观工程等。

在国家政策的支持下，2007年9月，公司正式改制成为全员持股的民营企业吉林市市政建设有限责任公司。2015年7月，吉林市市政建设集团有限公司正式挂牌运营。从改制到挂牌运营，是吉林市政人砥砺前行、团结一致的过程，是公司历史长河中最刻骨铭心的记忆。无论过程多么艰难，但吉林市政人始终不忘初心，以建设美好城市为使命，承建了吉林市地标建筑——雾凇大桥，还在100天内完成了吉林大街下穿隧道工程，创造了吉林建筑史上的奇迹，保证了金鸡百花电影节顺利开幕。

2015年至今，吉林市政集团进入飞速发展时期，凝心聚力，创新发展，积极招纳优秀人才，打造人才发展战略；购置热再生机组等先进设备，满足施工要求；积极开拓外埠市场，正式开启"走出去"的发展步伐。

经过70余年的奋斗，吉林市政集团从原有施工产值不足2亿元发展到现在近10亿元产值的规模，实现了跨越式发展，承建的工程覆盖吉林、辽宁、内蒙古、海南、天津、安徽、江西等地。如今，吉林市政集团正向"百年市政、百亿产值"的目标阔步前行，将用吉林市政人的理想信念为社会尽更多的责任，为城市的快速发展贡献更多的力量。

四次改建吉林大桥　　见证江城今昔变化

吉林大桥位于吉林市中心城区，跨越松花江，是连接吉林市南北的咽喉要道。它始建于1938年，1940年竣工通车，全长448.77m，桥面宽9.25m。为了满足日益繁荣的城市发展需求，旧吉林大桥于2014年11月结束了长达77年的服役，新吉林大桥正式竣工通车。

多年来，吉林大桥始终是城市重要的交通枢纽，桥上交通密度大。为满足人们出行和南北运输的需要，按照市政府等相关部门要求，吉林市政集团对吉林大桥进行四次维修、加固、铺装等工程施工：1974年对吉林大桥上游一侧进行单侧加宽，加宽后的桥面宽度为22.5m，其中车行道

图1　20世纪八九十年代的吉林大桥

图2　新建成的吉林大桥

宽17m，两侧人行道宽2.75m，桥面为沥青混凝土结构，两侧为银色嵌铁扶栏，大桥面貌发生了重大改变；2007年、2012年分别对吉林大桥受力构件进行维修加固，对大桥的桥面铺装、人行道、伸缩缝等进行了维修；2014年吉林大桥重新建设后，2020年针对桥面及上下桥匝道沥青脱落、坑槽病害等问题进行病害处理，铺筑新沥青层面，全面恢复外观和路面性能。吉林市政集团的每一次维修改建、加固等工程都得到了业主单位的一致好评，改善了江城百姓顺利出行条件，让吉林大桥作为城市交通大动脉继续发挥着重要作用。

具有悠久历史的吉林大桥是松花江上一道最美的风景线，承载着江城人民从20世纪40年代至今的全部记忆，贯穿了江城人民70余年的砥砺前行。70余年来，吉林大桥经历的每一次改建、维护，都映射着日新月异的城市变化；每一次焕然一新，都象征着一次社会进步、一次技术创新、一次经济繁荣。可想而知，站在新时代起点上，吉林大桥将会以更加崭新的姿态屹立于松花江上，见证大美吉林的车水马龙、灯火辉煌。

匠心筑金桥　　实现企业飞速发展大跨越

雾凇大桥工程由吉林市政集团承建，2009年7月30日开工，2014年8月31日竣工。

雾凇大桥是吉林市的地标性建筑，是一座自锚式悬索桥，跨越吉林市主要交通道路松江东路及松花江，其中桥梁长894m，东岸接线长101.11m，全长995.11m。

这样的桥型在东北地区十分罕见：50m深2m直径钻孔灌注桩的钻进、576m³大体积混凝土承台的浇筑、55m高跨江主塔的爬升、150m主跨箱梁的无缝对接、326m M形主缆的架设、98根吊索的安装……每道工序都是前所未有的考验，其施工的难度在吉林市桥梁建筑史上都是首次出现。为了不辜负吉林市政府的重托、全市人民的期望，吉林市政集团选派最精干的力量组建雾凇大

图3 雾凇大桥（一）

图4 雾凇大桥（二）

桥的施工队伍，克服种种困难，用市政智慧匠心打造，实现了多种工法的创新，最终完成了雾凇大桥施工，成为吉林市连接龙潭区和昌邑区的重要交通枢纽，被评为"全国市政金杯示范工程"。

砥砺前行70余载　开启百年目标新征程

70余载艰苦奋斗，70余载步履铿锵。吉林市政集团从新中国成立初名不见经传的"政府工程队"，由小到大，由弱变强，现已发展为拥有17家分公司、9家子公司、9家合资公司，业务范围涵盖市政、公路、房屋建筑、水利水电工程施工，工程设计和检测，建筑材料产销、设备租赁等多个领域的大型集团公司，具有市政公用工程施工总承包壹级、桥梁工程专业承包壹级、工程设计、房地产开发等资质21项。

本着"质量第一、造价合理、确保工期、信守合同、让用户满意"的服务宗旨，吉林市政集团先后承建了百余项省内外大型市政和公路重点工程，创造了辉煌的业绩。历年施工的工程质量一次交验合格率100%，优良品率达95%以上，合同履约率100%，无质量安全事故，并均以工程建设速度快、质量好的成绩赢得了较高的社会信誉。承建的工程荣获中国施工企业管理协会授予的"国家优质工程奖"、中国市政工程协会授予的"全国市政金杯示范工程"、住房和城乡建设部授予的"优良工程奖"、吉林省市政工程协会授予的"吉林省金杯示范工程奖"、吉林省住房和城乡建设厅授予的"优良工程奖"、吉林省交通厅授予的"优质工程奖"等。公司先后被评为中国工程建设AAA级信用单位、中国工程建设5星级信用企业、中国市政工程优秀施工企业、国家级高新技术企业、全国文明单位等。

一路继承，一路开拓。吉林市政人的血脉中流淌着积淀70余年的市政文化和精神，融入了伟大民族复兴的中国梦，成为备受社会尊重与信任的企业，践行了"做责任市政，建幸福企业"的核心价值观，目前正阔步迈进"百年企业"的宏伟蓝图，为城市基础设施建设奉献更多的优质工程。

吉林市市政建设集团有限公司大事记

1948年3月	公司最早的前身吉林市政府工程队成立。
1958年4月	改为建设局市政工程处，隶属吉林市建设局。
1960年5月	吉林市市政工程公司正式成立，隶属吉林市城管局。
1984年1月	事业单位转化为国有企业，隶属吉林市建委。
1994年4月	变更为吉林市市政建设总公司，购置了第一台摊铺机，拥有专业化技术人员，施工效率进一步提升。
2007年9月	改制为全员持股的民营企业——吉林市市政建设有限责任公司，是公司改革创新之路的新起点，是全体市政人共同建设幸福企业的新起点。
2014年8月	雾凇大桥竣工通车，成为吉林市地标性建筑，被评为"全国市政金杯示范工程"。
2015年7月	吉林市市政建设集团有限公司正式挂牌运营，走上独立经营、多元化发展的创业道路。
2015年9月	吉林大街中段下穿隧道竣工通车，100天内完成隧道工程的速度，创造了吉林建筑史上的奇迹。
2016年5月	圆满完成吉林市首届国际马拉松赛道建设工程。该工程应用路面热再生机组，完成赛道再生作业，成为全国同行业的典范工程。
2016年6月	海绵城市生态系统设计理念应用于玄天岭文化公园项目，成为吉林市首家应用该科学技术的施工企业。
2017年4月	承建丰满腰屯河黑臭水体治理工程，是吉林省首个黑臭水体治理工程。

2017年7月	参与吉林市7·13、7·19两次特大洪水抢险。敢于付出、敢于担当的市政人被吉林市委市政府称为"一支敢打敢拼的铁军"。
2018年1月	成功举办吉林市政集团成立70周年庆典，站上了走向百年企业的新起点。
2020年10月	吉林省辽源市龙山隧道工程竣工通车，是公司全力打造外埠市场，建设精品工程的成绩。
2020年12月	被评为全国文明单位，是中央对企业精神文明创建工作的最高褒奖。

讲述人简介

张成凯同志任职以来，调整经营战略，广纳人才，带领吉林市政集团从原有的2亿元施工产值逐步发展成为近10亿元施工能力的大型集团公司。

讲述人：吉林市市政建设集团有限公司
　　　　董事长　张成凯

劈波斩浪　勇立潮头　打造百年市政企业

——"百城百企"记西安市市政工程（集团）有限公司

在西安城建发展的年轮中，一个个刻画着不同时代印记的路网构筑起年轮的主体，那一圈一圈密密的纹路，蕴含着城市历史的厚重和发展的日新月异，彰显出西安建设国际化大都市的雄心和脚步。西安市二环路、三环路工程，东大街道路改造工程，小寨东西路改造工程，西安市第四、五、六污水处理厂工程，西禹高速出入口立交工程，西安市环南路城墙西南角立交工程，西安市大兴路立交工程、北二环未央路立交工程、阿房一路—西三环立交工程、经九路陇海铁路立交工程等，这些工程是这座城市沧海桑田的足迹，也是这座城市惠及民生、追赶超越的名片，而完成这些杰作的"工匠"就是西安市市政工程（集团）有限公司。

扫码看视频

这支誉满三秦、享有市政铁军称号的企业从新中国成立初时的"五一社""建中社"一路走来，在几十年的奋斗历程中，秉承着"忠诚守信、开拓创新、和谐共赢、建造精品"的企业精神，率先在西北地区引入执行国际标准ISO 9000质量认证体系，加快绿色低碳施工技术的进步、推广和普及，厚植工匠文化，推进科技创新，把城市化施工理念深深地植入到项目推进的各个环节，在激烈的市场竞争中，劈波斩浪，勇立潮头，以一个个骄人的成绩书写着波澜壮阔的市政画卷。公司先后荣获国家"鲁班奖"，部级、省级、市级优质工程、样板工程300多项，在城市建设发展的年轮中留下了极为精彩的印记。

随着企业改制工作的持续推进，企业发展的活力被进一步点燃，发展机遇更为广阔，业务更是遍布昆明、赣州、西宁、山东等多个城市。在"一带一路"倡议的宏观背景下，公司必将在新的征途上，以国有企业特有的家国情怀，胸怀万山磅礴必有主峰的信念和执着，矢志不渝，不断攀登，在城市基础设施建设中抒写出华美的篇章。

图1　西安市唯一荣获"鲁班奖"的市政工程——北二环未央路立交工程

精益求精　革新突破

没有精益求精的执着追求就不会有科技进步的推陈出新。

西安市阿房一路—西三环立交工程位于西三环与阿房一路相交处，为四层全互通式立交，主线桥东西向上跨西三环，总占地面积363.5亩，项目合同价为3.55亿元。主体工程包括主线桥以及立交范围内的管线迁改、道路排水、交通工程、照明工程、景观及现状苗木迁改等。

为提升城市品质，打造精品工程，公司借鉴以往项目管理的成功经验，抽调经验丰富、年富力强的精兵强将组建项目管理部，以项目质量、安全、进度控制为主要内容，形成"公司总体控制、项目授权管理、专业施工保障、社会协力合作"具有公司特色的项目管理模式，组织协调优化各类施工资源。针对工程特点，公司组织专业技术人员从交通组织、地下管线改迁优化、质量难点控制、创建精品工程、危大安全控制、成本控制等多层面、多角度进行分析、研判，并经专家论证，制定了《现场交通组织疏导方案》《现浇混凝土箱梁施工方案》《钢箱梁施工方案》《墩柱高大模板施工方案》《人行天桥拆除施工方案》等多项切实可行的施工方案，为项目顺利实施奠定了基础。

针对预制挡墙施工特点及技术要求，公司紧紧围绕施工现场需求进行多次调研并发动技术人员开展座谈研讨，坚持岗位创新、技术创新、一线创新，集思广益，针对沣惠渠箱涵施工难以满足整个立交工程施工节点及交通倒改问题，结合前期装配式挡墙施工的成功经验及推广装配化施工的行业趋势，因地制宜地提出装配式大断面过水箱涵施工方案，并积极协调业主和设计人员进

图2 阿房一路—西三环立交工程

行方案优化和设计变更。在确保箱涵施工质量的前提下加快施工进度，解决了大断面、大吨位装配化箱涵施工防水及安装难题，为整个工程的顺利实施提供了有力的保证，也为公司装配式施工积累了宝贵的经验。项目QC小组发布的"提高混凝土预制挡墙感观质量"课题分别在中国市政工程协会和陕西省建筑业协会获奖；"预制挡土墙关键技术研究"荣获西安市市政行业科技进步奖；《提高大跨径双曲线分节段钢箱梁安装线形质量合格率》课题荣获中国市政工程协会二等奖、西安市建筑业协会二等奖。

发挥优势　协同创新

对新技术的不懈追求是提升工程品质的动力源泉。经九路陇海铁路立交工程是西北地区最大的城市地下互通式框构隧道立交工程，是西安市办好十四运会的重点建设项目。工程南起长缨西路，北至含元路，全长1134.4m，主线下穿华清路、陇海铁路、陇海铁路北侧规划一路。它的建成通车为西安市又提供了一条南北主干线，有效地缓解了东二环、太华路及火车站周边交通拥堵问题，对于改善西安城北的交通状况有着十分重要的意义。

在经九路陇海铁路立交工程实施过程中，项目部对一些新技术进行了不断地探索和实践。公司利用BIM技术进行了图纸校验、三算对比、施工模拟、进度控制、材料管理等方式，有效控制了工程成本、缩短工期、提升项目管理水平。该项BIM应用在西安市建筑业协会"秦汉杯"BIM技术应用大赛中获奖。除此之外，施工单位采用的隧道深基坑施工边坡位移监测技术、混凝土裂缝控制技术等都收到了满意的工程效果，填补了西北市政工程建设中多项技术空白。

图3 经九路陇海铁路立交工程

绿色施工　筑优致远

东大街是西安的网红打卡地，如同上海的南京路。东大街的历史可以追溯到隋唐时期，这里商铺林立，人潮涌动，它的变迁过程，可以说是西安城市发展史的缩影。为拓宽这条凝聚着老西安人情愫的街道，公司坚持绿色、低碳、循环、可持续的施工理念，将绿色建造与生态文明理念引入工程建设，先后硬化、绿化施工现场的主要道路、材料堆场、办公生活区域，严格落实西安市委市政府的治污减霾措施要求，施工现场扬尘治理措施落实到位，抑尘降尘效果明显。公司积极推广使用标准化箱式休息间、箱式笼体，在保证施工质量的同时，降低管理成本，提高文明施工程度，推动节能减排和环境保护。在满足规范要求的条件下，采用我公司自行研发的可反复利用的施工围挡，既美化了环境，又方便维护和保洁，从而提高施工品质，收获了良好的治污减霾及环保效果，该工程荣获该年度陕西省市政金奖示范工程、全国市政金杯示范工程。企业始终以改革创新的思维、真抓实干的作风和对基业长青的永恒追求，在坚持绿色施工、文明施工的同时紧扣可持续发展战略，观谋局势、创新举措，不断破解发展难题、增强发展动力、厚植发展实力，开辟崭新的可持续发展之路。

多年来，公司积极履行社会责任，彰显时代担当，把社会责任理念和要求全面融入企业发展战略、生产经营和企业文化之中。同时，公司结合生产经营工作，对员工思想上引导、工作上爱护、生活上关爱，将员工视为企业的宝贵财富，让企业的发展成果在得益于广大员工团结奉献的同时又惠及每一位员工。公司连续多年获得建交系统"工人先锋号""先进职工之家"等荣誉称号。

图4 东大街扩宽改造工程

潮平岸阔催人进,风起扬帆正当时。在向第二个百年奋斗目标进军的征途中,公司将以习近平新时代中国特色社会主义思想为指导,将进无止境、不懈追求的进取精神,勇攀高峰、聚力攻坚的创新精神,科学严谨、精益求精的求实精神不断融入城市的建设发展中,锐意进取、砥砺前行,创造更加辉煌的未来。

西安市市政工程(集团)有限公司大事记

1979年　五一合作社与建中合作社合并组建市政二公司,成为西安市重要的市政建设大军,从此与西安的城市发展紧密相连。

1984年　引进燃煤连续式沥青混合拌料机及多种筑路设备,使企业的机械化水平显著提高,改变了以往人拉肩扛的简单劳动模式。

1993年　企业性质由集体所有制转变为全民所有制。

1996年　取得市政公用工程施工总承包壹级资质。

1998年　通过ISO 9000族国际标准质量管理体系认证,公司的管理走向标准化。

2001年　未央路立交桥获"中国建设工程鲁班奖",为西部地区首次获得此项国家建筑领域最高奖的市政单位。

2013年　变更公司经营范围，扩展了业务范围，使公司更有竞争力。

2021年　完成企业改制，公司开辟了新纪元，迎来了新的机遇和发展。

讲述人：西安市市政工程（集团）有限公司
　　　　经理兼党委副书记　王尊学

讲述人简介

王尊学是一名带领国有企业不断突破历史业绩的拓荒者，在市场转型升级的关键时期，以聚焦重点任务、注重激发活力、突出新技术的运用为核心，因势而谋，多措并举，使企业的业务从古城西安发展到东、西部多个城市，企业综合竞争力不断提升。

建一项工程 交一方朋友 树一块丰碑

——"百城百企"记鸿川建筑产业集团有限公司

鸿川建筑产业集团有限公司成立于2012年12月,注册资本3.69亿元。原名陕西鸿川建设工程有限公司。为响应陕西省住房和城乡建设厅2015年12月出台的318号文件《关于推动我省建筑企业走出去的意见》积极开拓省外市场,2021年11月更名为鸿川建筑产业集团有限公司(以下简称"鸿川建设")。

扫码看视频

2019年被陕西省建筑业协会授予"陕西省建筑施工企业AAA级信用企业",同年被陕西省市政工程协会授予"陕西省市政行业先进企业"。鸿川建设2018年被陕西省税务局评为"A级纳税人"。由鸿川建设2016年承建的安康市公共卫生服务中心建设项目工程被安康市城乡建设规划局授予"市级文明工地"称号。鸿川建设秉承"团结拼搏创市场,开拓创新塑形象"的企业精神,坚持"以改革为动力,以质量求生存,以管理求效益,以信誉求发展"的经营理念,不断加强企业内部管理,规范生产经营,实现了制度化、体系化和规范化管理,为企业的长足发展奠定了基础。

促卫生资源的均衡布局 建设安康市公共卫生服务中心建设项目工程

该项目建设单位为安康市卫生和计划生育局,项目位于安康市高新区花园大道。建筑层数为9层,地下1层,建筑总高度36.15m,工程造价1.3亿元。总建筑面积36970m², 地上建筑面积23750m², 地下建筑面积13220m²。建筑工程等级为一级,设计使用年限50年,建筑防火分类为一类,耐火等级:地上一级,地下一级。建筑结构为框架剪力墙结构,基础形式为钢筋

图 1　安康市公共卫生服务中心建设项目工程（一）

图 2　安康市公共卫生服务中心建设项目工程（二）

混凝土灌注桩。建筑性质为综合楼，建成后作为安康市疾病控制中心、血站、120急救指挥中心、社区卫生管理中心、卫生监督所及卫生和计划生育局五家单位共用办公楼，是安康市高新区重要的标志性建筑之一。

该项目是市、区两级重点建设项目，建设过程中，市、区两级政府领导曾多次到场检查和指导工作。同时该项目也被列为鸿川建设重点建设项目，项目于2016年5月20日开工，于2018年6月10日竣工；在鸿川建设和项目部共同努力下，工程圆满完成，工程质量合格，安全达标，并赢得业主好评。该项目于2017年12月28日被安康市城乡建设规划局授予安康市市级文明工地。

该项目建成后将承担安康全市的疾病控制、血库管理、卫生监督、食品药品监督、妇幼保健、爱国卫生、健康教育等公共卫生服务职能。同时能够为全市居民提供计划生育、计划免疫、妇幼保健、健康体检、基本医疗等服务。

安康市公共卫生服务中心项目的建成对于进一步促进安康市医疗卫生资源的均衡布局和医疗保健事业创新发展，科学构筑和优化安康市公共卫生体系具有十分重要的作用，极大地提高市级公共医疗水平和传染性疾病防控能力，为全市居民的卫生健康和医疗救护提供有力的保障，同时对于进一步加强安康市卫生医疗的科学研究、学习和培训，提高安康市内外人才、技术和经验交流水平等亦具有重大的现实意义。

建一项工程　　交一方朋友　　树一块丰碑

鸿川建设创建于2012年，是从事建筑工程施工的专业性建筑施工企业。注册资本3.69亿元，鸿川建设现有在册职工286人，拥有各类专业技术人员150人，其中高级技术人员28人，现有一级注册建造师、二级注册建造师、一级注册建筑师、一级注册结构师及一级注册造价工程师等专业技术人才80余人。先后通过了质量、职业健康安全和环境管理体系认证。企业自成立以来，资产规模快速扩大，资产质量和盈利能力不断增强。

图3　铜川市耀州区沮河东岸滨河路项目鸟瞰图

近年来，鸿川建设以市政基础设施、建筑工程建设项目施工为主营业务，承建了铜川市耀州区城市基础设施补短板项目——沮河东岸滨河路市政工程建设项目（EPC总承包）、泾阳县医院外科综合楼建设项目、安康市公共卫生服务中心建设项目、长丰县水湖镇工业园区配套用房建设项目等一大批民生工程。鸿川建设2020年通过陕西省高新技术企业认证。2019年被陕西省建筑业协会授予"陕西省建筑施工企业AAA级信用企业"，同年被陕西省市政工程协会授予"陕西省市政行业先进企业"，2020年被中国建筑业协会授予"建筑业AAA级信用企业"。鸿川建设先后成为中国市政工程协会会员、中国安装工程协会会员、陕西省市政工程协会副会长单位、陕西省法制协会副会长单位、陕西特种设备协会会员及陕西省水利工程协会会员、深圳市建筑业协会会员。鸿川建设被陕西省税务局评为"A级纳税人"。由鸿川建设承建的安康市公共卫生服务中心建设项目工程被安康市城乡建设规划局授予"市级文明工地"称号。工程管理部唐金龙、陈立两位项目经理被陕西省建筑业协会评选为优秀项目经理。鸿川建设秉承"团结拼搏创市场，开拓创新塑形象"的企业精神，坚持"以改革为动力，以质量求生存，以管理求效益，以信誉求发展"的经营理念，不断加强企业内部管理，规范生产经营，实现了制度化、体系化和规范化管理，为企业的长足发展奠定了基础。

鸿川建设在不断发展的同时，积极响应国家扶贫攻坚的方针政策，积极为贫困户提供工作岗位。鸿川建设位于洛川的生产楼一层地面下沉维修项目部，为五位贫困户提供工作岗位，极大地缓解了贫困户的就业难问题。2020年新冠肺炎疫情期间，鸿川建设向石家庄市公共交通总公司捐赠价值50万元抗疫物资；通过陕西省慈善协会捐赠10325元善款，向中共故市镇委员会、故市镇人民政府捐赠价值10万元爱心物资，为抗击疫情出一份力。2017年，鸿川建设先后为大荔县羌白镇中心小学捐赠价值8000元物资，为大荔县慈善协会捐赠6000元善款。2018年，鸿川建设通过杨凌示范区慈善协会捐资5万元扶持当地贫困户建设大棚。

在中国共产党建党100周年之际，鸿川建设深刻理解并以实际行动践行习近平总书记关于教育的重要论述的核心思想和精髓要义，向重庆大学教育发展基金捐款，前后两次合计166万元，用于资助在学习、教学、科研中成绩突出的师生和家庭贫困的学生。

建一项工程，交一方朋友，树一块丰碑！

鸿川建设秉承"团结拼搏创市场，开拓创新塑形象"的企业精神，坚持"以改革为动力，以质量求生存，以管理求效益，以信誉求发展"的经营理念，遵循"做强施工主业，拓展相关产业，鸿川建设将组建成管理型、科技型、效益型的现代化企业"的发展战略，以开拓创新，锐意进取的精神推进鸿川建设向又快又好发展。

图4　铜川市耀州区沮河东岸滨河路项目施工现场

鸿川建筑产业集团有限公司大事记

2012年12月	鸿川建筑产业集团有限公司注册成立,注册资本8000万元。原名陕西鸿川建设工程有限公司。
2017年11月	鸿川建设入驻新址旺座曲江E座29、30层,拥有2600m² 办公场所。
2018年8月	获得市政公用工程施工总承包壹级资质。
2019年3月	获准压力管道安装GA1、GB1、GB2、GC1资质,成为陕西省为数不多的压力管道施工企业。
2020年12月	被中国建筑业协会评为"建筑业AAA级信用企业"。
2021年7月	鸿川建设新增8项乙级设计资质,标志着公司的业务板块又进一步扩大。
2021年11月	鸿川建设工程有限公司更名为鸿川建筑产业集团有限公司。

讲述人简介

十年苦心孤诣,走出了一条鸿川特色的企业发展之路。

讲述人:鸿川建筑产业集团有限公司
　　　　总经理　师睿

架桥筑路　造福于民
——"百城百企"记昆明市市政工程（集团）有限公司

扫码看视频

昆明市市政工程（集团）有限公司自成立之初，就以"架桥筑路、造福于民"为宗旨，致力于昆明市及全省市政基础设施、公路等工程建设，在日新月异的城市发展变化中，公司逐步走上良性健康发展的轨道，综合实力大幅增强，已成为云南省、昆明市市政基础设施、公路建设中的骨干施工企业，并被昆明市政府指定为突发应急抢险队的工程抢险分队。

昆明市市政工程（集团）有限公司前身是昆明市市政工程公司。昆明市市政工程公司成立于1981年2月，后于2004年12月改制转为昆明市市政工程有限公司。三年后更名为昆明市市政工程（集团）有限公司。目前，公司旗下控股成立了昆明诚晖检测有限公司、昆明强云投资有限公司、昆明城建宾馆、昆明兴路桥市政工程有限责任公司，已形成以工程施工为主，以检测试验、环境绿化、投资、经贸、旅游服务等多业为辅的综合实体。

自成立以来，昆明市市政工程（集团）有限公司（以下简称"昆明市市政"）一直积极参与市政工程和公路工程的建设。2004年，昆明市市政在云南省率先引进了SMW工法，配备数台桩机在昆百大下穿、昌宏路下穿、新螺蛳湾下穿、中央公园下穿、环湖截污干渠等几十个工程建设项目中应用并取得了良好的效果。2012年在云南省率先引进了橡胶沥青技术，在昆明市的东南西北配备四套拌合楼。在兴苑路、广福路、前兴路、北京路等工程建设项目中应用并取得了良好的效果。

昆明市市政不仅承担了昆明市多项重点工程的施工任务，更是遍及省内丽江、保山、大理、楚雄、西双版纳与省外贵州、四川等地，承建的工程项目均以"优质、高速"赢得社会好评，造就了有口皆碑的企业品牌，夯实了公司可持续发展的良好基础。昆明市市政于2010年10月被昆明建筑业联合会评为管理优秀企业。2011年6月在昆明市建设领域创先争优活动中被昆明市住房和城乡建设局评为优秀施工企业。2015年1月被昆明建筑业协会评为2014年度先进企业。2016年1月被昆明建筑业协会评为2015年度质量管理优秀企业。

经开区骨干路网重要的"一横" 经开204号路第三标段

昆明市市政负责承建的经开204号道路工程第三标段里程桩号K6+140～K10+100，起于某部队东北，途经昆明现代科技学校、地矿检测中心，跨过马料河后，接上垃圾填埋场西侧道路，止于呈黄路（北段）第Ⅶ标段，长3960m，红线宽度50m，全段桥梁总长455m（含大桥二座，中桥一座）。该标段为城市快速路，是主城区东风东路向东接昆嵩高速公路构成部分。

在解决了部分地段征地拆迁、林木砍伐、电力设施迁移、地下管线迁改问题后，2017年2月7日工程正式开工，首先进行桥涵工程石方爆破深挖、土方高填和不良地基处理部分的施工，随着路基成型，逐步进行边坡防护、雨污水、电缆沟、照明、交通地下部分和路面工程的施工。昆明市市政组建的项目部在公司领导的指挥下，制定了切实可行的质量保证措施，严格按照总体进度计划和现场各方面条件，精心组织施工，在克服了不能断交施工，多处村民阻工，桥梁分包队不断扯皮，多处不良地基需进行处治，岩溶地形桥梁桩基施工漏浆频繁，多次反复冲填，设计图纸下发时间滞后，2017年、2018年两个雨季雨期较长、雨水过多等困难后，圆满地完成了领导和建设单位要求的年底主道通车目标。

经开204号道路第三标段工程的建成获得了"2019年度昆明市建设施工安全生产标准化工地"的荣誉。作为经开区"五纵五横"骨干路网中重要的"一横"，经开204号道路是连接普照海子片区、清水黄土坡片区的主要通道，是主城区东风东路向东接昆嵩高速公路构成部分。道路建成后，对于疏解主城交通压力，打通经开区北向出口，加速普照海子片区、清水黄土坡片区开发，完善基础设施配套，推动沿线项目落地建设，具有重要的现实意义。

图1　经开204号道路第三标段工程

缓解昆明西收费站交通压力　石安公路（安宁段）改造

昆明市市政负责承建的石安公路（安宁段）改造工程（一标段）EPC工程总承包项目里程桩号AK0+000～AK4+000，起于中冠建材市场（AK0+000）往和平村立交方向，止于AK4+000处，总长4000m，等级为交通性城市主干道，设计速度60km/h，双向八车道。施工内容包括：道路、桥梁（含分离式立交）、给水排水、综合管线、景观绿化、照明、交通设施等。总投资约16.9亿元，一标段约5.6亿元。

工程于2019年12月16日正式开工，2020年11月30日主线通车，2021年7月21日通过验收，各分部分项工程全部达到合格标准。项目部在公司领导的指挥下，制定了切实可行的质量保证措施，严格按照总体进度计划和现场各方面条件，精心组织施工，在克服了不能断交施工、新冠疫情爆发、雨期施工等困难后，圆满地完成了领导和建设单位要求的2020年11月底主线通车目标。工程实施过程中，采用了九大新技术：（1）土工合成材料技术；（2）纤维混凝土技术；

图2　石安公路（安宁段）改造工程（一标段）（一）

图3　石安公路（安宁段）改造工程（一标段）（二）

（3）大直径钢筋直螺纹连接技术；（4）有粘结预应力技术；（5）清水混凝土模板技术；（6）盘销式钢管脚手架及支撑技术；（7）预制钢梁模板技术；（8）钢与混凝土组合结构技术；（9）高强度钢材应用技术，提高了工程质量和施工进度。

石安公路（安宁段）改造工程（一标段）EPC工程总承包项目获得了"2020年度昆明市建设施工安全生产标准化工地"的荣誉。同时，石安公路（安宁段）改造工程（一标段）的建成，缓解了昆明西收费站的交通压力，是连接安宁至昆明安全高效、低热环保、生态和谐景观型城市主干道，为地区经济往来交流和优势互补提供了交通保障。

立足市场　开拓进取

近年来昆明市市政上下抓住市政交通基本建设高速发展的机遇，立足市场、开拓进取、提高整体素质，为了在新形势下拥有更多竞争优势，公司将进一步完善内部管理，增加企业的社会影响力，便于与国际接轨，依据GB/T 19001—2008、GB/T 24001—2004、GB/T 28001—2011三个标准及GB/T 50430—2017规范建立整合的质量、环境、职业健康安全管理体系，昆明市市政将以"精心施工 环境和谐 安全预防 诚信守法 顾客满意 持续改进"为方针，树立崭新的企业形象，为社会环境和谐作出更大的贡献！

昆明市市政工程（集团）有限公司大事记

1981年　"昆明市市政工程公司"成立。
2004年　转制为股份制企业，改名为"昆明市市政工程（集团）有限公司"，成为自负盈亏的民营企业。

讲述人：昆明市市政工程（集团）有限公司
　　　　总经理　张殿宗

讲述人简介

张殿宗同志，思想上积极上进，工作中任劳任怨、不断进取，使昆明市市政工程（集团）有限公司成为省内本土市政施工骨干企业。

重任在肩担使命　勇做行业领先标兵
——"百城百企"记丽江雪山轨道交通有限公司

扫码看视频

交通把握着一座城市发展的命脉。作为国内知名旅游城市的丽江，正努力从旅游大市向旅游强市转变，在这个过程中，丽江雪山轨道交通有限公司肩负着建设丽江的使命，在行业中起着领先标兵的带头作用。

丽江雪山轨道交通有限公司于2019年7月23日由中国铁建昆仑投资集团有限公司、中铁二院工程集团有限责任公司、中铁八局集团有限公司、广州有轨电车有限责任公司、中铁二十五局集团有限公司、中国铁建电气化局集团有限公司共同出资组建成立。公司主营城市轨道交通项目投资、建设、运营及管理；城市轨道交通的综合配套开发及物业管理；城市轨道交通沿线广告的制作、代理、发布。

丽江雪山轨道交通有限公司先后荣获白沙镇人民政府颁发的2020年度捐资助学爱心企业，2021年度金秋助学爱心企业；丽江市总工会2020年大干60天劳动竞赛优秀组织单位；云南省市政工程协会副主任单位，公司先后3人获得丽江市总工会"先进个人"荣誉称号。

克服高海拔难题　建设丽江首条轨道交通线路

玉龙雪山景区是北半球最南的大雪山，位于玉龙纳西族自治县境内。丽江城市综合轨道交通项目一期工程（1号线）位于丽江市玉龙县境内，南起游客中心站，北至玉龙雪山站，主要沿丽鸣公路布设。线路串联了雪山游客中心、白沙古镇、玉水寨、东巴谷及甘海子服务区等主要旅游景区及客流集散点，是丽江轨道交通线网规划中的旅游快速骨干通道。

重任在肩，贵在落实，在完成前期要件报批工作后，丽江雪山轨道交通

图 1　公司一周年团建活动

图 2　红色教育——红军长征过丽江纪念馆

有限公司在不到 2 个月的时间内完成了 926 亩土地的征占工作，项目于 2020 年 9 月 19 日正式开工建设，桥涵工程已完成 60%，车辆基地及路基工程已完成 50%。2021 年为本项目的大干年，全年计划完成投资 15 亿元。2022 年底将实现本项目全面完工，达通车条件。

玉龙纳西族自治县县境地处青藏高原东南边缘横断山脉向云贵高原过渡的衔接地段，县城海拔 2400m。项目沿线最低海拔为 2450m，最高海拔为 3050m，除了需要克服高海拔施工带来的难题之外，同时存在不良地质和特殊岩土，如人为采砂坑及塌陷区、不稳定边坡、红黏土、风化岩等。工程区总体工程地质条件较差，但通过线路设计优化和工程措施处理，均已克服。

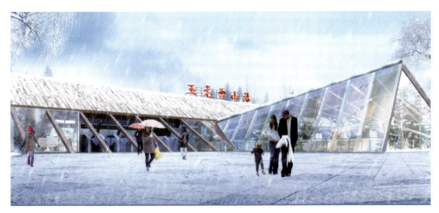

图3 玉龙雪山站效果图

图4 游客集散中心站

项目正线区间最小曲线半径为100m,近10km线路为连续爬坡,最大坡度达5.5%。面对穿越玉龙雪山林区、高海拔、连续高爬坡施工、森林防火要求较高等难题,施工中采用了大量新工艺、新技术,采取了较为有力的防止扬尘、森林防火及沿线防护措施,确保了无任何安全事故发生。建设过程中,保证了游客的旅游体验。

图5 车辆基地临建布局

图6　丽鸣公路改移工程通车

图7　东巴谷1号桥

图8　安全宣讲台

开工以来，公司在保证安全质量的前提下，狠抓施工生产，先后开展了两次劳动竞赛活动和联合玉龙雪山管委会等单位开展了联合消防应急演练，在开工半年多的时间里，桥涵工程已完成60%，路基工程和车辆基地已完成50%。

丽江轨道交通1号线是云南省2021年"四个一百"重点建设项目，也是丽江市第一条城市轨道交通线路，定位为具有文化根底及国际影响的旅游观光线，对提升丽江城市基础设施水平、提升景区形象、缓解玉龙雪山生态环境保护压力和旅游提质扩容具有十分重要的意义。丽江轨道交通1号线是完善丽江综合交通体系，构建多元化客运交通结构的需要，有利于推动沿线地区旅游服务业及相关产业的发展和完善，加快推进产业结构优化升级，最大限度地提高经济效益，促进地区经济发展。

不忘初心，助力丽江经济腾飞；牢记使命，勇做行业领先标兵。丽江雪山轨道交通有限公司将依托中国铁建、中国中铁及广州地铁三大央企与国企资源和优势，按照"创新、协调、绿色、开放、共享"发展理念，以"人文交通、智慧交通、绿色交通"为主线，以轨道交通建设及运营管理为核心，以带动丽江城市快速发展、完善旅游配套功能、提升游客出行品质为目标，着力做好城市轨道交通建设所涉及的各方面工作，为丽江经济社会发展作出积极贡献。

丽江雪山轨道交通有限公司大事记

2019年3月4日	丽江城市综合轨道交通项目一期工程（1号线）特许经营项目（BOT+EPC）以联合体形式中标。
2019年7月23日	丽江雪山轨道交通有限公司注册成立。
2020年3月10日	丽江城市综合轨道交通项目一期工程（1号线）初步设计获云南省交通运输厅批复。
2020年3月20日	丽江雪山轨道交通有限公司党工委正式成立。
2020年5月15日	丽江城市综合轨道交通项目一期工程（1号线）建设用地规划许可获丽江市自然资源和规划局批复。
2020年6月30日	丽江城市综合轨道交通项目一期工程（1号线）耕地406亩征地拆迁工作完成。
2020年8月3日	丽江城市综合轨道交通项目一期工程（1号线）525.94亩林地征地拆迁工作完成。
2020年9月18日	丽江城市综合轨道交通项目一期工程（1号线）获得施工许可。
2020年11月23日	2020年"抗疫情抓生产，保目标争先锋"大干60天劳动竞赛，加快施工生产，完成年度投资任务。
2021年1月9日	云南省总工会慰问丽江轨道交通（1号线）一线建设者，丽江轨道交通项目全体员工们迎来了云南省总工会的温暖与关怀。
2021年3月23日	2021年"争作新时代奋斗者，献礼建党100周年"大干100天劳动竞赛，争抢雨季前施工黄金期，加快生产，确保年度任务目标完成。

2021年3月30日	2021年森林草原火灾联合应急处置演练，确保安全生产，防止森林草原火灾。
2021年5月31日	丽江市交通运输行业暨项目"2021安全生产月"启动仪式在丽江轨道交通一期工程（1号线）车辆基地胜利举行。
2021年6月29日	丽江市总工会到丽江轨道交通一期工程（1号线）项目施工现场开展"送清凉"慰问活动。
2021年7月28日	云南省总工会"中国梦·劳动美——永远跟党走 奋进新征程 劳模工匠先进事迹宣讲"活动在丽江轨道交通一期工程（1号线）2号基地顺利开展。
2021年8月12日	丽江轨道交通一期工程（1号线）所属的丽鸣公路改移工程顺利开通通车。
2021年8月31日	2021年全国"质量月"暨"党员质量监督岗"活动正式启动。
2021年12月8日	丽江轨道交通1号线全球首列全景观光山地旅游列车在株洲正式下线。
2021年12月23日	丽江轨道交通1号线实现轨道首铺，标志着项目正式进入铺轨施工阶段。
2021年12月31日	丽江轨道交通1号线接触网第一杆成功组立，标志着站后"四电"工程全面开工。

讲述人：丽江雪山轨道交通有限公司
董事长、党工委书记　杨坚

讲述人简介

多年来，杨坚参加过重庆万开高速、宜万铁路、云南保腾高速、遵义国际商贸城、昆明三清高速等项目的施工建设和管理，对铁路、公路、房建、地铁等工程有丰富的管理经验，有良好的协作、沟通和创新能力，能顾全大局、团结同志，起到了模范带头作用。

诚信经营　追求卓越
——"百城百企"记天津路桥建设工程有限公司

扫码看视频

天津路桥建设工程有限公司恪守诚信经营底线，在同行业乃至社会各界树立了诚信的经营口碑，持续保持着"守合同重信用"单位称号，先后5次跻身"中国优秀施工企业"之列，11次蝉联"天津市优秀诚信施工企业"。1项工程问鼎"中国建设工程鲁班奖"，4项工程喜获"国家优质工程奖"殊荣，3摘"全国市政金杯示范工程"桂冠，3次荣获"金奖海河杯"奖项，多次荣获"市级文明工地"称号。

天津路桥建设工程有限公司是由天津市路桥工程总公司更名，将天津第一市政公路工程有限公司所属三分公司、路顺公司、青年路桥公司、成都分公司、中兴沥青厂整建制划入天津路桥建设工程有限公司，改制为多元投资主体的有限责任公司，成立于2004年。

历经17年的建设和发展，历经几代"市政人"的努力，在历届党政班子的领导下，发扬"诚信经营、追求卓越"的企业精神，艰苦创业，锐意进取，顽强拼搏，奋发图强，励精图治，如今的天津路桥建设工程有限公司已经发展成为经营理念超前、核心技术领先、经营领域广泛、结构布局合理、施工技术先进、经济效益绩优的现代化市政企业。公司先后获得全国优秀施工企业、全国质量服务诚信示范单位、天津市优秀诚信企业、天津市重合同守信用企业、天津市建筑业劳务用工和谐企业、天津市"工人先锋号"等荣誉。目前为中国施工企业管理协会会员单位、中国建筑业协会中小企业分会会员单位、天津市市政公路行业协会常务理事单位、天津建筑业协会常务理事单位。

完善蓟汕高速路网　助力天津市环城高速公路圈形成

蓟汕高速公路（津滨高速—津晋高速）工程第4标段，造价3.02亿，起点桩号K28+679.757，终点桩号K32+238.039，路线全长3558.282m。主要由津沽公路分离式立交和天津大道分离式立交两个桥梁结构物及部分道路组成。

天津大道分离式立交全长1310.761m，面积46588.3m²，主要跨越天津大道，上部结构均采用预应力混凝土现浇连续箱梁。津沽路分离式立交主线桥梁长度694.20m；面积17940m²。主要跨越津沽路。桥梁上部结构采用简支转连续预应力混凝土小箱梁，和六联预应力混凝土现浇连续箱梁。

图1　蓟汕高速公路（津滨高速～津晋高速）工程（一）　　图2　施工区域

施工区域内有多条高压线、航煤管道、军用光缆、津南区煤气及自来水干线管道等，切改难度大，临近管线施工危险性高。跨天津大道施工现浇箱梁，箱梁最大跨径38+42m，最大宽度63m。天津大道车流大、车速快，施工期间不断行。跨路门洞搭设及拆除难度大，施工安全隐患多，管理难度大。在工程施工期间，项目经理部根据工程特点及施工工艺情况，大力推广、积极应用新技术、新工艺及新材料，通过利用新技术、新工艺及新材料，不仅提高了项目的技术水平，而且节约了工程的施工成本，取得很好的经济和社会效益。

蓟汕高速公路起于京津高速，终点接至荣乌高速，沿途经过东丽、津南、西青三区，连接了宁河工业园、东丽湖、空港经济区、海河中游等多个功能区，全长约40km，规划为双向六至八车道。该段高速是天津中心城区环城高速公路的东段，与滨保高速（国道112线高速）、京津高速公路、京沪高速及津晋—荣乌高速共同构成天津市中心城区外围的高速环线。

本工程建成后，相继荣获了2014年度全国市政工程建设先进质量管理小组称号、2015年度全国市政工程建设优秀质量管理小组二等奖、天津市"平安工地"荣誉称号、天津市"模范职工

图3　蓟汕高速公路（津滨高速～津晋高速）工程（二）

小家"荣誉称号、天津市市级文明工地、全国建筑业绿色施工示范工程、天津市建筑业"新技术应用示范工程"、天津市建设工程"金奖海河杯"和2015年度全国项目管理成果二等奖等荣誉称号。

勇于开拓　共铸辉煌

随着技术改造力度的加大和新技术、新工艺、新材料、新设备的引进和推广，工程项目综合机械化水平全面提高，安全信息网络建设已成规模，各项科技成果、课题研究取得重要进展，公司始终坚持与时俱进，加大技术创新和科研力度，科技成果硕果累累，25项技术获得专利技术认证，6项施工技术被列入市级工法，16项科技成果获天津市科委科技成果登记，两项施工工艺被列入天津市地方标准，参编天津市地方性行业标准4项，并喜获天津市五一劳动奖状等多项国家级、市级荣誉。

多年来，天津路桥建设工程有限公司勇于开拓，相继承建了多项天津市重点工程、民心工程，在天津市公路、市政市场占据一定的市场份额，在做实天津建设市场的同时，大力推进"全国布局、区域化经营"的市场开发理念，同时将经营触角延伸至北京、河北、山东、江苏、浙江、江西、安徽、湖南、四川、广东、内蒙古、黑龙江、新疆等地，所建工程均以一流的施工质量、精湛的施工工艺、合理的施工工期、高效的服务质量赢得了建设单位与用户的赞誉和良好社会形象。

经过17年不断地发展壮大，天津路桥建设工程有限公司经营规模与经济效益同步稳定增长，成为天津城建集团的主力军和骨干子企业，在业内具有较高知名度。

站在"十四五"开局之年的新起点，天津路桥建设工程有限公司将继续弘扬"和谐敬业、务实奉献、诚信服务、律己争先"的企业精神，开启变革超越、提质发展的壮阔航程，共同铸就路桥建设工程有限公司的新辉煌！

天津路桥建设工程有限公司大事记

2004年　公司成立。

2010年　公司转股投资天津中建投资有限公司。

2012年　公司投资设立天津路宏实验检测技术发展有限公司。

讲述人：天津路桥建设工程有限公司
党委书记、董事长　何柏杰

讲述人简介

何柏杰同志自上任以来，注重"天津路桥建设"品牌建设，秉承"诚信经营，追求卓越"宗旨，带领公司致力于为建设市场提供优质服务，专注于提高工程品质、推动技术进步、优化项目管理，以坚持建设精品工程的匠心、不断推动改革发展的信心和恒心，脚踏实地，开拓进取，携手共创美好未来。

奋力铸造城市桥梁　聚力创新促进社会发展
——"百城百企"记天津第二市政公路工程有限公司

扫码看视频

天津第二市政公路工程有限公司成立于1976年，以公路施工、市政（道、桥、排水）施工为主业，同时可承担污水处理厂、地铁、轻轨等地上、地下大型结构，沥青混凝土制品的加工等工程项目，具有综合施工能力。拥有市政公用工程施工总承包壹级、公路工程施工总承包壹级、公路路基专业承包壹级、公路路面专业承包壹级、桥梁工程专业承包壹级等资质。

天津第二市政公路工程有限公司承建了天津市地铁、轻轨、快速路、海河道路改造等多项重点工程，积极为天津城市基础设施建设贡献力量。承担的工程多次获得国家级奖励，天津机场大道立交桥工程获鲁班奖、地铁1号线工程、地铁3号线工程、北仓污水处理厂工程、塘承高速公路二期工程获国家优质工程银奖，纪庄子污水回用工程、东南半环海津大桥工程、开发区第九大街跨京山铁路西延工程、金湾广场张自忠路下沉地道工程等，获全国市政金杯示范工程。

公司曾荣获"全国优秀施工企业""全国守合同重信用""全国建筑业AAA级信用企业"荣誉称号，连续荣获"天津市优秀诚信施工企业""建设部精神文明建设先进单位"等称号，并两次获得"全国五一劳动奖状"。连续16次获得全国"安康杯"先进单位荣誉。

污水处理及再生利用　天津市六大排水系统建立

张贵庄污水处理及再生利用一期工程位于天津市东丽区，是天津市2010年20项民心工程之一，也是海河流域水污染治理项目的重要组成部分，它承担了天津市东南区域约1.76万 hm^2 的污水处理任务。它的建成标志着天津市六大排水系统的完全建立，实现了中心城区污水处理的全覆盖。

开工伊始，天津第二市政公路工程有限公司就组建优秀的项目管理团队，明确了"确保海河杯，誓夺鲁班奖"的创优目标。成立了由业主、设计、监理、施工等相关方负责人组成的创精品工程领导小组。

构筑物清水混凝土。通过优选原材料，同一料源，控制颜色；优化配合比，选用引气量小的高效减水剂，减少气泡和泌水现象。涂刷新型B-20水性模板漆，提高光洁度；池壁与走道板的二次接缝采用锥形构件紧固技术，确保不错台、不漏浆、线性顺畅；管理上从运输、进场验收、振捣、养护等方面精心组织，19836m²清水混凝土内坚外美，各项指标优于规范要求。

3250m走道板采用"池壁生根三脚架""圆弧倒角模板""耐磨环保涂层"三项技术措施，走道板顺直、平整，高程误差控制在±5mm以内，优于规范的±10mm；平整度最大误差控制

图1 张贵庄污水处理及再生利用工程（一）

图2 张贵庄污水处理及再生利用工程（二）

图3 张贵庄污水处理及再生利用工程（三）

在±3mm以内,优于规范的±5mm,彻底解决了走道板模板支撑沉降、边角不直、表面裂纹的质量通病。

水池变形缝外包铝角,厂区86道伸缩缝宽度误差控制在±1mm以内,聚硫密封胶填充均匀、密实。深度处理系统26台搅拌器、刮泥机运转平稳,850m集水槽、1092m出水堰板安装水平度控制在±1mm之内,出水效果良好。

在天津首次实现了污泥处理处置从无害化到资源化的转变,并探索性地将污水最终处理成直饮水。对天津市环境治理具有十分重要的意义。该工程荣获2012—2013年度中国建设工程鲁班奖。

天津第二市政公路工程有限公司大事记

1976年　公司成立时名为"天津市排水工程公司"。

1978年　更名为"天津第二市政工程公司"。

1996年　改组为"天津第二市政公路工程有限公司"。

讲述人：天津第二市政公路工程有限公司
　　　　董事长　祖加辉

讲述人简介

祖加辉从调整企业结构主动适应市场、狠抓绩效考核、调整市场开发定位扩大产业布局推动担当作为三个方面推动企业解放思想向高质量发展。跟紧国家政策,采取资源互补、强强联合,拓展经营范围,达到多角化经营、战略化经营的格局。

创精品工程　塑世纪丰碑
——"百城百企"记重庆建工第二市政工程有限责任公司

重庆建工第二市政工程有限责任公司始建于1950年，凭借不怕吃苦、勇敢开拓的"隧道人精神"，在艰难的环境下积极发展经营，施工范围从最初的隧道迈入桥梁、公路、房建、水利、钢结构等多个领域，施工足迹从重庆走向海内外，建成了朝天门码头、七孔旱桥、北碚朝阳桥、五里店立交桥等一大批标志性工程，见证了重庆城市建设的发展历程。

扫码看视频

1950年，重庆建工第二市政工程有限责任公司的前身"重庆市政公司隧道处"成立，在百废待兴的新中国成立初期，依靠人工和小型机械，攻坚克难，重建当地的市政交通基础设施，先后建成一号桥、朝天门码头、向阳隧道、北碚朝阳桥等重点工程，打通肖家湾至两路口快速通道，连接渝中半岛，其中七孔旱桥享誉全国。

1981年体制改革后，重庆市隧道工程公司成立，1984年改名为重庆市第二市政工程公司（以下简称"市政二公司"），主管单位为重庆市城建局。1994年，市政二公司二处几乎全处经历长达五个月的窝工，艰难中不等不靠积极经营求得生存发展，承揽了嘉陵江滨江路牛大段分部工程，结束了近半年的窝工状况。为了企业的发展，当年的职工们拿出最大的干劲发挥"隧道人精神"，肩挑背扛，靠着一锤一钻一铁锹，以高速度、高质量为目标，不分昼夜战斗在工地现场，成立了"青年突击队"，办起了"滨江路广播站"，炊事班每天准备4顿饭……凭着不怕吃苦、勇敢开拓的"隧道人精神"扭转局面，并通过嘉陵江滨江路牛大段分部工程的良好口碑拓展二次经营。

岁月流转，工程在变，"隧道人精神"却没有变。凭着这样的精神，在艰难的环境下，公司逐步发展起来。20世纪80年代，乘着改革开放的东风，公司开启了由计划经济向市场经济的转型之路，以建立厦渝公司为契机，成功打开厦门市场，此后继续投产在宜昌、福州等地，远涉乌干达、索马里、肯尼亚、阿联酋进行公路和水利工程建设，施工足迹遍布海内外。

2001年公司划入重庆城建集团，2006年划入建工集团，2007年11月改制为重庆市第二市政工程有限责任公司，2011年6月更名为重庆建工第二市政工程有限责任公司。历经70多年的稳步发展，公司从隧道专业领域迈入桥梁、公路、房建、水利、钢结构等多个施工领域，铸造了重庆渝澳大桥、鹅公岩大桥正桥、五里店立交桥、黄泥塝立交、黔江光明隧道、慈母山隧道、九滨路、牛滴路等一大批精品工程，见证了城市建设的发展历程。

建造重庆鹅岭七孔桥　载入中国桥梁史册

重庆渝中区长江一路鹅岭下有座桥梁已有半个多世纪的历史，是老重庆的尘封记忆。它地处渝中区两路口到鹅岭之间的山壁处，是出入渝中半岛的重要咽喉，南临长江，北靠峭壁，东西走向，全长200m左右，是由7个卷拱形成的高架桥，被称为"七孔桥"。

图1　七孔桥（一）

图2　七孔桥（二）

图3　七孔桥（三）

1954年，由于地形险要，技术落后，当时的市政二公司职工肩挑背扛，靠着一锤一钻一铁锹，凭着自强不息的精神，咬牙啃下了这个当时难以攻克的重点工程，为两路口到肖家湾打通了连接通道。旁边的鹅岭隧道也为市政二公司所建。

七孔旱桥为全国著名桥梁，曾经被茅以升教授列入中国桥梁史册，现收录于重庆市历史建筑地图（第二批），有较高的历史文化和科学艺术价值。

攻坚五里店立交桥　改善城市交通环境

五里店立交位于重庆市江北区，北接童家院子，直达江北机场；南经嘉陵江大桥、黄石隧道、重庆长江一桥，与国道210渝黔高速公路相接；东接朝天门长江大桥至南岸区；西接五红路；西南经环形交叉与江北城、观音桥相通；东北接海尔路至寸滩。全立交有7条线路交汇构成，是一个庞大的道路交通枢纽。

1998年9月初，公司中标黄花园大桥的重点项目之一的五里店立交大桥。五里店立交桥造价3000多万元，匝道5条（全长2100m，宽8～12m），桥台7座，直径1.5～2m不等的桥柱40根，柱最高达37m。特别是几条匝道，结构复杂，在当时的工艺条件下，对企业完成施工目标是一个巨大挑战。

1998年9月10日开始，项目部进场施工。本着在技术上精益求精、质量上高度负责、敢打硬仗的精神，项目部全力以赴，积极革新施工技术，提高效率，节省成本，以"百年大计，质量第一"为信念，施工过程中有不够完美的部分都返工重做，获得业主、监理等各方好评。项目部全员鼓足干劲，团结一致，几乎放弃全部节假日抢工期、赶进度。他们顶着毒日，钻刺笼，跑荒

图4　五里店立交桥

地沟坡，熬更守夜展开攻坚，随着项目工程节点顺利推进，最终于1999年12月16日圆满完成。五里店立交大桥项目荣获了重庆市文明施工工地、2000年度重庆市市政工程金杯奖以及巴渝杯优质工程奖等荣誉。

五里店立交是重庆主城区快速路"三横线"与"五纵线"交汇点，是黄花园大桥北引道的北端重要交通枢纽，同时又处在重庆南北快速主干线上，并与7条干线相连，建成后对改善渝中区交通环境、完善重庆基础设施建设具有重要作用。

发扬"隧道人精神" 力创精品工程

多年来，重庆建工第二市政工程有限责任公司从事市政道路、隧道、钢结构、房建等建设工程施工，管理科学，技术力量雄厚，施工技术先进，科技成果显著，能承担多类别建设项目的施工任务，年施工生产能力达到20亿元以上，具有市政公用工程施工总承包壹级、环保工程专业承包壹级、隧道工程专业承包壹级、钢结构工程专业承包壹级、建筑工程施工总承包贰级、港口与航道工程施工总承包贰级、公路工程施工总承包贰级、机电工程施工总承包贰级、城市及道路照明工程专业承包贰级、建筑幕墙工程专业承包贰级、桥梁工程专业承包贰级、地基与基础工程专业承包贰级、地质灾害防治工程施工甲级、爆破作业许可叁级资质。

公司将"创精品工程，塑世纪丰碑"作为企业的永恒主题，大胆开拓，勇于创新，已承建了一大批重大市政建设项目、民生工程和标志性工程的建设：高九路快速公交（BRT）、北滨路、合川南沙路、机场路改造、鹿角组团中纵线北段道路、轨道交通两路口换乘站、轨道交通6号线二期BT一标段、长生桥垃圾卫生填埋场等，并先后荣获鲁班奖、全国市政金杯示范工程、重庆市巴渝杯、重庆市政工程金杯奖、山城杯安装工程优质奖、重庆市科技进步奖。公司多次荣获重庆市安全文明先进单位、重庆市守合同重信用企业、重庆市AAA诚信建筑企业、重庆市建筑业先进企业、重庆市优秀市政施工企业等荣誉。

展望未来，公司将继续以"做一个工程，赢一方市场，交一个朋友"的工作态度，信守合同，讲究信誉，保证质量，力创精品，传承和发扬不惧困难、勇敢开拓的"隧道人精神"，为城市市政建设作出重要贡献。

重庆建工第二市政工程有限责任公司大事记

1950年　建成一号桥。
1951年　建成朝天门码头，该码头为重庆市门户，长江航运起点。
1954年　建成肖家湾至两路口快速通道，其中七孔旱桥为全国著名桥梁。
1965年　建成向阳隧道。

1969年9月	建成北碚朝阳桥,是最大跨径186m的双链缆索吊桥,为当时著名公路桥吊桥。
1984年12月	建成长江路鹅岭隧道。
1994年	建成嘉陵江滨江路牛大段分部工程。
1999年12月	建成黄花园五里店立交桥,为当时重庆市最大立交桥,荣获重庆市政工程金杯奖、重庆市"巴渝杯"优质工程奖。
2000年11月	建成江北滨江路,荣获重庆市政工程金杯奖。
2001年12月	建成嘉陵江复线桥C段工程,荣获中国建设工程鲁班奖。
2001年12月	建成鹅公岩大桥东引道K1标段工程,荣获重庆优质结构工程奖。
2005年8月	建成陈家坪立交。
2007年1月	建成牛滴路工程,荣获重庆市政工程金杯奖、重庆市"巴渝杯"优质工程奖。
2007年12月	建成高九路快速公交干道工程,荣获重庆市政工程金杯奖。
2011年6月	建成机场路拓宽改造工程Ⅱ标段工程,荣获重庆市"巴渝杯"优质工程奖、重庆市政工程金杯奖。
2011年12月	建成重庆市轨道交通6号线二期BT一标段工程,荣获全国市政金杯示范工程、重庆市政工程金杯奖。
2014年12月	建成黔江光明隧道,荣获重庆市政工程金杯奖。
2018年5月	建成重钢片区滨江路南端隧道道路工程,荣获重庆市政工程金杯奖、重庆市优质工程(设计)奖。
2018年至今	在建曾家岩北延伸穿越内环新增通道工程(三标段)工程。
2020年12月	建成海口市南渡江引水工程中部输水隧洞工程。

讲述人简介

讲述人:重庆建工第二市政工程有限责任公司
　　　　董事长　潘　波

潘波同志带领公司员工迎难而上,贯彻新发展理念,调整经营思路,以资质升级引领企业发展,以质量提升落实品牌战略,以技术创新激发竞争活力,努力将公司打造成具有强大竞争力的优势企业。

攻坚克难　助力上饶打通瓶颈

——"百城百企"记上饶市金日市政工程有限责任公司

扫码看视频

上饶市金日市政工程有限责任公司主营市政公用工程、公路工程、园林绿化工程和沥青、水泥预拌混凝土生产销售等。拥有市政公用工程施工总承包壹级资质、公路养护工程施工二类（甲级）、三类（甲、乙级）从业资质等。拥有各类专业技术人员236名，各类工程施工机械设备100余台（套），综合业务用房、环保节能型厂房4万余m^2。为中国市政工程协会沥青混凝土专业委员会会员单位，被江西省商务厅授予对外承包工程资格企业，上饶市优秀企业等。

上饶市金日市政工程有限责任公司始建于2003年，注册资本30700万元。承建的代表工程有：上饶市上饶大桥环氧沥青路面、上饶市上广公路城区段综合改造提升工程，广丰区迎宾大道、铜钹山大道，玉山县城东东外环路、博士大道，三清山风景区红枫大道、南部广场工程，抚州市10条主次干道改造工程，九江城西港区四横三纵白桦路项目，安徽省涡阳县S202一级公路工程，福州市下洋南片区道路工程（二期），河南省郑州国际物流园区九曲路、金明大道连霍高速出入口集散中心建设项目工程；三清山、武功山、沂蒙山、九华山景区游步道和大别山主峰景区栈道工程等。2018年承建的"上饶市上广公路城区段综合改造提升工程"荣获"2020年度中国市政工程沥青路面质量优秀奖""2019年度江西省建筑工程优秀结构奖""2020年度江西省优质工程奖"等。

打通交通瓶颈　让市容焕然一新

上饶市上广公路城区段改造前，是上饶市区内唯一一条排水不畅、下雨就淹、没有公交站亭、多次改造都没有打通瓶颈的路段，没有非机动车道、没有人行道、没有双向行驶隔离带的城市道路，严重影响市容市貌及行车行人交通安全，给市民的出行带来极大的不便。

上饶市上广公路城区段综合改造提升工程，就成为上饶市人民政府2018年度的重点工程。项目位于上饶市信州区水南街，南起前进桥头丰溪路以北，途径云碧峰森林公园、广丰路口终至玉丰路口。道路长1123m，宽36m，排水盖板渠长约720m，排水箱涵长约400m，道路改造红线面积39432m²，工程造价为4595.32万元。工程主要内容有：道路红线内路面改造、分隔带侧石铺装、人行道铺装、交通组织设施、绿化、公交停靠站台、通信、照明供电、给水排水管线及相关配套设施。

工程于2018年9月5日开工，于2019年10月28日竣工验收。整个施工过程中，参建各方协同努力，把好质量与安全生产关，施工单位严格执行各项规范要求，加强了质量与安全生产管理，在交通复杂、没有封闭施工的情况下，未发生任何质量与安全责任事故。

图1　上饶市上广公路城区段综合改造提升工程（一）

图2　上饶市上广公路城区段综合改造提升工程（二）

上饶市上广公路城区段综合改造提升工程，获得了"2018年度上饶市优质结构工程奖""2019年度江西省建筑结构示范工程""2020年度上饶市优质建设工程奖""2020年度上饶市建筑安全生产标准化示范工地""2020年度江西省优质建设工程奖""2020年度中国市政工程沥青路面质量优秀奖"。通过实施这次的提升改造工程，全部解决了这些问题，路况路貌焕然一新，通行畅通舒适，受到了当地政府与市民的交口称赞。

上饶市金日市政工程有限责任公司大事记

- 2003年　上饶市金日市政工程有限责任公司成立。
- 2007年　2000型沥青搅拌站在江西省玉山县建成投产。
- 2010年　获得市政公用工程施工总承包壹级资质。
- 2011年　坐落在省级江西玉山高新技术产业园区、建筑面积近1万 m² 的综合业务大楼建成使用。
- 2013年　4000型沥青搅拌站在江西玉山高新技术产业园区建成投产。
- 2013年　成立安徽无为分公司。
- 2015年　坐落在国家级上饶经济技术开发区、建筑面积0.7万 m² 的业务大楼建成使用。
- 2017年　成立江西抚州分公司。
- 2018年　承建"上饶市上广公路城区段综合改造提升工程"。
- 2018年　荣获"上饶市优秀企业"荣誉称号。
- 2019年　成立福建福州、安徽庐江、江西玉山三个分公司。
- 2019年　坐落在国家级上饶经济技术开发区、建筑面积1.4万 m² 的综合办公大楼建成使用。
- 2019年　坐落在江西玉山高新技术产业园区、年产30万t金日商品混凝土搅拌站建成投产。
- 2020年　荣获2020年度中国市政工程沥青路面质量优秀奖。

讲述人：上饶市金日市政工程有限责任公司
　　　　执行董事兼总经理　鄢传金

讲述人简介

2003年，鄢传金创办了上饶市金日市政工程有限责任公司。从职场到商场，鄢传金始终坚持诚信立业，善于学习，精于管理，艰苦创业，企业从小到大、从弱到强，发展成江西省一个技术力量先进、经济实力雄厚的大型综合施工企业。